U0818886

21世纪经济与管理精编教材 · 经济学系列

区域经济学教程（第二版）

A Course on Regional Economics

2nd edition

孙翠兰◎主编

北京大学出版社
PEKING UNIVERSITY PRESS

图书在版编目(CIP)数据

区域经济学教程/孙翠兰主编. —2版. —北京:北京大学出版社,2015.9
(21世纪经济与管理精编教材·经济学系列)
ISBN 978-7-301-25842-2

Ⅰ. ①区… Ⅱ. ①孙… Ⅲ. ①区域经济学—高等学校—教材 Ⅳ. ①F061.5

中国版本图书馆CIP数据核字(2015)第103436号

书　　名	区域经济学教程(第二版)
著作责任者	孙翠兰　主编
责任编辑	姚大悦
标准书号	ISBN 978-7-301-25842-2
出版发行	北京大学出版社
地　　址	北京市海淀区成府路205号　100871
网　　址	http://www.pup.cn
电子信箱	em@pup.cn　　QQ:552063295
新浪微博	@北京大学出版社　@北京大学出版社经管图书
电　　话	邮购部62752015　发行部62750672　编辑部62752926
印 刷 者	北京大学印刷厂
经 销 者	新华书店
	787毫米×1092毫米　16开本　18印张　426千字
	2008年6月第1版
	2015年9月第2版　2017年1月第2次印刷
印　　数	2001—4000册
定　　价	39.00元

未经许可,不得以任何方式复制或抄袭本书之部分或全部内容。

版权所有,侵权必究

举报电话:010-62752024　电子信箱:fd@pup.pku.edu.cn

图书如有印装质量问题,请与出版部联系,电话:010-62756370

编 委 会

主　编　孙翠兰

副主编　吴　康　王宏玉　杨维凤

参加编写人员（以姓氏笔画为序）：

马志明　王宏玉　孙翠兰　杨维凤

吴　康　赵　文　缪志鹏

前　言

区域经济学作为一门相对独立的学科,是20世纪50年代在西方国家形成的。此后,在世界科技进步、其他新学科兴起和经济格局变化的历史进程中得以逐步发展与完善。

在我国,对区域经济问题的专门研究大体上是在改革开放以后开始的。虽然从时间上讲,我国学者对区域经济问题的研究比西方学者晚得多,但研究的进展较快,相关的各类研究成果也较多。特别是从20世纪90年代以来,许多老前辈和新秀们,将西方区域经济理论与我国区域经济发展的实际紧密结合,不但体现了发展、创新和务实的学风特点,而且提出了许多独具特色的观点、理论和发展战略。所有这些成果,已经并将继续对我国区域经济学的发展,甚至在一定程度上对世界其他国家区域经济发展的研究,起到极有价值的促进作用。

无论在国外还是在国内,区域经济都是一个既古老又年轻的问题;而且,随着各国经济的发展,出现了许多新的区域经济问题。因此,区域经济学的学科体系和相关理论,尚待广大学者和业界人士作更深入的研讨。从这一思路出发,我们以精品教材立项的形式编写了这本教材。本教材的第一版首印4 000册,于2008年6月出版发行。在两年多的时间中,我们可喜地看到这本教材得到了许多高校师生的认可。2010年9月,出版社又加印3 000册。迄今,无论是区域经济理论还是区域经济实践,都出现了许多新的变化和发展。面对这些新的变化和发展,亟须对第一版《区域经济学教程》的内容进行与时俱进的调整、修改、更新和增补。

感谢北京大学出版社为我们提供了这次改版的机会。本次改版,我们根据广大师生对教与学实践的切身体会,并在广泛地请教该领域著名专家的基础上,对所涉及的内容进行重新拟定。主要体现在:① 对陈旧的内容进行剔除和替换;② 改写了西方区域经济相关理论;③ 修改了区域经济研究前沿、产业结构趋同与优化、区域竞争与合作、区域优势、特色经济与区域创新、城市等内容;④ 新增写了区域经济学科渊源与学科属性、区域经济发展要素及流动、区域人口、区域资金运动、区域产业中产业合理布局的影响因素、主导产业与辅助产业选择、产业集聚与产业转移、乡村、城乡边缘区、城镇、城市群、区域经济发展战略、海洋利用规划、资源开发与环境保护、特殊类型区域开发、国际区域开发经验、区域经济管理、区域经济政策与管理绩效评价等内容。

在改版编写过程中,我们注重体现以下六大特点:其一,注重内在逻辑性。内容的内在逻辑性主要体现在章次顺序的安排和内容繁简的选取上。其二,注重方法。研究方法是开启科学宝库的钥匙,是学好、运用好区域经济学的必不可少的工具。因此,我们将区域经济研究方法放在主要内容之前。其三,注重创新。将区位理论作为区域经济学的奠基理论,同时,为适应目前国内外要素市场的凸显和学者们对此重视程度的提高，对区域运作中的主要要素，在总论后均设专章进行阐述。其四，注重通俗。基于本教材的适用对象，在编写过程中，无论是对区域经济相关理论和问题的阐释，还是文字表述，我们都尽量做到深入浅出、通俗易懂。其五，注重应用。对区域经济学这门课程的学习，目的在于解决我国区域经济运行中的实际问题，为此，我们不仅在内容的宽窄上做到适用，而且对一些重要的、有一定难度的内容和方法，通过运用案例和旁征博引，使理论、观点更贴近实际，更具有可操作性。其六，注重现实。由于目前国内对区域经济专业的方向设置尚没有达成共识，我们在参考了国内同类专业学科设置的前提下，既适当地顾及专业方向，更着眼于区域经济及其学科的未来发展。

区域经济学是一门综合性学科，其应用性很强。由于我们的水平和经验所限，书中难免有不当或错误之处，敬请广大读者予以指正。

孙翠兰

2015 年 5 月于北京

目　录

第一章 导 论

【本章学习目的】

1. 了解区域经济学学科的发展历程和学科渊源；
2. 明确区域经济学的研究对象和主要内容；
3. 了解当前区域经济研究的前沿问题。

作为一门相对独立的学科，区域经济学是在一系列相关理论和政策主张的基础上，于20世纪50年代在西方国家形成的。此后，伴随着世界科技进步和其他学科的兴起，区域经济学在相当程度上得到了丰富和发展。与西方国家相比，区域经济学的研究在我国起步较晚，大体上是在改革开放以后开始的。以中观经济为研究范畴的区域经济学，其内容和学科渊源较为广泛。

本章在阐述区域经济学形成、发展和学科渊源属性的基础上，重点指出区域经济学的主要内容及目前国内外学者在这一领域研究的前沿问题。

第一节 区域经济学的形成、发展

一、区域经济学的形成

与其他许多学科一样，区域经济学是在西方商品经济与贸易有了一定程度的发展后逐步形成的。

如果从最早的以国家为地域单元的贸易与分工理论的研究算起的话，区域经济学的一些相关观点和理论迄今已有七个世纪的历史；如果从最初的古典区位理论算起，至今也已有180年的历史。

（一）重商主义贸易观

重商主义贸易观是在前资本主义时期西欧商品经济有一定程度发展的基础上提出的。其主要观点以西欧早、晚两期重商主义贸易观为典型代表。

西欧重商主义贸易观在其发展中经历了两个相互衔接又有区别的发展阶段：早期重商主

义和晚期重商主义。两个时期的贸易观既有共同点，也有差异性。其共同点是，两种贸易观均以国家区域为出发点，均代表了资本原始积累时期商业资产阶段的意识形态，把货币看作财富的唯一形式。差异性是，以英国的约翰·海尔斯（John Hales）、法国的安托尼·德·孟克列钦（Antoine de Montchretien）为主要代表的早期重商主义主张，应尽量少买或不买而多卖，认为只有这样才能积累货币财富，从而使国家致富。以英国托马斯·孟（Thomas Mun）、法国让·巴蒂斯特·柯尔培尔（Jean-Baptiste Colbert）为代表的晚期重商主义者，则反对早期重商主义多卖少买的贸易观，提出只有把货币不断地投入流通，才能不断地增加货币财富，而达到这一目标的方法是大力发展制造业。

（二）古典贸易与分工理论

从亚当·斯密（Adam Smith）的绝对比较优势理论问世，到大卫·李嘉图（David Ricardo）相对比较优势理论的提出，区际贸易与分工理论基本上是建立在比较优势原理基础上的。

亚当·斯密的绝对比较优势理论缘起于对重商主义狭隘贸易观的批评。

亚当·斯密从一国内个人之间的分工与贸易推导到以国家为地域单元的国际分工与贸易，他指出，由于每个国家都有其绝对有利的、适宜于某些特定产品的生产条件，因此，如果每个国家都按其绝对有利的生产条件进行专业化生产，然后去交换本国必需的但其生产又处于绝对不利地位的产品，就会使各国的资源得到合理的分配和有效的利用，进而降低成本，提高劳动生产率，达到增加国民财富的目的。

但亚当·斯密的绝对比较优势理论中没有解决的问题是，在国家之间的贸易中，如果一国或一个地区不具备在生产上占有绝对优势的商品这一参与国际贸易的条件，其贸易将如何进行，并怎样才能在贸易中获利。

李嘉图发展了亚当·斯密的绝对的优势理论，在对商品生产所费劳动相对差异分析的基础上指出，在国际贸易中，应将本国不同产品的成本比率同国外同类产品的成本比率进行比较，只要成本比率存在差异，各国就能生产各自相对成本较低的产品，并通过交换获益。

李嘉图的比较成本理论，将绝对优势理论的研究推进到了一个新的发展阶段。

以上重商主义贸易观和优势理论虽主要是从表象的、外在的因素和脱离了地域空间概念的角度分析贸易与分工问题，在一定程度上限制了其运用的程度和范围，但是，这些理论不仅对以国家和一国内以区域为单元的分工与贸易、区际经济合作、区域比较优势的培育等问题有一定的借鉴意义，而且为区域经济学的形成和发展提供了一些不可或缺的观点与理论支撑。

（三）古典区位理论

古典区位理论产生于19世纪初的二三十年代，是西方区域经济学的奠基理论。以历史发展为顺序，古典区位理论先后经历了四个发展阶段，出现了四个有代表性的学者，即德国的农业经济学家约翰·海因里希·冯·屠能（Johann Heinrich von Thünen）提出的农业区位论，德国经济学家阿尔弗雷德·韦伯（Alfred Weber）提出的工业区位论，德国地理学家瓦尔特·克里斯塔勒（Walter Christaller）提出的中心地理论和德国经济学家廖什（August Losch）提出的市场区位论。

屠能的农业区位论，主要是以城市周围农业土地的类型和集约化程度为研究对象，设计了六种农作制度，每一种制度构成一个区域，于是形成农作区围绕中心城市呈向心状分布的圈层结构，即著名的“屠能环”；韦伯分析了原材料、市场和劳动力点状分布状况下工业企业的布局，提出了“区位选择”的工业区位论；克里斯塔勒从对城市消费品的供给、交通条件及管理等方面，阐述了城市的形成过程和结构，并用抽象演绎的方法提出三角形聚落分布的六边形市场区的区位标准化理论；廖什利用克里斯塔勒的理论框架，经数学推导，得出了与克里斯塔勒完全相同的六边形区位模型，并在将中心地理论用于工业区位结构问题的研究和从聚落市场区发展的分析中，形成了他的市场网络理论，即市场区位论。

（四）区域经济学的初步形成

从时间角度和区域经济理论涵盖的内容来看，第二次世界大战之前，作为区域经济学的主要奠基理论——古典区位理论的建立，主要是由德国学者完成的；第二次世界大战以后，对区位理论的发展以及使区域经济学成为一门相对独立的学科，则主要是由美国等国家的学者完成的。

第二次世界大战后，美国学者艾萨德、贝里、伯顿、D. M. 史密斯、C. A. 史密斯，挪威和瑞典学者巴兰德尔、加里森、哈里斯，德国学者奥特伦巴、博劳特尔和英国学者哈格特、哈米尔顿在新的历史条件下，进一步将古典区位理论分别推向区域科学和人文地理学的区域分析方向。这两个方向虽有联系但也有区别。区域科学方向的代表是艾萨德（W. Isard）。艾萨德在1954年及1975年出版的《区位和空间经济学》（*Location and Space Economy*）和《区域科学导论》（*Introduction to Regional Science*）两部著作中，将经济学、地理学和规划理论联结在一起，兼用理论和数量模型方法，跳出古典区位理论以单一企业为视野的圈子，将侧重点放在区域内各产业之间的联系与相互协调方面，把空间概念引入对区域问题的研究中，拓宽了介于经济学和经济地理学的研究领域。人文地理学方向的代表是贝里、赫格尔斯特兰、巴文特尔斯和哈格特，这个方向是将区位理论与地理研究相结合，考察和模拟区域系统的结构与发展过程。特别是埃德加·胡佛（E. M. Hoover）在其《区域经济学导论》一书中，最早提出了区域经济学学科体系的最初框架结构。

与传统理论不同的是，以上学者把数量统计、投入—产出分析、线性规划等定量分析方法，引入对区域经济问题的研究和阐释中。这些均为区域经济学进入主流经济学奠定了基础。

二、区域经济学的发展

（一）区域经济学在西方的发展

第二次世界大战以后，世界政治与经济格局发生了许多新的变化。随着世界政治经济格局的新变化，出现了许多新的区域经济理论。这些新理论的出现，在一定程度上丰富了区域经济学学科体系的建设。

1. 新贸易理论

以克鲁格曼（Paul Krugman）和格罗斯曼（G. M. Grossman）等学者为代表的新贸易理论，修正了传统贸易理论中一些苛刻的假定条件，运用产业组织和市场结构理论，在模拟规模报酬和市场竞争动态变化的条件下，论述了各国进行贸易的优势。新贸易理论一方面为当代经济一体化和全球化背景下，各国在分工与贸易中的路径选择提供了重要的理论依据，另一方面也为在一国范围内区际间的贸易联系建立了有益的分析框架。

2. 其他理论

第二次世界大战后，许多原来的殖民地和附属国纷纷摆脱了殖民统治，开始走上自主发展本国经济的道路。但是,长期的殖民统治使这些国家的经济发展处于十分落后的状态;在经济的快速发展中,市场经济国家出现了先进与落后地区的较大反差。针对这些实际情况,许多经济学家把研究视角转向了发展中国家和欠发达地区,出现了以研究发展中国家如何发展为主要内容的发展经济学。发展经济学的兴起以及产业经济学和计算机的应用,在很大程度上推动了区域经济学学科体系的建设。在理论研究方面,佩鲁的"增长极"理论、赫希曼的"涓滴效应"理论、弗里德曼的"核心—边缘"理论、威廉姆森的"倒U形"理论、克鲁默和海特的梯度推移理论以及胡佛—费希尔的区域经济增长阶段理论和可持续发展理论等均具有代表性。

以上理论将西方宏微观经济理论、发展经济学、供给学派、货币主义的研究成果引入区域经济理论的研究中,不仅突出地体现为地理空间的进一步拓宽和理论建树的进一步深入,而且表现出实证研究的特点,从而推动了区域经济学的大发展。

(二) 区域经济学在我国的发展

改革开放前,虽然在我国经济建设的实践中存在区域计划、经济区划和区域经济发展战略,但在理论方面,基本上限于对苏联以平衡发展为主要原则的生产力布局等方面的研究。

1978年以后,各种版本的区域经济学教材、论著在我国层出不穷。在这些研究中,除对改革开放前生产力均衡布局的实践进行总结,进一步认识平衡与非平衡的辩证关系外,主要侧重于宏观、中观两个层面发展战略的研究,从而提出了较有代表性的梯度推移模式、点轴开发模式、一个半重点模式、优区位开发模式、东西结合模式、四沿开发模式、梯度推移和发展—增长点模式、西部跳跃模式,以及大区、省、地市的发展战略。[①]

20世纪90年代以来,针对我国区域经济发展中出现的一系列问题,学术界较为深入地探讨了西方区域经济理论对我国的指导意义。同时,在区域经济差距、空间布局、区域经济均衡与非均衡发展、区域经济合作、区域经济规划、区域经济政策、区域产业集聚与扩散、区域创新、区域协调发展、区域竞争、区域优势培育、区域金融等方面的研究也不断深化。研究区域经济问题的学术队伍也在快速壮大,并涌现出一批知名学者。

尽管如此,无论从国外还是从国内的总体研究状况看,目前学者们对区域经济学科体系等方面的某些见解尚未达成共识,区域经济学科体系还有待于进一步完善。

第二节 区域经济学的学科渊源及学科属性

一、区域经济学的学科渊源

区域经济是介于宏观经济与微观经济之间的中观经济。不言而喻,区域经济学学科的特点,首先,应以一定的地域空间为依托,并侧重于地域空间中社会、人文、地理特别是经济发展等方面的状况。这样就使区域经济学的研究不可能脱离地理学、经济地理学。其次,区域经济学是研究中观经济的学科,虽然中观经济与宏微观经济相比有其固有的特点,并由于这些固有特点的存在而形成了有别于宏微观经济的一个中观层次,但是,作为对经济问题的研究,无论

① 魏后凯:《现代区域经济学》,北京:经济管理出版社2006年版,第13页。

是哪个层次的，其根基终究脱离不了一般经济理论和方法的大体框架。这就决定了区域经济学的研究必须运用一般经济学的基本理论和方法。最后，区域经济学的研究内容涉及中观层次中的方方面面，乃至一定程度的宏微观层面问题，这使它的研究必须吸收产业经济学、政府经济学、人力资源学、人类学、金融学、贸易学等众多学科的研究成果。

简而言之，区域经济学的学科渊源是地理学、经济地理学、经济学、产业经济学、规划学、金融学、贸易学、政府行为学、人力资源学等众多学科。因此，区域经济学是一门交叉性很强的边缘学科。

二、区域经济学的学科属性

一般来讲，学科属性是指学科的本质性质和特点以及学科所要解决的根本问题。

对于区域经济学学科属性的研究，目前学界讨论得较多，但尚未达成共识。将现有的主要研讨内容归纳起来共有三种观点：第一种观点认为，区域经济学是应用经济学的分支学科，与产业经济学共同构成中观经济学；第二种观点认为，区域经济学是地理学的分支学科；第三种观点认为，区域经济学是经济学与地理学的交叉学科。

实际上，从区域经济学形成、发展、主要研究对象和学科渊源等几方面进行综合考察，第一、第二种观点只是讲了区域经济学的不同侧面，第三种观点是对前两种观点的概括。

我们认为，区域经济学的学科属性是：

（1）区域经济学首先是经济学，是运用一般经济学的观点、方法和分析框架，以时间维度，研究经济现象、发展变化及其运动规律的经济学。但同时，区域经济学又不是一般的经济学，它的特点是以一定的地域空间为依托，主要从空间维度研究区域和区际经济发展的客观条件、动力机制、空间布局与结构、区际经济关系、区际竞争与合作及其一般运动规律。

可见，区域经济学不仅遵循一般经济学的时间维度，更重要的是以空间维度为出发点和归宿，研究一定地理空间中的经济现象、发展及运动规律，体现了空间经济学的学科属性。张海鸣、张学良两位学者在其《区域经济学》一书中对区域经济学的空间概念作了较详细的阐释："区域经济学的空间概念是地理空间与经济空间的统一。不仅地球表面上的一切地理现象、地理事件、地理过程都发生在以地理空间为背景的基础之上，而且地表、地下、空中所有的社会与经济活动也发生在地理空间之内。地理空间包括地上、地下与天空，是指几何学意义上的空间，它体现了空间的自然属性，为经济活动提供场所、道路、位置与环境，规定着经济活动的作用范围与密集度，构成社会生产力的自然基础；经济空间是指被社会劳动所利用、改造后的地理空间，也就是承载着劳动生产力各种要素的地理空间。地理空间是生产力运行的前提条件，而经济空间是生产力运行的现实形态。没有地理空间，各种生产要素就失去了运动场所，就不可能有经济空间；但有了地理空间，如不被社会劳动利用和改造，也形不成现实的生产力，不可能转化为经济空间"。①

（2）从19世纪二三十年代的区位理论，到20世纪的生产力布局理论，再到现在的空间结构、产业布局、生产要素的空间集聚与扩散、区域开发与规划、区际分工贸易竞争与合作、城市

① 张海鸣、张学良：《区域经济学》，上海：上海人民出版社2011年版，第17页。

群、区域经济增长、区域经济政策等理论，均体现了较高的层次和较严谨的理论性，但同时，这些理论又不同于同等层次上的经济理论，这些理论既来源于区域存在与发展的实践，更重要的是又直接地回到具体的区域发展实践中，并对区域经济和社会事业的发展产生经济与社会效益。不仅如此，由于任何经济活动总是在一定的地域空间中进行的，区域经济的实践，就是与特定地域的具体区情紧密结合的实践。因此，区域经济理论虽有理论性，但更具应用性，体现了应用经济学的学科属性。

(3) 经济活动在地域空间中的运作，首先，涉及自然地理学、经济地理学中的基本理论和问题；其次，对特定区域或区际之间的产业、城市、乡村、政府行为、各类资源和要素、区际分工、商贸流通等方方面面的研究，又要吸收和涉及以上各类相应或相关学科的理论。由此，体现了区域经济学的综合性学科属性。

第三节　区域经济学的研究对象、主要内容及研究前沿

一、区域经济学的研究对象

如前所述，由于目前国内外学者对区域经济学学科体系的认识尚没有达成共识，因此，对这门学科的研究对象也存在以下分歧：

第一种观点是，区域经济学是研究特定地理空间范围的经济学，它与一般经济学没有什么区别，只是其研究的地域范围是一国内的区域，而不是国家。

第二种观点是，区域经济学的研究对象应根据其研究的主要问题进行界定。如艾萨德等在《区域分析方法》一书中认为，区域经济学是确定可在某一区域有效地从事生产并获取利润的单个或集团产业；改善区域内居民福利，如提高区域内人均收入水平、改善收入分配、更有效地衡量收入等；区域内产业的分散、获得区域内资源的最有效利用(Isard et al.,1960)。周起业、刘再兴在其著述中也采用了这种观点，他们把区域经济学看成研究如何建立国家经济区域系统，并按照地域分工与合作的原则来组织系统内各区域中第一、第二、第三产业的发展与布局，使之成为一个既能顺乎世界经济发展的潮流，又能最大限度发挥地区优势的产业结构，形成一个大、中、小企业相结合，聚集与扩散相结合，以多层次城市为节点，由运输网、信息网、服务点分布网等网络系统，将全区域连成一气的经济有机体的学科。

第三种观点是，应从人类经济活动的地理分布和空间组织界定区域经济学。诺斯(H. O. Nourse)在其所著《区域经济学》一书中，将区域经济学界定为研究为人们所忽略的经济空间秩序、研究稀有资源的地理分布的科学(Nourse,1968)；程必定认为区域经济学的研究对象是国民经济发展的地域组织规律；胡佛在其所著《区域经济学导论》中认为，区域经济学即“空间”经济学，可以用“哪里有什么，为什么，又该怎么办”这些问题概括。

第四种观点是，把区域经济学看作研究某些特殊领域的经济学。如利菲伯(L. Lieber)把区域经济学界定为“空间隔离”经济学；博茨(G. H. Borts)把区域经济学界定为“资源不流动性”的经济学；布德维尔(J. R. Boudeville)则把区域经济学界定为一种决策科学。

第五种观点是，把区域经济分为区内和区际两个层次。杜贝(V. S. Dubey)在其“区域经济

学的定义"一文中认为，区域经济学是以经济学的观点，研究在资源不均匀分配且不能完全自由流动的世界中，各个地区的差异以及各地区间关系的科学。

综合以上不同观点，我们认为，区域经济学是运用经济学的基本理论和方法，以一定的地域空间为依托，研究其经济发展条件、动力机制、空间组织结构、区域竞争与合作及一般规律的综合性应用经济学科。区域经济学属于中观经济学范畴，它具有区域性、综合性、应用性三大基本特征。

二、区域经济学的主要内容

区域经济学研究对象的特点，决定了其研究的范围不仅广泛，而且研究内容也在随经济、社会形势的变化而不断地丰富。

总体上讲，区域经济学的研究内容如下：

（一）区位

区域经济学的研究范围决定了其研究离不开区位。又由于区域经济学属于应用经济学学科，它研究的不是一般的区位，而是各类经济活动得以展开的在一定地域范围内的分布、组织及相互间的空间过程和关系。

（二）区域产业

产业及产业结构是区域经济存在和发展的基本因素。区域产业结构如何优化，不仅对区域优势产业如何确定以及区域产业集聚经济、集聚不经济、区域产业扩散、区际产业联合等具有重要意义，而且所有这些因素都是带动区域经济发展的引擎。

（三）区域网络

区域网络建设无论对提升区域经济发展档次，还是使区际间保持正常竞争和有益合作，都是必不可少的条件。

（四）区际经济关系

任何国家和一国内部的任何一个区域都是处在相互联系中的。因此，区域经济学不仅研究一个国家或一个国家内地域系统中的经济，而且还要研究彼此间在各自优势基础上形成的优势互补及其相互关系。

（五）区域经济政策

区域经济政策是区域经济发展的保障。区域经济政策包括金融、财政、工商、贸易、合作、竞争、就业、利益分配、法律等各方面。同时，区域经济政策还要与市场运作机制实现有机的结合，只有这样，才能有效地发挥各种政策的功效。

（六）区际分工、贸易、竞争与合作

区域分工是区际贸易的前提，区际之间贸易的展开必定有竞争。以区域分工为基础进行的区际贸易和竞争可以使各区域扬长避短、避免重复建设，进而实现有效、有益的区际经济合作。

（七）发展战略与规划

科学的区域经济发展是分阶段、有步骤地进行的，这就需要各区域依中央政府的宏观发展战略，制定符合区域实际情况的区域经济发展战略，并依发展战略进一步制定实施规划。

（八）城乡系统

城乡系统包括中心城市、城市群、城镇与乡村等各子系统。城市系统是区域经济发展的核心。通过建立多样化、多层次的城乡系统，可以充分发挥中心城市的龙头和辐射作用，从而带动城市、乡村整个地区经济和社会事业的发展。

（九）生态环境建设

长期以来，在区域经济发展的理论研究和实践方面，生态环境建设是常常被忽视的问题。我国区域经济发展中对生态环境的破坏而带来的不可持续性，造成了在日后的区域经济发展中，区域开发与生态环境建设必须被列入研究范围。

（十）国际经验

发达国家和发展中国家在区域经济发展中积累了许多经验与教训，研究两类国家的经验与教训，对我国区域经济理论的完善和区域经济发展的实践，都是可以借鉴的宝贵财富。

（十一）区域经济及其发展规律

对区域经济的正确认识和界定，是研究区域经济中其他问题的前提；同时，研究区域经济并不是就事论事，而是从对其表象的分析中探寻其内在的客观运行规律。

三、目前区域经济学界研究的主要前沿问题

随着区域经济问题的凸显和区域经济学研究领域的拓展，目前，我国区域经济学研究的重点主要集中在以下几个方面：

（一）区域经济差异

从一定意义上讲，没有区域差异就没有区域经济，而没有区域经济，区域经济学就失去了研究对象和根基。与其他任何事物都有个“度量”一样，区域经济差异也应当保持在一个适度的区间内，太大、太小都不利于区域经济乃至整个国民经济的发展。自改革开放以来，随着东部沿海地区经济的发展，我国区域经济的发展差异呈明显扩大的趋势，这种状况已经并将持续影响总体国民经济的持续增长和社会的长治久安。

从20世纪90年代以来，我国理论工作者和实践工作者先后运用加权变异系数法、锡尔系数法、基尼系数法、广义熵指数等方法对我国区域经济差异进行了大量的实证研究。虽然研究进展较快，也取得了许多可喜的成果，但对差异形成的原因、差异的度量方法以及差异的合理区间等问题的研究或者尚未达成共识，或者涉及得较少。

（二）欠发达地区经济发展的路径

在对我国中西部地区，特别是西部地区如何摆脱经济欠发达的现状，早日与东部沿海地区形成协调互动发展的局面方面，我国学界提出了许多有价值的设想，其中较有影响的有西部跨越式发展、东西对口支援、西部造血功能的培育、各方面政策的优惠、加大东部沿海地区的扩散能力、培育扩散渠道等。同时，在中央政府提出西部大开发战略以来，各级政府和具体职能部门都把这一问题摆到了重要议事日程上，也投入了大量的资金、人力和物力，并取得了一定的成效。但欠发达地区究竟应如何发展，仍是需全力进行研讨和解决的十分现实的问题。

（三）区域经济协调发展

20世纪90年代以后，中央政府明确提出了区域经济协调发展的政策主张。此后不久，理

论界曾以研讨会、课题、论著等形式对这一问题进行了研究，形成了目前的以运用系统观、可持续发展观、优先发展观、跨越式发展观等方法，认识区域经济协调发展的内涵、发展战略、路径选择的见仁见智的重要研究成果。

实际上，区域经济协调发展，不仅是对我国以往区域经济发展经验教训的反思和总结，更主要的是为了解决目前我国区域发展差异过大并有继续扩大趋势的问题，从而实现国民经济稳定、高效发展和人民共同富裕的目标。但从现在学界对协调发展研究的总体状况讲，对协调发展的认识还不够深刻，措施还不够得力。

（四）区域经济可持续发展

针对我国的实际来说，区域经济是否能可持续发展是十分紧迫、现实的问题。单从区域经济角度而言，各地区都存在制度的制定、机制的建立和各种手段运用的缺失、落实不利、作用力度差等弊端。目前对既要保持各区域特色经济的发展，又要遵循可持续发展原则，既要富裕，又要追求长治久安、造福子孙后代等问题，仍没有做到认识到位、措施有力。理论界对这些问题虽有许多好的见解，但可操作性仍较差。

（五）区域经济合作

现代市场经济客观上要求一国内各个区域，一要开放，二要发挥特色，三要实行区际之间的合作。近些年来，基于我国较严重的地方割据、地区封锁等状况，我国理论工作者对有关区域经济合作问题的讨论比较多。但由于时间不长，对这一问题的研讨还不太成熟。随着我国区域经济协调发展战略的实施和国际区域一体化、全球化影响的加深，这一问题将会成为我国区域经济理论工作者着力研究的重要问题之一。

（六）区域经济政策

区域经济政策在我国区域经济发展实践中发挥着重要的作用。区域经济政策是一个大系统，它包括财政、税收、金融、产业、贸易、分工、合作、竞争等各个方面，每一种政策又包含众多的具体内容和操作手段。多年来，我国学界和实际工作者对这些政策的研究比较零散，不成体系，有些政策的研究主要是出于局部地区的现买现用；有些政策尚未到位或层次较浅，特别是对上述各项政策的结合效应等方面的研究，基本上处于起步阶段。这些均有待于付出系统、深入和切合实际的研究。

【本章小结】

1. 区域经济学作为一门相对独立的学科，是在相关理论长期发展的基础上于20世纪50年代在西方国家形成的。第二次世界大战后，随着新学科的兴起和世界经济格局的变化，区域经济学得到进一步的发展。区域经济学在我国的发展虽然较晚，但其进展较快。

2. 区域经济学的学科渊源较广泛，包括经济地理学、经济学、产业经济学、发展经济学等。区域经济学是一门交叉学科，其特点是区域性、综合性和应用性。

3. 作为以中观经济为研究范围的学科，区域经济学研究的内容较为广泛。目前其研究的前沿问题也在拓展和深化。

【练习与思考】

1．说明区域经济学的产生与发展。

2．说明区域经济学研究的主要内容。

3．分析区域经济学的前沿问题。

【进一步阅读资料】

1．陈栋生:《区域经济学》,郑州:河南人民出版社 1993 年版。

2．郝寿义、安虎森:《区域经济学》,北京:经济科学出版社 2004 年版。

3．张敦富:《区域经济学原理》,北京:中国轻工业出版社 1999 年版。

4．魏后凯:《现代区域经济学》,北京:经济管理出版社 2006 年版。

5．〔美〕埃德加·胡佛:《区域经济学导论》,上海:上海远东出版社 1992 年版。

6．高洪深:《区域经济学》,北京:中国人民大学出版社 2002 年版。

7．Weber A., *Theory of Location of Industries*, Chicago: University of Chicago Press, 1929.

8．Isard W., *Location and Space Economy: A General Theory Relating to Industrial Location, Market Areas, Land Use, Trade, and Urban Structure*, New York: John Wiley & Sons, 1956.

9．Williamson J. G., "Regional Inequality and the Process of National Development: A Description of the Patterns", *Economic Development and Cultural Change*, 1965(4).

第二章　区域经济学的基本概念及主要理论

【本章学习目的】

1. 掌握区域经济学的最基本概念;
2. 在深刻理解基本概念的基础上,结合区域经济的实际加以灵活应用;
3. 通晓各区位理论的主要内容;
4. 掌握区域经济均衡发展、区域经济非均衡发展理论及区域可持续发展理论。

区域经济学包括许多概念,而其中的基本概念,是学习这一学科必须掌握和通晓的最基本的常识。同时,主要区位和区域经济发展理论,是研究区域经济问题的基本理论依据。

本章先界定和解释基本概念,然后分两节重点阐述主要区位理论和区域经济发展理论。

第一节　区域经济学的基本概念

著名经济学家沃尔特·奥肯认为,在建立一幅经济世界的科学图像方面,定义扮演着重要的角色。本节将给出区域经济学的 12 个基本概念。

一、区域、区域空间结构、点、线、网络、域面

(一) 区域

一直以来,各学科的学者们对区域的理解有所不同。薛东前等对区域的一般性解释是,区域(region)是地球表层的一个片段,它具有一定的面积、形状和范围,其内部特定性质与功能相对一致,而与相邻区域有区别;政治学将区域理解为国家实施行政管理的行政单元;地理学把区域理解为地球表面的一个地理单位;经济学则把区域理解为经济上相对完整的经济单元;等等。

20 世纪 60 年代,法国经济学家布德维尔在吸收佩鲁在《经济空间:理论和应用》一文中空间方法框架与地理学区域思想的基础上,将区域分为均质区域(homogeneous region)、极化区域(polarizable region)和计划区域(planning region)。其中的均质区域是指,有某些同类性的一定空间范围,如收入水平或农作物种类的一致性;极化区域又称节点区域,是指与某种形式的

流量联系在一起的一定空间范围，如区域拥有对周围有吸引力的中心，并与周围形成某种信息、物质、能量的交换，从而构成极化区域；计划区域是指，一定空间范围被置于同一计划权威或行政权威之下，如行政区域。

对区域这一概念的理解虽然不同，但无论如何都具备两点共性：一是区域内某种事物的空间连续性，如行政区在权力延伸上的连续性，经济区在经济活动上的连续性。没有连续性或连续性中断，区域就会出现区地。二是区域内某组事物的同类性或联系性，这种同类性或联系性是相对的，是随区域的大小而变化的。同时，区域内的同类性总是高于区域外的同类性。不仅如此，任何区域都是更大区域系统中的一个组成部分，一个大区域也是由多层次的子区域组成的。一方面，一个区域的生产活动会影响大区域、其他区域或国家全局；另一方面，该区域的生产活动也在不同程度上受到大区域或国家全局生产活动的影响。①

（二）区域空间结构

空间，是一个具有多维含义的概念。如果仅从地域范围的角度理解，空间可分为计划空间和结构空间。计划空间也称行政空间，是一种广义的国土概念，在地理范围上多是静态的，并且具有较强的稳定性；而作为结构的空间，也称为经济空间，是区域内在的经济与地理的客观联系，其结构是区域内多个不同等级的空间子体系内在经济联系的反映，属于动态空间，即随所反映的地域内在联系的波动和演变发生结构变动。②

区域空间结构是一个动态的概念，是指生产力诸要素及各种经济活动在区域空间中的相对位置、空间分布和空间组合形式。区域空间结构是区域经济的一种重要结构，它反映了区域经济客体在空间中的相互作用及相互关系，反映了这种关系的客体和现象的空间分布状态及集聚程度。因此，在研究区域经济发展问题时，如何实现要素在空间上的优化配置和经济活动在空间上的合理组合，是自始至终都要考虑的问题。

区域空间结构由点、线、网络和域面四个基本要素构成。

（三）点

区域空间结构中的点，是指由区域经济活动在地理空间上集聚而形成的点状分布状态，如商业点、工业点、文化点、服务点等。由于这些行业客观上有集聚的要求，于是就形成了上述诸点；又由于这些点之间是相互关联的，从而吸引了社会活动、人口及其他生产要素向它们的集聚地集中，进而形成了集经济活动、社会活动和人口于一地的城镇。集中的不同程度，使以城镇为代表的点具有不同的规模、功能与等级。可见，城镇的形成过程是各种经济要素、社会要素和人口集聚的结果。由此，点就成为区域经济活动的重心。

（四）线

区域空间结构中的线，是指区域的某些经济活动在地理空间上所呈现的线状分布状态，如交通线、能源线、通信线、供排水线、城镇线（城镇的分布呈线状）。

与点同理，由于数量、密度、质量和重要程度等组成要素的不同，线也有不同的等级之分。例如，交通线中的公路线可分为国道、省道和乡道等。

---

① 张金锁、康凯：《区域经济学》，天津：天津大学出版社 2003 年版，第 11—12、14 页。

② 郭鸿懋、江曼琦、陆军：《城市空间经济学》，北京：经济科学出版社 2002 年版，第 22 页。

（五）网络

区域空间结构中的网络，是由相关的点和线相互联结而成的。网络是连接空间结构中点与线的载体，由某一性质或综合性质的点与线组成，从而使被连接的点与线具备单个点或线不能完成的功能。由单一点与线组成的网络称为单一性网络，由不同性质的点与线组成的网络称为综合性网络。由于网络的存在产生了区域经济发展中的人流、商品流、信息流和资金流。

（六）域面

区域空间结构中的域面，是区域经济活动在地理空间上呈现出的面状分布状态，如，农业区、城市辐射的腹地区、各种市场形成的域面、城乡混合区以及其他经济活动因在一定地理空间范围内较密集地连续分布而形成的域面等。区域空间结构实际上就是由以上点、线、网络和域面相互结合构成的。

我国学者曾菊新在《空间经济：系统与结构》一书中曾对区域空间结构的点、线、网络和域面的组合方式作了如下的系统研究："点—点"构成节点系统，表现为条状城镇带和块状城镇群；"点—线"构成交通、工业等经济枢纽系统；"点—面"构成城市—区域系统，表现为城镇聚集区、城市经济区；"线—线"构成交通、通信、电力、供排水等网络设施系统；"线—面"组成产业区域系统；"面—面"组成宏观经济地域系统，如经济区、经济带；"点—线—面"构成空间经济一体化系统。它们之间的关系"具体表现为节点相互依存，域面协调发展，通道配套运行，各种空间经济实体的联系交错密集，呈现网络化系统"。[①]

二、区位、区位因子

（一）区位

"区位"一词源于德文的"standort"，是 1882 年由 W. 高次首先提出的。1886 年，"区位"一词被译为英文"location"，20 世纪随屠能、克里斯塔勒、韦伯、廖什等人的区位经济理论一同被介绍到我国，并于 20 世纪 80 年代以后开始逐渐在经济地理学和区域经济学中被广泛地应用。

区位，指人们从事经济活动时，在地理位置上所选择的一个具有特定优势的有限空间范围。就其空间形式而言，一般有点和线两种形式，即点区位和线区位。所谓点区位，是具有几何上确定的、以地理坐标加以描述的，如一城镇工矿企业或商业贸易分布点、交通枢纽点等；所谓线区位，是几何上确定的线段，以走向和长度来度量，如交通线、产业带、自然资源分布带等。

在社会科学中，区位具体可依其主体或事物的不同而分为经济区位、地理区位、自然资源区位、工业区位、农业区位和贸易区位等，但以经济区位为主；在经济管理中，由于社会经济运动的相互依存性、资源空间布局的非均衡性和分工与交易的地域性等特征，各空间位置具有不同的市场约束、成本约束、资源约束和技术约束，从而具有不同的经济利益；经济区位更多强调的是由地理坐标（空间位置）所标志的经济利益差别。由此出发，可以将国民经济活动的整个空间范围看成由若干区域所构成的有机体系，而区域经济又可视为由若干区位组成的一个综合经济体。

---

① 曾菊新：《空间经济：系统与结构》，武汉：武汉出版社 1996 年版，第 130—131 页。

（二）区位因子

区位因子（location factors），也称区位因素或区位力量。区位因子最早是工业区位论的创建者——德国经济学家阿尔弗雷德·韦伯（Alfred Weber）在研究工业区位问题时提出的。韦伯将区位因子定义为“作为区位的经济原因运作的力”。[①] 按照韦伯的解释，区位因子是经济活动发生在相对来讲具备某些优势因素的某个特定的点或若干个点上，这里的某些优势因素，就是不仅能使成本降低，而且比其他任何地方的成本或费用都低的因素。从工业区位方面讲，在这个能使成本最低的特定点或若干点上生产的产品，生产所用的费用可比在其他地方生产少。

区位因子主要包括两类：一般区位因子和特殊区位因子。其中，一般区位因子是指，能够以多种方式对工业生产有不同程度的影响，以至于所有工业在选址时必须考虑的因素，如地租、运费、劳动力成本等；特殊区位因子是指，只会对特定工业产生影响的因素，如原材料易腐性、空气湿度等。同时，韦伯认为，如果工业发展要求的以上条件被严格限定在一个位置上，就会促使该工业向这个特定的地点布局，而影响这一布局的区位因子，被称为区域性因子。但当工业在其发展过程中不受区域性因子的影响而向一定点或若干点集中时，其间起作用的，或者是可以更经济有效地利用设备，或者是可以形成外部规模经济，或者是可以通过联合采购的方法降低原材料的价格等，这时发生作用的因素就被称作“集聚”区位因子。工业企业“集聚”到一定程度时就会产生地价上涨等使成本上升的变化，而工业企业为降低成本，就从该地理位置上撤出来，到其他地点发展，其间促使工业企业撤出的因素被称为“分散”区位因子。

除以上区位因子外，韦伯在研究工业区位理论时还附带地提出了自然因子和社会因子。

三、经济区、经济区域、区域经济、经济区划

（一）经济区

经济区是政府组织国民经济活动的重要地域单元，是以劳动地域分工为基础而客观形成的不同层次、各具特色的经济地域。也就是说，经济区是生产力发展的产物，是国民经济发展最重要的空间组成部分，对国民经济发展有着重要的支持与制约作用。经济区与一般地理区域是有区别的。

一般来讲，经济区具有以下特点：

（1）匀质性或同类性，即区域内的自然资源、自然条件、社会经济条件大致类似，经济发展水平和所处的阶段大致相同，经济发展方向一致等；

（2）经济联系和经济结构合理，即区域内各经济主体间生产联系合理、交通运输便捷、信息渠道和商品流通畅通等；

（3）经济管理上的合理性，既便于区域产业布局，又便于区域规划、经济发展计划和政策的制定。[②]

---

① 〔德〕阿尔弗雷德·韦伯：《工业区位论》，北京：商务印书馆 1997 年版，第 7 页。

② 张金锁、康凯：《区域经济学》，天津：天津大学出版社 2003 年版，第 13 页。

（二）经济区域

经济区域是劳动地域分工的必然结果，是人类经济活动的产物，是由人们的经济活动所造成的、围绕经济中心而客观存在的具有特色的地域构成要素，并且是不可无限分割的经济社会综合体，如东北经济区、山西经济区、山东经济区等。

与经济区不同，经济区域不是人为设定的，而是在区域经济发展和变化的过程中，依自然、人文环境的特点逐渐形成的具有本地特点的地域空间。不仅如此，在经济区域形成的过程中，一个或几个经济中心是其集聚、发展的引擎。

经济区域的形成，反映了区域经济发展的客观规律，这一点已被各国的实践所证实。

（三）区域经济

区域经济是一个系统概念。它是以不同等级的地域单元为基础，按照社会劳动地域分工的原则，在充分发挥本区域优势的基础上建立起来的具有区域特色的地域性经济，是某一特定区域内经济、社会活动及其相互关系的总和。

从中可见，区域经济是以地域为基础的国家经济的空间子系统，是介于宏观经济和微观经济之间的中观经济。

魏后凯教授在其主编的《现代区域经济学》一书中提出，区域经济具有三个明显特点，即地域性、中观性和相对开放性。他进而指出，考虑到区域经济的地域性，“区域经济的发展必须因地制宜、扬长避（补）短、合理分工、发挥优势，以逐步形成各具特色的地区经济结构”；考虑到区域经济的中观性，“地方政府既要对区域内的企业进行管理和调控，又要接受中央和上一级政府的监督、指导和调控，执行国家的宏观经济政策”；从相对开放性特点出发，“一般地说，区域规模越大，开放的程度越低；反之，区域规模越小，开放的程度越高”。①

（四）经济区划

经济区划属于区域经济管理系统，是国民经济在地域层面进行总体分布的基本构架。它依社会劳动地域分工规律和区域划分原则，根据特定时期国民经济发展的目标、任务和客观存在的不同发展水平，本着发挥区域比较优势、扩大区域市场和加强地区经济联系的思路，对全国进行的战略性区域划分。

经济区划的目的，是揭示经济区域发展的有利条件、主要优势和发展中的制约因素，指出各经济区域专业化发展的方向和产业结构的特点，建立符合区域比较利益的劳动地域分工与协作，通过生产力的合理安排提高劳动生产率，推动区域经济发展，并为中央政府制定区域经济发展规划提供科学依据。

由于区域不是孤立存在的，一个区域既受大区域和其他区域的影响，同时也对其他区域产生影响，因此，作经济区划时，要瞻前顾后、通盘考虑。

第二节　西方主要区位理论及模型

区位理论（location theory）是研究人们的活动，尤以经济活动为主的空间组织优化理论，是

① 魏后凯：《现代区域经济学》，北京：经济管理出版社 2006 年版，第 5 页。

区域经济学的奠基理论。

区位理论产生于19世纪初的20—30年代。从那时起直到20世纪50年代，是传统的农业制度快速发展和西方市场经济从起步到大发展的时期。为适应这一阶段农业、工业、城市、市场发展的客观要求，以不同方向为研究对象的区位理论相继产生。

本节主要介绍屠能为代表的农业区位论、韦伯为代表的工业区位论、克里斯塔勒为代表的中心地理论、廖什为代表的市场区位论、胡佛为代表的经济活动区位论和艾萨德为代表的区位指向理论。

一、古典区位理论及模型

（一）农业区位论及布局

1. 农业区位论及设定条件

农业区位论是德国农业经济学家、农业区位论创始人、经济活动空间模式创始人屠能于1826年在其所著的《孤立国对农业和国民经济的关系——关于谷物价格、土地肥力和征税对农业影响的研究》（简称《孤立国》）一书中提出并详细论述的。

屠能所处的时代是以农业耕作为主的时代，农业是整个国民经济中的重要经济部门。屠能的农业区位论就是在这一时代背景下创建的。

屠能的农业区位论，主要以城市周围农业土地的类型和集约化程度为研究对象。在研究方法上，屠能运用的是抽象法。为了研究方便，他作了如下假定：① 一个国家的假定。在一个广阔的地域范围内，有一个"国家"，围绕"国家"的是大面积、不适宜耕作的、荒凉的土地，且在整个"国家"范围内，气候、土地质量等没有差异。② 一个城市的假定。在"孤立国"中只有一个城市。这个城市在广大的范围内处于中心的位置，城市周围的地区是农业用地，且该城市是周围地区农产品的消费中心。③ 运费的假定。运费与农产品的重量和距消费地的距离成正比。④ 价格一致的假定。城市中每种农产品的销售价格是一定的。

2. 农业区位论的主要布局

屠能在作了以上假定后，以地租和运输成本为变量，分析农业生产的合理布局。根据地租理论，他探讨了因地价不同而引起的农业分带现象，并设计了六种农作制度，每一种制度构成一个区域，于是形成农作区围绕中心城市呈向心环带状分布的圈层结构，这就是农业区位论中著名的"屠能环"。

按照"屠能环"的布局：

第一农作区是屠能设计的自由农作区。屠能依当时唯一的运输工具马车的速度进行测算后，将该地区定为以主要生产蔬菜、水果、鲜奶等易腐且难以运输的产品为主的地区。这一农作区生产的主要目标是满足城市人口日常生活之需，其生产规模取决于城市人口的消费量。同时，普鲁士农业制度改革后，农民对土地有自主权，农民可以对土地进行集约式耕作。

第二农作区是屠能设计的林业区。屠能根据麦克仑堡的相关资料以及当时以木材为燃料和运输不方便等条件的测算，认为"在远离城市的地方，生产以向城市销售为目的木材的可能性被排除了，木材应当在城郊生产"，并认为，在这一农作区生产木材的收益较高，因此该区应以生产向城市出售的燃料（薪材、木炭）和建材为主。

第三农作区是屠能设计的谷物轮作区。屠能认为，在该区内的一切农田都应种植农作物。农作物的种植以轮作制进行，没有纯粹的休闲地。他提出，每一块农田都实行六区轮作，即第一区马铃薯，第二区大麦，第三区苜蓿，第四区黑麦，第五区豌豆，第六区黑麦。其中耕地的50%种植谷物。他认为，只有此类轮作方式，才能既恢复土地的肥力，又可以保证所需粮食的供应。

第四农作区是屠能设计的谷草轮作区。根据节约劳动的原则，屠能提出对每一块土地实行七区轮作，即第一区黑麦，第二区大麦，第三区燕麦，第四、第五、第六区牧草，第七区休闲。这一轮作区的43%种植谷物。

第五农作区是屠能设计的三区轮作区。他把农家近处的每一块地分为三区，即第一区黑麦，第二区大麦，第三区休闲。区内24%的土地种植谷物。这一农作区提供的多余谷物，正好等于城市对谷物的需求量。

第六农作区是屠能设计的畜牧区。这一农作区是屠能设计的以畜产品供应市场的区域。为向城市供应产品，这一农作区内除要生产畜食牧草外，还要生产供本轮作区内自用的谷物。

屠能认为向心环带由城市向外延伸的距离只能达到250英里，再往外延伸就是荒地了。

从屠能设计的六个农作区可见，农业土地利用的类型和集约利用的程度，是随距城市的距离向外递减的。因此，他的这一设计也可看作最早的农业生产布局理论。

（二）工业区位论及模型

1. 工业区位论及设定条件

在屠能古典农业区位论问世半个世纪以后，韦伯提出了工业区位论。

韦伯是德国经济学家、社会学家和社会活动家。他于1909年出版了《工业区位论——区位的纯理论》一书。在该书中，韦伯分析了在以点分布的原材料、市场和劳动力状态下工业企业的布局，提出了“区位选择”的工业区位论。

韦伯的工业区位论是建立在这样四个假定条件基础上的：① 原材料供给地的地理分布是既定的；② 产品的消费地与规模是既定的；③ 劳动力存在于多数的已知地点，且不能移动；④ 各地的劳动力成本是固定的，劳动力可无限供给。在这些假定条件下，韦伯系统地建立了一系列概念、原理和规则，并以这一系列概念、原理和规则为基础，阐述了工业区位论。

2. 工业区位论的主要内容及模型

在具体论述中，韦伯首先给定的基本概念是区位因子。

韦伯定义的区位因子是“作为区位的经济原因运作的力”。也就是说，经济活动之所以发生在某个点或若干个点上，是由于在这个点或这些点上有某些因素存在。由于这些因素的存在，经济活动在这里进行就能取得较之其他点更大的优势。诱使经济活动在此地发生而不在彼地发生的这些因素就是区位因子。进而，韦伯按对工业布局形成影响的作用，将区位因子分为一般区位因子和特殊区位因子两大类。其中的一般区位因子是，无论何种工业企业在选址时都要考虑到的、带有普遍影响意义的因素；而特殊区位因子，则是指对一些特定的工业产生影响的因素，它不具有普遍性。在区位因子中，对工业企业向特定地区布局产生影响的因子，称为区域性因子；而集聚或分散利益是工业企业向某地聚集和向其他地点分散时起作用的因素，分别被称作集聚因子和分散因子。

据此，韦伯指出，任何产业的布局都要考虑五方面的因素：① 原材料、燃料、动力、水、电、土地等条件能否满足布局要求；② 劳动力的供给及质量；③ 运费的高低；④ 市场的大小；⑤ 产业集聚是否有利于协作而又不过度集中。

在此基础上，韦伯认为，由于不同产业对投入要素的需求条件不同，各区位因子对不同产业引力的大小及合力的方向也不同。他进而认为，各产业区位布局的选择具有不同的指向性，大体可分为运输指向、劳动力指向和集聚指向。

（1）运输指向

韦伯认为，在原材料产地和消费地已定的条件下，运输成本就是对工业区位产生影响的区位因子。运输成本的确定主要取决于两点：重量和距离。由此，他提出"最小运费原理"。由最小运费确定的产业称为运输指向产业。属于这类产业的有钢铁、制糖、水泥等产业部门。就运输来讲，企业在生产过程中要发生两次运输，第一次是将原材料等由产地运到工厂；第二次是将生产好的产品从工厂运到消费地。因此，工厂要选在原材料产地与消费地之间的一个位置上。由于产品不会因运输过程而发生大的变化，而原材料则会在运输或加工过程中发生损耗，因此工业企业在进行区位选址时，更注重对原材料自身的性质、产地的自然情况及加工性质进行详细分析。从原材料的地理分布角度讲，原材料大体可分为遍在原材料和局地原材料。遍在原材料是在任何地方都存在的，如沙石、空气等；局地原材料是被严格限定在特定的地理位置上的，如煤、铁、石油等。

韦伯的运输指向主要是运用原材料指数（material index）的大小，判断工业区位的指向。韦伯用原材料指数和区位重量描述局地原材料在加工过程中的损耗情况，和整个产品在生产与配送过程中所需运输的总重量。

$$\text{原材料指数}(M_i) = \frac{\text{局地原材料重量}(W_m)}{\text{产品重量}(W_p)}$$

原材料指数表示，在单位产品重量中，局地原材料所占的重量。

$$\text{区位重量} = \frac{\text{局地原材料} + \text{产品重量}}{\text{产品重量}} = \text{原材料指数} + 1$$

区位重量表示，在生产和配送的每单位产品中所需运输的总重量。

根据以上测算：① 当原材料指数 >1 或区位重量 >2 时，为原材料地区位；② 当原材料指数 <1 或区位重量 <2 时，为消费地区位；③ 当原材料指数 $=1$ 或区位重量 $=2$ 时，为自由区位，即工厂既可设在原材料地也可设在消费地或原材料产地和消费地之间的任意一个位置上。而当原材料产地和消费地为多个时，韦伯提出用配重法（范力农构架，见图 2-1）确定工厂的区位。①

其数学表达是：设从工厂到消费地和两个原材料产地的距离分别为 r_1、r_2 和 r_3，产品和原材料的重量分别为 ω_1、ω_2 和 ω_3，k 为总运费，则有：$k = \omega_1 r_1 + \omega_2 r_2 + \omega_3 r_3$；若将空间距离用欧几里得距离表示，设工厂、消费地和原材料产地在笛卡儿坐标系中的位置分别为 $P(x,y)$、$C(x_1, y_1)$、$M_1(x_2,y_2)$ 和 $M_2(x_3,y_3)$，则上式为：

① 耿莉萍、陈念平：《经济地理学》，北京：机械工业出版社 2006 年版，第 67—68 页。

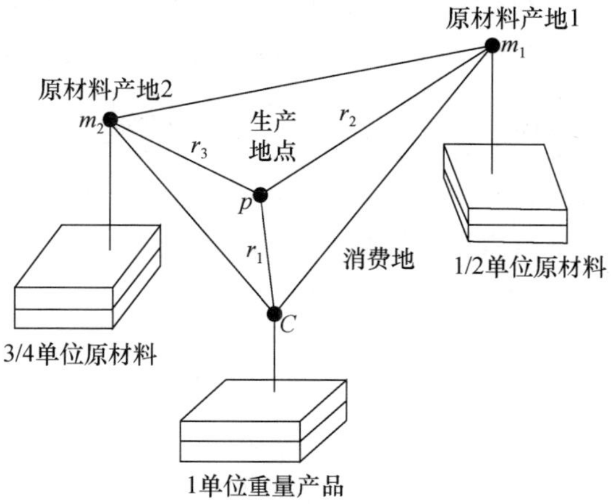

图 2-1　范力农构架(Varignon Frame)

$$k = \sum_{i=1}^{3} \omega_i \sqrt{(x - x_i)^2 + (y - y_i)^2}$$

当原材料产地和消费地的数量为 n 个时,则有:

$$k = \sum_{i=1}^{n} \omega_i \sqrt{(x - x_i)^2 + (y - y_i)^2}$$

(2) 劳动力指向

劳动力指向主要考虑的是劳动力的费用在成本中所占的比重,即每单位产品的工资或薪金。显然,这一指向主要针对产品成本中占比重最大的是劳动力费用而不是运费和其他费用的产业,这类产业称为劳动力指向产业。韦伯研究劳动力指向的目标是,在劳动力费用存在区域差异时,劳动费用对工业企业选址产生的影响以及是如何产生影响的。为了研究工业企业受劳动力指向影响的程度,韦伯设计了一个劳动力成本指数概念。所谓劳动力成本指数,是指每单位重量产品所含的工资或薪金。其计算公式为:

$$\text{劳动力成本指数} = \frac{\text{劳动力成本}}{\text{单位重量产品}}$$

韦伯认为,劳动力成本指数只能从工业区位是否偏离最小运费地的可能性角度进行探讨,但它不能显示是否偏离。由此,他又提出了劳动力系数这一概念,其计算公式为:

$$\text{劳动力系数} = \frac{\text{劳动力成本指数}}{\text{区位重量}}$$

劳动力系数越大,产品中所含的劳动力成本就越高,因此,节约较小的劳动力成本,就可能会使该产品的生产区位偏离最小运费区位;而劳动力系数越小,表明运费在生产成本中所占的比重越高,从而使生产区位趋向于最小运费区位。韦伯以下例作了进一步说明。胸衣制造业的劳动力系数是 1 500 马克,陶器制造业大约是 55 马克,粗糖生产业(从甜菜中榨取)是 1.3 马克。按照这些系数,在任何地方节约 10% 的劳动力成本,都意味着每区位吨分别节约 150 马克、5.5 马克和 0.13 马克。如果假定每吨/公里运价为 5 芬尼,胸衣制造业可以偏离 3 000 公里,陶器制造业可以偏离 110 公里,粗糖生产业则可以偏离 2.6 公里。

可见,单一产品(在这里应是韦伯所定义的区位单元)的劳动力系数确定后,根据各地劳动力成本的比率和运输系统的条件,就可以确定该产品的区位选择范围。劳动力系数越大,其区位选择范围就越大,或者说其偏离度就越大。最后在整个区域中会形成这样的工业区位格局:所有那些偏离度大的产品,将集中在少数几个劳动力成本具有竞争优势的区位上进行生产;能够在劳动力区位附近找到原材料替代产地的低偏离度产品,也会在启用劳动力区位附近的原材料产地、放弃旧有原材料产地的情况下,转移到劳动力区位生产;而其他产品单元则选在各自的运费最低区位生产。①

劳动力费用既包括劳动力的数量也包括质量,因此,为占用劳动力较多的产业选择较优区位时,应考虑劳动力这两方面的条件。

(3) 集聚指向

在韦伯看来,集聚是生产集中在某地而使生产或销售成本降低的区位影响因子。集聚的反作用力是扩散,扩散是在某种程度上对集聚的削减,和从另一方面导致的生产或销售成本的降低。由此,他认为,集聚与扩散是两种区位影响因子,但这两者并不是相互对立的。分散是由集聚本身导致的另一种作用,它寓于集聚之中。韦伯十分看重集聚,把它视为可以节约经营成本的"优势"。

他把集聚过程分为两个阶段。第一阶段是初级阶段。这一阶段能使集聚程度提高的集聚因子,是企业内部的"大规模经营的利益"或"大规模生产的效益"的内部规模经济。第二阶段是高级阶段。这一阶段除了由企业自身生产经营规模的扩大产生的集中度提高外,更主要的是一些企业向该地集中而出现的企业集群。在这一阶段,促使集聚形成的因子是企业内部规模经济和企业间分工、协作与设施共享等外部规模经济。

就集聚本身来讲,韦伯认为有两种类型:一是纯粹集聚,二是偶然集聚。纯粹集聚也称技术性集聚,这种集聚主要是由技术和经济性的集聚利益而产生的;而在纯粹集聚之外,由运输指向和劳动力指向产生的集聚就是偶然集聚。

为了判断集聚发生的可能性,韦伯提出了制造系数的概念,其计算公式是:

$$\text{制造系数} = \frac{\text{单位产品增加值}}{\text{单位产品区位值}}$$

系数高的工业,集聚可能性就大;反之,则小。

二、近代区位理论及模型

(一) 中心地理论及模型

1. 中心地理论及设定条件

早在 1915 年,美国乡村社会学家加尔平(C. J. Galpin)就曾在其《农村聚落的社会剖析》一文中提出了中心地理论的思想,但直到 20 世纪 30 年代,德国地理学家克里斯塔勒和经济学家廖什才较完整地阐述了中心地理论。

中心地理论由克里斯塔勒首先明确提出,由廖什作了进一步完善。

① 耿莉萍、陈念平:《经济地理学》,北京:机械工业出版社 2006 年版,第 71 页。

1933年，克里斯塔勒在《德国南部中心地理原理》一书的导言中，提出了“是否存在着决定城镇的数目、分布和规模的规律”的问题，并在全书的三部分内容中，围绕这一问题，在从理论到实证的分析中，建立起他的中心地理论体系。

为将研究从地域经济变化的复杂多样性中抽象出来，他作了以下假定：① 均质平原。在他所研究的地域中，无论是在自然和人工力量方面，还是在人口密度方面都没有差异，这个区域是一个均质平原。② 经济人。经济活动的变动常年在任一方向进行，生产者与消费者按照利润最大和费用最小的原则行动。③ 消费者的活动是连续、划一和合理的，并就近购物。

2. 中心地理论的主要内容及模型

克里斯塔勒从对城市消费品的供给、交通条件及管理等方面，阐述了城市的形成过程和结构，并以抽象演绎方法提出三角形聚落分布和六边形市场区的区位标准化理论。

克里斯塔勒认为，城镇是作为乡村的中心出现并存在的。作为乡村的中心，城镇负有为乡村提供商品和服务的中心地职能。乡村居民从中心地购买商品和享受服务可承受的距离，就是中心地的服务范围。服务范围可称作商品或服务项目的上限。同时，就企业来讲，他经营的下限是最低销售额，而支撑最低销售额的是最低消费人口，他将最低消费人口称作“门槛”(threshold)人口，它是生产企业生存的最小市场半径。由于商品或服务的属性和乡村居民的嗜好有别，所以不同档次的商品和服务就有不同的上下限。如高档商品和服务项目对下限要求高，而其上限即服务范围也大；中、低档商品特别是生活必需品或服务项目对下限要求低，上限也小。同时，又由于不同地理位置的中心地提供的服务不同，就形成了中心地的不同等级。克里斯塔勒的中心地级别划分如表2-1所示。

表2-1 克里斯塔勒的中心地级别划分

级别简称	名称	名称含义
M	Marktleeten	基本市场区位，最低一级中心地
A	Amtsstadehen	设有镇级官方机构的村镇
K	Kreisstalltchell	县级镇
B	Bezirkshanptorte	地区主要中心
G	Ganbezirkshauptorte	地区高级中心，地位超过B级中心地
P	Provinzialhaccptorte	省首府
L	Lendeszentraltu	跨区域首要城市中心

注：除此之外，克里斯塔勒还给出了两个级别的中心，一个是Reichsteil State，简称Rt，地位超过L级中心地，人口约100万；另一个是Reichshaup Stadte，简称R，为国际性城市或国家首都，人口在300万以上。

资料来源：Carter H., *The Study of Urban Geography*, London: Edward Arnold, 1957。

从表中可见，M级中心地的等级最低，服务范围也最小，其他中心地的级别逐次提高，服务范围也在扩大。

为进一步说明中心地市场领地的形成过程，克里斯塔勒提出六边形蜂窝状布局，如图2-2所示。

图2-2(a)表示，在市场领地的一定范围内会有阴影部分。阴影部分表示居民享受不到中心地提供的商品和服务，形成服务空白。

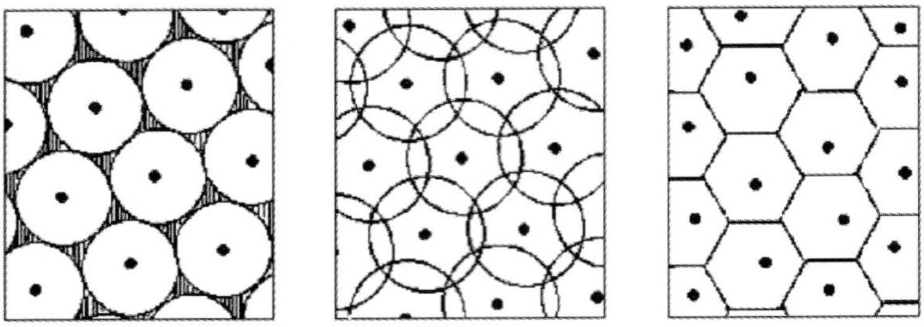

图 2-2　六边形市场领地形成过程示意图

为了消除空白部分，克里斯塔勒主张各中心地应紧凑布局，缩小相互之间的空间距离，如图 2-2(b)所示。图 2-2(b)表示，虽然居民可以在两个中心地的服务半径内购物或享受服务，但受费用最小和市场排他规律的支配，居民只会选择距离最近的中心地，于是，就会形成图 2-2(c)所示的市场领地分布图形。也正是图 2-2(c)所示的六边形，可以同时满足对居民的服务和厂商最大收益的要求。

在此基础上，克里斯塔勒还进一步对以市场原则为基础的中心地系统、以交通原则为基础的中心地系统和以行政原则为基础的中心地系统等进行了较详细的论述。

（二）市场区位论及模型

1. 市场区位论及设定条件

1940 年，德国经济学家廖什在他的《区域经济学》一书中，利用克里斯塔勒的理论框架，经数学推导，得出了与克里斯塔勒完全相同的六边形区位模型，并在将中心地理论用于工业区位结构体系的研究及从聚落市场区发展为工业市场区的分析中，形成了他的市场网络理论，即市场区位论。

廖什在阐述市场区位论时，先作了四点假定：① 在均质平原上，沿任何方向的运输条件都相同，进行生产的必要原材料充足，且均等分布；② 在平原中均等地分布着农业人口，最初他们的生产是自给自足的，且消费者的行为也是相同的；③ 在整个平原范围内，所住农民的技术知识是相同的，且所有人都有得到生产机会的可能；④ 除经济方面作用外的其他因素，均不在考虑范围之内。

2. 市场区位论的主要内容及模型

廖什以农户生产啤酒为例，说明了市场区位理论。某个农户开始生产啤酒。当他生产的啤酒超过自己的需求后，便将剩余的部分出售，如图 2-3 所示。图中 P 是生产地，PQ 为啤酒的销量，即需求量。在将啤酒从生产地运往销售地的过程中，运费会随距离的增加而逐渐加大，啤酒的价格会上升。由于价格的上升，对啤酒的需求量就会随之减少，直至减少到需求量为零的 F 点，这也就是生产啤酒者市场领地的边界。这样，QF 是产品需求曲线，以 PQ 为轴，将 QF 需求曲线旋转一周，就得到一个圆锥体，即廖什的需求圆锥体，也即为该啤酒生产者的市场总需求量。以 P 为圆心、以 PF 为半径的圆形底面，就是啤酒生产的市场领地。

同上例中的农户一样，当其他农户也生产啤酒时，便在这一平原内形成了相互独立的圆形市场领地［见图 2-4(a)］。各生产者为了占领更大的市场领地，导致原来彼此有市场间隔的市

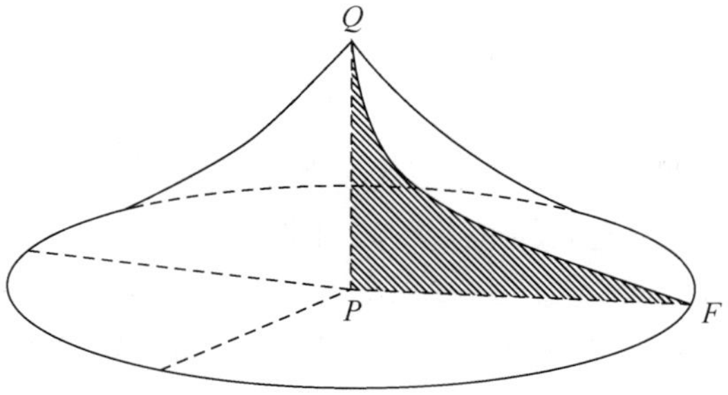

图 2-3　廖什的市场区位与需求圆锥体

场领地相连，形成了如图 2-4(b)所示的市场分布。但是，当生产发展到这一阶段时，在每三个圆形市场中间仍存在非均衡状态的供给空白区域。于是，各生产者继续扩大生产规模，各自的市场领地发生重叠，形成如图 2-4(c)所示的六边形市场区域结构。廖什认为六边形市场区域结构克服了图 2-4(a)分布中距离长的弱点，也克服了图 2-4(b)分布中的需求空白，因此，图 2-4(c)所示的分布是最佳的空间分布模型。

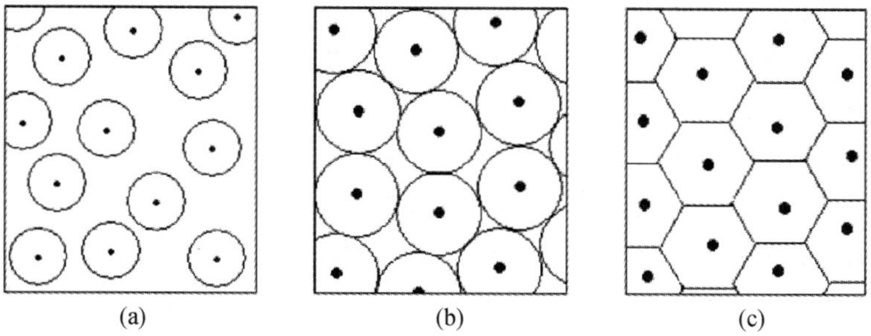

图 2-4　廖什市场区域组织的发展过程

廖什的市场区位论从需求出发，认为最佳区位不是韦伯所讲的最小费用区位，即“点”状市场，也不是以霍特林为代表的区位相互依存学派主张的收入最大点，即“线”状市场，而是利润最大，即收入减费用之差最大的蜂窝状正六边形“面”状市场。

三、现代区位理论及模型

（一）经济活动区位论及模型

1．经济活动区位论及设定条件

经济活动区位论是美国经济学家 E. M. 胡佛在研究制鞋和制革工业时提出的。

胡佛在研究经济活动的区位时作了三点假定：① 生产者和消费者是完全竞争的。② 生产要素的机动性是完全的。③ 生产成本和运输成本是区位选址的决定因素。胡佛认为，在成本相同的情况下，运输距离、方向、运输量和其他交通运输条件的变化，都会对运费产生直接的影响，由此会使产业区位发生变化。当运输沿一条线路进行时，运费与距离之间成等比关系。但每一种运输都要在始发站进行一定的作业后，才经过途中的运输，在到达终点站时还需进行一定的作业才算完成。因此，整个运费既包括场站作业费、途中运输费，也包括运输机构费、服务费及其他费用。

2. 经济活动区位论的主要内容及模型

（1）运输结构与运输方式

胡佛将运费分为场站作业费和线路运输费。其中的场站作业费包括装卸、仓库、码头、管理经营机构和保养等费用；线路运输费包括线路维修、管理、运输工具磨损、动力消耗、保险和工人工资等。由于场站作业费的存在，运输距离与运输费用之间的变化就不是简单的等比关系了。胡佛认为，一般运费随运输距离的增加而增加，但场站作业费与距离的变化无关，无论运输距离为多少，场站作业费都必须支付。因此，每千米的平均运输费与距离的增加不是等比例增加，而是呈递减的趋势，运输距离越长，每千米分摊的场站作业费就越少。也就是说，边际运费在整个运输过程中不是按同一比例变化的。

由此可见，在把运费作为区位选择变量因素的研究中，将运输分为与距离变化相关的线路运输费和与距离变化无关的场站作业费，是胡佛的运费理论与韦伯模型的不同之处。这种区分有利于人们在选址时尽量选择各大中转场站，以此减少货物中转次数，减少运输费用。

（2）运输方式与运费的关系

在对运费结构进行上述研究的前提下，胡佛进而研究了运输方式与运费之间的关系。他认为，运输方式不同，单位重量的货物每单位距离的运费也不同，即运费率不同。一般而言，场站作业费低、线路运输费高的运输方式适合于短距离运输；场站作业费高、线路运输费低的运输方式有利于长途运输。胡佛较详细地分析了 20 世纪 40 年代末密西西比河下游地区的水路、公路和铁路运输，发现短距离的货物运输用公路运输较有利，但随着距离的增加运费会急剧增加；一定距离内铁路和水路运费低廉（如在 56 公里之后，铁路运费低于公路运费，也低于水路运费；在 608 公里后，铁路运费高于水路运费，水运成为绝对有利的运输手段）。因此，公路适合于短途货物运输，水运有利于远距离的货物运输，而铁路适宜于中长途货物运输。

胡佛运输费用理论的意义，一是通过对运费结构的分析，提出了随距离的变化呈递减趋势的线路运输费和与距离变化无关的场站作业费，区位布局要尽量避免原材料和产品的多次中转；二是在运输方式与运费关系的分析中，胡佛进一步指出，按照原材料和产品的运输距离，可以通过选择运输方式降低运输费用。

3. 送达价格与市场地域

胡佛运输费用理论中的送达价格指的是采掘费和运费之和。该值可由从生产地向外呈放射状的送达价格线来表示。消费者是从最低送达价格的供给地购买商品。这样，两个生产者市场地域的界线就是以两个供给地为中心的送达价格相同的地点的连线。

当采掘费一定时，运费成为影响价格的唯一变量。不过，胡佛的研究在一定程度上考虑了收入递减的作用。他认为，采掘工业的特点是随着市场地域的扩大，平均费用也随着生产的增加而上升，其对市场地域界线的影响如图 2-5 所示。

在图 2-5 中费用或价格由纵轴表示，距离由横轴表示。矿物的采掘地为 X，A、B 和 C 表示在同一方向市场地域可能的终点。如果该采掘地的供给范围为 XA，生产费由纵轴上的距离 Xa 表示，直线 aa' 表示随着采掘地远离 X 点运费的增加情况。胡佛称其为运费倾斜线，它是通过等价线的断面图。如果市场扩展到 B 点，生产成本为 Xb，于是新的运费倾斜线为 bb'。当市

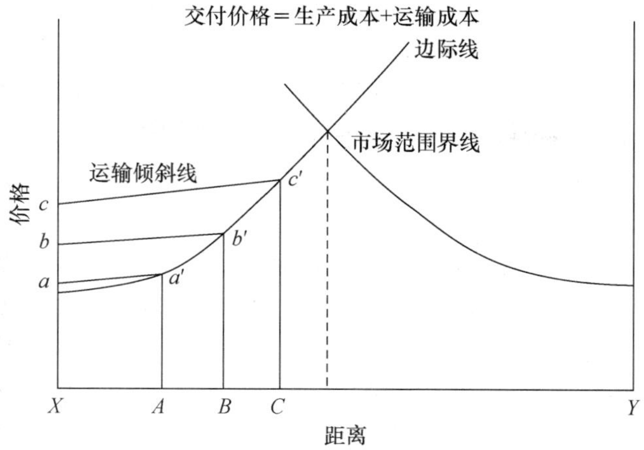

图 2-5　规模报酬递减情况下两生产者的市场范围的界定

场扩展到 C 点时也会有同样的影响。胡佛将连接 a′、b′和 c′等类似的点的连线称作边际线（margin line）。同样，另一生产点 Y 也产生一条边际线，这样，X 和 Y 两者的交点就是两市场地域的界线。在交点上 X 和 Y 的交付价格也是相等的，但在其他地点，一侧的供给源与另一侧相比价格将会更便宜。

利用上述方法，也可以分析制造业产品的市场地域。随着产出量的增加，生产费减少，即使消费地不断地远离生产地，边界线也会呈下降的趋势。由于规模经济产生的报酬递增或远距离运费递减带来产出量的增加，独立的生产者数量减少，生产者的市场领地扩大。

胡佛认为，在区位三角形内部一般很少存在最小运费点，即使假定运费率不变，在三角形顶点之外存在最小运费点的可能性也很小。由于主要原材料供给地或市场比其他顶点具有更大的吸引力，如果考虑到运费存在远距离递减，在顶点之外其他地点选址的机会就更少。他由此得出的结论是：运输成本这一因素的影响，将会使生产区位尽量设在市场、原材料产地或运输网的节点上。

（二）区位指向理论及模型

1. 区位指向理论及设定条件

1956 年，美国著名经济学家艾萨德在其所著《区位和空间经济学》一书中，归纳了屠能、韦伯、克里斯塔勒和廖什等学者的区位论观点，将空间维度引入对区位问题的研究中，从而将纯理论的推导提升到对空间上区域各发展阶段的经济分布及空间结构研究的层面。他也因此被学界称为对区位理论的全面发展贡献最大的人。

艾萨德的区位指向理论，主要是运用替代原理分析区位均衡。① 在研究区位均衡过程时，他假定：① 生产活动对消费中心地、运费、原材料价格、劳动和其他要素及产品不产生影响。② 其他生产者也不会进行报复。③ 购买企业产品的全部消费者都集中于 C 点。④ 进行生产

① Isard W., *Location and Space Economy: A General Theory Relating to Industrial Location, Market Areas, Land Use, Trade, and Urban Structure*, New York: John Wiley & Sons, 1956.

不可缺少的唯一原材料为 M_1。⑤ 如果有必要使用其他生产要素，也把它作为"遍在原材料"。

2. 区位指向理论的主要内容及模型

在作了以上假定条件后艾萨德认为，如果 M_1 点的原材料如同矿物资源一样是不可移动的，那么，生产活动必然在 M_1 点进行。如果 M_1 点的原材料是可移动的，也就是说，C 和 M_1 之间有连接的交通线路时，区位均衡点将在 C 和 M_1 之间的"区位线"(locational line)上，如图 2-6(a)所示。

为了进一步说明这个问题，他运用了"变换曲线"(transformation line)。艾萨德运用的变换曲线的重要含义是：某工厂在 P 点布局时，需要花费一定的运费从 M_1 点把原材料运到 P 点，这时距离变量为 M_1P。为了把产品运输到 C 点，同样要进行 CP 距离的运输。如果企业从 P 点沿 CM_1 线可左右移动的话，M_1P 和 CP 的值将会同时发生变化。距离变量的替代同时是运费的替代，替代曲线就是对这种替代关系的描述，如图 2-6(b)所示。

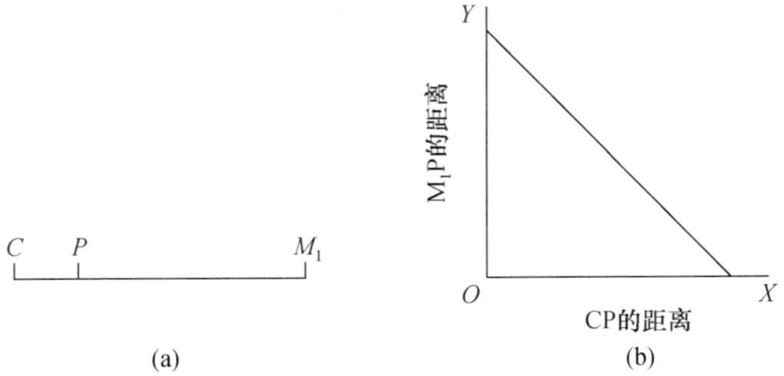

图 2-6　直线市场下区位均衡点与变换曲线示意图

如果表示一个市场 C 和两个原材料产地 M_1、M_2 的关系，变换曲线则会有以下情况(见图 2-7)：

(1) 以 M_1 为出发点，在距 M_1 的任意距离上，都有起始于 C 点和 M_2 点的距离变量的不同组合关系的变换曲线(如弧 $T'S'$)。

(2) 以 M_2 为出发点，在距 M_2 的任意距离上，都有起始于 C 点和 M_1 点的距离变量的不同组合关系的变换曲线(如弧 $T''S''$)。

(3) 以 C 为出发点，在距 C 的任意距离上，都有起始于 M_1 点和 M_2 点的距离变量的不同组合关系的变换曲线(如弧 TS)。

要找出区位均衡点，应先找出各类情况的部分区位均衡点。由于原理相同，我们这里以第三类情况为例进行详细分析。在第三类情况中，先寻找距市场 C 一定距离处的部分区位均衡点(即部分最佳区位)。区位均衡点不是一个点，而是被包括在区位三角形中的一条变换曲线(弧线 TS)。但是，该变换曲线是在假设具有均一费用的运输工具，从所有地点向所有方向呈放射状运输的条件下作出的。而在现实中，潜在的区位均衡点是有限的，可能仅有 T、J、H 和 S 四个可选择的区位点。这样，变换曲线实际上就会变成连接上述 T、J、H、S 各点的折线。

为了从 S、H、J、T 四点中选择区位均衡点，需要给出等支出线。所谓等支出线是在给定总运费支出的条件下，距其他各顶点距离的组合。变换曲线与最低等支出线相交的点即为部分

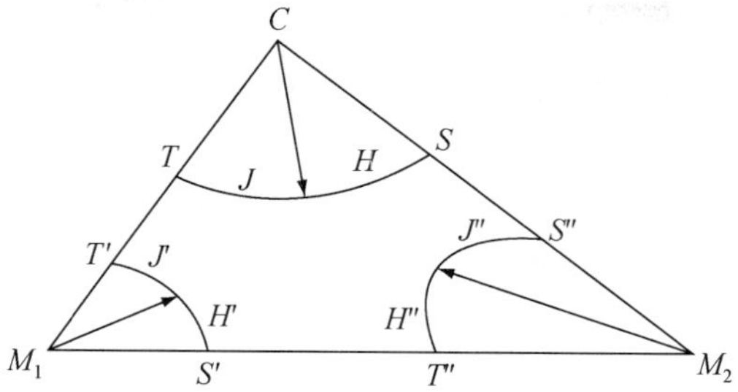

图 2-7　区位三角形中的区位均衡

资料来源：Isard W., *Location and Space Economy: A General Theory Relating to Industrial Location, Market Areas, Land Use, Trade, and Urban Structure*, New York: John Wiley & Sons, 1956.

区位均衡点（部分运费最低点）。每个顶点都存在这种部分区位均衡点，而当这些部分区位均衡点一致时，就是完全的区位均衡点，即总运费最小点。

在区位指向理论中，艾萨德也阐述了劳动费指向。根据运费和劳动费的替代关系，他指出，如果最佳区位（变换曲线与最低等支出线相接的地点）不是运费最小点，将会出现区位从运费最小点向劳动力廉价地点转移的情况。在研究中，艾萨德同时也使用了与韦伯相同的临界等费用线来说明企业区位的集聚指向。如果运费指向的多数企业相聚较远，处于分离状态，临界等费用线不相交，相互之间就不会发生集聚；如果区位间相互接近，临界等费用线相交，就会发生集聚。

第三节　西方主要区域经济发展理论

一、区域经济均衡发展理论

（一）“贫困恶性循环”理论

1953 年，发展经济学家拉格纳·纳克斯（R. Nurkse）在《不发达国家的资本形成问题》一书中，基于对发展中国家长期贫困的分析，提出“一个国家之所以穷是因为它穷”的“贫困恶性循环”理论。

纳克斯认为，发展中国家存在的“贫困恶性循环”表现在两个方面。其一，由于发展中国家收入水平低下，恩格尔系数高，收入在满足基本生活消费后的余额就很少，能用于储蓄的数额更少，从而资本稀缺，使生产率低下，生产率低下又造成收入水平低下，即产生收入水平低下→储蓄不足→资本缺乏→投资不足→生产率低下→收入水平低下的恶性循环；其二，收入水平低下造成购买力不足，购买力不足使市场需求不足，从而市场规模小，市场规模小又引起投资诱惑力不足，投资不足限制了生产规模和生产率，形成低产出和低收入，即产生收入水平低下→购买力不足→市场规模有限→缺少投资诱惑力→投资不足→生产率低下→收入水平低下的又一个恶性循环。以上两个恶性循环相互制约，互相加强，构成一个死结，如图 2-8 所示。

从中可见，由收入水平低下引起的一系列变化，最终导致收入水平低下。针对这个死结，

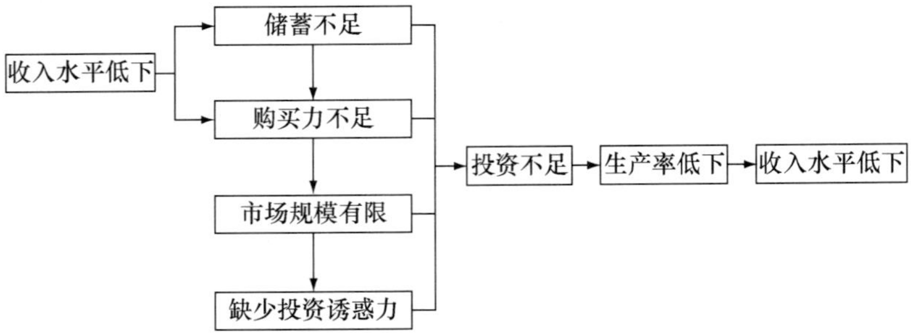

图 2-8 “贫困恶性循环”理论

纳克斯认为，发展中国家摆脱“贫困恶性循环”的途径是：同时、全面地对国民经济部门进行投资，使各部门同时扩大生产规模，从而相互利用便利的生产、销售条件，降低成本，取得经济效益。

纳克斯的理论提出后，虽然受到来自不同方面学者的批评，但也受到一些发展中国家和地区决策层的重视，并对这些国家和地区的经济发展起过积极的作用。

（二）“大推进”理论

“大推进”理论是英国发展经济学家罗森斯坦·罗丹（Rosenstein Rodan）在研究第二次世界大战后东欧和东南欧落后地区工业化问题时，提出的一种均衡发展理论（1943）。

罗丹的这一理论是建立在三种“不可分性”基础上的。在此基础上，他指出，各类国家和地区要有效地促进资本的形成和经济增长，必须在国民经济各部门中同时增加投资，以实现各部门的均衡增长。该理论被称为“大推进”理论。

“不可分性”之一是社会基础资本或社会分摊资本的不可分性。罗丹认为，凡是投资项目都是不能无限细分的，其中的社会基础设施投资尤其如此。所以，对投资项目，特别是社会分摊资本项目的投资，只能以大量的、全面的、连续的方式进行，否则，就不会达到最适度的规模，也就不能充分利用规模经济效益来降低成本。

“不可分性”之二是需求的不可分性。面对发展中国家市场规模小、收入水平低的现实，他认为，在没有充分可供选择的国外市场存在的情况下，需求量“不可分”。如果只对任何一个产业或部门投资，就会由于这一产业或部门因产品缺乏需求而难以发展下去。因此，适应需求的不可分性，就应广泛地、大规模地同时在许多产业或部门进行投资。

“不可分性”之三是储蓄的不可分性。投资的来源主要是储蓄，而在发展中国家普遍存在的是“储蓄缺失”。由于储蓄的增长是有限的，而且不是随收入的增长同比例地增长的，只有当收入的增长达到一定程度以后，储蓄才会快速地增加。为达到这一程度，发展中国家的经济建设规模必须达到保证收入的增长超过一定的程度，并以此突破“储蓄缺口”对经济发展的约束，从而为经济增长提供充足的投资资金来源。

罗丹在作了以上三种“不可分性”分析后得出的结论是，一百五十年来的经济史一再地揭示了这样一个道理：发展中国家由于缺乏大推进而长期滞后于西方世界，如果这些国家有一个全面、大规模的大推进的话，世界经济的进程就会大不相同了。

可见，罗丹也将启动发展中国家经济发展的切入点选在了投资环节。

以投资带动的大推进是需要巨额资本的，而这正是发展中国家和欠发达地区所欠缺的。罗丹提出，可通过两条途径解决大推进的资金来源问题：一条途径是，在不降低国内生活水准的前提下，将一切可能的资本转变为投资，将由投资所产生收入的相当部分用于储蓄，再将储蓄转变为投资，形成国内投资的良性循环；另一条途径是，用开放经济发展模式引进国外资本，并以国外资本投资的新增收入提高边际储蓄，再将储蓄转变为投资，从引进外资中形成国内投资的良性运转。

即：

A. 不降低生活水平→投资→收益的相当部分用于储蓄→投资→生产率提高→收入提高；

B. 引进外资→投资→新增收入用于储蓄→投资→生产率提高→收入提高。

如图 2-9 所示。

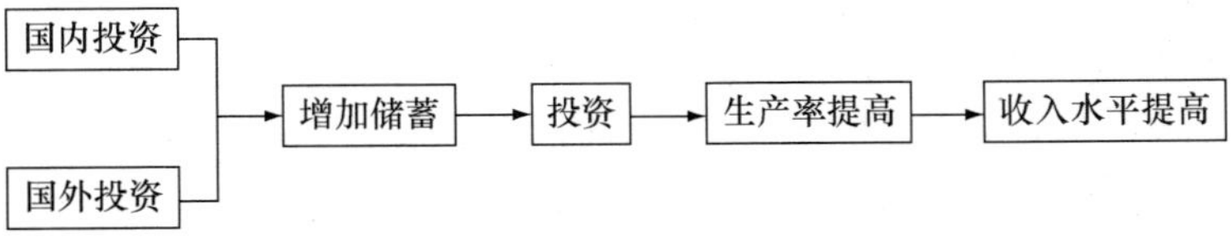

图 2-9 "大推进"理论

罗丹认为，通过以上两条途径，发展中国家和欠发达地区就会走出贫穷的困境。

罗丹提出的"大推进"理论，并非是对国民经济的所有部门同时进行投资，他明确地指出，发展中国家在工业化初期，应把其全部资本的 30%—40% 投到包括电力、交通、通信等社会基础设施建设部门和轻工业部门，而不应将投资重点放在重工业部门，所需的重工业产品可通过国际贸易从发达国家获得。同时，由于大推进带来的外部经济效益、大推进重点投向产业部门建设的目的、建设周期以及资金需求量等，大推进过程不能由市场调节进行，而必须由政府通过计划组织实施。

罗丹的大推进理论公布以来，不仅为一些经济学家所接受，而且在发展中国家和欠发达地区发展的实际应用中也得到了印证，并对促进这类国家和地区的发展起到了一定的积极作用。但由于这一理论中的投资重点在轻工业部门，重工业产品与发达国家交换，并片面地强调政府计划的作用等，这一理论在付诸实施时也曾出现过失误。

二、区域经济非均衡发展理论

20 世纪 50 年代，法国经济学家弗朗索瓦·佩鲁（Francois Perous）、瑞典经济学家冈纳·缪尔达尔（Gunnar Myrdal）、美国发展经济学家艾伯特·赫希曼（Albert Hirschman）、美国城市与区域规划学家约翰·弗里德曼（J. R. Friedman）、美国经济学家威廉姆森（J. G. Williamson）和区域经济学家克鲁默（G. Krumme）、海特（R. Hayor）等西方学者，从不同角度在他们的著述中提出了区域经济非均衡发展理论。

（一）"增长极"理论

"增长极"是法国经济学家佩鲁，在 1950 年《经济空间：理论与应用》和一系列论文的基础上，于 1955 年在《增长极概念的解读》一文中正式提出，并在 1961 年出版的《二十世纪的经济》一书中对增长极进行了充分的论述。

佩鲁的“增长极”理论主要论述的是增长极的结构特点。此后，佩鲁的这一理论被瑞典经济学家缪尔达尔、美国经济学家赫希曼以及布什维尔和尼科尔斯等学者进一步发展。

首先，佩鲁对以均衡分析为基本方法的新古典经济学中的区域增长理论提出了质疑，并在《略论“增长”的概念》一书中，通过实证分析指出，“增长”并不是在所有地方同时出现的，它以不同的程度首先出现在增长点或增长极上，然后通过不同的渠道扩散，并对整个经济具有不同的终极影响。其次，他把具有优点的部门、行业称作推动型单位，受推动型单位影响的是被推动型单位。由于推动型单位具有较强的增长势头和创新能力，又与其他部门紧密联系，于是便会对被推动型单位产生三种效应：① 支配效应，即推动型单位对被推动型单位的支配效应；② 连锁效应，即推动型单位与被推动型单位之间的连锁效应；③ 推动效应，即连锁效应会产生乘数效应。通过以上三种效应的发挥，最终推动型单位便推动了整个经济的发展。佩鲁将这个在一定时期内起支配和推动作用的单位称作增长极。“增长极”理论不仅限于对一个单元部门的论述，还涉及一个区域。他认为，一个地区如具有较其他地区的优势，则该地区为增长极。增长极会对其他地区产生极化效应和扩散效应，并由此对邻近地区的发展产生影响，其间，作用的大小取决于极化、扩散效应的力量对比。也就是说，通过极化效应促进增长极的形成，再通过扩散效应，由增长极带动其他地区的经济发展，即极化效应→促使增长极形成→扩散效应→带动其他邻近地区的发展。

此外，他还较详细地阐述了增长极形成的条件、极化效应和扩散效应。

1. 增长极形成的条件

增长极的形成必须具备三个条件：① 具有创新能力的企业和企业家群体。企业家是经济增长的主体动力，他们的创新精神使有创新能力的企业不断扩张，并影响一批模仿创新企业的新企业产生。② 产生规模经济效应的能力，即增长极要有吸引大量企业、部门和各类生产要素的能力。③ 相关条件和环境，即效率经营观念、良好的社会风气及基础设施的建设等。

2. 极化效应

极化效应是指在某一特定区域内，由大型推进型产业的超速增长而导致经济活动不断增强的过程。极化效应的结果是产生聚集经济效益，并出现内部和外部规模经济。但是极化效应不是无限的，它要受到两方面因素的制约：一是企业的适度规模，即企业规模大到一定程度后，会出现“大企业病”。二是增长极本身也存在适度规模。以城市为中心的增长极发展到一定程度后，会出现“大城市病”。

3. 扩散效应

扩散效应(spread effect)是指当增长极发展到一定程度后，会出现外部不经济，从而导致诸多生产要素向周围地区流动，促使增长极周围地区经济发展的过程。引起增长极扩散效应的原因有三：① 增长极自身发展的要求。随着增长极规模的扩大，对能源、原材料、初级加工产品的需求增加，从而带动了向其提供产品的地区和企业的发展。② 增长极外部规模经济的限制和产业结构更替与演化的需要会产生溢出效应，并向增长极以外的区域扩散。③ 政府为了缓解区域经济不均衡发展带来的一些经济和社会问题，通过政策措施进行干预，限制极化效应，强化扩散效应。[①]

增长极理论在付诸实践时暴露出的最大缺陷是增长极对其他地区发展的消极影响。缪尔达尔的“循环累积因果”理论则在一定程度上弥补了这一不足。

（二）“循环累积因果”理论

1957年，瑞典经济学家缪尔达尔在其《经济理论和不发达地区》一书中，运用动态、非均衡和结构主义的方法，把社会经济过程看作一个动态发展过程，并经深入分析后提出，社会经济各个因素之间并非是一种均衡关系，而是积累性因果关系，从而提出了他的“循环累积因果”理论。

缪尔达尔的“循环累积因果”理论认为，社会经济的发展过程是一个动态变化过程。这个动态变化过程是社会各种因素作用的结果。各种社会经济因素处于相互联系、互为因果的关系体中，其中，一个因素发生初始变动，就会引起具有强化作用的另一个因素的变动。这另一个因素又进一步引起强化作用，从而使整个过程形成一个逐渐累积的过程。在这一过程中，社会经济因素较优且作用较强的地区，会出现逐步向上发展的正反馈运动；相反，社会经济因素较劣且强化作用较弱的地区，则呈现出向下的负反馈运动。在累积循环过程中，发达地区会出现螺旋式上升，即发达地区继续超前发展，欠发达、落后地区呈螺旋式下降，即落后地区的经济发展会更加缓慢和滞后。他认为，在市场的自发作用下，发达地区与欠发达地区在经济发展过程中会出现回波效应（backwash effect）和扩散效应，并且回波效应大于扩散效应。由此产生并加大了地区之间发展的差距。他进而得出这样的结论：“市场力量的作用通常倾向于增加而不是减少地区差异。”他在《一国地区经济不平等的趋势》中进一步指出：如果只凭市场力量发挥作用，而不受任何政府干预的阻碍，那么，工业生产、商业、银行、保险、航运等几乎所有的经济活动——在一个发展中的经济中，这些活动都能获得大于平均利润的收益——以及除此以外，科学、艺术、文学、教育和一般通俗的文化，都云集在某地点和地区，而使得该国的其他地区或多或少地“处于死水一潭的落后状态之中”。可见，循环累积的结果将导致地理空间上的“二元经济结构”。发达区域会获得积累的竞争优势，使欠发达地区形成不利因素的积累。对一个国家来说，应使有较强增长条件的地区先发展起来，然后以其扩散效应促使其他地区的发展，同时，政府也应采取相应的政策刺激落后地区的发展，从而消除地区之间发展的差距。

（三）“极化—涓滴效应”理论

美国发展经济学家赫希曼在《不发达国家中的投资政策与“二元性”》一文及1958年发表的《经济发展战略》一书中，以“极化—涓滴效应”学说进一步完善了极化、扩散理论。

赫希曼认为，不均衡在区域经济增长过程中是不可避免的，经济的发展不是在所有的地方同时出现，而是在一个或几个地方出现，经济发展一旦出现在某处，首先，对落后地区的劳动力，特别是对技术人员和富于进取的人产生诱导作用，使其流入该地区；其次，由于该地区的就业机会多、收益高，落后地区的资金也流向该地区，此时，劳动力与资金的流入相互强化；最后，该地区在市场竞争中的优势地位，使落后地区的贸易衰退，促使该地区经济发展的速度加快，最终这个地区便成为发达区域。与此相反，发达区域的周边地区便成为欠发达区域。同时，发

① 孟庆红：《区域经济学概论》，北京：经济科学出版社2003年版，第96—98页。

达区域在其发展中也会通过购买欠发达区域的原材料、燃料并向欠发达区域输出资本和技术等,在一定程度上对欠发达区域的经济发展起到带动效应,此种作用被赫希曼称为“涓滴效应”。在上述两种效应的作用下,由于极化效应大于涓滴效应,区域之间的差距扩大。要缩小发达地区与欠发达地区之间的发展差距,政府必须运用干预手段加强对欠发达地区的支持。

(四)“核心—边缘”理论

“核心—边缘”理论是1966年美国城市与区域规划学家弗里德曼在其撰写的《区域发展政策》一书中提出的。这一理论也被称为“中心—外围”理论和“中心—边缘”理论。

弗里德曼认为,发展起源于区域内的“少数变革中心”,创新总是从这些中心向具有低频相互作用潜力的地区扩散的。他将这个变革中心称为核心区(core regions),而将核心区以外的地区称为边缘区(peripheral regions)。核心区与边缘区相互依存,构成一个完整的空间系统。弗里德曼在对核心与边缘关系进一步研究后指出,核心区对创新的潜在需求使创新不断在该地区出现。同时,在核心区强化的过程中,通过以下六种自我强化反馈效应,加强了其对边缘区的支配地位:① 支配效应,即通过自然资源、资本资源和人文资源向核心区的转移,不断削弱边缘区的经济实力;② 信息效应,即因核心区人口、产量和收入增加而产生的内部潜在相互作用增强从而有利于创新速度提升的效应;③ 心理效应,即核心区的创新条件有利于创新在核心区出现,它对未来潜在创新起到示范作用;④ 现代化效应,即核心区通过社会制度、组织结构、思想观念及生活习惯的转变来促进创新活动的效应;⑤ 连接效应,即通过创新导致某一种创新活动产生的效应;⑥ 生产效应,即核心区的规模经济和外部经济导致成本降低产生的效应。在这六种效应中,信息效应、心理效应常与支配效应相伴,现代化效应、连接效应与生产效应相连。在这些效应的作用下,核心区迅速地发展起来,而外围则逐渐地落伍。

不仅如此,弗里德曼还将以上经济发展的特征与经济发展阶段联系起来。他认为,区域经济发展经历了四个阶段,相应的空间组织也表现为四种形式:① 工业化前期阶段。在该阶段,资源要素较少流动,虽已存在若干不同等级的核心,但区域之间彼此孤立,缺乏相互之间的联系。② 工业化起始阶段。在该阶段,边缘区的资源要素大量流入核心区,核心区的发展进入计划过程。核心区与边缘区经济发展的差距拉大。③ 工业化成熟阶段。在该阶段,核心区的要素开始向边缘区扩散,边缘区开始出现次中心,核心区与边缘区的差距开始缩小。④ 后工业化阶段。在该阶段,资源要素在整个区域内全方位流动,边缘地区的次中心发展到与原核心区相等的规模,区域非均衡因此缩小,边缘区消失乃至区域空间出现一体化。

(五)“倒U形”学说

1965年,美国经济学家威廉姆森以实证研究方法分析了世界上24个国家区域经济发展的指标后,在其论文《区域不平等和国家发展过程》中提出了“倒U形”区域经济发展规律。

威廉姆森分析了24个国家的横截面数据和10个国家的短期时间序列数据后认为,在美国、英国、瑞典这样经济发展程度极高的国家中,区域之间不平衡的差距比较小,而在巴西、哥伦比亚、西班牙这类中等收入国家,区域不平衡差距极大。同时,他在对10个国家进行了时间序列分析后发现,大多数正在发展的国家,其区域之间的不平衡大多经历了递增、稳定、下降这样三个阶段,即在经济发展的早期阶段,区域差异逐渐扩大;随着经济的发展,区域之间的不平衡程度将趋于稳定;在经济发展的成熟阶段,区域差异缩小。从以上分析中,威廉姆森得出的结论是："在国家经济发展的早期阶段，必然会出现区际收入差异的扩大和南北二元结构的加剧，而在国家经济发展的成熟阶段，则会出现区际收入趋同和尖锐的南北问题的消失。"①由此，随着经济发展水平的提高先扩大后缩小，形成一个倒写的"U"字母，被区域经济理论界称为威廉姆森"倒 U 形"学说。

表 2-2 是威廉姆森的主要分析结果。

表 2-2　24 个国家横截面数据和 10 个国家短期时间序列数据表

国家	年份	Vw	Vuw	Mw	面积(平方英里)
澳大利亚	1949/1950—1959/1960	0.058	0.078	4.77	2 974 581
新西兰	1955	0.063	0.082	4.93	103 736
加拿大	1950—1961	0.192	0.259	17.30	3 845 774
英国	1959/1960	0.141	0.156	11.39	94 279
美国	1950—1961	0.182	0.189	16.56	3 022 387
瑞典	1950、1955、1961	0.200	0.168	15.52	173 378
第Ⅰ组平均	—	0.139	0.155	11.72	—
芬兰	1950、1954、1958	0.331	0.276	26.64	130 165
法国	1954、1955/1956、1958	0.283	0.215	20.80	212 659
联邦德国	1950—1955、1960	0.205	0.205	16.98	94 723
荷兰	1950、1955、1958	0.131	0.128	12.45	12 850
挪威	1952、1957—1960	0.309	0.253	23.84	125 064
第Ⅱ组平均	—	0.252	0.215	20.14	—
爱尔兰	1960	0.268	0.271	24.20	26 601
智利	1958	0.327	0.440	30.65	286 397
奥地利	1957	0.225	0.100	18.69	32 369
波多黎各	1960	0.520	0.378	42.31	3 435
第Ⅲ组平均	—	0.335	0.323	28.96	—
巴西	1950—1959	0.700	0.654	53.78	3 288 500
意大利	1951、1955、1960	0.360	0.367	30.94	117 471
西班牙	1955、1957	0.415	0.356	32.32	195 504
哥伦比亚	1953	0.541	0.561	46.70	439 617
希腊	1954	0.302	0.295	26.56	51 246
第Ⅳ组平均	—	0.292	0.333	22.26	—
南斯拉夫	1956、1959、1960	0.340	0.444	24.54	95 558
日本	1951—1959	0.244	0.222	19.98	142 644
第Ⅴ组平均	—	0.292	0.333	22.26	—

① Williamson J. G., "Regional Inequality and the Process of National Development: A Description of the Patterns", *Economic Development and Cultural Change*, 1965(4):1—84.

（续表）

国家	年份	Vw	Vuw	Mw	面积（平方英里）
菲律宾	1957	0.556	0.627	29.59	115 600
第Ⅵ组平均	—	0.556	0.627	29.59	—
印度	1950/1951、1955/1956	0.275	0.580	19.39	1 221 880
第Ⅶ组平均	—	0.275	0.580	19.39	—

注：Vw 为加权变异系数（weighted coefficient of variation），Vuw 为变异系数（unweighted coefficient of variation），Mw 为加权离均差系数（weighted coefficient of mean deviation）。它们是消除了平均数影响的变异指标，其形式皆为相对数。有关表中数据的计算及详细分析请见 Williamson J. G.，"Regional Inequality and the Process of National Development: A Description of the Patterns", *Economic Development and Cultural Change*, 1965(4)：1—84。

资料来源：张金锁、康凯：《区域经济学》，天津：天津大学出版社 2004 年版，第 111—112 页。

图 2-10 是威廉姆森"倒 U 形"学说示意图。

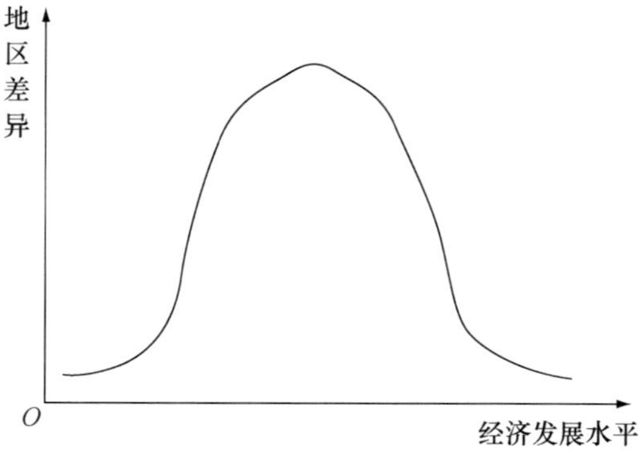

图 2-10　威廉姆森"倒 U 形"学说示意图

资料来源：周国富：《中国经济发展中的地区差距问题研究》，大连：东北财经大学出版社 2001 年版，第 142 页。

从"倒 U 形"学说内容可见，该理论揭示的是区域经济非均衡发展的长期趋势。威廉姆森的"倒 U 形"学说发表后，区域经济理论界的一些学者在此基础上运用多个国家的统计资料作了实证研究，研究结果虽有不同，但大多数研究还是支持"倒 U 形"学说的。

（六）梯度理论

1. 梯度理论的提出

梯度理论是产业梯度推移理论的简称，它是在产品生命周期理论和区域生命周期理论的基础上形成的。

（1）产品生命周期理论

1966 年，美国经济学家弗农（R. Vernon）以技术差距理论为基础，把生命循环论引入区域经济的研究中，提出了工业生产生命周期阶段论。

弗农认为，各种工业产品在其成长和发展过程中，都要经过四个不可逃避的阶段，即创新阶段、发展阶段、成熟阶段和衰退阶段。其中，创新阶段是产品的早期开发和改进阶段，这一阶段对产品生产影响最大的因素是科学与工程技术以及聚集经济。大城市在这方面具有绝对优势。发展阶段是产品的生产技术逐渐成熟、市场需求逐渐扩大的阶段，对该阶段影响最大的因素有两个：管理和资本。在产品技术不断成熟和市场销量不断增大的过程中，原来的大城市生产已满足不了对产品的需求，使产品的生产向外扩散，外围的一些城市逐渐成为这一阶段产品的主要产地。在成熟和衰退阶段，产品市场趋于饱和，技术处于停滞不前的状态。对该阶段影响最大的因素是大量廉价劳动力。在这种情况下，产品的生产不得不转移到落后地区进行，从而使原产地的该类产品生产走向衰亡。

(2) 区域生命周期理论

1966 年，J. H. 汤普森(J. H. Thompson)提出了区域生命周期理论。他根据对美国新英格兰地区从年轻到成熟再到衰老历程的分析指出，工业区就像一个生命有机体一样，存在一个富有规律性的演变，即从年轻到成熟再到衰老。

汤普森认为，在区域生命的年轻时期，市场扩张较快。区域的比较优势显现并被承认，引起大量投资资金和管理人才进入该区域，竞争能力增强；在区域生命的成熟期，虽然该区域在此阶段仍处于主导地位，但在其他地区设立的分厂，使管理人才和监督人员转移到新的地区；在区域生命的衰老阶段，成本优势和市场优势丧失。

20 世纪 70 年代，区域经济学家克鲁默和海特等人在工业生产生命周期阶段论及非均衡发展理论的基础上，创立了区域发展的梯度理论。

2. 梯度理论的主要内容

(1) 梯度存在的客观性。梯度存在的客观性就是指不同区域在经济发展水平上所存在的差异。在区域经济的发展中，区域产业结构是至关重要的。而产业结构的优劣取决于区域主导产业群在其生命周期中所处的阶段，这是区域产业结构优劣的基础。而由主导产业决定的产业结构的优劣，又决定了区域经济发展的程度。由于不同区域产业结构的发展程度不同，从宏观经济总体来看，各地区客观上就存在着经济发展水准与技术装备程度的梯度差。各地区主导产业的发展水准不同，又决定了每一个地区均处在不同的经济发展梯度上。主导产业群处在创新阶段的地区是高梯度地区，而主导产业群处在成熟或衰退阶段的地区则是低梯度地区。

数学上的梯度常用对比指标之差与空间距离之差的比值表示，即：

$$梯度 = \frac{y_2 - y_1}{x_2 - x_1} = \frac{y_2 - y_1}{\Delta x}$$

式中，y_2、y_1分别代表对比指标值；x_2、x_1分别代表空间坐标值，Δx 为两者之差。

在实际操作中，先将中心地区和相应的对比指标值确定，再确定对比地区与中心地区的空间，最后将对比地区的指标与中心地区的指标相减，除以两者间的空间距离，即得到梯度。

(2) 围绕产业部门的一系列创新活动，一般都由高梯度地区开始，即高梯度地区是产业创新的发源地。产业的创新在其运作过程中，随经济发展和主导产业生命周期的衰退，逐步有次序地由高梯度地区向低梯度地区推移。推移有两种形式：局部推移和大范围推移。其中，局部推移的支点是距离，即创新活动是由发源地按距离向邻近地区转移；大范围推移的支点是接受新事物的能力，即创新活动由发源地蛙跳式向广大地区扩展。这两种形式的扩展就是产业技术由高梯度地区向低梯度地区转移的趋势。这一变化过程可用地区经济发展梯度图描述。梯度图的绘制是把对比指标相等或相近的地区用线连接成梯度线。梯度线是一条闭合的曲线，它在每个地区都有相同的指标特征值。由若干条梯度线组成了梯度图，即一簇等梯度线构成的图形，如图 2-11 所示。

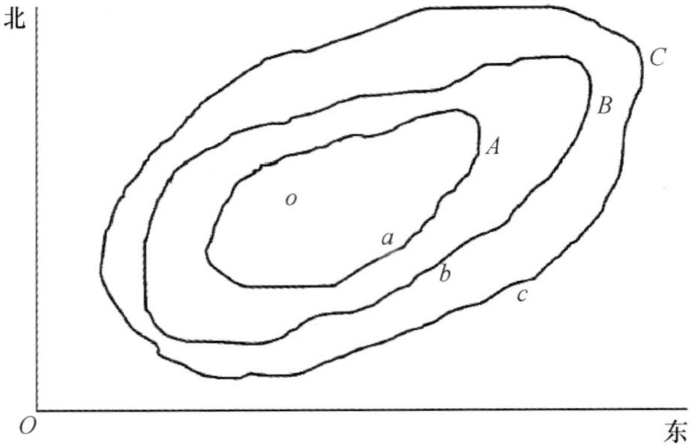

图 2-11　地区经济发展梯度图

资料来源：张秀生、卫鹏鹏：《区域经济理论》，武汉：武汉大学出版社 2005 年版，第 55 页。

图中，o 代表中心地区，a、b、c 分别表示指标水平，A、B、C 分别表示处于 a、b、c 指标水平的地区。

梯度图具有以下特征：一是梯度不相交。每个梯度线代表着不同的对比指标，如果存在交叉，则表明同一地区既具有高指标值，也具有低指标值，这显然是矛盾的。二是沿中心地区向外，指标逐渐下降，等梯度的地区越来越多，范围越来越大。三是梯度线密集，表明地区经济状态变动较大，地区间的经济关联性不高；反之，梯度线稀疏，则表明地区经济状态变动较小，地区间的经济关联性较强，地区间的经济水平比较接近。

对于区域经济发展梯度，一般采用综合指标进行评价，即综合评价法，得出的结果反映的是区域经济发展的综合水平。只有采用能综合反映地区国民收入水平、生产力发展水平、科技水平的指标，才能真正衡量一个地区的经济发展实力，也就是它所处的综合经济发展的梯度。德国区域科学家采用多元分析法，按多项经济发展指数来区分地区经济发展水平的梯度，其公式为：

$$F_i = \sum_{j=1}^{n} C_j \times Z_{ij}$$

式中，F_i 表示 i 区的经济发展综合水平，Z_{ij} 表示 i 区 j 项指标值，C_j 表示对应于 j 项指标的权重。指标和权重的选取可以依据评价对象和评价目标的不同分别确定。

但是，采用综合指标进行经济发展水平评价也有其缺点，因为评价时的综合作用，掩盖或削弱了该国家或地区在经济发展中某些方面的优势。①

缪尔达尔在非均衡理论中阐述的极化效应、扩散效应等对梯度的转移有重要的影响。其中，极化效应运作的结果使高梯度地区梯度更高，扩散效应的运作结果将促进原来低梯度地区的发展与梯度的提升。

---

① 张秀生、卫鹏鹏：《区域经济理论》，武汉：武汉大学出版社 2005 年版，第 56 页。

3．梯度理论的演变

梯度理论在从创立至今的三十多年中，经历了静态梯度理论、动态梯度理论、反梯度理论和广义梯度理论四个发展阶段。其中，每一个新的发展阶段都是对前一阶段该理论的修正，因而每一个发展阶段的出现，无疑都使这一理论更臻完善。

最初的静态梯度理论认为，产业结构的优劣是经济发展水平及其盛衰的原因，而产业结构的优劣又取决于该地区或该国主导产业在产业生命循环四个阶段中所处的发展阶段。如果一个地区的主导产业是由处于创新和发展阶段的部门组成的，则被确定为高梯度地区；如果一个地区的主导产业大多是由处于成熟阶段后期或衰退阶段的部门组成的，则该地区被确定为低梯度地区。由于高梯度地区具备的有利条件较多，创新活动大多起源于该地区，而且会随着产业生命循环阶段的变化，逐步由高梯度地区向低梯度地区转移。

静态梯度理论肯定了地区经济发展中因差异的存在而形成的不同梯度的客观状况，揭示了梯度扩展的必然性及其形式。但同时，该理论在与实践对接中也暴露出诸如梯度确定指标的单一和简单化、梯度及推移只限于宏观层面而忽视了中微观层面以及梯度的定位永恒化等的不足。

作为对静态梯度理论的修正，缪尔达尔的“循环累积因果”理论把梯度理论从静态提升到动态。动态梯度理论在强调梯度可变的前提下指出，高梯度地区若要保持其地位，必须做到两点：一是不断创新，二是适时淘汰已进入成熟和衰退期的夕阳产业。同时，低梯度地区只要创新，就有机会赢得后发优势，成为高梯度地区。在这些变化中有三种效应同时在起作用，即极化效应、扩散效应和回程效应。①

虽然动态梯度推移理论克服了静态理论僵化的一面，无论对高梯度地区还是对低梯度地区发展策略选择的论述，都更加贴近区域经济发展的实际，但仍坚持了按高、中、低三种梯度的顺次依次推移的主张。

反梯度理论修正了动态理论的这一错误，坚持推移并不一定按梯度的三个等级顺次地进行。一种新技术、新产品在进入市场的初期，即便是低梯度地区也会与高梯度地区处于同一条起跑线上。其间的不足部分，可通过政府的政策扶持和优惠措施等予以弥补，从而推动新产业的兴起，帮助低梯度地区，使其转变为高梯度地区。因此，高、低梯度不是永恒不变的。

可见，反梯度理论是从另一个侧面对梯度理论进行了必要的补充。总之，无论是动态梯度理论还是反梯度理论，在确定区域梯度等级的指标上，与静态梯度理论基本上是相同的，这就引致了广义梯度理论的产生。

广义梯度理论是一个由自然、经济、社会、人力、生态制度为梯度子系统构成的内部结构关系极其复杂的巨型系统，该理论认为：① 自然界中物质能量等宏观事物的梯度分布，是由地理空间差异规律的特征决定的；② 基础设施、经济增长速度、经济规模、经济推动力、产业结构升级、对外贸易发展的所有制结构变化、经济外向度、信息化水平、集约化水平等经济要素的梯度分布，存在空间和层次的差异性；③ 社会基尼系数、生活质量、社会结构、社会公平、社会保障、社会安全、人类发展等社会因素层面的梯度分布，存在空间和层次的差异性；④ 人口数量、人

① 叶绿秋、王培具：《梯度理论及其在中国西部开发实践中的应用》，《市场论坛》，2004 年第 4 期，第 9—10 页。

口分布、人口素质、国际竞争力、人口发展、教育程度、科技贡献、区域创新能力、文化进步、智力产出等梯度分布，存在空间和层次的差异性；⑤ 水土流失、荒漠化、草地退化、生态多样性减少、环境污染、环境治理、生态保护、环境抗逆、环境自净、生态缓冲、环境管理等分布，存在空间和层次的差异性；⑥ 制度层面的梯度分布，即只有在自然、经济、社会、人力、生态、物质等因素协调发展的地区，才有可能成为完整意义上的高梯度地区。同时，任何意义上的梯度既是梯度推移方，又是梯度推移接受方，梯度推移是多维、双向的。

三、区域可持续发展理论

（一）可持续发展观的提出

在"增长 = 发展"模式的引导下，20 世纪 60 年代以来，随着经济的增长和城市化程度的提升，环境问题日益凸显。面对人类生存环境日趋恶化的环境问题，一些有识之士开始为保护环境而呐喊。

在这方面较早的著作是 1962 年美国生物学家莱切尔·卡逊（Rachel Carson）的《寂静的春天》。在这本科普性著作中，卡逊指出，人类滥用化学杀虫剂，将会导致人类赖以生存的生态环境毁灭性的退化，并惊呼，人类将失去"明媚的春天"。20 世纪 60 年代中期，美国经济学家肯尼思·波尔丁（Kenneth E. Boulding）提出的"宇宙飞船经济观"（spaceship economy），把地球看作茫茫无垠太空中的一个小小宇宙飞船，主张建立"循环式"经济以代替过去的"单程式"经济（Boulding, 1966）。1972 年，来自西方不同国家的企业家和学者，在罗马共同探讨了全人类的发展前途问题，对原有的经济发展模式提出质疑。之后，这些人成立了罗马俱乐部，并以罗马俱乐部的名义推出研究报告：《增长的极限——罗马俱乐部关于人类困境的报告》（Meadows, Meadows and Randers, 1972）。该报告对人类的发展前景表达了深深的忧虑之情，并提出增长有极限的论点，主张实现人口、经济"零增长"的发展。同年，美国学者巴巴拉·沃德（Barbara Ward）和雷内·杜博斯（Rene Dubos）的《只有一个地球》一书出版。在这本书中，两位作者充分论述了人类与环境的关系，并明确地提出了可持续发展的主张。

同年，联合国在瑞典首都斯德哥尔摩召开了人类历史上第一次环境会议——联合国人类环境会议。这次会议被认为是人类对环境与发展问题认识的一个里程碑，也标志着可持续发展观的初步确立。大会通过的《人类环境宣言》指出："为了这一代和将来的世世代代，保护和改善人类环境已成为人类的一个紧迫的目标。"这次会议引起了世界各国学者对环境与发展问题的全方位关注。

1980 年，世界自然保护联盟发表了《世界自然保护战略》（IUCN, UNEP and WWF, 1980），第一次明确提出了持续发展（sustainable development）的概念及实现途径。这一概念的提出不仅引起了广泛的共鸣，而且为今天的可持续发展奠定了思想基础。

（二）可持续发展观的主要内容

可持续发展概念被明确提出后，各国学者从不同的角度对可持续发展给予了不同的解释。各国学者对可持续发展的解释大体可归纳为：从环境角度解释，可持续发展是"保护和加强环境系统的生产与更新能力"；从生态角度解释，可持续发展是"寻求一种最佳的生态系统，以支持生态的完整性和人类思想的实现，使人类和生存环境得以持续"；从社会角度解释，可持续发展是“人口增长趋于平衡、经济稳定、政治安定、社会秩序井然的一种社会发展”，或是“在环境允许的范围内，现在和将来给社会上所有人提供立足的生活保障”；从科技发展的角度解释，可持续发展是“转向更清洁、更有效的技术，尽可能接近零排放或密闭工艺方法，尽可能减少能源和其他自然资源的消耗”；从经济角度解释，可持续发展是“建立在成本收益比较和审慎的经济分析基础上的发展和环境政策，加强环境保护，从而导致福利的增加和可持续水平的提高”。①

对可持续发展观的形成和发展起重要推动作用的，是1983年成立的世界环境与发展委员会（World Commission on Environment and Development, WCED）。该组织在挪威前首相布伦特兰夫人的领导下，到世界各地考察900天后，于1987年4月向联合国提交了一份题为《我们的共同未来》的报告。这份报告对人类发展与环境保护存在的问题进行了全面、系统的评价，并对“可持续发展”的内涵作了明确的界定和深入的阐述，以期从战略高度为人类社会未来的发展与进步探寻最佳的途径。这为各国采取统一行动提供了基础。该报告对可持续发展的定义是：可持续发展是指，既能满足当代人的需要，又不对后代人满足其需要的能力构成危害的发展。布伦特兰夫人等对可持续发展的这一解释，在1992年召开的联合国环境与发展大会上被国际社会广泛接受。

除了世界环境与发展委员会在1987年为可持续发展作的上述定义外，1991年，国际生态学联合会（INTECOL）和国际生物科学联合会（IVBS）联合召开的专题讨论会，将可持续发展定义为：“保护和加强环境系统的生产和更新能力。”E. B. 巴贝尔（Edward B. Barbier）在其著作《经济、自然资源不足和发展》（Barbier, 1989）中的定义是：“在保护自然资源的质量及其所提供服务的前提下，使经济发展的净利润增加到最大限度。”1991年，世界自然资源保护同盟（INCN）、联合国环境计划署（UNEP）和世界自然基金会（WWF）共同发表的《保护地球：可持续发展生存战略》中的定义是：“在生存不超出维持生态系统承载能力的情况下，改善人类的生活质量。”该报告提出了人类可持续发展的价值观和9条原则以及130个行动方案。②

1992年，在巴西里约热内卢召开的有183个国家和70多个国际组织参加的联合国环境与发展大会，是人类对有关环境与发展问题认识的又一个里程碑。会议通过了《里约环境与发展宣言》（UNCED, 1992）。在该宣言中提出了可持续发展的27条原则（大体可概括为发展原则、公平原则、协调性原则、共同性原则），以及作为具体行动计划的《21世纪议程》（UNCED, 1992）等一系列有关可持续发展的文件。会议提出的一个重要口号是：“人类要生存，地球要拯救，环境与发展必须协调。”这标志着可持续发展的新思想，已被世界上绝大多数国家和组织承认与接受，也标志着可持续发展由理论和概念的研讨开始走向世界大多数国家和地区的行动。

此后，可持续发展逐渐成为联合国有关发展问题的一系列专题国际会议的指导思想。

【本章小结】

1. 点是区域经济活动在地域空间上呈现的各种点状分布状态；线是区域经济活动在地域

① 齐良书：《发展经济学》，北京：中国发展出版社2003年版，第123页。

② 孟庆红：《区域经济学概论》，北京：经济科学出版社2003年版，第121页。

空间上呈现的各种线状分布状态；网络是点、线连接而形成的网状分布状态，有单一性网络和综合性网络之分；域面是区域经济活动在地域空间中的面状分布状态。

2. 区位可以根据不同的标准分为经济区位、地理区位、自然资源区位、工业区位、农业区位、贸易区位等。一般而言，区位是人们从事经济活动所依托的一定地域空间。

3. 区位因子这一概念最早是由工业区位论的创始人阿尔弗雷德·韦伯提出的，它是影响区域经济活动的因素，可分为一般区位因子和特殊区位因子。

4. 经济区是政府的组织行为；经济区域是在长期的经济活动中自然形成的地域单元，它反映了经济发展的客观规律；区域经济是介于宏观经济和微观经济之间的中观经济，它具有地域性、中观性和相对开放性的特点；经济区划是为了管理而人为划定的地域总体框架。

5. 西方主要区位理论是西方区域经济学的奠基理论。农业区位论的代表屠能，以空间距离为起点，并在此基础上设计了在孤立国中呈向心环带状分布的六个圈层布局的结构；工业区位论的代表韦伯，针对他所处年代的产业发展和人口大规模向城市迁移的情况，较系统地探讨了是“什么原因使某个工业从一个区位移至另一区位”和“决定迁移的一般规律”，从而建立了工业区位论；中心地理论的代表克里斯塔勒，以“是否存在着决定城镇的数目、分布和规模的规律”，提出三角形聚落分布和六边形市场区位理论；市场区位论的代表廖什，从需求出发，设计了蜂窝状正六边形“面”状市场区位模型；经济活动区位论和区位指向论是在第二次世界大战后西方国家出现的区位理论；胡佛通过对运费结构与运输方式的研究提出，可用较优的运输方式降低运费；艾萨德在总结第二次世界大战前四大区位理论的基础上，将空间维度引入对区位问题的研究，运用变换曲线在对区位三角形中区位均衡模型的分析中，提出了区位指向理论。

6. 主要区域经济理论中的“贫困恶性循环”理论和“大推进”理论虽属发展经济学中的内容，但鉴于其研究对象、达到的目的及涉及的主要内容，也可被视为区域经济发展理论。“贫困恶性循环”理论在分析发展中国家和欠发达地区贫困原因的基础上，提出摆脱贫困的关键在于同时、全面地对国民经济部门进行投资；“大推进”理论也将其解决问题的重点选在投资环节上，而投资资金的来源不仅包括国内储蓄的增加，也包括国外资本的引进。

7. 增长极的形成有三个条件：企业和企业家群体、规模经济效应、相关条件和环境。在区域经济发展中，先是具备三个条件的地区出现极化效应，而当极化效应发展到一定程度后，便会出现扩散效应。

8. 区域经济的发展是一个动态过程。社会条件较好的地区会超前发展，而条件较差的地区，发展将会更加滞后。如此循环往复的结果，导致“二元经济结构”的出现。

9. 在一国经济发展的早期会出现区域差异扩大的情况，但随着经济的发展，这种差距会消失，从而形成一个“倒 U 形”发展过程。

10. 最初的梯度理论认为，在区域经济发展中，梯度是客观存在的。创新活动由高梯度地区发起，而后通常会有次序地由高梯度地区向低梯度地区推移。随着梯度理论的发展出现了动态梯度理论、反梯度理论和广义梯度理论。梯度理论的演变使这一理论渐趋于完善。

11. 可持续发展理论是逐渐形成的，其含义是：既能满足当代人的需要，又不对后代人满足其需要的能力构成危害。

【练习与思考】

1. 名词解释：区域、区位因子、经济区域、区域经济。
2. 如何理解区域经济中呈现的点、线、网络和域面？它们之间的关系是什么？
3. 阐述区位理论学家如何运用抽象方法进行研究。
4. 西方区位理论对我国区域经济的发展有什么现实指导意义？
5. 简述“贫困恶性循环”理论和“大推进”理论的异同。
6. 简述“增长极”理论。
7. 简评“倒 U 形”学说。
8. 如何将可持续发展理论落实到我国区域经济发展的实践中？

【进一步阅读资料】

1. 魏后凯：《现代区域经济学》，北京：经济管理出版社 2006 年版。
2. 张金锁、康凯：《区域经济学》，天津：天津大学出版社 2003 年版。
3. 孙翠兰：《区域经济与新时期空间经济发展战略》，北京：中国经济出版社 2006 年版。
4. 曾菊新：《空间经济：系统与结构》，武汉：武汉出版社 1996 年版。
5. 耿莉萍、陈念平：《经济地理学》，北京：机械工业出版社 2006 年版。
6. 李小建：《经济地理学》，北京：高等教育出版社 2006 年版。
7. 孟庆红：《区域经济学概论》，北京：经济科学出版社 2003 年版。
8. 〔美〕拉格纳·纳克斯：《不发达国家的资本形成问题》，北京：商务印书馆 1966 年版。
9. Rosenstein-Rodan P. N., “Problems of Industrialisation of Eastern and South-Eastern Europe”, *Economic Journal*, 1943, 53(210/211).
10. Perroux F., “Economic Space: Theory and Applications”, *Quarterly Journal of Economics*, 1950, 64(1).
11. Myrdal G., *Economic Theory and Under-Developed Regions*, London: Gerald Duckworth, 1957.
12. Hirschman A. Q., *The Strategy of Economic Development*, New Haven: Yale University Press, 1958.
13. Friedmann J., *Regional Development Policy: A Case Study of Venezuela*, Massachusetts: The MIT Press, 1966.
14. Williamson J. G., “Regional Inequality and the Process of National Development: A Description of the Patterns”, *Economic Development and Cultural Change*, 1965(4).
15. Vernon R., “International Investment and International Trade in the Product Cycle”, *Quarterly Journal of Economics*, 1966, 80(2).
16. Thompson J. H., “Some Theoretical Considerations for Manufacturing Geography”, *Economic Geography*, 1966, 42(4).

第三章　区域经济研究方法与案例演示

【本章学习目的】

1. 了解区域经济比较与评价方法；
2. 能够运用区域经济预测方法；
3. 掌握区域经济发展决策方法。

研究方法是科学研究的手段，是开启科学宝库的钥匙。任何一门独立的科学，围绕其研究对象都有一套相应的研究方法。与其他学科一样，对区域经济的研究也有许多方法。

本章主要介绍区域经济研究中常用的一些属于工具层面的方法：区域经济比较与评价方法、区域经济发展预测方法和区域经济发展决策方法。

第一节　区域经济比较与评价方法

一、比较方法

在对区域经济进行比较与评价时，首先要明确的问题是比较的内容和比较对象的选择。在这个基础上，才能选择评价指标和开展评价活动。

（一）比较的内容

区域经济比较的内容包括：综合实力与总体规模、发展水平、发展速度、经济结构和社会结构、经济运行质量和效益、经济发展条件、生存条件与生存环境、社会秩序的比较等。每一项比较内容又分别含有许多具体的比较项目。例如，综合实力与总体规模的比较包括经济实力、科技实力和总体竞争力的比较。发展水平的比较包括生活水平、生活质量、科技水平等的比较。发展速度的比较包括年度发展速度、多年平均发展速度等的比较。经济结构和社会结构的比较包括就业、产值、技术、投资、进出口和所有制结构的比较。经济运行质量和效益的比较包括投入产出比、投入弹性系数、经济增长方式、生产要素对经济增长的贡献率等的比较。经济发展条件的比较包括自然条件、自然资源、人口与劳动力、位置与交通信息、社会经济基础等的比较。生存条件与生存环境的比较包括资源潜力、大气环境质量、水环境质量、声环境质量和生态环境状况等的比较。社会秩序的比较包括失业率、犯罪率、离婚率、火灾发生率、交通肇事率等的比较。

（二）比较对象的选择

总体上讲，区域经济的比较对象有横向、纵向两个方面。其中，横向比较对象包括相邻地区、同级行政区的相似地区、同级行政区的平均状况、全国的平均状况等；纵向比较对象包括本区不同年度或不同发展阶段的状况、上级区或全国上一年度或上一发展阶段的平均发展状况、相关或相似地区历史阶段的状况等。

选择以上比较对象时，既要注意区域间地域范围（等级层次）的可比性、统计指标的可比性、结构或者水平的可比性，还要注意行政区划的变更、统计指标内涵的变动、币值或汇率的变动、地区间物价的差异等。

（三）常用区域比较指标指数

在实际操作中，较常用的区域比较指标指数有八类，这里，我们介绍其中的六类。

（1）生活质量指数（the physical quality of life index，PQLI）。生活质量指数由美国海外发展委员会于 1975 年提出，用以综合评价社会福利、民众教育和生活水平。计算公式为：

$$\text{PQLI} = (\text{识字率指数} + \text{婴儿死亡率指数} + 1\text{ 岁儿童期望寿命指数})/3$$

式中，

识字率指数 = 实际识字率/识字率标准值（全国或全世界平均识字率）；

婴儿死亡率指数 =（229 - 每千个婴儿死亡数）/2.22；

1 岁儿童期望寿命指数 =（1 岁儿童期望寿命实际值 - 38）/0.39。

（2）美国社会卫生协会指标（American social health association，ASHA）。计算公式为：

$$\text{ASHA} = \frac{\text{就业率} \times \text{识字率} \times \dfrac{\text{平均期望寿命}}{70} \times \text{人均 GNP 增长率}}{\text{人口出生率} \times \text{婴儿死亡率}}$$

（3）经济业绩指数（EPI，economic performance index）。计算公式为：

$$\text{EPI} = \text{实际 GNP 增长率}/(\text{通货膨胀率} + \text{失业率})$$

（4）综合经济效益指数（composite index of economic benefit）。计算公式为：

$$\text{综合经济效益指数} = \text{纯收入总额}/(\text{年均占用资金} \times \text{折算费率} + \text{成本总额})$$

（5）全要素生产率（total-factor productivity，TFP）。计算公式为：

$$A = Y/(K^{\alpha}L^{\beta})$$

式中，Y 为产出（产值或产量），K 为资金投入量，L 为劳动投入量，α 和 β 为参数。

（6）评测技术进步对经济增长贡献的指标体系。这一指标体系分宏观和微观两个层次。第一层次为总量宏观指标体系，是对全社会、工业和农业及各行业的技术进步进行分析与预测；第二层次为企业微观指标体系，是对企业技术进步进行分析。目前使用的具体指标体系有：

① 技术进步对总产值（净产值或国民收入）增长速度的贡献（百分比），即科技进步贡献率 P。一般情况下，$P > 50\%$，可以认为经济增长方式是集约的；$P < 50\%$，可以认为经济增长

方式是粗放的。

② 技术水平。这里假定基年的技术水平为 1,T 年技术水平反映的是该年与基年相比技术水平的高低。

③ 全部劳动生产率。这是测定活劳动和物化劳动的全部劳动效率,既不同于全员劳动生产率,也不同于资金产值率,是对二者的综合运用。

④ 劳动—资金产值率。这是劳动生产率和资金产值率相乘的指标,具有反映全部劳动效率的特点。

⑤ 投入弹性系数。$K=[(I_t-I_0)/I_0]/[(O_t-O_0)/O_0]$,是投入增长速度/产出增长速度,其中投入要素有物力、财力、人力、运力、自然(资源)力。投入弹性系数与经济增长方式的关系为:

投入弹性系数	经济增长方式
≥1	完全粗放型
≤0	完全集约型
0—1	粗放集约结合型
>0.5	粗放型为主
<0.5	集约型为主

⑥ 现代化国家(地区)的量化指标。现代化表现在很多方面,目前最常用的现代化水平测量方法是 10 个最能反映现代化特征的指标。这些指标及我国达标情况如表 3-1 所示。

表 3-1 现代化指标及 2005 年我国的情况

项目	现代化标准	2005 年我国的情况	我国达标情况
人均 GNP(美元)	>3 000	1 740	未达标
非农产业占 GDP 的比重(%)	>85	87.4	达标
第三产业占 GDP 的比重(%)	>45	39.9	未达标
城市人口占总人口的比重(%)	>50	43.0	未达标
非农业就业人口占就业人口的比重(%)	>70	55.2	未达标
大学生占 20—24 岁年龄人口的比重(%)	>12.5	19.1(2004 年)	达标
人口净增长率(%)	<1	0.59	达标
人口平均预期寿命(岁)	>70	71.4	达标
平均多少人拥有一个医生(人)	<1 000	674	达标
成人识字率(%)	>80	85.1(2004 年)	达标

资料来源:《数字中国——我国现代化水平居世界第 66 位》,《北京青年报》,2000 年 5 月 11 日,第 33 版;国家统计局网站 2006 年相关数据。

⑦ 全国小康建设指标。这是测量我国小康建设状况的指标体系。详见表 3-2 和表 3-3。

表 3-2　全国城镇居民小康生活水平的基本标准

一级指标及权重	二级指标	1980 年	小康值	权重
经济发展水平(21)	人均 GDP(元)	1 750	5 000	12
	第三产业增加值比重(%)	20.6	40	9
物质生活水平(37)	恩格尔系数(%)	62	50	7
	蛋白质日摄入量(g)	60	75	5
	人均可支配收入(元)	974	2 400	15
	人均住房面积(m^2)	5.5	12	10
精神生活(12)	电视机普及率(台/百户)	58	100	5
	文教娱乐支出比重(%)	6	16	7
人口素质(12)	人口平均预期寿命(岁)	67	70	5
	中学入学率(%)	70	90	7
生活环境与社会保障(18)	人均绿地面积(m^2)	3	9	9
	万人刑事案件立案数(件)		20	9

资料来源:龙曲彭:《全面建设小康社会学习读本》,北京:中共中央党校出版社 2002 年版,第 25 页。

表 3-3　全国农村居民小康生活水平的基本标准

一级指标及权重	二级指标	温饱值	小康值	权重
收入分配(21)	人均纯收入(元)	300	1 200	30
	基尼系数	0.2	0.3—0.4	5
物质生活(25)	恩格尔系数(%)	60	≤50	6
	蛋白质日摄入量(g)	47	75	9
	衣着消费支出(元)	27	70	3
	钢木结构住房(%)	43	80	7
精神生活(12)	电视机普及率(台/百户)	1	70	6
	文化服务支出比重(%)	2	10	6
人口素质(9)	人口平均预期寿命(岁)	68	70	4
	劳动力平均受教育程度(年)	6	8	5
生活环境(18)	已通公路的行政村比重(%)	50	85	3
	安全卫生水普及率(%)	50	90	3
	用电户比重(%)	50	95	3
	已通电话的行政村比重(%)	50	70	2
社会保障与社会安全(18)	享受社会五保人口的比重(%)	50	90	4
	万人刑事案件立案数(件)	5	≤20	4

资料来源:龙曲彭:《全面建设小康社会学习读本》,北京:中共中央党校出版社 2002 年版,第 26 页。

二、综合评价方法

综合评价是对影响区域经济发展各种因素的总体评价,其方法有四种。

(一) 直观判断法

这种方法主要是以评价人员(通常是有一定资历的专家)的直观判断为基础,对评价对象进行直观的判断。直观判断法包括直接打分法和对比赋值法。前者只考虑评价对象本身和评价标准,直接给出评语。模糊数学中的模糊综合评判即是如此。后者不直接对评价对象进行评价,而是把多个评价对象两两进行比较,给出该评价对象较之其他评价对象的好坏优劣并给分。下面的层次分析法即是如此。这两种方法相比较,前者简单易行,但人为因素较大;后者客观性较强,但评价过程中的工作量较大;当评价对象和评价准则很多时,赋值次数也很大。直观判断法适用于难以量化或不易得到量化数据的评价对象,当评价对象的特征指标有数据基础时,应尽量不用这种方法。

(二)尺度对应法

尺度对应法是数据变换中常用的无量纲化方法。这种方法以特征指标数据为基础,通过适当的变换得到评价结果。变换方法有直线、折线、曲线和顺序位对应法。

1. 直线对应法

假定特征值与评价值之间呈线性关系,则特征值越大越好或越小越好。具体有三个变换。

极值法:

$$\text{正线性相关变换 } Y_i = \frac{X_i - X_{i\min}}{X_{i\max} - X_{i\min}}$$

式中,Y_i为评价值,X_i为原始数据(特征值),$X_{i\max}$、$X_{i\min}$分别是$X_i(i=1,2,\cdots,n)$中的极大、极小值,下同。

$$\text{负线性相关变换 } Y_i = \frac{X_{i\max} - X_i}{X_{i\max} - X_{i\min}}$$

Z-score 法:

$$\text{正线性相关变换 } Y_i = \frac{X_i - X'}{S} \quad \text{或} \quad Y_i = 50 + 100 \times \frac{X_i - X'}{10S}$$

式中,X'为X的均值,S是X的方差,下同。

比重法:

$$Y_i = \frac{X_i}{\sum X_i}$$

$$Y_i = \frac{X_i}{\sqrt{\sum X_i^2}}$$

2. 折线对应法

这种方法也称为分阶段直线对应法。它假定特征值与评价值之间的关系在不同的域值范围内是不同的,在同一域值范围内是呈线性相关的。其变换公式与直线对应法相似,如用极值法作变换,可有如下形式:

$$Y = \begin{cases} 0 & X = 0 \text{ 时} \\ \dfrac{X_i Y_m}{X_m} & 0 < X_i < X_m \text{ 时} \\ Y_m + (X_i - X_m)/(X_{i\max} - X_m)(1 - Y_m) & X_i > X_m \text{ 时} \end{cases}$$

$$
Y=\begin{cases}0 & X_i < X_a \text{时} \\ (X_i - X_a)/(X_b - X_a) & X_a < X_i < X_b \text{时} \\ 1 & X_i > X_b \text{时}\end{cases}
$$

3. 曲线对应法

这种方法假定评价对象的实际值对评价值的影响不是等比例的。指标值 X_i 的等量变化在某一区间对评价事务的作用较大,从而体现出在综合评价中是评价值 Y_i 的变化较大;而在另一区间,情形可能恰恰相反。同时,X_i 的变化又不像在折线对应法中那样仅存在一个折点。曲线变换公式较多,常见的形式是:

$$
Y=\begin{cases}0 & 0 \leqslant x \leqslant a \\ 1-\exp[-k(x-a)] & x > a\end{cases}
$$

$$
Y=\begin{cases}0 & 0 \leqslant x \leqslant a \\ 1-\exp[-k(x-a)^2] & x > a\end{cases}
$$

$$
Y=\begin{cases}0 & 0 \leqslant x \leqslant a \\ a(x-a)^k & a \leqslant x \leqslant a+(1/a)^{\frac{1}{k}} \\ 1 & x > a+(1/a)^{\frac{1}{k}}\end{cases}
$$

4. 顺序位对应法

该方法假定顺序位为 S,共有 N 个序位,将顺序位转换为评分的计算公式是:

$$
P_s=\frac{N-S+1}{\sum_{i=1}^{n} X_i} \quad \text{或} \quad P_s=\log(N-S+K)/\log N
$$

其中,K 为平衡参数。

(三) 多指标综合评价法

1. 依据原理

把多个被评价对象的不同量纲的统计指标转化成无量纲的相对评价值,然后再将这些评价值换算成一个综合值,实现对该事物的整体评价。

2. 实施步骤

(1) 选取评价指标,建立评价指标体系。

(2) 根据被评价事物的实际情况,选定所用尺度的对应方法(无量纲化)和合成方法(算术加权或几何加权等)。

(3) 确定指标的有关阈值、参数,如适度值、不允许值、满意值等。参数要随无量纲化方法的不同而不同。

(4) 确定每个指标在评价指标体系中的权重。

(5) 将指标实际值(特征值)转化为评价值,即进行无量纲化。

(6) 将各指标评价值合成,即加权得出综合评价值。

(7) 根据综合评价值的大小,对各评价对象排序,给出评价结论。

3. 指标权重的确定

指标权重的确定,可仿照直观判断法进行。

4. 合成方法的选择

可根据实际需要采用算术加权方法或几何加权方法进行合成。一般情况下,当各指标之间有互补和可相互替代关系时,用算术加权方法,否则用几何加权方法。

(四) 层次分析法

层次分析法适用于多层次、多指标、多准则的综合评价。具体方法见本章第三节“区域经济发展决策方法”。

(五) 案例演示

案例一:我国各省区工业经济效益的综合评价

衡量工业经济效益的指标包括产品销售率、工业资金利税率、工业成本利润率、工业净产值率、全员劳动生产率和流动资金周转次数等。国家统计局评价各省(市/区)工业经济效益采取的是多指标加权综合方法,计算公式如下:

$$\text{工业经济效益综合指数} = \sum[\text{权重} \times (\text{某项经济效益指标报告期数值} / \text{全国该项指标标准值})]$$

总权数为100。所用指标及其权重如表3-4所示。

表3-4 工业经济效益评价指标

项目	权重	全国平均值(“七五”平均)
产品销售率(%)	15	97.48
工业资金利税率(%)	30	13.55
工业成本利润率(%)	15	8.41
工业净产值率(%)	10	29.00
全员劳动生产率(元)	10	6 205
流动资金周转次数(次)	20	1.83

用这个公式即可对全国各省(区/市)“七五”期间工业经济效益进行综合评价。例如,要对“八五”或其他时段的工业经济效益进行综合评价,各指标的权重不变,只需求出对应时期的全国标准值,再用上述公式计算即可。

案例二:我国县(市)社会经济综合实力评价的基本思路

1. 评价对象

县(市)范围内的社会活动和县属的经济活动。

2. 评价指导思想

以正确反映县(市)的综合实力为目标,以建立评价指标体系为基础,以综合评价为手段,充分考虑农村经济在县(市)社会经济发展中的作用。

3. 指标体系

① 人均耕地面积;② 有效灌溉面积占耕地面积的比重;③ 耕地面积变动度;④ 人均农林牧渔业增加值;⑤ 人均贷款额;⑥ 农村人均用电量;⑦ 国内生产总值(GDP);⑧ 地方财政收

入;⑨ 各项税收;⑩ 人均 GDP;⑪ 人均财政收入;⑫ 人均向国家交纳的税金;⑬ 社会劳动生产率;⑭ 农产品商品率;⑮ 农业劳动力占全社会劳动力资源的比重;⑯ 第二、第三产业增加值占 GDP 的百分比;⑰ 支援农业的支出占财政支出的比重;⑲ 人口自然增长率(逆指标);⑲ 每百万人中中学生的比重;⑳ 每个教师负担的学生数(逆指标);㉑ 人均财政文教科卫事业费支出;㉒ 每万人拥有的医疗、卫生的床位数;⑬ 农业技术人员占农业劳动力的比重;㉔ 乡镇企业固定资产新度系数;㉕ 人均储蓄余额;㉖ 农民人均纯收入;㉗ 职工平均工资;㉘ 人均占有食品折合能量;㉙ 谷物折合能量占全部食品折合能量的比重;㉚ 人均社会消费品零售额。

4. 综合方法

(1) 原始数据标准化。包括两个方面,即数据趋同化和无量纲化处理。其中,前者是通过取倒数或倒扣等方法把逆指标转化成与评价结论一致的指标;后者是通过如下公式把各原始指标标准化:

$$z = \frac{x - x'}{s}$$

式中,z 为某指标的标准分值;x 为该指标的原始值;x' 为 x 的平均值;s 为该指标的标准差。

(2) 指标权重的确定。用特尔斐法主观赋权和主成分分析相结合的方法确定权重。

(3) 指标综合方法。用线性加权法。

案例三:用综合评价方法对上海新港选址进行评价

1. 基本思路

港口选址是多目标决策问题,主要确定哪些备选地址最可能做港口和哪些备选地址做港口最满意。而影响可行或满意的因素有很多,如政治、经济、地理条件、技术、交通、城市总体规划等。这些因素相互交织在一起,只凭判断和简单定量计算都不能解决问题。

解决的办法是,可以把一个决策分成“可能”与“需要”两个方面,先进行单因素分析,然后再将两者综合起来,就会使问题变得简单一些。下面我们先从“可行”和“满意”两个方面进行单因素分析。

设:可能度为 $P(R)$,满意度为 $Q(S)$,可能—满意度为 W,$W \in (0,1)$。

当 $W=1$ 时,表示百分之百地既可能又满意;当 $W=0$ 时,表示或者完全不可能,或者完全不满意,或者既不可能又不满意。这种并合可用下式表示:

$$W(a) = \langle p(r) \bigcirc q(s) \rangle$$

从定量角度看,既有可能,又要满意,因此一般关系式是:

$$W(a) \leqslant \max_{r(\text{或}s)}, \min_{p,q} \langle p(r) \bigcirc q(s) \rangle$$

$$\text{s.t. } f(r,s,a) = 0 \quad r \in R \quad s \in S \quad a \in A$$

式中,s.t. 表示并合过程的限制条件,○表示并合的运算过程。

要把各分项可能—满意度合并成总的可能—满意度,可以采用多目标决策中的多维价值组合规则,如代换、加法、乘法和混合运算等。使用的原则是:缺一不可——乘法法则;好坏搭配——加权加法;不可偏废——加权乘法;一好遮百丑——代换法则;模棱两可——混合法则。

2．评价指标体系

通过查阅大量资料、现场考察、走访各有关新港区的可行性研究分项咨询单位，多次与上海港务局有关领导、设计人员讨论，并通过两轮特尔斐法咨询，反复研究、推敲，设计出与国家政策一致性3条、技术20条、经济13条、城市和地区发展规划关系7条、与全国交通网联系8条、资源11条、环境保护4条、受国内其他项目影响2条、军事2条等共9大类70条的评价指标，并对这9大类70条指标的重要程度分了不同等级，即极重要A、很重要B、重要C、应考虑D、意义不大E和不必考虑F。

3．评价指标的量化

从量化特征的角度，可以将上述70项指标分成三大类：

第一类，能直接量化的指标，如投资额，可以用单位泊位的总投资来衡量。

第二类，可以间接量化的指标，如气候条件，包括港址的风力、风速、港区波浪高度等，这类指标可根据经验、技术指标，用尺度对应法给出评价结果。

第三类，定性指标的量化。这类指标有的太复杂，无法用数据描述其特征，如对国家安全的影响。有的虽然可以用数据描述，但过程太复杂，获取数据特征的成本太高，技术难度也太大，如岸滩的稳定性。对于这类指标，可用专家打分法获取量化信息。

4．合成模型

分层逐级合成。即用单因素综合的方法，先将70项基层指标合并成9大类综合指标，再将9大类综合指标合并成一个可能—满意度指标。合并成9大类指标时，根据各指标之间的关系采取不同的合成方法，有的是加权乘法，有的是加权加法，有的是代换法则。权重的分配都是根据专家意见综合的。由9大类综合指标合并成可能—满意度时，采用的是如下合成模型：

$$H = U_1(\cdot)\langle U_2(+)U_3\rangle\langle U_4(+)U_5(+)U_6(+)U_7(+)U_8(+)U_9\rangle$$

式中，$(\cdot)$为加权乘法，$(+)$为加权加法。

5．结果分析

经过多次仿真运算和参数调整，得到各备选地点的可能—满意度值，其中前四位按由大到小的顺序排列如下：

$$H_{金山咀} = 0.78767$$
$$H_{外高桥} = 0.782403$$
$$H_{七丫口} = 0.73931$$
$$H_{罗泾} = 0.672654$$

根据评价结果可以得出如下几点结论：

(1) 金山咀、外高桥、七丫口、罗泾均可以作为新港的选址点，因为它们的可能—满意度评价值都超过0.6，及格。

(2) 按H值的大小来说，金山咀最好，其他以次类推。但它们的H值都未超过0.8，都不十分理想。金山咀与外高桥的H值差别不大，可以作进一步研究。

经过灵敏度分析，上述结论比较稳定，说明可信程度很高。[①]

第二节　区域经济发展预测方法

运用区域经济发展预测方法时，分类及可选用的公式有很多，关键是要把握公式的适用性和数据的准确性。预测方法大体上分为直观性预测、探测性预测、规范性预测三大类。[②]

一、直观性预测

直观性预测分为专家预测法和特尔斐法。

（一）专家预测法

专家预测法，又称专家意见法，是一种定性分析方法。它以各类专家作为调查对象，并根据各专家的直观判断作出预测。一般先根据预测内容，选择有丰富经验的区域管理人员或有关区域经济专家，由专家根据过去所积累的经验进行分析判断，提出预测初步意见，然后通过座谈或征求意见函等多种形式，对上述预测的初步意见进行修正、补充，再根据需要，将意见反复数次反馈给专家。最后将专家意见汇总得出预测结果。

（二）特尔斐法

特尔斐法是美国兰德公司（Rand Corporation）于20世纪40年代末首创的。特尔斐是古希腊城市的名称，相传为预言之神阿波罗的神殿所在地，有很多预言家到此发布预言演说，故以此地名作为这种预测法的名称。

特尔斐法，即匿名问卷调查法。通过发放问卷的形式征集专家对预测命题的个人意见，然后将调查问卷收集、整理、归纳、统计、分析并作出预测。

特尔斐法是借用社会各方面专家的头脑，综合他们的预测经验进行判断预测的一种方法。当预测中缺乏必要的数据，应用其他方法有困难时，采用特尔斐法预测能得到较好的效果。特尔斐法预测有一套独特的预测程序，主要包括准备阶段、轮番征询阶段和最终处理阶段。

1. 准备阶段

在准备阶段主要完成四方面的工作：明确预测主题和预测目的，选择专家，准备背景资料，设计调查咨询表。

在明确预测主题和预测目的并准备预测所需资料阶段，专家的选择非常关键，因为预测的准确性在很大程度上取决于参加预测专家的水平。特尔斐法所要求的专家，应是对预测主题和预测问题有比较深入的研究、知识渊博、经验丰富、思路开阔、富于创造性和判断力的人。因此，在选择专家时应注意三点：① 广泛性。特尔斐法要求专家有广泛的来源，一般应实行“三三制”。首先，选择本区域对预测问题有研究的专家，人数占预测专家的1/3左右；其次，选择与预测区域有业务联系、关系密切的行业专家，约占1/3；最后，从社会上有影响的知名人士中选择对预测区域有研究的专家，人数也占1/3。② 自愿性。选择专家时还应考虑专家是否有时间、

① 侯景新、尹卫红：《区域经济分析方法》，北京：商务印书馆2004年版，第383—392页。

② 孙久文：《区域经济规划》，北京：商务印书馆2004年版，第99—100页。

有精力，是否愿意参加此项预测活动。只有充分考虑专家的自愿性，才能避免专家意见回收率低的问题。③ 人数适度。选择专家的人数要适度，人数过少，则缺乏代表性，信息量不足；人数过多，则组织工作困难，成本增加。一般以 20—50 人为宜，在某些特殊情况下也可以超过 100 人。

2. 轮番征询阶段

准备阶段的各项工作完成后，就进入向专家进行正式调查的阶段。第一轮，先向专家寄发调查咨询表和背景材料，请专家独立填写，并请专家在规定的时间内寄回调查表。预测组织者在收到专家寄回的调查意见后，作出定性综合分析和定量统计归纳，并提出下一轮的预测要求。第二轮，将经过处理、汇总的专家意见及预测要求，再寄给专家们，专家接到汇总意见和有关资料后，再提出自己的意见并寄回给预测的组织者，然后由预测组织者汇总整理并作出统一归纳，提出下一轮预测要求。参照第二轮的做法，进行第三轮、第四轮……多次轮番征询专家意见，直至预测组织者认为预测结构基本趋于一致为止。一般情况下，专家意见经过三四轮征询，会基本趋于一致。在有些情况下，通过两轮征询意见就会趋于一致。

3. 最终处理阶段

预测结果的最终处理，是把最后一轮专家的意见加以统计归纳处理，得出代表专家意见的预测值和离散程度，然后，预测组织者对专家意见作出分析评价，确定预测方案。

二、探测性预测

探测性预测有三种方法：类推法、生长曲线法和趋势外推法（时间序列法）。

（一）类推法

类推法，是指用同一度量来推算其他或全部需求量的一种预测方法。在两个事件的某些因素相同时，可以类推出该事件的其他因素也相似。这种方法主要用于定性研究，主观性较大。

类推法的种类有很多，主要有横断类推、地区类推等方式。横断类推是依据其他地区（或国家）曾经发生过的事件进行类推。同一产品在不同地区（或国家）处于产品周期的不同阶段，可以根据领先地区的市场情况类推滞后市场的发展情况。地区类推法有两类：一类是国内不同地区间的类推，另一类是不同国家间的类推。例如，许多高档家电产品，总是先开始进入城市家庭，而后再进入农村家庭，可以利用家电产品在城市市场的发展规律，类推家电产品在农村市场的发展规律。又如，有关专家对我国小轿车需求的前景进行预测时，曾根据日本、印度、巴西等国的情况，对小轿车的价格与人均 GDP 之比与轿车消费特征的关系进行分析。研究表明，轿车价格与人均 GDP 之比达到 2—3 时，小轿车开始进入家庭消费，达到 1.4 左右时，轿车需求进入迅速发展阶段，开始出现普及性消费。我们可以根据上述特征参数的比较，结合我国具体情况加以修正，对我国小轿车何时进入家庭消费进行预测和估计。

（二）生长曲线法

生长曲线法，又称为 S 曲线法。一般认为，自然现象和社会经济现象的发生、发展有相似的数量规律，都遵循“S”形曲线的形式。当研究某种环境地区系统要素的发展情况时，只要有足够的资料，就可以用这一方法预测其发展趋势。

（三）趋势外推法

趋势外推法也称时间序列法，通过对某种因素过去情况的分析，推知它现在和将来发展的趋势,这是应用统计学中定量预测技术的一种方法。其实质是根据区域发展历史和现有资料,随时间变化的趋势,运用数学工具对该序列加以引申。因此,它是预测区域未来发展趋向和可能会达到某种水平的方法。时间并不是经济变量变化的原因,但任何经济变量随着时间的推移都有相应的观测值,而时间序列中的每个观测值都是诸多影响因素综合作用的反映,整个时间序列则反映了在诸多因素作用下经济变量的变化过程、趋势和速度。因此,趋势外推法是只考虑预测变量随时间推移而变化的方法,是对许多影响因素复杂作用的高度简化,而不必分辨各影响因素作用的大小。因此,趋势外推法也很简单易行。应用趋势外推法预测结果的可靠性,与历史的和现在的资料时间长短以及外推时间的长短密切相关。

比较常用的趋势外推法包括移动平均法、指数平滑法等,其中移动平均法是通过构造移动平均数序列进行预测。按平均数概念的不同,此法又可分为简单移动平均法、加权移动平均法等。①

1. 简单移动平均法(一次移动平均法)

依次取时间序列的 n 个观测值予以平均,并依次滑动,得到一个平均序列,且以 n 个观测值的平均值作为下期预测值。移动平均的目的在于消除随机因素造成的影响,使总体趋势更加明显地显露出来。其计算公式为:

$$Y_{t+1} = M_t^{(1)} = (X_t + X_{t-1} + \cdots + X_{t-n+1})/n$$

式中,Y_{t+1}为预测值;$M_t^{(t)}$ 为第 t 周期的平均值;t 为周期数;n 为分段内的数据点数,可根据经验或模拟结果加以确定;$X_t, X_{t-1}, \cdots, X_{t-n+1}$为序列第 t 期内的数(观测值)。

上式也可作如下改进:

$$\begin{aligned} M_t^{(t)} &= (X_t + X_{t-1} + \cdots + X_{t-n+1})/n \\ &= [(X_t + X_{t-1} + \cdots + X_{t-n+1} + X_{t-n}) - X_{t-n}]/n \\ &= (X_{t-1} + X_{t-2} + \cdots + X_{t-n})/n + (X_t - X_{t-n})/n \\ &= M_{t-1}^{(t)} + (X_t - X_{t-n})/n \end{aligned}$$

从以上推导可以看出,若已知 $M_t^{(t)}$,则只需计算$(X_{t+1} - X_{t+1-n})/n$ 就可以求得下一时期的 $M_{t+1}^{(t)}$。可知这是一个迭代过程,计算非常方便,尤其是使用计算机,可很快得出结果。

简单移动平均法可方便地平滑掉随机因素干扰所造成的不规则变化,适合于趋势比较稳定的按序列的短期预测。对于呈明显上升或下降趋势的序列数据,作短期预测要慎重,作中长期预测最好用其他方法。

2. 加权移动平均法

简单移动平均法中对观测值修匀的程度取决于 n,但将各期观测值等同看待不尽合理,因为近期观测值含有更多的时序变化趋势的信息。因此,在预测时应给予近期观测值以较大的权重,给予远期观测值以较小的权重。为此,引进加权平均法。计算公式为:

$$X_t^{(1)} = (a_t X_t + a_{t-1} X_{t-1} + \cdots + a_{t-n+1} X_{t-n+1})/(a_t + a_{t-1} + \cdots + a_{t-n+1})$$

式中,$a_t, a_{t-1}, \cdots, a_{t-n+1}$为加权分量,可根据时间序列的具体情况,凭经验或模拟按近期

① 吴殿廷等:《区域经济学》,北京:科学出版社 2006 年版,第 475—478 页。

大、远期小的原则设计。为保证平均值的真实性，一套权值之和必须为1。

3. 指数平滑法

移动平均法虽简单方便，但至少存在两个问题：计算一个移动平均的预测值必须存储最近n期的观测数据；分段移动平均时，简单移动平均法把近期与远期等同看待；加权移动平均法虽给近期以较大的权重，给远期以较小的权重，但不参加加权的远期值权重为零，也不甚合理，且加权计算工作量大。因此，人们设想，是否有简便方法，既能给近期观测值以较大的权重，给远期观测值以较小的权重，又不需存储最近n期的观测值。为此，1959年美国学者布朗提出了指数平滑法，包括一次指数平滑法、二次指数平滑法和三次指数平滑法等。

（1）一次指数平滑法

一次指数平滑法的计算公式是：

$$\bar{X}_t^{(1)} = a^{(1)}X_t + (1 - a^{(1)})X_t^{(1)} = X_{t+1}^{(1)}$$

式中，$\bar{X}_t^{(1)}$为第t期的一次滑动平均值；X_t为第t期的观测值；$X_t^{(1)}$为第t期的一次指数平滑预测值；$a^{(1)}$为一次指数平滑系数($0 < a^{(1)} < 1$)。

使用一次指数平滑法要解决两个问题：首先，确定平滑系数$a^{(1)}$，可用理论计算法：

$$a^{(1)} = 2/(n + 1)$$

式中，n为样本个数。也可采用经验判断法，一般情况下，$a^{(1)}$可在0.05—0.20之间取值。最好进行试算，以效果好者为准。

其次，确定初始值$X_0^{(1)}$。其方法是，当样本容量$n > 50$时，可选取第一个观测值为初始的$X_0^{(1)}$；当$10 < n < 50$时，可选取第一个观测值或最初几个观测值的均值为初始的$X_0^{(1)}$；当$n < 10$时，可选取最初几个观测值的均值为初始的$X_0^{(1)}$。

一次指数平滑法只能用于短期预测，对趋势稳定的时间序列预测精度可满足要求，但欲进行中长期预测，特别是对有明显上升或下降趋势的时间序列，预测效果就不理想。

（2）二次指数平滑法

二次指数平滑法就是对一次指数平滑值序列再进行一次指数平滑。计算公式是：

$$\bar{X}_t^{(2)} = a^{(2)}\bar{X}_t^{(1)} + (1 - a^{(2)})\bar{X}_{t-1}^{(2)}$$

式中，$\bar{X}_t^{(2)}$为第t期的二次指数滑动平均值，$a^{(2)}$为二次指数平滑系数，$\bar{X}_t^{(1)}$为第t期的一次指数平滑值。一般情况下有$0 < a^{(2)} < 1$，且$a^{(2)} \leqslant a^{(1)}$。

二次指数平滑预测同样重视近期数据，且只要有上期一次指数平滑值，就可进行下期预测。这样逐期递推，随时调整趋势直线参数，当预测规律可延续下去时亦可用于中期预测。

（3）三次指数平滑法

三次指数平滑法就是对二次指数平滑值序列再进行一次平滑。其计算公式是：

$$\bar{X}_t^{(3)} = a^{(3)}\bar{X}_t^{(2)} + (1 - a^{(3)})\bar{X}_{t-1}^{(3)}$$

式中，$\bar{X}_t^{(3)}$为第t期的三次指数平滑值，$a^{(3)}$为三次指数平滑系数，$\bar{X}_{t-1}^{(3)}$为第$t-1$期的三次指数平滑值。一般情况下有$0 < a^{(3)} < 1$，且$a^{(3)} \leqslant a^{(2)} \leqslant a^{(1)}$。

总之，趋势外推法只需要变量等间隔取值（如按年、月、季等）的数据，而这样的数据很容易得到（有统计制度作为保证），因此，在经济预测中被广泛应用。但在遇到数据不齐时，除非进行插补，否则，无法使用这些方法。此外，这些模型均是以平稳时间序列为基础的，当数据不平稳时，特别是在进行长期预测时，其可靠性不大。

三、规范性预测

前面介绍的各种模型预测方法只考虑了可能性，而未考虑达到这种可能性的具体条件。模型的规范性预测是对区域系统作全面分析，其顺序是先按影响要素分别研究之后，再作综合性的研究。回归分析是应用较多的规范性预测方法。①

（一）回归分析

应用回归分析法预测的主要步骤是：先根据原始数据建立因变量（研究对象）与自变量（影响因素）的回归模型（即求出模型中的参数），然后对模型进行精度检验（F 检验、t 检验等），当模型精度达到一定可信度后，即可用该模型进行预测——根据给定的自变量值推测因变量的值。

回归分析中，一元线性回归是回归分析中最简单的。这里我们主要介绍多元和逐步回归方法。

（二）多元线性回归

当研究对象受多个因素影响时，要运用多元回归分析。

1. 假设及建立回归模型

首先应通过专业分析，明确作为因变量 y 的研究对象，找出影响因变量的若干因素 x_i 作为自变量，并假设因变量与自变量之间存在线性关系，列出数学模型。

N 个样本、P 个自变量的多元线性回归模型为：

$$y = \beta_0 + \beta_1 x_{a1} + \beta_2 x_{a2} + \cdots + \beta_P x_{aP} + \varepsilon, \quad a = 1,2,\cdots,N$$

$$E(\varepsilon_a) = 0, \quad D(\varepsilon_a) = \sigma^2, \quad \mathrm{cov}(\varepsilon_a, \varepsilon_a') = 0$$

2. 估计回归系数，确定回归方程

多元线性回归通常也是用最小二乘法估计出回归系数 $\beta_0, \beta_1, \beta_2, \cdots, \beta_P$，从而确定出回归方程。

由于多元方程的计算较为复杂，这里不介绍其运算方法，具体求解可以用 SPSS 软件完成。

3. 方程显著性检验

多元线性回归除了像一元线性回归那样要求对回归方程进行显著性检验外，还需要对每一个回归系数进行检验。

(1) 对回归方程进行检验

在列出回归模型并求出回归方程时，要对假设进行检验。

通常，可以用统计量 F 进行检验，并用复相关系数 R 进行衡量。对回归方程进行 F 检验，同样要先求出回归方程的 F 值（这一过程可以由计算机软件完成），再查 F 分布表求出 $F_a(p,n-p-1)$ 的值。若 $F > F_a(p, n-p-1)$，则认为回归方程是显著的。复相关系数 R 类似

① 侯景新、尹卫红：《区域经济分析方法》，北京：商务印书馆 2004 年版，第 38—59 页。

于一元线性回归的相关系数,其取值范围在0—1之间,R越接近于1,表明方程的相关性越高。R值的计算同样可以由计算机软件完成。

(2) 对回归系数进行检验

以上的检验是对整个回归方程的检验。对有多个变量的回归方程来说,还应考虑每一个自变量x_i对因变量y的影响程度,即对回归系数进行检验。对检验后影响不显著的自变量,应该在回归方程中予以剔除,从而更准确地描述回归方程。

通常,可以用统计量t和F进行检验。在一元回归时,t和F的关系是$F = t^2$。对给定的显著性水平a,当$|t_j| > t_{a/2}(n-p-1)$或$F_j > F_a(1,n-p-1)$时,认为自变量x_j对因变量y有显著性影响。

4. 利用方程预测

多元线性回归分析的主要作用,是利用求出的相关关系进行预测(即根据自变量x_i的一组值求出因变量y对应的值)。同样,在预测时还需要考察预测值的准确程度。

由于多元线性回归分析中自变量的个数较多,一般很难进行控制分析(即根据因变量y的值求出对应自变量x_i的值)。

(1) y_0的点估计

得到回归方程$\hat{y} = \hat{\beta}_0 + \hat{\beta}_1 x_1 + \cdots + \hat{\beta}_p x_p$后,对于给定的一组自变量值$x_{01}, x_{02}, \cdots, x_{0p}$,预测对应的因变量:

$\hat{y}_0 = \hat{\beta}_0 + \hat{\beta}_1 x_{01} + \hat{\beta}_2 x_{02} + \cdots + \hat{\beta}_p x_{0p}$称为对$y_0$的点估计。

(2) y_0的准确程度测量(区间估计)

对因变量y_0的准确程度测量,也称区间估计,就是要求出置信区间。

在应用中,置信区间最常用的公式为:

y_0的准确程度为95%($a = 0.05$)的取值区间为($y_0 - 2S, y_0 + 2S$);

y_0的准确程度为99%($a = 0.01$)的取值区间为($y_0 - 3S, y_0 + 3S$)。

式中,S的意义与一元回归近似。

同样,在上述共识下,要求样本个数n较大,x_0距离较接近,这样对y_0的预测才能较精确。

(三) 逐步回归

1. 优化回归方程的基本方法

应用逐步回归方法优化回归方程的基本思路是:首先将变量逐个引入,引入的条件是系数的显著性符合检验标准。同时,每引入一个新的变量,就要对原引入的各个变量逐个进行检验,把由于引入新变量后系数变为不显著的变量加以剔除,直到最后剩余的变量都不能引入以及引入的变量都不能剔除,这样得到的方程即为最后的优化回归方程。

依照上面的基本思路,就可进一步进行逐步回归的具体计算。在实际应用过程中,可使用软件,这里不再进行具体算法的介绍。

2. 逐步回归检验标准

按以上基本思路分析时,对逐步回归检验重要的指标,一是引入变量时的显著性检验标准,二是剔除变量时的显著性检验标准。

一般而言，引入变量时的显著性检验标准要高于剔除变量时的显著性检验标准，即 $F_{进} \geqslant F_{出}$，或者 $a_{进} \leqslant a_{出}$。

在具体计算时，$F_a(1, n-k-1)$ 值的确定依每次留在方程中变量个数 k 的不同而不同，简化起见，一般设固定值 $F_{进}=2.5$，$F_{出}=2$，如果想最终多保留一些变量，也可以设 $F_{进}=1.5$，$F_{出}=1$。有时可更简化成 $F_a(1, n-[p/2]-1)$，这里 $[p/2]$ 是 $p/2$ 的整数部分。

第三节　区域经济发展决策方法

决策方法是决策论在区域经济中的应用。该方法提供的一些思考方法可以帮助决策者对决策问题进行分析整理，形成规范模式，使思维清晰化，然后以规范的方法进行决策。

区域经济发展决策方法按决策准则大体可以分为：区域决策分析的基本方法和层次分析法两类。区域决策分析的基本方法是以单一准则为决策标准，而在实际应用中，通常要对多准则进行决策，此时通常采用的方法是层次分析法。

一、决策分析的基本方法及案例演示

区域决策问题一般由决策环境、可供选择的决策方案和决策后果三部分组成。在进行决策分析时，首先需要仔细分析面临的问题，明确决策环境存在哪些状态、有哪些决策方案可供选择，以及在不同环境状态下不同的决策方案都会产生哪些后果，并以此作为进一步决策的依据。在不同的方案下，由于系统状态的不同，决策后果也不同。据此，决策一般可分为确定型决策、不确定型决策和风险型决策。这三种决策方法均以单一准则为基本标准，是区域决策分析的基本方法。①

（一）确定型决策

确定型决策所面对的是一个环境状态明确的系统，对决策后果的影响是唯一的。

案例一　市政管理人员需要对一项市政工程项目进行决策。可选择的方案是修建通往旅游区的高速路或修建城区地铁。

由于对经济形势的预期不同，不同方案取得的效益也不同，所以决策方案的结果也会不同，将其归纳为表 3-5。

表 3-5　确定型决策矩阵

决策环境 / 决策后果 / 决策方案	经济形势变好	经济形势不变	经济形势变坏
建高速路	效益最高	效益中等偏下	效益最差
建地铁	效益较高	效益中等	效益较低

① 侯景新、尹卫红：《区域经济分析方法》，北京：商务印书馆 2004 年版，第 205—214 页。

假设现已明确知道未来的经济形势，如果经济形势不变，仅以效益为单一准则，该管理人员很容易进行决策：选择效益更高一些的建地铁的方案。

（二）不确定型决策

不确定型决策是存在不同决策方案和决策环境不明确时，对应的决策后果不同。模型如下：

设：决策方案为 $D=\{d_1, d_2, \cdots, d_m\}$

决策环境为 $S=\{s_1, s_2, \cdots, s_n\}$

决策后果矩阵为 $A=\{a_{ij} \mid i=1,2,\cdots,m \quad j=1,2,\cdots,n\}$

则决策问题可表示成表3-6。

表3-6　不确定型决策矩阵

决策方案＼决策后果＼决策环境	S_1	S_2	…	S_n
d_1	a_{11}	a_{12}	…	a_{1n}
d_2	a_{21}	a_{22}	…	a_{2n}
…	…	…	…	…
d_m	a_{m1}	a_{m2}	…	a_{mn}

解决不确定型决策问题，有乐观法、悲观法、乐观系数法和后悔值法等技术。

1. 乐观法

（1）基本思路

用乐观法决策，是认为无论决策环境如何，每一种方案都会取得最乐观的结果。在确定每种方案的最佳收益后，再比较各种方案，从中选出收益最高的方案为决策方案。简单地说，就是优中取优。

（2）计算方法

第一步，求出每种方案的（最佳）后果 $a_{il}=\mathrm{Max}\{a_{ij} \mid j=1,2,\cdots,n\}$；

第二步，在所有方案中选出决策方案 $a_{kl}=\mathrm{Max}\{a_{il} \mid i=1,2,\cdots,m\}$。

（3）简单例子

对案例一中的例子，其决策情况如表3-7所示。

表3-7　不确定型决策矩阵

决策方案＼决策后果＼决策环境	经济形势变好	经济形势不变	经济形势变坏
建高速路	500万元	100万元	-230万元
建地铁	200万元	110万元	50万元

用乐观法进行决策的步骤是：第一步，求出每种方案的（最佳）后果 $a_{11}=\mathrm{Max}\{500, 100,$

$-230\}=500$，$a_{21}=\mathrm{Max}\{200,110,50\}=200$；第二步，在所有方案中选出决策方案 $a_{kl}=\mathrm{Max}\{500,200\}=500$，即建高速路为最佳决策方案。

2. 悲观法

（1）基本思路

用悲观法决策，即认为无论决策环境如何，每一种方案都会取得最悲观的结果。在确定每种方案的最低收益后，再比较各种方案，从中选出收益最高的方案为决策方案。简单地说，就是劣中取优。

（2）计算方法

第一步，求出每种方案的（最悲观）后果 $a_{il}=\mathrm{Min}\{a_{ij}\mid j=1,2,\cdots,n\}$；

第二步，在所有方案中选出决策方案 $a_{kl}=\mathrm{Max}\{a_{il}\mid i=1,2,\cdots,m\}$。

（3）简单例子

仍参看案例一，用悲观法进行决策的步骤是：第一步，求出每种方案的（最悲观）后果$a_{11}=\mathrm{Min}\{500,100,-230\}=-230$，$a_{21}=\mathrm{Min}\{200,110,50\}=50$；第二步，在所有方案中选出决策方案 $a_{kl}=\mathrm{Max}\{-230,50\}=50$，即建地铁为最佳决策方案。

3. 乐观系数法

（1）基本思路

用乐观系数法决策，就是抱有乐观和悲观之间的态度，认为每一种方案取得的都是介于乐观和悲观之间的结果，并用系数（介于 0 到 1 之间）来计算。在确定每种方案最可能取得的收益后，再比较各种方案，从中选出收益最高的方案为决策方案。简单地讲，就是在可能中取优。

（2）计算方法

设乐观系数为 λ。

第一步，求出每种方案的可能后果 $a_{il}=\lambda a_{i\mathrm{Max}}+(1-\lambda)a_{i\mathrm{Min}}$；

第二步，在所有方案中选出决策方案 $a_{kl}=\mathrm{Max}\{a_{il}\mid i=1,2,\cdots,m\}$。

（3）简单例子

对案例一，假设乐观系数为 0.4，用乐观系数法进行决策的步骤是：第一步，求出每种方案的可能后果 $a_{11}=0.4\times500+(1-0.4)\times(-230)=62$，$a_{21}=0.4\times200+(1-0.4)\times50=110$；第二步，在所有方案中选出决策方案 $a_{kl}=\mathrm{Max}\{62,110\}=110$，即建地铁为最佳决策方案。

4. 后悔值法

（1）基本思路

这种方法是针对决策者对未采用最佳方案而产生的后悔心理设计的。后悔程度取决于该方案离最佳后果的距离，由此形成后悔矩阵。接着确定每种方案的最大后悔值，再比较各种方案，从中选出后悔值最低的方案作为决策方案。简单地讲，就是害中取轻。

（2）计算方法

第一步，求出每种决策环境下的最佳后果 $a_{kj}=\mathrm{Max}\{a_{ij}\mid i=1,2,\cdots,m\}$；

第二步，计算后悔值，建立后悔矩阵 $b_{ij}=a_{kj}-a_{ij}$；

第三步，求出每种方案的最大后悔值 $b_{il}=\mathrm{Max}\{b_{ij}\mid j=1,2,\cdots,n\}$；

第四步，在所有方案中选出决策方案 $b_{kl}=\mathrm{Min}\{b_{il}\mid i=1,2,\cdots,m\}$。

(3) 简单例子

对案例一,用后悔值法进行决策的步骤是:

第一步,求出每种决策环境下的最佳后果

$$a_{k1} = \text{Max}\{500,200\} = 500$$
$$a_{k2} = \text{Max}\{100,110\} = 110$$
$$a_{k3} = \text{Max}\{-230,50\} = 50$$

第二步,计算后悔值,建立后悔矩阵如下:

$$\begin{pmatrix} 0 & 10 & 280 \\ 300 & 0 & 0 \end{pmatrix}$$

第三步,求出每种方案的最大后悔值:

$$b_{i1} = \text{Max}\{0,10,280\} = 280$$
$$b_{i2} = \text{Max}\{300,0,0\} = 300$$

第四步,在所有方案中选出决策方案:

$$b_{k1} = \text{Min}\{280,300\} = 280$$

即建高速路为最佳决策方案。

(三) 风险型决策

风险型决策指在已知决策环境状态概率分布的情况下所进行的决策。风险型决策模型如下:

设:决策方案为 $D=\{d_1,d_2,\cdots,d_m\}$;

决策环境为 $S=\{S_1,S_2,\cdots,S_n\}$,决策环境对应的概率是 $P=\{P_1,P_2,\cdots,P_n\}$;

决策后果矩阵为 $A=\{a_{ij} \mid i=1,2,\cdots,m;\ j=1,2,\cdots,n\}$。

则决策问题表示成表 3-8。

表 3-8 风险型区域经济决策矩阵图

决策环境(概率) / 决策后果 / 决策方案	S_1 (P_1)	S_2 (P_2)	… (…)	S_4 (P_4)
d_1	a_{11}	a_{12}	…	a_{1n}
d_2	a_{21}	a_{22}	…	a_{2n}
…	…	…	…	…
d_m	a_{m1}	a_{m2}	…	a_{mn}

解决风险型决策问题,主要采用最大期望收益值法或最小期望损失值法,对多层次风险型决策,一般采用决策树方法。

1. 最大期望收益值法

(1) 基本思路

当决策后果用收益值表示时,应用最大期望值法。具体而言,就是考虑决策环境的概率后，比较每一种方案的期望值(概率与收益后果的乘积)，从中选出期望值最高的方案作为决策方案。

(2) 计算方法

第一步，求出每种方案的期望值 $h_i = \sum_{j=1}^{n} a_{ij}P_j$；

第二步，在所有方案中选出决策方案 $h_k = \text{Max}\{h_i | i = 1,2,\cdots,m\}$。

(3) 简单例子

在案例一中，假设决策环境仍不确定，但通过相关预测，可以知道每种环境发生的概率(见表 3-9)，则该问题变成风险型决策。

表 3-9　风险型决策的归纳(收益值)

决策方案 \ 决策后果 \ 决策环境(概率)	经济形势变好(0.3)	经济形势不变(0.5)	经济形势变坏(0.2)
建高速路	500 万元	100 万元	-230 万元
建地铁	200 万元	110 万元	50 万元

决策步骤如下：

第一步，求出每种方案的期望值：

$$h_1 = 500 \times 0.3 + 100 \times 0.5 + (-230) \times 0.2 = 154$$

$$h_2 = 200 \times 0.3 + 110 \times 0.5 + 50 \times 0.2 = 125$$

第二步，在所有方案中选出决策方案：

$$h_k = \text{Max}\{154, 125\} = 154 = h_1$$

即在考虑决策环境概率的情况下，建高速路为最佳决策方案。

2. 最小期望损失值法

(1) 基本思路

当决策后果用损失值表示时，应用最小期望损失值法。具体来讲，就是考虑决策环境的概率后，比较每一种方案的期望值(概率与损失后果的乘积)，从中选出期望值最小的方案作为决策方案。

(2) 决策方法

第一步，求出每种方案的期望值 $h_i = \sum_{j=1}^{n} a_{ij}P_j$；

第二步，在所有方案中选出决策方案 $h_k = \text{Min}\{h_i | i = 1,2,\cdots,m\}$。

(3) 简单例子

请参看案例一。假设决策后果用损失值表示，决策模型如表 3-10 所示。

表 3-10　风险型决策的归纳(损失值)

决策环境(概率) 决策后果 决策方案	经济形势变好(0.3)	经济形势不变(0.5)	经济形势变坏(0.2)
建高速路	0 万元	10 万元	280 万元
建地铁	300 万元	0 万元	0 万元

决策步骤如下：

第一步,求出每种方案的期望值：

$$h_1 = 0 \times 0.3 + 10 \times 0.5 + 280 \times 0.2 = 61$$

$$h_2 = 300 \times 0.3 + 0 \times 0.5 + 0 \times 0.2 = 90$$

第二步,在所有方案中选出决策方案：

$$h_k = \text{Min}\{61,90\} = 61 = h_1$$

即建高速路为最佳决策方案。

3. 决策树

如果决策问题较为复杂,方案有多个层次,一般就应用决策树方法。决策树方法首先将决策问题用树状图表示出来,再利用该图逐步化简求解。

在树状图中,用方格表示决策点,由决策点引出的直线叫方案线,代表该情况下可选择的各个具体方案;用圆圈代表机会点,由圆圈引出的直线叫概率线,代表该方案面临不同环境出现的概率;用三角代表收益点,表示该方案在该环境下的具体收益。把各个方案在各种自然状态下的收益或损失的数字记在概率的末端,这样构成的图形称为决策树。决策树的形式从左到右,分别是决策点(□)→方案线(——)→机会点(○)→概率线(——)→收益点(△)。

用决策树求解,先从最右边开始,从右至左求出每一个机会点和决策点的收益值,机会点的收益值为其右侧概率乘以收益再求和,决策点的收益值为其右侧方案线代表的最高收益数值。全部求出后,最左边决策点的数值为最佳收益值,其右侧代表最高收益的方案线为最佳方案。

二、层次分析法及案例演示

(一) 层次分析法的基本原理和特点

层次分析法(analytic hierarchy process,AHP)是由美国运筹学家、匹兹堡大学萨第(T. L. Saaty)教授于 20 世纪 70 年代提出的,于 1982 年传入我国。层次分析法在决策问题的许多领域得到应用,并得到不断发展与完善。①

层次分析法的基本原理是排序原理,即最终将各方法(或措施)排出优劣次序,作为决策的依据。具体可描述为:层次分析法首先将决策的问题看作受多种因素影响的大系统,这些相互关联、相互制约的因素可以按照它们之间的隶属关系排成从高到低的若干层次,即构造递阶层次结构;其次请专家、学者、权威人士两两比较多因素的重要性,再利用数学方法,对各因素

① 侯景新、尹卫红:《区域经济分析方法》,北京:商务印书馆 2004 年版,第 225—235 页。

层层排序;最后对排序结果进行分析,辅助决策。

层次分析法的主要特点是定性与定量分析相结合,将人的主观判断用数量形式表达出来并进行科学处理,因此,更适合于对复杂社会科学问题的研究。而且,这一方法虽然有深刻的理论基础,但表现形式非常简单,容易被人理解、接受,所以,应用较为广泛。

(二) 层次分析法的步骤

下面结合一个具体例子,给出层次分析法的基本步骤。

案例二 市政管理人员需要对修建一项市政工程项目进行决策,可选择的方案是修建通往旅游区的高速路或修建城区地铁。除了考虑经济效益外,还要考虑社会效益、环境效益等因素,这时可以运用层次分析法解决。具体分析步骤如下:

1. 建立递阶层次结构

运用层次分析法解决实际问题,首先明确要决策的问题,并把它条理化、层次化,理出递阶层次结构。

层次分析法要求的递阶层次结构一般由以下三个层次组成:

(1) 目标层(最高层),问题的预定目标;

(2) 准则层(中间层),影响目标实现的准则;

(3) 措施层(最低层),促使目标实现的措施。

通过对复杂问题的分析,首先明确决策的目标,将该目标作为目标层(最高层)的元素,这个目标要求是唯一的,即目标层只有一个元素。

然后找出影响目标实现的准则,作为目标层下的准则层因素。在复杂问题中,影响目标实现的准则可能很多,这时要详细分析各准则因素间的相互关系,即哪些是主要的准则,哪些是隶属于主要准则的次要准则,然后根据这些关系将准则元素分成不同的层次和组,不同层次元素间一般存在隶属关系,即上一层次元素由下一层次元素构成并对下一层次元素起支配作用,同一层次元素形成若干组。同组元素性质相近,一般隶属于相同的上一层次元素(受上一层次元素支配);不同组元素性质不同,一般隶属于不同的上一层次元素。在关系复杂的递阶层次结构中,有时组的关系不明显,即上一层次的若干元素同时对下一层次的若干元素起支配作用,形成相互交叉的层次关系。但无论怎样,上下层次的隶属关系应该是明显的。

在上述准则下,分析有哪些最终解决方案(措施),并将它们作为措施层因素,放在递阶层次结构的最下面(最低层)。

明确各个层次的因素及其位置,并将它们之间的关系用连线连接起来,就构成了递阶层次结构。

【案例演示步骤 1】 层次分析法问题——如何建立递阶层次结构

参见案例二,可以看出在该决策问题中,市政管理人员希望通过选择不同的市政工程项目实现最高的综合效益,即决策目标是"合理建设市政工程,使综合效益最高"。

为了实现这一目标,需要考虑的主要准则有经济效益、社会效益和环境效益。但问题绝不这么简单,决策人员认为还必须考虑直接经济效益、间接经济效益、方便日常出行、方便假日出行、减少环境污染、改善城市面貌等因素(准则)。从相互关系分析,这些因素隶属于主要准则,因此放在下一层次考虑,并且分属于不同准则。

假设本问题只考虑这些准则，接下来需明确的是为了实现决策目标，在上述准则下可以有哪些方案。根据题中所述，本问题有两个解决方案，即建高速路或建地铁，这两个因素作为措施层元素放在递阶层次结构的最下层。很明显，这两个方案与所有准则都相关。

将各个层次的因素按其上下关系摆放好位置，并将它们之间的关系用连线连接起来。同时，为了方便后面的定量表示，一般从上到下用 A、B、C、D……代表不同层次，同一层次从左到右用 1、2、3、4……代表不同因素，这样构成的递阶层次结构如图 3-1 所示。

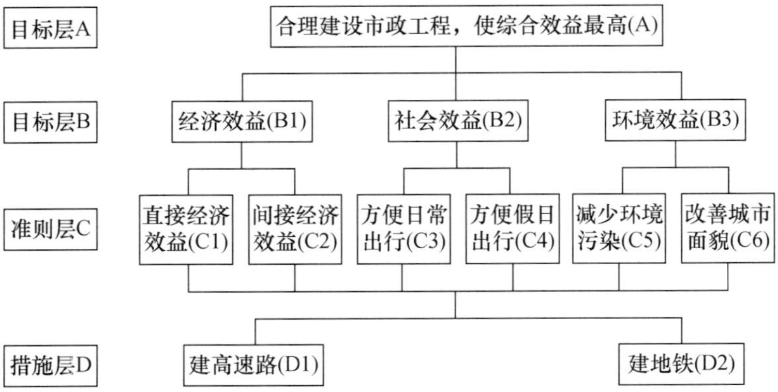

图 3-1　递阶层次结构示意图

2. 构造判断矩阵并请专家填写

根据递阶层次结构就能很容易地构造判断矩阵。

构造判断矩阵的方法是：每一个具有向下隶属关系的元素（被称为准则）作为判断矩阵的第一个元素（位于左上角），隶属于它的各个元素依次排列在其后的第一行和第一列。

重要的是填写判断矩阵。填写判断矩阵的方法是：向填写人（专家）反复询问，针对判断矩阵的准则，其中两个元素两两比较哪个重要？重要多少？对重要性程度按 1—9 赋值（重要性程度值见表 3-11）。

表 3-11　重要性程度含义表

重要性程度	含义
1	表示两个元素相比，具有同等重要性
3	表示两个元素相比，前者比后者稍重要
5	表示两个元素相比，前者比后者明显重要
7	表示两个元素相比，前者比后者强烈重要
9	表示两个元素相比，前者比后者极端重要
2,4,6,8	表示上述判断的中间值
倒数	若元素 i 与元素 j 的重要性之比为 a_{ij}，则元素 j 与元素 i 的重要性之比为 $a_{ji}=1/a_{ij}$

设填写后的判断矩阵为 $A=(a_{ij})_{n\times n}$，判断矩阵具有如下性质：

（1）$a_{ij}>0$；

（2）$a_{ij}=1/a_{ji}$；

(3) $a_{ii}=1$。

根据上面的性质,判断矩阵具有对称性,因此在填写时,通常先填写 $a_{ij}=1$ 部分,然后仅需判断及填写上三角形或下三角形的 $n(n-1)/2$ 个元素就可以了。

在特殊情况下,判断矩阵可以具有传递性,即满足等式 $a_{ij}a_{jk}=a_{ik}$。

当上式对判断矩阵所有元素都成立时,我们称该判断矩阵为一致性矩阵。

【案例演示步骤2】 层次分析法问题——构造判断矩阵并请专家填写

填写后的判断矩阵如表3-12所示。

表3-12 判断矩阵表

A	B1	B2	B3
B1	1	1/3	1/3
B2		1	1
B3			1

B1	C1	C2
C1	1	1
C2		1

B2	C3	C4
C3	1	3
C4		1

B3	C5	C6
C5	1	3
C6	0	1

C1	D1	D2
D1	1	5
D2		1

C2	D1	D2
D1	1	3
D2		1

C3	D1	D2
D1	1	1/5
D2		

C4	D1	D2
D1	1	7
D2		1

C5	D1	D2
D1	1	1/5
D2		1

C6	D1	D2
D1	1	1/3
D2		1

3. 层次单排序与检验

针对专家填写后的判断矩阵,利用一定数学方法进行层次排序。

单排序是指每一个判断矩阵各因素针对其准则的相对权重。计算权重有和法、根法、幂法等,这里简要介绍和法。

和法的原理是,对一致性判断矩阵,每一列归一化后就是相应的权重。对于非一致性判断矩阵,每一列归一化后近似其相应的权重,再对这 n 个列向量求取算术平均值作为最后的权重。其计算公式是:

$$W_i=\frac{1}{n}\sum_{j=1}^{n}\frac{a_{ij}}{\sum_{j=1}^{n}a_{kl}}$$

需要注意的是,在层层排序中,要对判断矩阵进行一致性检验。

前面提到,在特殊情况下,判断矩阵可以具有传递性和一致性。一般情况下,并不要求判断矩阵具有这些性质。但从人类认识规律看,一个正确的判断矩阵,其重要性排序是有一定逻辑规律的,例如,若 A 比 B 重要,B 比 C 重要,则从逻辑上讲,A 应该比 C 重要,若两两比较时出现 C 比 A 重要的结果,则该判断矩阵违反了一致性准则,这在逻辑上是不合理的。

因此,在实际中要求判断矩阵满足大体上的一致性,这就需进行一致性检验。只有通过检验,才能说明判断矩阵在逻辑上是合理的,才能继续对结果进行分析。

一致性检验的步骤如下:

第一步,计算一致性指标 C. I. (consistency index):

$$C.I. = \frac{\lambda_{Max} - n}{n - 1}$$

第二步,查表确定相应的平均随机一致性指标 R. I. (random index):

据判断矩阵不同阶数查表 3-13,得到平均随机一致性指标 R. I. 。例如,对于 5 阶的判断矩阵,查表得到 R. I. =1.12。

表 3-13 平均随机一致性指标 R. I. 表(1 000 次正互反矩阵计算结果)

矩阵阶数	1	2	3	4	5	6	7	8
R. I.	0.00	0.00	0.52	0.89	1.12	1.26	1.36	1.41
矩阵阶数	9	10	11	12	13	14	15	
R. I.	1.46	1.49	1.52	1.54	1.56	1.58	1.59	

第三步,计算一致性比例 C. R. (consistency ratio)并进行判断:

$$C.R. = \frac{C.I.}{R.I.}$$

当 C. R.<0.1 时,认为判断矩阵的一致性是可以接受的;当 C. R.>0.1 时,认为判断矩阵不符合一致性要求,需要对该判断矩阵进行重新修正。

【案例演示步骤 3】 层次分析法问题——层次单排序与检验

上例层次单排序及检验结果如表 3-14 所示。

表 3-14 层次单排序及检验结果表

A	单(总)排序权值
B1	0.1429
B2	0.4286
B3	0.4286
C. R.	0.0000

B1	单排序权值
C1	0.5000
C2	0.5000
C. R.	0.0000

B2	单排序权值
C3	0.7500
C4	0.2500
C. R.	0.0000

B3	单排序权值
C5	0.7500
C6	0.2500
C. R.	0.0000

C1	单排序权值
D1	0.8333
D2	0.1667
C. R.	0.0000

C2	单排序权值
D1	0.7500
D2	0.2500
C. R.	0.0000

C3	单排序权值
D1	0.1667
D2	0.8333
C. R.	0.0000

C4	单排序权值
D1	0.8750
D2	0.1250
C. R.	0.0000

C5	单排序权值
D1	0.1667
D2	0.8333
C. R.	0.0000

C6	单排序权值
D1	0.2500
D2	0.7500
C. R.	0.0000

可以看出,所有单排序的 C. R.<0.1,所以每个判断矩阵的一致性都是可以接受的。

4. 层次总排序与检验

总排序是指每一个判断矩阵各因素针对目标层(最上层)的相对权重。这一权重的计算采用从上而下的方法,逐层合成。

很明显,第二层的单排序结果就是总排序结果。假设已经算出第 $k-1$ 层 m 个元素是对于总目标的权重,$W^{(k-1)}=(w_1^{(k-1)},w_2^{(k-1)},\cdots,w_m^{(k-1)})^{\mathrm{T}}$,第 k 层 n 个元素对于上一层(第 $k-1$ 层)第 j 个元素的单排序权重是 $P_j^{(k)}=(P_{1j}^{(k)},P_{2j}^{(k)},\cdots,P_{nj}^{(k)})^{\mathrm{T}}$,其中不受 j 支配的元素的权重为 0。令 $P^{(k)}=(p_1^{(k)},p_2^{(k)},\cdots,p_n^{(k)})$,表示第 k 层元素对第 $k-1$ 层元素的排序,则第 k 层元素对于总目标的总排序为:

$$W^{(k)}=(w_1^{(k)},w_2^{(k)},\cdots,w_m^{(k)})^{\mathrm{T}}=P^{(k)}W^{(k-1)}$$

$$w_i^{(k)}=\sum_{j=1}^{m}P_{ij}^{(k)}w_j^{(k-1)}\quad i=1,2,\cdots,n$$

同样,也需要对总排序结果进行一致性检验。

假定已经算出针对第 $k-1$ 层第 j 个元素为准则的 $\mathrm{C.I.}_j^{(k)}$、$\mathrm{R.I.}_j^{(k)}$ 和 $\mathrm{C.R.}_j^{(k)}$,则第 k 层的综合检验指标为:

$$\mathrm{C.I.}_j^{(k)}=(\mathrm{C.I.}_1^{(k)},\mathrm{C.I.}_2^{(k)},\cdots,\mathrm{C.I.}_m^{(k)})W^{(k-1)}$$

$$\mathrm{R.I.}_j^{(k)}=(\mathrm{R.I.}_1^{(k)},\mathrm{R.I.}_2^{(k)},\cdots,\mathrm{R.I.}_m^{(k)})W^{(k-1)}$$

$$\mathrm{C.R.}^{(k)}=\frac{\mathrm{C.I.}^{(k)}}{\mathrm{R.I.}^{(k)}}$$

当 $\mathrm{C.R.}^{(k)}<0.1$ 时,判断矩阵的整体一致性是可以接受的。

【案例演示步骤 4】 层次分析法问题——层次总排序与检验

上例层次总排序及检验结果如表 3-15、表 3-16 所示。

表 3-15 C 层次总排序(C. R. = 0.0000)

C1	C2	C3	C4	C5	C6
0.0714	0.0714	0.3214	0.1071	0.3214	0.1071

表 3-16 D 层次总排序(C. R. = 0.0000)

D1	D2
0.3408	0.6592

可以看出,总排序的 C. R. < 0.1,认为判断矩阵的整体一致性是可以接受的。

5. 结果分析

通过对排序结果的分析,得出最后的决策方案。仍以前例为例。

【案例演示步骤 5】 层次分析法问题——结果分析

从方案层总排序的结果看,建地铁(D2)的权重(0.6592)远远大于建高速路(D1)的权重(0.3408),因此,最终的决策方案是建地铁。

根据层次排序过程分析决策思路。

准则层 B 的三个因子中，直接经济效益（B1）的权重最低（0.1429），社会效益（B2）和环境效益（B3）的权重都比较高（皆为 0.4286），这说明决策中比较看重社会效益和环境效益。

对于比较不看重的经济效益，两个影响因子直接经济效益（C1）、间接经济效益（C2）的单排序权重都是建高速路远远大于建地铁，对于比较看重的社会效益和环境效益，四个影响因子中有三个因子的单排序权重都是建地铁远远大于建高速路，由此可以推出，建地铁方案由于社会效益和环境效益较为突出，权重也会相对突出。

从准则层 C 总排序结果也可以看出，方便日常出行（C3）、减少环境污染（C5）是权重值较大的，如果单独考虑这两个因素，排序权重都是建地铁远远大于建高速路。

由此我们可以分析出决策思路，即决策比较看重的是社会效益和环境效益，不太看重经济效益，因此对于具体因子，方便日常出行和减少环境污染成为主要考虑因素，对于这两个因素，都是建地铁方案更佳，由此，最终选择建地铁的方案也就顺理成章了。

【本章小结】

1. 区域经济的综合评价方法是最常用的一种方法。该方法主要是通过直观、尺度、多指标和层次分析法对影响区域经济发展的各主要因素进行总体评价。

2. 预测方法大体上分为直观性预测、探索性预测、规范性预测三大类。其中，直观性预测又分为两大类：专家预测法和特尔斐法。探索性预测有三种方法：类推预测法、生长曲线法和趋势外推法（时间序列法）。时间序列法在经济预测中应用广泛。

3. 按照决策的准则，区域经济决策方法大体可以分为两类：区域决策分析的基本方法和层次分析法。根据系统状态对决策后果影响的不同，区域决策分析的基本方法一般可分为确定型决策、不确定型决策和风险型决策。

【练习与思考】

1. 对区域经济进行综合评价主要有哪几种方法？
2. 简述特尔斐法的预测程序。
3. 什么是不确定型决策？如何求解？什么是风险型决策？如何求解？
4. 简述层次分析法的具体步骤。

【进一步阅读资料】

1. 吴殿廷等：《区域经济学》，北京：科学出版社 2006 年版。
2. 侯景新、尹卫红：《区域经济分析方法》，北京：商务印书馆 2004 年版。
3. 孙久文：《区域经济规划》，北京：商务印书馆 2004 年版。
4. 何晓群：《现代统计分析方法与应用》，北京：中国人民大学出版社 1998 年版。
5. 袁卫等：《统计学》，北京：高等教育出版社 2000 年版。
6. 胡健颖等：《实用统计学》，北京：北京大学出版社 1996 年版。
7. 聂华林、王成勇：《区域经济学通论》，北京：中国社会科学出版社 2006 年版。

第四章　区域经济活动的空间过程与区域发展要素流动

【本章学习目的】

1. 通晓区域经济活动的空间过程；
2. 了解主要区域经济发展要素；
3. 明了要素的空间集聚与扩散模式。

区域经济的发展首先表现在区域内各经济要素、经济主体的地域分布与空间运动上。掌握区域经济空间运动的规律，合理引导区域经济发展要素流动，不仅有利于选定恰当的区域开发模式，也有利于区域整体经济的协调发展。

本章在介绍经济活动空间运动与布局一般理论的基础上，着重阐述区域经济发展要素的集聚与扩散。

第一节　经济活动的空间过程

一、经济地域运动

（一）经济地域运动的内涵及意义

经济地域运动是指，经济地域系统的成分、结构、功能、规模、等级、性质等在固定时序中的有机空间演变过程。它既包括经济地域内经济要素的空间移动和经济系统的变化过程，也包括经济地域内空间结构要素（点、线、面、网络等）的空间移动和组合，还包括经济地域系统作为一个整体的地域范围的扩展与收缩、等级和结构的高级化及有序化、规模和实力的增大与缩小等演变过程。经济地域运动实际上是人类经济活动在地域空间分化、组合的动态过程，是经济地域系统与其环境之间、系统内部各子系统之间及其单元之间的联系和作用在地域空间上的表现，也是它们之间劳动力流、物质流、能源流、信息流、资金流等传输的动态有机过程。

研究经济地域运动规律的意义，一是要充分发挥地域优势，优化资源配置，提高资源利用率和生产要素的效率；二是为经济合理布局提供理论基础；三是可以根据特定时期国内外经济社会的宏观背景，制定合理的产业发展规划；四是为制定正确的区域开发战略，特别是区域开发模式提供科学依据。此外,研究区域经济的空间演化规律,对区域产业升级和产品更新换代、主动接收先进地区的产业转移、自觉与国家宏观战略衔接等也大有益处。

（二）经济地域运动的特点

1. 相对不平衡性

各地区自然、经济、社会条件的分布是不均衡的,有的条件好,有的条件较差,而经济要素通常是向条件好或比较好的地区流动。在各种经济活动中,以农业生产活动的区域性最为明显,其他如矿产资源开发、交通运输、商贸等经济活动的地域性也非常强。显然,任何经济的地域运动都会趋向于最有利于该经济活动的地区,从区域内地理条件较好的地区开始,逐渐壮大,经过一段时间后才逐步向其他地区扩散,并带动相关产业和整个区域经济的发展。现代经济地域系统已由最初的自然经济区发展为商品经济下的现代经济区,由工业点、工业区发展成工业地带、经济地带,由分散、孤立的经济区发展为连绵成带、纵横交错的经济地域体系。区域经济理论认为,区域经济的空间运动过程可分为三个阶段:① 早期发展的集中阶段。在工业革命之前,由于资源、地理位置、历史因素等条件的差异,少数条件较好的地区成为人口和经济的聚集区;工业革命开始后,人口和工商业活动继续向这些已经具有区位优势的地区聚集,并形成区域的经济中心,进而产生推动区域经济发展的"增长极"。② 集中后的分散阶段。由于经济中心的聚集效果继续增强,足以将伴随工业化和城市化过程中出现的外部需求与技术知识传递到其他地域,从而促使次级经济中心的兴起。③ 分散后的成长阶段。进入第三个发展阶段后,由于中心城市已扩张到某一极限,工资和地价水平都很高,污染和拥挤程度也很严重,会出现聚集不经济状况,使很多厂商不愿继续迁入,从而导致该区域经济增长速度减慢。而各次级经济中心一旦达到经济起飞的发展规模,就会加速增长,并将聚集效益传递至更低一级中心。所以在第三个阶段,区域空间发展的差距将缩小,逐渐趋向均衡发展。

2. 复杂性

由于影响经济地域运动的因素多种多样,其联系和作用错综复杂,经济地域系统的结构和功能也各不相同,同一经济地域系统又具有不同层次的子系统,所以,经济地域运动的形式和内容也复杂多样。不同位置、类型、结构、层次和发展水平的经济地域系统,其运动、发展和变化既有共性,又有个性。认识到这一点,有利于我们在地域开发中针对不同情况,因地制宜,避免采取千篇一律、各地雷同的发展模式。

3. 非线性

一般情况下,在经济地域系统的演变过程中,受内因和外因的共同作用与影响,总是围绕稳定态或平衡态波动,即,由相对不稳定走向相对稳定,由相对不平衡走向相对平衡,或者相反的过程。如此的循环使系统不断向高级阶段演变。不同类型的经济地域系统由于其结构、功能、影响因子不同,演变速度、发展水平也不同。同时,同一经济地域系统在演变的不同阶段,其发展速度也不相同,有时只有量的积累,有时则发生质的飞跃。质的飞跃往往呈非线性形式。所谓非线性运动,就是由偶然的、较小的扰动导致的巨大变化,并且变化方向难以把握。如亚洲金融危机时泰国、马来西亚、印度尼西亚等国家的经济巨变。

产生非线性运动的原因大体上有:① 经济地域系统在运动过程中,其内部矛盾和外部影响既可能促进系统物质、能量和信息的传递,也可能阻碍物质、能量、信息的流通。当系统内各

"流"受阻时,系统的整体功能就受到影响,其演变速度就缓慢;相反,当系统各"流"畅通时,其运动就协调,演变速度就快。② 各经济地域系统都有其发展的目标,但实现这一目标的方法和途径是多种多样的。实施方案的优化与否也会导致经济地域系统的运动速度和发展水平的不同。③ 经济地域系统内各子系统的功能如何、相互关系是否协调,将直接影响系统的整体功能,进而使系统的演进出现震荡、跃迁。

4. 周期性

经济地域运动的周期性体现为区域产业兴衰的周期性和区域发展的周期性。任何一个产业都有其产生、发展、成熟、衰退的周期,比如寻呼业务,其周期非常明显,比较短暂;每一个区域也有发展、繁荣、衰退的周期,比如资源开发型城市和地区,如黑龙江的大庆、山东的枣庄等。不同层次的经济地域运动,由于其运动的主体、内容、规模及方式各不相同,其运动的时间尺度也长短不一。单体经济活动如工厂、企业或农场等的演化周期较短;生产力系统的整体运动,如生产力区域布局,一般需要十年甚至几十年的时间,可称为中周期运动。经济地域系统空间结构要素的运动,如经济中心的扩展与转移,一般需要几十年甚至上百年的时间,可称为长周期的经济地域运动。而经济地域系统空间结构的演变及经济地域系统的整体运动周期最长,可达上百年或几个世纪,因此称为特长周期的经济地域运动,如世界经济中心的转移。文艺复兴时期世界经济中心在地中海沿岸(希腊、意大利等),后来转移到西欧(英国、法国),目前在美国东海岸,并正在向包括美国西海岸、日本、韩国、中国东部地区等在内的太平洋沿岸转移,这种转移周期都以百年计。掌握不同经济地域运动的周期,就可以按周期、分阶段、有时序地进行经济地域开发。

(三) 区域空间运动的理论与模式

1. 弗里德曼的区域空间结构演变理论

核心—边缘模式是美国城市和区域规划学家约翰·弗里德曼1966年提出的。他将地区划分为四种类型:① 核心区,为新工业和技术革新发源地;② 上进过渡区,为投资增加、农业生产力提高、移入人口多于移出人口的地区;③ 后进过渡区,为劳动生产力和土地生产力很低、青壮年劳动力移出的地区;④ 资源边际区,能与核心区合作无间,对经济发展起促进作用,但最终面临资源枯竭和经济衰退的地区。

他把区域空间结构的演变划分为四个阶段:① 前工业阶段的区域空间结构。工业化之前,区域空间结构的基本特征是区域空间均质无序,其中有若干个地方中心存在,但是它们之间没有等级结构分异。由于这个时期区域的生产力水平低下,经济极不发达,总体上处于低水平的均衡状态,区域内部各地区之间相对封闭,彼此很少联系。② 过渡阶段的区域空间结构。这个阶段是工业化初期。在工业化进程中,某个地方经过长期积累或由外部刺激而获得发展动力,经济快速增长,发展到一定程度就成了区域经济中心。这个中心的产生打破了区域空间结构的原始均衡状态。在这一阶段,区域空间结构由单个相对强大的经济中心与落后的外围地区组成。该中心以其经济发展优势吸引外围地区的要素不断向它集聚,而且越来越强大,外围地区则更趋于落后,从而致使区域空间结构日趋不平衡,构成典型的二元结构。③ 工业化阶段的区域空间结构。在工业化阶段,随着经济活动范围的扩展,在区域的其他地方产生了新的经济中心。这些新的经济中心与原来的经济中心在发展上和空间上相互联系、组合,就形成了区域的经济中心体系。由于每个经济中心都有与其规模相应的大小不一的外围地区，这样，区域中就出现了若干规模不等的中心—外围结构。这些中心—外围结构依据各自的中心在经济中心体系中的位置及关系，相互组合在一起，构成了中心体系及与其对应的空间结构体系。④ 后工业化阶段的区域空间结构。在这个时期，经济发展达到了较高的水平，区域内的经济交往日趋紧密和广泛。同时，不同层次和规模的经济中心与其外围地区的联系也越来越紧密，它们之间经济发展水平的差异在缩小。所以，区域内就逐步形成了功能上一体化的空间结构体系。随着中心与外围地区界线的逐渐消失，区域将最终走向空间一体化。

2. 陆大道的区域空间结构演变理论

中国科学院的陆大道教授在1988年出版的《区位论及区域研究方法》一书中，在总结前人的研究成果后，提出了由四个阶段组成的区域空间演变过程的观点。① 社会经济结构中以农业占绝对优势的阶段。在此阶段，区域的总体生产力水平低下，社会生产和生活的封闭性十分明显，区域内的居民点呈散布状态。随着商品经济的发展，城市也逐步出现，但城市之间在性质和规模上没有从属关系或等级关系，是一种低级的居民点体系。城市与乡村之间在人员、物资、信息等方面的交流不多，道路等区域性基础设施水平低，没有形成网络。区域空间结构总体上处于低水平的“平衡状态”，且比较稳定。② 过渡阶段。受内部社会变革和外部条件变化的影响，区域经济开始呈现较快的增长。手工业和采矿业日趋繁荣，初级原材料工业和制造业逐步兴起，水运、铁路、公路运输开始出现，与之相伴的是区域商品生产与交换规模的扩大。同时，农村人口大量流入城市，客观上使城市与乡村的联系得到加强。区域经济增长主要发生在城市，因而导致区域内部的空间不平衡，远离城市的边缘地区仍然处于极不发达的状态。③ 工业化和经济起飞阶段。在技术进步和社会变革的推动下，社会生产力得到进一步解放，区域经济开始进入强烈动态增长期。从产业发展看，以钢铁、机械、化工、动力、纺织等为主的第二、第三产业均发展迅速，交通运输网络深入到区域的各个部分。区域中原有的城市逐渐发展成大城市，第二级和第三级中心也逐步成长起来。在上一阶段形成的单一中心—外围结构逐步演变为多核心结构。城乡之间、城市之间的交流日趋活跃，在这个过程中，城市的等级体系开始形成，边缘的落后地区也因此而得到一定程度的开发。④ 技术工业和高消费阶段。在这个时期，区域社会生产力因科学技术的广泛应用而得到高度发展，现代交通运输和通信网络形成，各地区之间的不平衡和就业、收入、消费水平及选择机会等方面的差异逐步消失，区域内的空间和资源得到更充分合理的利用。城镇居民点、服务设施及其影响范围都已形成了各自的等级体系。区域空间结构中的各组成部分完全融合为一个有机的整体，空间结构在较高的水平上重新达到“平衡状态”。

3. 产业结构—空间结构协同演化规律

区域空间结构是在一定地域范围内各种经济之间相互联系、相互作用而形成的空间组织形式。城镇是各种经济活动在地域上的结合点，是地域空间组织的中枢和核心。工业和服务业部门是城镇的主体，它们的分布特征会直接影响到城镇体系的特征，因此，研究的出发点应该是，区域中对城镇体系影响较大的那些产业部门的空间分布，和从不同阶段部门结构的发展特征来分析部门空间分布及其对城镇分布的影响。据此，有关学者提出与部门结构演变相对应的区域空间结构演变四阶段模式：

（1）低水平的均衡阶段。该阶段是以经济活动分散孤立、小地域范围内的封闭式循环为特征的空间结构。区域经济水平低下，非基本部门占有绝对优势，其规模有限，影响范围狭小，经济主体是农业，另外还有为本地服务的商业、地方农产品加工工业和地方小型制造业等。它们在一定地域范围内构成内部封闭循环的空间单元。县域是这种封闭空间的最基本单元。在城镇体系中，城镇等级均衡，各级城镇的规模较小，职能较单一，相互联系较少，而且是以上、下等级城镇之间的行政、商业以及其他服务性活动的联系为主，同级城镇之间缺乏较密切的联系，更谈不上职能分工。区域被以县城为中心的各个较小封闭区域所分割，诸多相互孤立的县城是区域城镇体系的主体，形成低水平的、均衡的、稳定的城镇体系。

（2）极核发展阶段。该阶段空间结构以极核发展为主要特征。以水平发展为主，集中发展几个主要的基本部门，但区域经济基础仍很薄弱。因此，在空间布局上，一般选择地理位置优越和交通条件、经济基础比较好的城镇，形成具有优势的区位，集中发展那些基本部门，形成区域发展的极核点（地带），在极核点（地带）上吸引基本部门较大规模的集聚。由于基本部门的特性不同，其分布特点也不同。在以农业、轻工业为基本部门的区域中，农业、轻工业在空间上的分布是均衡的，往往会促使区内较高等级中心城市的发展，形成区域经济发展的极核，这种优先集中发展的城市被称为极核城市。在以矿业及其前向联系的加工业为基本部门的类型区域，矿业及其加工业的布局受到资源分布的明显约束。在资源分布的地域，其采掘业、加工业和协作配套的交通运输业、机械工业、建材工业等，大规模地、急剧地发展起来，成为区域经济发展的极核地带，其中较大的城镇可成为区域中心城市。因此，总特征是基本部门在空间集聚发展，促使较高等级的城市迅速发展，形成区域经济发展极核。但由于基本部门结构并不复杂，城市经济结构比较简单，较低等级的城镇变化不大，城镇之间的联系仍以不同等级的纵向联系为主，形成了极核城镇发展较快的非均衡城镇体系。

（3）扩散阶段。该阶段空间结构的基本特征是以极核城市（地带）向外扩散为主。此阶段区域经济发展已具有一定的基础，基本部门体系以垂直发展为主，开始前向联系、向纵深发展，层次更加丰富，使原有不同层次的活动在空间分布上发生变化，并在极核城市（地带）涌现出新的更高层次的经济活动，它使原有的某一层次的经济活动向较低等级城镇扩散或在这些城镇涌现。基本部门的垂直发展和空间分布变化，使城镇由极核城市的发展转向在城镇体系中由高到低、逐级递进和均衡化方向的发展。极核城市与基本部门所扩散的城镇之间具有较为密切的经济联系，因而形成非稳态的、由极核城市向较低等级城市逐步扩散发展的城镇体系。

（4）高水平的均衡阶段。该阶段空间结构的主要特征是网络化、均衡化、多中心。区域社会经济已经比较发达，产生了一些新的基本部门，形成了多样化、多层次的基本部门体系。这些部门主要依赖较好的社会经济环境，空间布局具有更大的自由度。两大部门体系内的部门种类、层次以及相互关系变得更为复杂，表现在空间上为非集聚、网络状交错分布，使城镇的经济结构出现多样化，也造成了各城镇在职能上的分异，打破了单一部门结构所造成的同级城镇的经济结构相似性较大或互不关联的局面，促成了同级城市和不同等级城市之间相互联系的网络，使各级城镇的经济结构变得更加复杂并都得到相应的发展，因而城镇体系开始趋于均衡化。同时，区域内多种较高等级经济活动的空间分布出现分异，往往不是集中于单一中心城市，而是分布于多个城市，从而使这些城市具有某种较高等级的经济职能，提高了它们在城镇体系中的地位，出现了多中心的空间结构。总的来说，此阶段城镇体系的特征是均衡化、网络化和多中心化，城镇化水平较高，城镇群体的空间分布和规模结构较为均衡，以一个综合性中心城市或数个职能分异、互补的中心城市为核心，构成大、中、小城镇之间交错联系的均衡网络。

二、空间相互作用

（一）空间相互作用的内涵及影响

空间相互作用，是指不同地理事物在空间中的相互联系，是区域之间所发生的商品、人口、劳动力、资金、技术、信息等的相互传输过程。区域空间相互作用对区域之间经济关系的建立和变化有很大的影响。一方面，空间相互作用能够使相关区域加强联系，互通有无，拓展发展空间，获得更多的发展机会；另一方面，空间相互作用又会引起区域之间对资源、要素、发展机会的竞争，并有可能对其中某些区域造成损害。

（二）区域间的互补性与可达性

区域之间发生相互作用需要区域之间存在互补性和可达性。

1. 互补性与干扰机会

区域之间的互补性，即相关区域之间必须存在对某种商品、技术、资金、信息、劳动力等的供求关系。只有区域之间具有了互补性，才有建立经济联系的必要。空间相互作用的大小与互补性成正比。同时，区域之间的互补性是多向的。一个区域可以在某个方面与多个区域同时存在互补性。至于它究竟与哪个区域实现互补，取决于它们之间互补的强度，强度越大则发生相互作用的可能性及程度也就越大。干扰机会是指两个区域之间发生相互作用的可能性受到来自其他区域干扰的可能性的大小和频率的高低。由于干扰机会的存在，有互补性的两个区域之间也不一定就能发生相互作用。①

2. 可达性

区域之间的可达性，是区域之间进行商品、技术、资金、信息等传输的基本条件。空间相互作用是靠交通运输、通信来实现的，没有交通和通信线路，空间相互作用就不可能产生。一般而言，可达性受四类因素的影响：① 空间距离和运输时间。区际间的空间距离和运输时间越长，它们之间的经济联系就越不方便，为此的投入就会越大，可达性就差；反之，可达性就好。② 可运输性与被传输客体的经济运距。经济运距是指在一定运输条件（运网布局、客货源状况、各种运输方式的技术经济特性等）下，某种运输方式能发挥最佳经济效益、达到社会劳动消耗（包括时间价值）最小的距离。最小运距是在对各种运输方式进行比较后测算出来的具有一定变化范围和幅度的数值。对不同种类的货物、不同的运输方式和同一运输方式中不同类型的运输工具，经济运距各不相同。测算和分析经济运距可以为确定各种运输方式的合理使用范围提供依据。随着经济的发展和生产技术的进步，以及各种运输方式技术装备的进步和经营管理水平的提高，经济运距也在不断地发生变化。③ 区域之间是否存在政治、行政、文

① 李小建：《经济地理学》，北京：高等教育出版社2006年版，第56页。

化和社会等方面的障碍。如果区域之间存在经济保护壁垒、文化隔阂、政治和社会方面的矛盾或冲突,可达性就差。④ 区域之间的交通联系。交通联系方便、通畅,则可达性好;反之,则可达性差。

总之,区域之间的空间相互作用与可达性是呈正向关联的。

第二节　主要区域经济发展要素及流动

一、发展要素的演变

从时间和空间维度观察,区域的存在,是区域内外各种要素耦合的结果;区域经济的发展,实际上就是区域内外各种要素的耦合、发展和创新。各种要素与区域经济发展之间,是相互促进和制约的关系,即各种要素耦合、发展与创新是否在适宜区间,可以促进或制约区域经济的发展。反过来,区域经济的发展又催生或抑制各种要素的耦合、发展与创新。区域的形成与区域经济的发展,就是在这种相互促进、制约中进行的。

纵向地看,在人类社会的历史变迁中,发展要素也经历了一系列变动和发展。我国学者刘增荣从系统角度对发展要素的分类,从一个侧面反映了其历史的变动性和创新性。他将发展要素分为传统、现代和新经济三大类:自然条件与自然资源、位置与交通信息、人口与劳动力、经济与社会为传统要素;信息技术、复合快速交通轴和经济全球化为现代要素;新增长动力、新区位因子、新经济组织为新经济要素。[①]

需要指出的是,新发展要素的出现和作用的发挥,并不排斥或能够完全取代传统或现代要素的地位与作用,即便人类社会发展到今天,也不排斥或能够完全取代传统要素中自然地理区位、自然条件、自然资源的区域存在和区域经济发展基本物质基础的地位与作用,只不过在某些地区或某种情况下,其对区域经济发展的作用程度不同而已。

二、现阶段主要区域经济发展要素

在区域经济发展中,有的发展要素是相对不能流动的,有的是有一定流动性的,有的是流动性或流动性很强的。区域经济的发展,就是不流动的与流动的各种要素的有机结合,而且,随着人类社会的发展,流动性要素越来越显示出其在区域经济发展中强有力的组合作用。这里,我们主要阐述流动性发展要素。

大体上讲,区域经济发展中的流动性要素包括人口与劳动力、资本、科技、交通、信息与通信等。

(一) 人口与劳动力

人口与劳动力是任何时期任何区域发展中都不可或缺的要素。同时,人口与劳动力又是紧密联系并且相互有别的概念。人口通常是指一个地理区域的人口数量,按性别可分为男性、女性人口;按年龄可分为老年、中年、幼年人口;按有无劳动能力可分为有劳动能力和无劳动能

① 刘增荣:《区域经济系统论纲》,北京:科学出版社 2011 年版,第 27—56 页。

力的人口;按民族可分为少数民族和汉族人口;按职业可分为事业单位、企业单位、政府机关、部队等人口;按地域可分为南方、北方人口;按居住地可分为城镇、农村人口,等等。

人口作为有生命的人的存在,既是区域经济、政治、文化的创造者,又是自然资源和物质财富的消费者。人口的一定数量、规模、密度和结构,是社会物质生活的必要条件,是所有经济、社会行为的主体,是任何区域存在与发展的基础和原动力。但区域人口并不都是劳动力,只是劳动力的源泉。劳动力是人口中具有劳动能力、掌握一定的劳动技能、具有一定科学文化知识和生产经验的人群,是经济活动尤其是区位生产活动中重要的要素。正常的劳动力应当具备四大素质,即身体素质、科学文化素质、思想品德素质和心理素质。其中的身体素质,一般用平均身高和体重、平均预期寿命、慢性病发病率、年病假缺勤率等指标衡量,体现劳动力的自然基础素质;科学文化素质,用平均受教育年限、文化水平结构、专业知识结构等指标衡量,体现劳动力的层次和智慧;思想品德素质,主要以敬业精神、职业道德、团队精神、助人为乐精神、忠诚心等衡量,体现劳动力的道德情操和情商;心理素质,主要用对突发事件的反应能力、承受能力、健康的生活习惯和心胸的开阔程度等衡量,体现劳动力的心境和神经系统的健康程度。区域经济发展规律表明,劳动力的身体、科学文化、思想品德和心理素质,决定一定区域的产业结构、层级和变迁的路径,决定一定区域经济和社会事业的发展程度与速度。

（二）资本

无论是传统经济理论还是现代、当代经济理论,都将资本作为经济、社会发展的核心要素进行研究。

在现实生产和生活中,资本以物质形态和金融形态存在。物质形态表现为商品物资、机器、厂房、建筑物、交通运输设施、通信设备等;金融形态表现为资金,债权,债务,各种票、券等。在一定条件下,两种形态的资本可以相互转化,如商品物资的售卖,企业的转产、破产拍卖,建筑物的出售、拍卖,交通运输设施和通信设备的出售、拍卖等,都可使物质形态的资本转化为货币进而转化为金融资本形态;而当金融资本与实体经济融合,转化为各种物质时,就成为物质资本的存在形态。在物质资本和金融资本之间,物质资本是金融资本的出发点和归宿,金融资本只有转化为物质资本才能增值。这里不排除金融资本通过独资自我循环的增值过程,尤其是在虚拟经济、金融经济时代更是如此。但是真正的、有经济和社会价值的增值毕竟只有一条路:金融资本与物质资本的对接和向物质资本的转化。

（三）科技

科技即科学技术的简称。迄今,理论界对科学技术的定义还没有达成共识,较普遍的观点认为,科学技术有广义和狭义之分。广义的科学技术包括自然科学技术和社会科学技术;狭义的科学技术不包括社会科学技术。目前被多数人接受的观点认为,科学技术是指科学的发展及其成果在社会生产实践中的应用。从中可见,科学主要是科学研究,它只是一种思想或智慧的结果,科学成果的价值体现在其应用上,而科学研究成果的应用要通过向技术的转化来实现。

随着人类社会的发展,科学技术对经济和社会事业发展"第一生产力"的作用越来越明显,并且在提高区域发展要素的质量与效率、优化要素组合与产业结构、改造传统产业与产品、创新产业与产品、提高区域开发水准、保护生态环境、缩小地区发展差距和提高区域经济发展综合效益等方面,日益成为经济增长的主要动力和源泉。

(四)交通

现代化的交通主要包括铁路、公路、水运交通运输和航空、管道运输等。

现代经济和社会活动的主要特征之一是生产与消费等活动的空间分离。交通运输通过"交通网""交通流"可以连接不同地域空间活动和缩小不同地域的空间距离。"交通网"由点和线组成。点即通常的汽车站、火车站、道路的交叉点、港口、机场等。线是连接点与点的铁路、公路、水路和空路(航线)的各种交通线。线具有"长宽"特点。其中的长表示点与点之间的空间距离、时间距离和经济距离等。宽表示通行强度(运输容量)。"交通流",从起点到终点具有方向性,可分为"起终点流"和"区间流"。"起终点流"只考虑起点和终点的流动,"区间流"不论起点和终点在哪里,只考虑通过某一区间的交通流。①

一直以来,交通运输在区域经济和社会事业的发展中都是十分重要的前提条件,特别是铁路、公路、轻轨、水运、航运、管道交通等与电力、水利、通信信息等有机结合形成的与区域、区际、高效、快捷、多层次、多功能、多种类复合式综合交通运输体系的运转,在区域经济发展中越来越发挥着从属、引导、提高生产率、改变生产生态环境、提高区域生产力和人民福祉的支撑作用。

(五)信息与通信

信息与通信技术,是信息技术与通信技术融合而成的新概念和新技术领域。以往的通信技术看重的是消息的传播传送技术,而信息技术看重的则是信息的编码与解码及在通信载体中的传输方式,但随着技术的发展,两种技术已密不可分。现今,堪称又一次产业革命的信息与通信技术的迅猛发展,突破了许多传统领域、行业、部门及其操作程序和运作规模,极大地推动了人们思想行为和经济社会的变革。

三、区域发展要素的流动

如前所述,人口与劳动力、资本、科技、交通运输、信息与通信等要素是流动的。

要素流动要有两个最基本的前提:一是区域系统是开放的;二是各区域特色产业与产品的存在。

在这两大前提下,区域经济发展要素的流动由市场机制和政府机制引导。

1. 市场机制引导的要素流动

市场机制引导的要素流动主要受市场利益机制的影响。

(1) 人口与劳动力要素的流动及动因

人口与劳动力要素的流动是指,人口与劳动力从一个区域向另一个区域的转移或迁移。人口与劳动力的流动以年(通常是一年)为界,可以分为短期流动和长期流动;以距离为界,可以分为短距离流动和长距离流动。

人口与劳动力流动的动因有:① 利益的诱导。俗话讲:"人往高处走,水往低处流。"这句话道出了从本质讲,人是一种利益动物。从人性趋利的角度讲,利益大体上包括收入、生活条

---

① 李小建:《经济地理学》,北京:高等教育出版社 1999 年版,第 46 页。

件、发展条件等,衡量劳动者收入的是实际工资水平。先看收入。一个区域的行业间和区际间工资水平的差异性,导致劳动力流向实际工资水平高的行业或区域,或者从劳动者过剩的行业或区域流向稀缺的行业或区域。生活条件,是指自然地理、环境、人文条件良劣、经济与社会事业发展的程度。这些条件好就会吸引人口与劳动力流向该区域。发展条件,是指对经商、从政或做其他事情的相对便利条件,使劳动力流向对自身成长与发展有利的行业或区域。② 利益与风险因素权衡。风险与利益因素是一对矛盾统一体。当人口与劳动力在向另一个行业或区域流动之前,在考虑利益的同时也要考虑风险,收益大于风险时才会流动。③ 其他因素。主要是激励和保健因素。激励因素是工作是否具有挑战性,工作的成就感、成长和发展机会等的空间;保健因素是劳动者对工作的满意(正值)的反面是没有工作满意(零值),而不是工作不满(负值)。同样,工作不满(负值)的反面是没有工作不满(零值),而不是工作满意(正值)。综合激励和保健因素两者,有了保健因素,劳动者不会产生不满,但对工作不一定满意,这时流动的可能性不是很大。只有具备了激励因素,劳动者对工作满意了,流动的可能性才会大大降低。①

除以上动因外,人口与劳动力的流动还会受文化程度、自身素养和喜好、家庭、性别、户籍等的影响,不过这些因素的影响动力不大。

(2) 资本要素的流动及动因

由于处于实物状态的资本(厂房、机器、设备等)要受到对其承载力的土地的制约,因此,我们这里讲的资本要素的流动,主要是指货币形态资本的流动。

资本在区际间的流动包括顺向流动和逆向流动。顺向流动是指,资本从相对充裕的地区向稀缺地区的流动;逆向流动是指,资本从相对稀缺的地区向相对充裕地区的流动。

资本的流动有两种形式:一种是以区际间直接投资为主的生产资本流动;另一种是以区际间借贷为主的货币资本流动。

促使资本流动的原因有:① 资本预期收益。资本经营的原则是利益最大化。高收益是吸引资本流动的源泉。出于本性,资本会流向高收益的行业或区域。② 分散和规避风险。由于风险的存在,资本会在收益、成本和风险之间进行权衡。当预期收益不足以抵补交易成本和风险时,资本就会流向成本低、风险小的行业或区域。

(3) 科技要素的流动及动因

科学的发明和科学研究成果价值的实现,是要转换成技术,再由技术转化为社会生产力,即科学研究——技术应用——生产力——生产效率。

科技要素的流动主要表现为从研发到应用的流动,和整体科研成果及技术应用从一行业向另一行业或从一区域向另一区域的流动。由于科技要素的特殊性,其流动一般对同质性要求高,也就是科技要素流出与流入行业、区域的发展水平大体相似。但这也不是绝对的,也存在科技要素非同质性流动,如发达地区的科技要素向欠发达或不发达的地区流动,或欠发达、不发达地区的科技要素向发达地区的流动。其原因有:① 发达地区是科技创新的主要地区,欠发达、不发达地区对此有需求;② 欠发达、不发达地区科研与技术部门研发的高科技成果,

① 崔卫国、刘学虎:《区域经济学》,北京:经济科学出版社 2004 年版,第 111 页。

在本地区缺少相关基础环境和配套设施，付诸实施的难度较大，便流向发达地区。

科技要素流动的动因是应用，并从应用中取得经济效益和社会效益。

（4）交通

对交通要素流动的最一般和最直接的表达不外是“从出发地 A 到目的地 D，通过连接 A、B、C、D 的交通线，使人或物质产生移动”，可用图 4-1 表示。

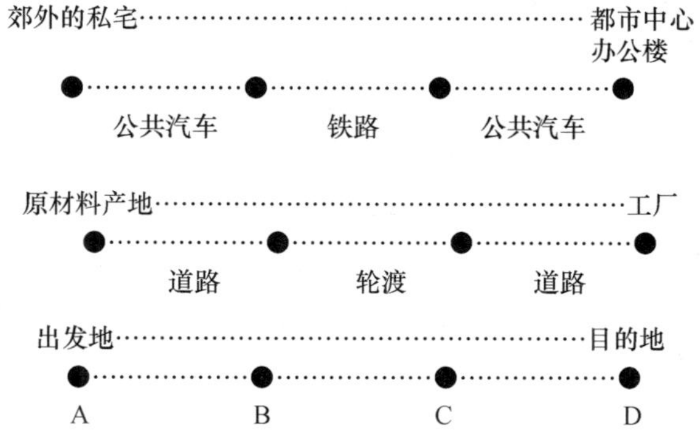

图 4-1　交通现象示意图

资料来源：谷内达：《交通和地域》，见〔日〕坂木英木、滨谷正人：《最近的地理学》，东京：大明堂 1985 年版，第 102 页。

不同交通运输方式流动的路线、空间特点和结果各不相同，如表 4-1 所示。

表 4-1　不同运输方式影响间距及周边的区域形态

交通运输方式	影响、连接的区域形态	间距(km)	空间特点、形态示意
航空运输	地方中心城市、区域中心城市	200—300	点圈状
快速铁路交通	一般城市、地方中心城市	20—70	点轴链状
一般铁路交通	线状点轴连成的狭长区域	<10	点轴线状
高速公路交通	立体交叉枢纽城市(镇)及相互间合作通道	10—20	点轴链状
公路交通网	干支线网连成的面状区域		连片网状

资料来源：河南省高速公路建设管理局等(1999)，转引自刘增荣等：《区域经济系统论纲》，北京：科学出版社 2011 年版，第 48 页。

2. 政府机制引导的要素流动

政府机制包括中央政府的宏观经济政策、发展战略与规划，和地方政府依本区域实际情况，在不违背中央意图的原则下制定的区域性引导政策，如中央政府的扶贫政策、财政转移支付政策、地方政府的特殊开发、发展政策，中央与地方政府的倾斜政策、协同协调政策，中央和地方政府的跨区工程等。所有这些政策机制都会引导发展要素的流动，也会使其流量、流向和流速发生变化。

四、区域发展要素流动模式

区域发展要素的流动模式为要素的空间集聚和扩散，进而形成集聚效应和扩散效应，如图 4-2 所示。

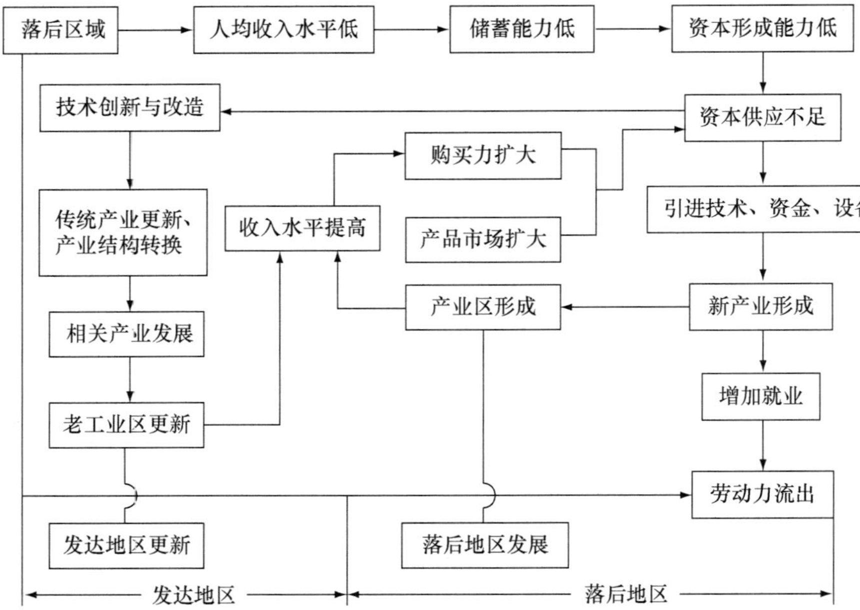

图 4-2　劳动力、资本、技术的流动机制及区域发展模式选择

（一）空间集聚

要素的空间集聚，是掌控、支配生产要素经济活动的行为人，为获取发展优势和更大的利益，促使生产要素向特定领域、行业和区域集中的过程。要素的集聚表现为生产要素在地理空间上的群集。

同时，生产要素是不同领域、行业、地区产业存在、运行与发展的重要组成部分，或者说一定的产业实际上都是不同发展要素的不同组合。以不同产业为依托的发展要素的组合，表现为不同产业。同类或相关产业，在一定地理空间上的集中，就是产业集聚。通过产业集聚，产业可以在相互作用中降低成本，从而获得较好的经济效益，这就是集聚经济。而当集聚发展到一定程度时，就会出现集聚不经济。集聚不经济是由于生产要素过度集中而导致生产成本增加和收益下降的现象。如改革开放后，我国东部沿海地区因天时、地利和人和的优势，在中央政府全面"东倾"政策的支持下，各种要素迅速、大量地向该地区集中，使其成为我国区域经济发展的"窗口"和"龙头"。但二十多年过去了，目前由于生产要素过度集聚，出现了土地、用工、电、水成本上升及拥堵、污染等问题，这就是集聚不经济。集聚不经济，就要扩散。

（二）空间扩散

1. 空间扩散一般原理

空间扩散（spatial diffusion）是指一个特定地方的技术、发明、新产品、新现象等逐渐被其他地方接受、采纳或应用的空间过程。自20世纪60年代以来,许多区域经济学家开始对不同的空间扩散现象进行研究,研究范围十分广泛,如工业革命从英格兰向全世界的扩散、电视机从纽约向美国各地的空间扩散、滴灌技术的空间扩散以及制度和语言的空间扩散等。同时,许多用以解释空间扩散现象的模型也得以建立。空间扩散现象的重要性,在于它改变和加强了不同地区和区位间的空间相互作用。

扩散最典型的空间特点是距离衰减规律,即扩散的强度(空间相关强度)随着空间距离的增加而衰减,因而空间相互作用量与距离成反比。空间扩散的范围和强度随距离的增加及时间的延长而减小。一个完整的空间扩散过程由四个典型的扩散阶段构成,即扩散的起始阶段、近距迅速扩散阶段、远距迅速扩散阶段和扩散的饱和阶段。第一个阶段是扩散源形成和扩散的起始时期,其扩散的范围和接受者的数量都很小;第二个阶段是扩散迅速扩大影响范围的时期,在其影响的区域内,扩散的接受者主要分布在较近的空间距离内;在第三个阶段,迅速扩散的空间范围主要发生在远距离之外;在最后一个阶段,扩散波及的区域数量或扩散接受者的数量已接近最大饱和点,扩散的强度已大大减弱,空间扩散已趋于完成。在每一个阶段,空间扩散的地理范围和扩散接受者的数量均不相同。

2. 空间扩散方式

扩散有就近扩散、跳跃式扩散、等级扩散和随机扩散四种方式。

(1) 就近扩散,是资源、要素、企业和经济部门由集聚地区向周围地区的扩散。一般而言,与集聚地区相邻的地区有与集聚地区相似的外部环境,并且与集聚地区联系方便,便于获取信息而得到发展。对扩散主体来讲,像这类地区的扩散容易取得较好的经济效益。

(2) 跳跃式扩散,是资源、要素、企业和经济部门从集聚地区越过周围地区而直接扩散到其他地区。导致跳跃式扩散的原因有两个:一是接受扩散的地区虽然与集聚地区在空间上不相邻,但是整体发展水平相对较高,具备接受扩散所需的良好条件,因而能够对集聚地区的资源、要素、企业和经济部门产生很大的吸引力,吸引它们直接进入到本地区;二是接受扩散的地区存在某些方面的发展机遇或潜力(有可开发的资源、较大的市场或优惠发展政策),在众多的地区中成为集聚地区进行扩散的优选对象。很多外商投资采取的正是这种方式。

(3) 等级扩散,是集聚地区的资源、要素、企业和经济部门按照中心地等级体系由上至下地进行扩散。从集聚地区开始的扩散基本上首先扩散到其他区域的大城市,然后由大城市扩散到中等城市、小城市,并依托这些城市向广大乡村扩散。高新技术的扩散一般采取这种方式。

(4) 随机扩散,是集聚地区资源、要素、企业和经济部门的一种无规律扩散。产生随机扩散的原因,一是地区之间信息不畅,集聚地区在进行扩散时,已知的可选择范围有限;二是某些社会因素(长官意志、亲友关系)和心理因素(个人偏好),致使扩散的地区偏离经济合理的原则,这种情况在部分资源、要素和企业的扩散中比较常见。总体而言,扩散将促进资源、要素、企业和经济部门在空间上趋于相对均衡,有利于逐步缩小区域内部经济水平的差异,促进经济协调发展。①

(三) 扩散与集聚的关系

扩散与集聚是同时存在并且相互对立的,是制约区域空间结构形成与发展的重要机制。

---

① 李小建:《经济地理学》,北京:高等教育出版社2006年版,第58页。

它们之间的关系体现在以下两个方面：

首先，在区域空间结构形成与发展的不同阶段，扩散与集聚机制发生作用的强度不一样。在区域空间结构形成初期，集聚机制起主导作用，引发区域内部发生空间分化；在区域空间结构发展时期，集聚机制的作用将逐步减缓，扩散机制逐渐发挥作用；区域空间结构进入成熟期后，集聚机制与扩散机制同时起作用，其表现形式和程度较为复杂，一般情况是扩散机制的作用强于集聚机制。

其次，集聚机制与扩散机制的作用都存在一定的惯性。也就是说，集聚（或扩散）一旦发生，就将沿着其固有的方向持续下去。在没有人为干预的情况下，只有等到出现集聚不经济（或扩散不经济）时，集聚（或扩散）才会受到遏制，并有可能由集聚为主转化为扩散为主，或由扩散为主转为集聚为主。这时，原来的集聚（或扩散）趋势是不会消失的，仍将与扩散（或集聚）同时存在。但是，集聚（或扩散）在内容、规模、层次、速度、方式等方面会发生变化。

虽然集聚与扩散机制的作用有一定的惯性，但其作用也是有限度的。集聚机制超过一定限度，就会产生集聚不经济，从而遏制集聚的进一步进行。同样，扩散机制的作用达到一定限度也会产生扩散不经济，从而遏制扩散的继续进行。因为扩散过度就会割裂经济活动之间固有的联系，失去发展所需的外部环境，不能开展合理的分工与协作，于是就导致生产与经营的效益下降，甚至连正常的生产或经营过程也难以维持。

【本章小结】

1. 经济地域运动是经济地域系统的成分、结构、功能、规模、等级、性质等在一定时期中的空间有机演变过程。其运动具有从相对不平衡性、复杂性、非线性和周期性四大特点。

2. 空间相互作用，是各种要素相互运输的过程，其前提是区域之间的互补性和可达性。

3. 人口与劳动力、资本、科技、交通、信息与通信是区域经济的主要发展要素。发展要素流动模式是空间集聚与空间扩散。

【练习与思考】

1. 说明经济地域空间是如何运动的。
2. 说明区域经济主要发展要素及其流动。
3. 分析主要发展要素之间的相互关系。
4. 分析空间集聚与空间扩散的关系。

【进一步阅读资料】

1. 陆大道：《区位论及区域研究方法》，北京：科学出版社 1988 年版。
2. 李小建：《经济地理学》，北京：高等教育出版社 2006 年版。
3. 孙翠兰：《区域经济与新时期空间经济发展战略》，北京：中国经济出版社 2006 年版。
4. 崔卫国、刘学虎：《区域经济学》，北京：经济科学出版社 2004 年版。

第五章 区域人口

【本章学习目的】

1. 了解我国区域人口分布的一般情况及影响因素；

2. 研究什么是适度人口规模；

3. 掌握区域人口迁移的规律。

人口是区域经济与社会事业发展中的主体要素之一。受自然地理条件、发展历程和发展程度等因素影响的人口分布与规模、人口集聚与迁移，对区域经济、社会事业发展的影响是至关重要的。

本章在分析人口分布的影响因素和我国区域人口分布特征的基础上，重点阐述区域人口过度增长的危害及人口迁移的一般规律。

第一节 人口分布及我国人口区域分布的特点

一、人口的分布及其影响因素

（一）人口分布

人口分布是指，一定时间内人口在一定地区范围的空间分布状况，是人口发展过程在地理空间上的表现形式。[①] 人口分布是一个很广的概念，各种人口过程和人口现象的空间表现形式均可称为人口分布。这里探讨的人口分布，主要侧重的是人口数量的空间分布。

探讨人口数量就涉及人口密度。人口密度一般被看作衡量人口分布的主要指标，它反映一定区域的人口密集程度，是指单位土地面积上居住的人口数。这一概念是1837年爱尔兰建筑师哈奈斯最先提出来的，之后便在人口问题的分析中得到了很广泛的应用。具体为，设某一区域的土地面积为 S，在某时点的人口数为 P，人口密度为 D，则有：

$$D = P/S$$

① 张善余：《人口地理学概论》，上海：华东师范大学出版社 2013 年版，第 183 页。

其常用的计量单位为人/平方公里，或人/公顷，也称之为人口算术密度。

在实际操作中，为了更准确真实地反映人口分布的情况，在计算人口密度值时，使用的土地面积最好扣除内陆水面及永久冰雪区。如我国江苏省洪泽县，水面面积占总面积的 80%，扣除与否对计算结果影响极大。此外，人口密度也只是一个平均数，它掩盖了计算范围的内部差异。事实上，任何地区的人口分布都不可能是“平均的”，区域环境的差异越大，平均人口密度就越难以反映人口分布的真实面貌。因此，为了在一定程度上弥补这一缺陷，应不断缩小计算的空间范围。

由于上述原因，测度人口密度的指标除了最常用的人口算术密度（亦称粗密度）外，还有人口土地密度、人口资源密度、人口经济密度、农业人口密度等指标，这些指标分别反映了人口分布与自然、资源、经济、农业生产活动的空间关系。以农业人口密度为例，又可分为营养密度和比较密度，分别表示一个国家或地区单位耕地面积的人口数量和单位农用地上的人口数量。所谓农用地，包括耕地和可利用的草地牧场，后者以 3∶1 的比例折算成耕地。表 5-1 列举了当今几个国家人口密度指标的计算对比。

表 5-1　2011 年五个国家几种人口密度的对比（人/平方公里）

国别	人口密度	农业人口密度	营养密度	比较密度
孟加拉国	1 156.1	513.5	1 760.4	1 720.1
中国	147.8	72.9	1 108.8	535.0
埃及	82.9	22.6	2 237.4	2 237.4
美国	34.2	0.55	189.2	127.9
澳大利亚	2.9	0.11	47.6	13.5

注：土地面积仅指陆地。

资料来源：张善余：《人口地理学概论》，上海：华东师范大学出版社 2013 年版，第 185 页。

（二）人口分布的影响因素

全球的人口分布具有显著的不均衡性特点，总体而言，呈现出明显的中低纬指向、近海岸指向和平原指向。① 世界人口的 88.5%集中在北半球，并且主要集中在北纬 20°—60°之间的区域。从海岸线向内地约 200 公里范围内集中了世界人口的一半（而其面积仅占陆地面积的 30%）。海拔 500 米以下的低地和平原地区，其面积仅占陆地面积的 57%，却集中了世界人口的 80%。而占陆地面积 43%的高原地区（海拔 500 米以上），仅居住着世界人口的 20%。

人口的区域分布，是在人类适应和改造自然、发展生产、繁衍子孙后代的过程中逐渐形成的，它受到多种因素的制约和影响。

1. 自然环境因素

人类周围自然因素的总和即为自然环境。自然环境始终是人口分布的影响因素。以气候、地形、水和土地为主的自然环境，通过居住和生产两方面影响人口的分布。因此可以说，自然环境为人类提供了基本的生存空间，是人类创造一切生产资料和生活资料的源泉，是人类生产和生活赖以进行的基础。一般而言，生产力水平越低，人口分布受自然环境的影响越显著。

---

① 赵荣、王恩涌、张小林等：《人文地理学》（第二版），北京：高等教育出版社 2006 年版。

随着技术进步的发展和生产力水平的提高，自然因素对人口分布的影响程度也在逐渐降低。

（1）气候是对人口分布影响最大、最直接的自然力。气候不仅通过影响人的机体和生理机能进而影响人的出生率与死亡率，而且决定着一个地区的土壤、植被和水文，与人类生产和生活的关系十分密切。过于湿热、干燥或寒冷的气候，均不适合大量人口的居住。如除了冰雪覆盖的两极地区外，地球上还有1 660万平方公里的土地因气温太低不能种植任何农作物，这里的人口密度自然很低。还有，在沙漠气候下不能发展农业生产，也不适合人口居住。

（2）地形对人口分布的影响主要表现为海拔的高低。随着海拔高度的上升，人口密度会迅速下降。其基本原因就在于气温和气压均随海拔高度的上升而降低，这直接制约着人体的生理机能，并进一步影响人口的分布。不仅如此，不同地形对人们之间的交往和经济文化联系所起的作用也不同，不同的地形通过影响人类的生产活动和适应能力而制约着人口的分布。一般来说，平原更有利于人类进行生产活动和对外联系。而当地形较复杂时，地形也和热量、水分以及土壤等其他自然要素交织在一起，也会影响人口的分布。

（3）水是人类生产、生活中最基本的物质条件之一，对人口分布影响极大。江河湖海等天然水体，或者为人们提供了水源，或者提供了方便的交通条件，有史以来就深刻地影响着人口的分布。

（4）土壤主要通过影响农业生产进而影响人口的分布。温带平原和丘陵地区的冲击土、黑钙土、棕色森林土适于农业生产，因而农业发达、人口稠密；相反，则人口稀疏。此外，土壤中某些微量元素含量过高或过低，则会影响人口的身体健康，进而影响人口的分布。

2. 社会经济因素

如果说自然环境因素对人口的分布提供了一个基础或可能性的话，那么，社会经济因素才是影响人口分布的决定性因素。社会经济因素主要指工农业和交通运输业的发展水平及其生产布局与特点。社会经济因素主要表现为生产方式和生产力水平、科学技术进步程度和主要交通方式的变革等方面。

首先，随着生产方式和生产力水平的提高，人口分布状况及其特点也在不断变化。因此，一定地区的生产力发展水平，决定了一定地区的人口容量和人口密度，决定了供养人口自身生存和繁衍的必要生活资料，也决定了供养人口所必要的生产资料。此外，生产力的发展水平也反映在产业结构上。不同的产业结构对人口的分布也会有很大的影响，如第一产业为主的地区，人口分布呈分散状；第二、第三产业为主的地区，人口高度集聚。同时，生产力布局在地域上的延伸或变化，也会引起人口的重新分布。

其次，科技进步也是引起人口分布变化的重要因素。以科技引领的生产力的提高和生产力布局的变革，会导致人口分布格局发生根本性的变化。

最后，主要交通方式的变革会影响地区（城市）的兴衰，进而影响人口的分布。运输方式的改进，削弱了人类对土地和矿产资源的依赖性，在一定程度上使人口与资源分布在空间上分离。人口与产业会由资源地向交通条件便捷地带集聚。

3. 历史和政治因素

历史和政治因素对人口分布的影响主要表现在：一地区开发历史的长短会影响人口分布。东亚、地中海、南亚等历史悠久的国家和地区人口密集；而开发时间较短的国家和地区，如澳大利亚、加拿大的人口分布就很稀疏。此外，国家间的政治关系、各国的人口经济政策，以及疆域变动和战争等政治因素，对人口的分布都有重大的影响。

二、我国人口区域分布的特点

我国历史悠久，人口总量庞大，是世界第一人口大国。到 2012 年年底，我国的人口总量（不含港澳台）已达到 13.54 亿，占世界总人口的 19.3%。早在 1935 年，我国著名人口地理学家胡焕庸先生就对区域人口的分布进行了系统的研究。[①] 他发现我国东南半壁人口高度密集，西北半壁人口分布极为稀疏，并据此提出了著名的“黑河（瑷珲）—腾冲”分界线，又称为胡焕庸线。

根据 1935 年的计算，胡焕庸线以东的中国东半部（不含台湾），土地面积约占全国的 36%，而人口却占全国的 96%；线以西的西半部（包括外蒙古）土地面积占全国的 64%，而人口仅占全国的 4%。[②] 今天，我国人口区域分布的格局基本没有改变。据 2010 年第六次人口普查的数据，胡焕庸线以东的土地面积占全国的 47.95%（含台湾），人口依然占 95.22%；线以西的土地面积占全国的 52.05%，人口仅占 4.78%（见表 5-2）。

表 5-2　中国东、西半壁人口分布格局变化（万平方公里、万人、%）

区域		数量			数量		
		东半壁	西半壁	合计	东半壁	西半壁	合计
面积		460.3	499.7	960.0	47.95	52.05	100
人口	1953 年	—	—	—	95.60	4.40	100
	1982 年	—	—	—	94.00	6.00	100
	2000 年	121 489.1	5 722.16	127 211.26	95.50	4.50	100
	2010 年	129 845.9	651 639.00	136 362.29	95.22	4.78	100

资料来源：曾明星、吴瑞君、张善余等：《中国人口再分布新形势及其社会经济效应研究》，《人口学刊》，2013 年第 35 卷第 201 期，第 15—25 页。

以上论述揭示了我国人口区域分布的第一个特点。

我国人口区域分布的第二个特点是，人口分布明显地趋向于沿海，越往内地，人口越稀少。2000 年，距海岸 200 公里范围内的平均人口密度为 474 人/平方公里，200—500 公里范围内为 238 人/平方公里，下降了整整一半。500—1 000 公里范围内为 164 人/平方公里，下降近 2/3。1 000 公里以上的仅为 23 人/平方公里。

第三个特点是，我国人口具有明显的低地指向性特点，即人口分布具有垂直方向上的不平衡。2000 年，海拔 100 米以上的地区集中了全国人口的 43%，100—500 米为 31%，500—2 000 米为 23%，2 000 米以上仅为 3.5%。100 米以下人口密度高达 557 人/平方公里。3 000 米以上仅为 1.8 人/平方公里，相差 300 余倍。

第四个特点是，目前的人口分布呈现多中心的空间集聚格局。华北平原、长江三角洲、珠

① 胡焕庸：《中国人口之分布》，《地理学报》，1935 年第 2 卷第 2 期，第 33—72 页。

② 胡焕庸：《中国人口的分布、区划和展望》，《地理学报》，1990 年第 45 卷第 2 期，第 139—145 页。

江三角洲、四川盆地和关中平原是主要的人口密集区,人口密度普遍在500人/平方公里以上。其中,长江三角洲的宁沪杭甬Z字形核心区、以广佛深为核心的珠江口两翼、京津石沿线、成渝附近以及东南沿海的温台、厦漳泉、潮汕等,则是人口密度高于1 000人/平方公里的高度密集区(见图5-1)。

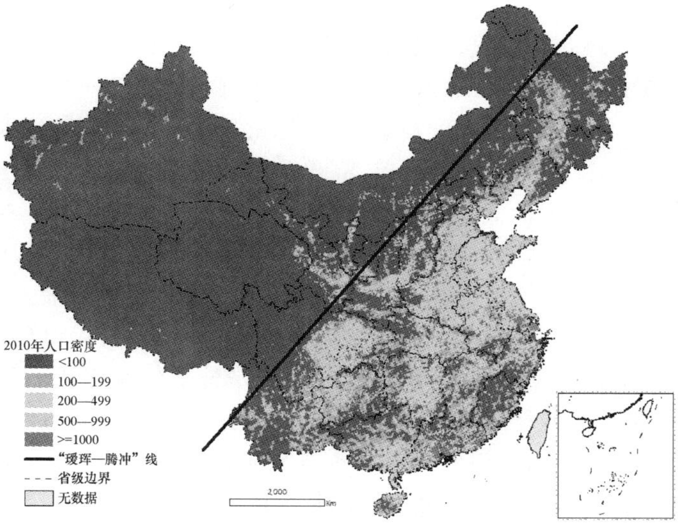

图5-1　全国人口密度分布图(2010年)

第二节　区域人口增长及一般规律

一、人口增长

总体上讲,对人口增长的理解至少包含两个含义,一是人口的自然增长,二是人口的机械增长。自然增长是指出生和死亡而导致的人口数量的变化。当出生率大于死亡率时,人口总量呈现正增长;对一个地区而言,人口的迁出、迁入而导致人口数量的变化一般称之为机械增长。当迁入数量大于迁出数量时,地区人口总量呈现正增长态势。

所谓出生率是一定时期内出生的人数与同时期的总人口生存人数之比。以年为计算单位,其公式为:

$$年出生率=(一年内的出生人数/年平均人口数)\times 1000‰$$

相应地,死亡率则是在一定时期内,每千人中死亡人数的比例。

自然增长率是指一年中人口增长的百分比,其数值等于人口出生率与死亡率之差。

(一)世界人口增长的总体过程

人口是随历史发展的过程而不断增长的。但在不同的时间段上人口的增长是不平衡的。人类历史发展的时间段大致可分为农业革命前阶段、农业革命后阶段、工业革命阶段和工业革命后阶段。其中,农业革命和工业革命对世界人口增长的影响较大。

在农业革命之前，也就是大约一万年前，在地球上分散地分布着一千万原始人类。当时的居民主要从事狩猎和采集业，对自然环境的依赖性较大，此时的人口分布主要呈现点状集中，一般选择朝阳、干燥、开阔、地势高、接近水源又能抵御外来危险的场地。其特点是人口密度低，伴随着低出生率和高死亡率，总体人口增长缓慢。

在随后几千年的历史发展中，农牧业基本取代了采集业和狩猎业，成为主要的生产方式，人口的增长也进入了一个崭新的阶段。从有文字记载的资料看，亚洲西南部、亚洲东南部以及美洲中部的农业，均是独立演化型的。农业社会与采集狩猎社会的一个最大区别就在于，它能支持更高的人口密度。自人类跨入农业社会，人口总量虽然比以前大幅度增长了，但由于阶段性的饥荒和低营养、对流行病的抵抗能力差、高出生率、高死亡率，死亡率呈现大幅度波动状态，出生率也相应变化，平均寿命低。

如同农业革命对人口增长带来的深刻影响一样，工业革命也对人口产生了类似的空间和生态上的作用。工业社会的典型特征是：生产系统化、机械化、能量化，提高了单位资本的产出水平，完成了财富的积累。其主要体现在三个方面：① 工业革命与人口死亡率。高死亡率是前工业社会世界人口的主要特征之一。但由于科技进步带来的医疗技术及服务水平的提高，自 18 世纪中叶，死亡率就开始持续下降，这种下降的趋势一直延续到 19 世纪。死亡率的下降最早是从欧洲各国开始的，并由此引发了欧洲各国人口增长的变化。② 工业革命与人口出生率。在工业化初期相对较短的时间内，欧洲一些地区的人口出生率曾一度上升。但从 19 世纪后半叶开始，由于计划生育及控制生育的有效性，妇女晋升机会增多，以及在一些离婚率高的国家人们对传统家庭体系稳定性的怀疑等，出生率逐渐下降。进入 20 世纪后，出生率仍持续下降。③ 工业化过程中的人口增长。据统计，世界人口在 15—18 世纪四个世纪的发展中，分别增长了 28.2%、11.9%、47.5% 和 80.6%。从这些数据可以看出，从 18 世纪后半叶的工业革命开始，世界人口增长幅度明显加大。同时，也因此，人口增长及自然变动情况在发达地区和发展中地区之间出现了分化。世界人口每增长一个 10 亿，所用的时间在逐渐缩短。世界人口的第一个 10 亿用了近 100 万年的时间。从 19 世纪初到 1930 年的 100 多年时间里，世界人口实现了第二个 10 亿的增长过程。20 世纪 30 年代以来，世界人口开始加速增长，到 1960 年已发展到 30 亿。从 1960 年到 1975 年，世界人口由 30 亿发展到 40 亿。也就是说，世界人口增长到第四个 10 亿的时间只用了 15 年。在这之后，从 1987 年到 1999 年，世界人口用了 12 年的时间便突破了 60 亿大关。预计到 2025 年，世界人口将达到 82.17 亿。

（二）我国人口增长阶段及区域分布

1. 我国人口增长阶段

我国人口增长的转变模式不同于发达国家，具有许多独特性规律。根据人口出生率、死亡率和自然增长率的变动状况，可将我国人口的转变模式划分为六个阶段。

（1）加速增长阶段（1949—1959 年）。人口出生率维持在高水平上（30‰以上），死亡率由较高持续下降至很低水平（10‰左右），此时我国人口呈现加速增长态势。

（2）负增长阶段（1959—1961 年）。出生率（1961 年为 18.02‰左右）猛跌，死亡率则猛升（1960 年为 25.43‰左右），人口呈现负增长。

（3）高速增长阶段（1961—1971 年）。出生率始终高于 30‰，死亡率则下降到 7‰—8‰

左右，人口呈现高速增长。

(4) 减速增长阶段(1971—1980年)。死亡率维持低水平状态，出生率开始下降(1979年下降到20‰以下)，人口出现减速增长状态。

(5) 波动增长阶段(1980—1992年)。死亡率维持低水平，出生率出现两次波动(第一次顶峰在1982年，第二次在1987年)，人口增长出现波动状态。

(6) 持续增长阶段(1992年以来)。死亡率维持低水平，出生率和自然增长率持续下降，人口保持持续增长状态。

以上第一至三阶段大体属于早期扩张阶段，第六阶段进入后期扩张阶段。预计2020年前后，我国将进入低位静止阶段。2040年后进入绝对衰减阶段。我国人口增长的一般规律是：经济发展水平较低，生育控制因素作用更强；内部差异大，多种人口转变阶段同时并存。图5-2为新中国成立以来我国人口自然增长率的波动情况。

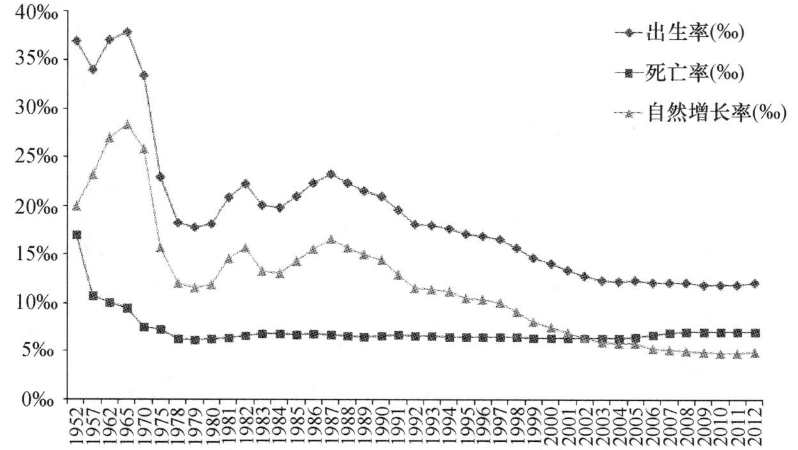

图5-2 新中国成立以来我国人口自然增长率的波动情况

2. 我国人口增长的区域分布

据2010年全国第六次人口普查数据显示，我国三个人口大省依次为广东(10 441万)、山东(9 588万)、河南(9 405万)。而2000年的"五普"时，这一排序曾为河南(9 256万人)、山东(9 079万人)、广东(8 642万人)。可见，广东是近10年乃至近20年以来我国省域人口总量增长最快的地区，从1990年的6 283万人增至10 441万人，20年间增长了66.2%(见表5-3)。人口总数居前10位的其他地区依次是四川、江苏、河北、湖南、湖北、安徽、浙江。西藏、青海、宁夏依然是我国人口规模最小的三个地区，总人口分别为300万人、563万人和630万人。

应当指出的是，由于进入2000年后，我国各地人口的自然增长率都降到了比较低的水平，所以，近10年的人口增长变化主要由机械增长也即人口流动导致，如表5-3中显示的情况。人口增速靠前的省区市主要有东南沿海的广东、浙江和除重庆以外的三个直辖市。而人口减少的省市区大部分是属人口外流，典型的如重庆、四川、湖北和安徽等省区。详情请见本章第四节"区域适度人口与人口迁移"，这里不再赘述。

表 5-3　我国各省区人口增长比较(2000—2010)

地区	2000 年普查	2010 年普查	2000—2010 年		
	总人口(万)	总人口(万)	增加人数(万)	增长率(%)	年均增长率(%)
全国	**126 583**	**133 972**	**7 389**	**5.84**	**0.57**
北京	1 382	1 961	579	41.91	3.56
天津	1 001	1 294	293	29.25	2.60
河北	6 744	7 185	441	6.55	0.64
山西	3 297	3 571	274	8.32	0.80
内蒙古	2 376	2 471	95	3.98	0.39
辽宁	4 238	4 375	137	3.22	0.32
吉林	2 728	2 746	18	0.67	0.07
黑龙江	3 689	3 831	142	3.86	0.38
上海	1 674	2 302	628	37.51	3.24
江苏	7 438	7 866	428	5.75	0.56
浙江	4 677	5 443	766	16.37	1.53
安徽	5 986	5 950	-36	-0.60	-0.06
福建	3 471	3 689	218	6.29	0.61
江西	4 140	4 457	317	7.65	0.74
山东	9 079	9 588	500	5.51	0.54
河南	9 256	9 405	146	1.58	0.16
湖北	6 028	5 724	-304	-5.05	-0.52
湖南	6 440	6 568	128	1.99	0.20
广东	8 642	10 441	1 788	20.69	1.90
广西	4 489	4 603	114	2.53	0.25
海南	787	867	80	10.18	0.97
重庆	3 090	2 885	-205	-6.65	-0.69
四川	8 329	8 042	-287	-3.45	-0.35
贵州	3 525	3 475	-50	-1.43	-0.14
云南	4 288	4 597	309	7.20	0.70
西藏	262	300	38	14.59	1.37
陕西	3 605	3 733	128	3.54	0.35
甘肃	2 562	2 558	-4	-0.17	-0.02
青海	518	563	45	8.62	0.83
宁夏	562	630	68	12.12	1.15
新疆	1 925	2 181	256	13.32	1.26

资料来源:根据国家人口普查资料整理。

二、区域人口增长规律

区域人口增长规律一般用人口(增长)转变模式表示。人口(增长)转变模式,是指由传统人口再生产类型(即高出生率、高死亡率和低自然增长率)向现代人口再生产类型(即低出生率、低死亡率和低自然增长率)的过渡。人口转变模式旨在揭示不同类型的国家或地区人口转变过程与经济再生产类型之间的相关规律。

(一) 发达国家人口增长规律

国外人口学家对人口转变模式曾提出过诸多理论。如法国人口学家兰迪的“三个序列”理论、美国人口学家诺特斯坦的“人口转变”理论、英国学者布莱克的“五阶段”模式以及寇尔的“人口转变模式及其数量界限”理论等。这些理论是以发达国家人口转变的实践为依据而提出的理论模式，揭示了发达国家区域人口增长的一般规律。

一般来说，决定人口转变过程的经济基础是生产力的发展水平，与生产力发展水平相适应的经济发展阶段，构成了人口转变的社会基础。依此，我们把区域人口增长概括为四个阶段和四点规律。

第一阶段或第一个规律：出生率高、死亡率高、增长率低且不稳定。由于生产力水平低下，生产资料来源不稳定，抵御自然灾害的能力极低，人口死亡率很高，人口增长缓慢而且很不稳定，增长率在零增长水平线上下较大幅度地波动。这种类型对应的是工业化以前的社会，特别是采集、渔猎和小农经济社会。

第二阶段或第二个规律：出生率高、死亡率快速下降、增长率高且不断加速。18 世纪后期开始的产业革命，一方面极大地推动了生产力的发展，使人们的营养水平有了很大的提高。病菌理论、免疫、护理革命等医疗卫生方面的进步，使人口死亡率大幅度下降。另一方面，产业革命扩大了对劳动力数量的需求。人们追求大家族的传统，使出生率保持在相当高的水平，从而导致人口数量的快速膨胀。

第三阶段或第三个规律：出生率快速下降、死亡率缓慢下降、增长率快速下降。现代化大生产的发展，不再需要大量简单的体力劳动者，而是转而要求劳动力具备良好的科学素养、掌握现代化生产技术，就业变得更加困难，培养合格劳动者的家庭和社会成本越来越高，人们不得不考虑限制生育，加大孩子培养成本，以更好地适应社会竞争。这种趋同的家庭决策行为，引致了全社会的生育率下降，人口增长率也随之逐步下降。

第四阶段或第四个规律：出生率低、死亡率低、增长率低且稳定（零增长或负增长）。第四阶段是第三阶段的进一步发展，这在很多发达国家以及新兴的工业化国家、地区普遍存在，从而最终导致人口老龄化。

人口学中把第一阶段称为原始人口再生产类型，第二和第三阶段称为传统人口再生产类型，第四阶段称为现代人口再生产类型。四个阶段如图 5-3 所示。

图 5-3　人口增长的转变阶段

（二）发展中国家人口增长规律

对于广大的发展中国家来说，因经济文化相对落后、人口增长类型的转变较晚，大多数国家在第二次世界大战以后才开始这一过程。目前这些国家和地区还处于高出生、低死亡、高自然增长的传统型阶段。这种状况给发展中国家的经济、社会发展带来了极大的压力。大多数发展中国家采取了人口控制政策,使出生率持续下降,以加快人口转变过程。在发展中国家中,我国是最成功的国家,仅用了30年左右的时间,便促成了人口增长类型的转变,在发展中国家中率先进入低生育国家的行列。

第三节　区域劳动力与从业人口

一、劳动力与经济活动人口

劳动力人口或劳动力资源人口,指的是总人口中具有劳动能力的那一部分人,而不涉及其参加劳动与否。但所谓具有劳动能力,是一个因人、因时、因地而异的概念。显然,劳动力人口的数量及其占总人口的比重,与人口总量、年龄结构的关系很密切。

经济活动人口是指,在某一年龄下限之上,有劳动能力,参加或要求参加社会经济活动的人口,由从业(就业、在业)人员和失业(待业)人员两部分人口组成。其中的从业人员是指,从事一定社会劳动并取得劳动报酬或经营收入的全部劳动力;失业人员则是指,一定劳动年龄内,有劳动能力,无业而要求就业,并在就业服务机构进行了求职登记的人员。经济活动人口的统计,在年龄上没有上限,其下限在多数国家一般定为15岁或16岁,但少数发展中国家把15岁以下的儿童也列入其中。

因此,经济活动人口与劳动力人口既有联系又有区别。前者属于经济范畴,以是否从事或要求从事职业活动为划分标准。后者属于社会范畴,基本以年龄为划分标准。在劳动年龄人口中,以下几部分人员不包括在经济活动人口内:① 在校学生;② 单一从事家务劳动者;③ 依赖养老金或租金、利息为生者;④ 靠社会救济或依附他人为生者。反之,经济活动人口中也包含了一些不在法定劳动年龄以内的人口,如童工。

二、我国的劳动年龄人口

我国是世界上人口最多的国家,劳动年龄人口总量十分庞大,且增长迅速。按照男16—59岁,女16—54岁的统计口径,1953年其总量为3.0亿,2010年已超过8.7亿,57年中增幅达1.9倍,而同期,总人口仅增长了1.3倍。目前,仍呈快速增长的势头,每年新进入劳动年龄的人数显著超过当年总人口的增长量。预计到2020—2030年,当20世纪60年代生育高峰中出生的人口陆续退出劳动市场时,全国劳动年龄人口在达到9亿左右的历史峰值后可望趋于稳定或回落,其时间与全国总人口的峰值相比,大约早20年。

目前,我国劳动年龄人口约占总人口的63%,由于年龄、性别结构的不同,该比重在各地区差异很大。大体上讲,人口转变较早、较快的东部地区该比重较高,可达60%—66%,其余地区为54%—60%。这种分布特点与当前生产力和投资水平的地区差异是基本吻合的,表现为生产力和投资水平较高的地区,劳动年龄人口比重较大;反之则较小。这种状况虽客观上对人口经济状况的地区差异起了一定的缓解作用,但从发展的眼光看,东部地区老龄化的速度较快,劳动年龄人口将趋于相对甚至绝对地减少,而其他地区还将保持长时期的上升势头。这种新变化，客观上提出了进行人口迁移的问题。要从根本上解决这一问题的关键在于，应适时地把建设重点从东部地区逐步向广大中西部地区转移，以实现资本和劳动力资源的最佳配置。

三、我国从业人口的发展及其矛盾

2011 年，我国从业人口达 7.64 亿（经济活动人口将近 7.9 亿），比 1952 年增长了 2.7 倍，而同期 15—64 岁劳动年龄人口仅增长 1.8 倍，总人口则仅增长了 1.34 倍，就业率由 36.1% 锐升至 57.0%。这种情况一方面体现了我国的劳动力资源得到了较充分的开发和利用，但另一方面也表明存在就业人口增长过多过快的压力。这一压力在很大程度上是由于历史原因和 20 世纪五六十年代的生育失控造成的。这种压力在就业领域的表现是就业人口增长过多过快。过多过快的就业人口增长，已经对进一步提高劳动生产率和投资效益带来不少消极影响。多年来，我国的平均劳动生产率虽然持续上升，但总体速度不快，目前不仅比发达国家相差甚远，在发展中国家中也只处于中下游。同时，就业人口增长过多过快的压力，使我国的产业结构长期在劳动密集型模式中徘徊，从而较严重地影响了经济增长方式从粗放到集约的转变。①

近些年，在经济转型过程中，各级政府及相关职能部门正着力扭转过去在劳动就业问题上长期由国家包办的做法，积极实施“在国家统筹规划和指导下，实行劳动部门介绍就业、自愿组织起来就业和自谋职业相结合”，着重开辟集体和个体经济中的就业渠道，同时改革用工制度，实行劳动合同制，举办劳务市场，推进再就业工程，建立职工待业事业保险制度，旨在逐步实现企业自主用工、劳动者自由择业、让市场对劳动力资源配置起基本制约作用的模式，经过几年的实践，目前这种模式虽已初见成效，但面临的全国城镇登记失业率也有所上升，由 1987 年的 1.8% 上升到 2011 年的 4.1%，不少下岗待业人员的生活面临暂时困难。此外，国有企业存在大量冗员的问题尚未得到妥善解决，而且其中农村剩余劳动力转移的任务还任重道远。

第四节　区域适度人口与人口迁移

一、适度人口

（一）适度人口与人口容量

人类社会的发展是人类自身生产和物质资料生产的统一，没有一定数量的人口，人类自身的再生产就无法继续进行，同时，没有一定数量的人口，社会生产也无法进行。这就要求有一个最低人口数量。但当人口数量超过社会生产的需要时，超过的部分就成为过剩人口。而在人口数量达到既不低也不过剩时，这时的人口数量就是适度人口。

所谓适度人口是指，与社会、经济、资源、环境相互协调，能带来最大社会效益的相对稳定的人口，是一国或一个地区最适宜的人口数量，也是一种理想的人口数量。适度人口的概念是建立在人口容量概念的基础上的，前者是后者的主要组成部分。人口容量即人口承载量，是指地球及其各个部分在一定时期、一定条件下可能容纳和抚养的最多人口数量。

---

① 张善余：《中国劳动人口就业形势的差异分析》，《人口学刊》，2004 年第 2 期，第 13—19 页。

（二）经济适度人口与实力适度人口

适度人口又有经济适度人口和实力适度人口之分。前者指在最有利的条件下达到最高生活水平(按人口平均的最高产量和最高收入)的人口,也即获得最大经济福利的人口;后者指一个国家达到最大实力时的人口,即指除去考虑每人平均的最高生活水平外,还要考虑国家的政治和军事所需要的人口。因而,实力适度人口在数量上要高于经济适度人口。

（三）适度人口对社会、经济发展的意义

首先,就国家的人口战略和人口政策而言,适度人口的确定,是制定国家人口战略的基础和出发点,它有利于更好地执行人口政策,有助于认识人口政策的科学性、稳定性和连续性,避免对现行人口政策的误解。

其次,就一个区域来讲,适度人口的确定,不仅对解剖一定区域的人口过剩状况及与之有关的人口现象有重要参考价值,而且对区域经济社会发展战略的制定、区域规划和城市规划的修编、区域未来人口的预测以及各专项事业的评价等都有重要意义。

最后,特别是在欠发达区域,适度人口的确定,会促使人口增长与经济增长相互适应,达到以持续增长的经济实力保障人口转变完成的目的。

二、人口过度增长的危害

广义地讲,人类社会的生产,实际上最终都是由物质资料的生产和人类自身的生产构成的,而且,这两种生产是相互联系、相互依存和相互制约的。任何社会的一定发展时期,客观上都要求这两种生产要大体上相互适应。也就是说,一定数量的劳动人口应大体上与一定数量的生产资料和消费资料相适应。所谓人口过度增长,是相对于一定的生产资料和消费资料而言的。相对于生产资料的人口过度增长,是劳动人口的过度增长,而相对于消费资料的人口过度增长,是总人口的过度增长。这里讲的人口增长的过度,是指人口的增长超过生产资料和消费资料所能承载能力的度。

人口过度增长会形成以下危害:

第一,影响积累和消费的比例关系。我们知道,一国或一个地区的国民收入可以分为积累和消费两大部分。在国民收入量一定的前提下,积累量和消费量是此消彼长的关系。

设 G 为国民收入总量,S 为积累量,C 为消费量,其关系式为:

$$G = S + C,\quad S = G - C,\quad C = G - S$$

则积累率 $Sr = \dfrac{S}{G}$;消费率 $Cr = \dfrac{C}{G}$。

在人口过度增长的情况下,

$$S = G - (C + \Delta C),\quad Sr = G - \left(\frac{C + \Delta C}{G}\right)$$

即积累率降低,积累量减少,社会再生产能力下降。

第二,影响科技进步和产业升级。一方面,产业升级换代和产业结构调整主要依靠的是科技进步,而科技进步要求有大量积累资金的投入。在积累率和积累量由于人口过度增长而下降的情况下,科技进步中所需资金的量就会受到限制;另一方面,在存在过度人口时,劳动力价格较低,这使一些企业宁可大量地利用低廉的劳动力发展劳动密集型产业,也不愿采用新的科技成果。两方面相互作用的结果是,产业升级缓慢,产业结构得不到及时调整,从而影响一国或一个地区总体经济的增长。

第三,影响就业。积累的降低直接影响的是投资。投资量减少,扩大再生产势必受阻,进而又会影响有劳动能力人口的就业。

第四,影响教育和人口素质的提高。人口素质的提高除受其他因素影响外,最主要的是靠教育。在积累资金有限的情况下,其向教育方面的投入必定减少,导致的后果之一是影响教育的普及和教育水平的提高。

第五,影响生活水平的提高。在国民收入一定的情况下,人口过度增长,不仅会使积累率和积累量下降,而且会使按人口平均计算的消费量减少,使新增和原有人口衣、食、住、行等生活资料的消费水平降低。

第六,影响社会稳定。以上人口过度增长负面作用的叠加,不单纯是人口数量、素质的问题,也不仅仅是经济问题,更主要的是会演变为社会问题,对社会的稳定发展造成威胁。

为控制人口的过度增长,除可采用行政、教育等手段外,还可以采取人口迁移的措施。

三、区域人口迁移

(一) 人口迁移的定义和类型划分

人口移动(population movement),即所有人类个体在地理空间上的位置变动,包括暂时性离开原有居住地和长期性离开原有居住地两种类型。通常,将前者称为人口流动,而将后者称为人口迁移。一般来说,人口流动包括偶然性流动和周期性流动。周期性流动主要有通勤、度假和学生在家庭与学校之间周期性地往来,但没有永久或长期改变居住地的意向。

人口迁移则是个人或群体居住地的永久性或半永久性改变。人口迁移常用的衡量指标有迁入率、迁出率和净迁移。

人口迁移具有不同的类型(见图 5-4)。从空间迁移范围划分,可分为国内迁移和国际迁移两类。国内迁移是人口在一个国家范围内迁居的现象,大致可分为三种形式,即地区间迁移、城乡间迁移和城市间迁移。国际迁移是指人口跨越国家并改变住所达到一定时间(通常为一年)的迁移活动,一般有永久性和非永久性迁移之分。随着社会经济的发展和人类组织协调能力的增强,一国或一个地区内人口迁移的计划性和组织性也在加强。从时间形式看,可采用居住历史分析法和随机方法进行划分。前者可以看作是对个人随时间变化迁移行为的记

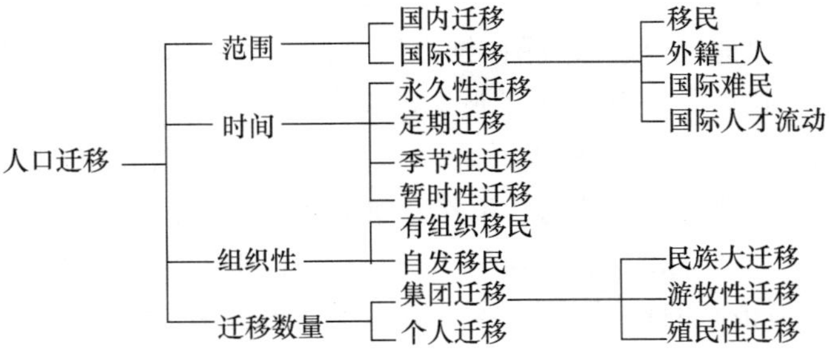

图 5-4 人口迁移的类型

录,它记录了个人或一群人在其一生或两地间迁移时间内的居住地点,包括永久性迁移、定期迁移、季节性迁移、暂时性迁移等;后者是地理学家们经常采用的分析方法,更多地采用更具综合性和预测性的方法研究时间与迁移,该方法主要关注在特定的随机概率框架内,整个区域内的迁移流随时间变化的情况。

除以上类型外,还可以从组织性、迁移数量等角度进行划分。

(二) 区域人口空间迁移的规律

区域人口迁移是一种复杂多样的人文现象。一个多世纪以来,国际学术界从人口学、地理学、经济学、社会学等不同角度对其成因、机制和运动规律作了大量而深入的研究,提出三种有代表性的理论模式。

1. 拉文斯坦迁移法则

1885 年,英国人口统计学家拉文斯坦在《人口迁移规律》一文中,归纳了以下七条人口迁移的规律:① 大部分移民只是短距离的迁移,长距离迁移倾向于迁移到较大的工商业中心城市;② 乡村人口向城市或其他地区的迁移具有阶段性;③ 两地间的净迁移量在总迁移量中所占比重不大;④ 乡村居民比城镇居民更富迁移性;⑤ 短距离的迁移以女性居多,而在较富冒险性且距离遥远的迁移中男性居多;⑥ 大部分移民是年轻人,从本国携家带眷全家移出是很少见的;⑦ 迁移的主要方向是从农业地区迁移至工商业中心,迁移的主要动机以经济利益为主。在作了以上归纳后,拉文斯坦得出的基本结论是:虽然受歧视、受压迫、经济负担沉重、气候不佳、生活条件不适宜等因素都是促使人口迁移的原因,但经济动机是主要的,人们为了改善物质生活而迁移的情形占多数。①

以上规律概括了迁移流向及迁移者的一些特征,同时,对迁移成因、距离、城乡类型、性别、经济发展水平、技术水平等因素也作了概括,并且首次分析了迁移动机。

2. 斯托福的"干预机会"理论

斯托福在 1940 年提出了"干预机会"理论。他认为,迁移一定距离的移民数,与目的地的机会数量成正比,与沿途的"干预机会"成反比。

斯托福理论的实际意义在于:当附近有机遇时,人们对一个遥远目的地各种长处的感知就会变化,即当近处有机会存在时,远处目标的吸引力就减弱。

3. "推—拉"理论

"推—拉"理论是 20 世纪 60 年代初广为流行的解释个体迁移成因的一种理论,其着眼点在于研究迁移的原因,即迁出地的消极因素和迁入地的积极因素对于迁移者的影响。这一理论认为:迁出地必有种种消极因素形成的"推力",把当地居民推出原居住地;而迁入地必有种种积极因素所形成的"拉力",把外地居民吸引进去。

推拉的主要因素包括三种:经济、文化和环境。① 经济因素。由经济因素造成的推拉作用,主要是不同国家或区域的经济结构和工作前景的较大差异性,人们会因工作机会的多寡而从一地迁移到另一地。不同地区对不同职业或持有不同职业期望的人产生不同的作用力,如一个拥有自然资源价值很高的地区,往往容易吸引矿工和工程师;一个新兴的行业会对工人、

---

① E. G. Ravenstein:"The Laws of Migration", *Journal of the Statistical Society of London*, 1885, 48(2): 167—235.

技术人员和科学家具有很大的吸引力；一个区域对服务和设施的需求，会吸引大量的建筑工人、旅馆业人员和公共服务管理人员向该区的流动。② 文化因素。文化因素本身就可能促使人们迁出或者迁入一个国家或地区。不仅如此，有时某种文化的差异，如种族、宗教的不同，还会导致政局动荡，并由此成为国际人口迁移的最主要原因。③ 环境因素。环境的“推”和“拉”，主要表现为优越的区域引力和迁出环境恶劣区域的推力。由于通信和交通技术的发展，人们越来越倾向于在环境优越的地区居住，不会过多地考虑工作、购物和娱乐等场所的距离。

美国学者李(E. S. Lee)在 1966 年的研究还进一步指出，国内迁移与地理区域之间的差异及国内人们自身的差异有关。他探讨了不同条件下的迁移规模、迁移流和反迁移流向以及迁移者的特征后认为：① 特定地域内的迁移规模会因该区域的多样性程度而不同；② 迁移规模因人口密度而变化；③ 迁移规模与克服干预障碍的难度有关；④ 迁移规模因经济波动而变化；⑤ 除非严格阻止，否则随着时间的推移，迁移的规模与速度趋于上升；⑥ 迁移的规模和速度随一国或一地区的进步程度而变化。

图 5-5 概括了“推—拉”综合作用下的区域人口迁移现象。

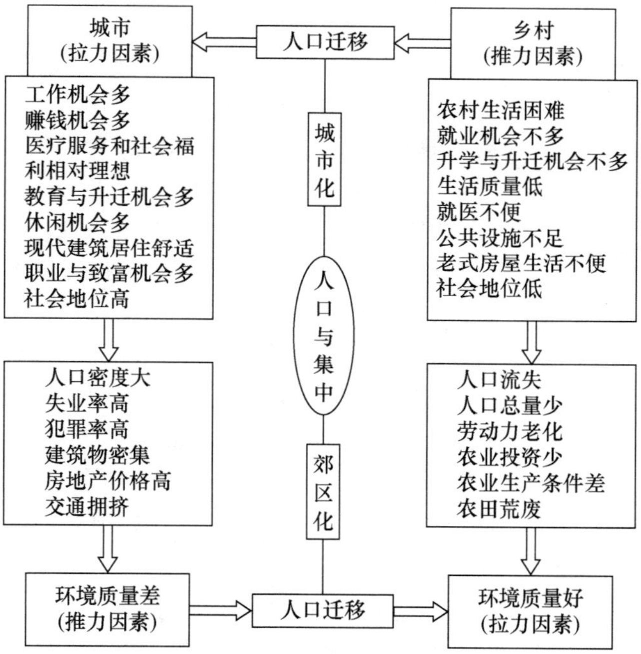

图 5-5　区域人口迁移的“推—拉”作用

(三) 人口迁移与区域经济发展

各种类型的人口迁移，特别是永久性迁移，对迁出区和迁入区社会经济的发展具有广泛的影响。其主要表现在：

(1) 有利于区际间的物质、文化和科学技术交流，使不同区域人口在长期生产劳动中积累的精神财富得以在更广阔的空间中传播，这对区际间优势互补、扬长避短乃至区域生产力的发展和社会进步无疑都是有利的。

(2) 人口迁移在国家和地区之间调整了劳动力的供求比例，有助于实现生产要素的优化配置。从迁出区域方面看,人口的迁出,使该区域失去了一部分人口,这既有减轻人口压力的一面,又有减少劳动力资源的一面。特别是近些年,因迁出者多为年轻力壮或者有较高文化和技术素养的人群,其迁出会给地区经济发展带来许多不利的影响。但人口外迁又能给迁出区带来大量"外汇"收入,这种情况在劳务输出中表现得十分明显。此外,迁出人员还会对地区中的信息沟通、知识传播、经济文化交流等大有益处。从迁入区方面看,外区域人口的到来,虽然会使迁入区域在就业、文教卫生、住房和公用事业等方面增加一定的支出或负担,但这与其日后他们将要创造的社会财富相比,可以说是微不足道的。

(3) 人口迁移带动了智力和资本的流动。与一般的劳动力相比,移民的智力更是一笔不可低估的宝贵财富。此外,迁移人口除了实现劳动力价值以外,他们在迁移时携带的资金或财产,在一定程度上也给迁入区带来了原始资本。

(四) 我国区域间的人口迁移

新中国成立后,随着经济、社会事业的发展,人口的迁移也成为较普遍的现象。我国的人口迁移大体分为两个阶段。

第一阶段,计划经济时期。在实行单一计划经济的20世纪50—70年代,区际间的人口迁移主要由政府主管部门组织和调控。当时的人口迁移是政府为配合总体社会经济发展的人口调度,对发展经济、巩固国防、开发内地和边疆均曾发挥了显著的积极作用。但也有因政治环境影响,和对客观规律不够重视造成的一部分人口迁移并未取得应有的经济和社会效益,甚至还产生过一些负面作用。根据胡焕庸等的研究,我国人口净迁出的省区主要位于东南半壁的人口稠密区,净迁出量以四川、山东、安徽、河南为最多,上海、广东、江苏、浙江、湖南次之;人口净迁入的省区多位于西北半壁的人口稀疏区,净迁入量以黑龙江、内蒙古、新疆为最多,青海、宁夏、甘肃、陕西、北京、吉林等迁入强度也不小。①

第二阶段,改革开放以后。自改革开放以来,随着社会生产力的迅速发展和经济体制的逐步转型,我国的人口迁移也出现了许多新的变化。首先,迁移规模比以往显著增大。1995—2000年间,全国省内跨市、县的迁移人口年均为460万,省际迁移人口年均为217万,与10年前相比,省际迁移增大了0.7倍。

其次,迁移方向发生了重大逆转。改革开放以前,人口主要由东南半壁迁往西北半壁,由沿海向内地和边疆迁移。近年来,则逆转为由西北半壁向东南半壁,即由中西部向东部沿海迁移。据统计,1985—1990年,北京和上海为最高人口迁入区(迁入率分别为6.86%和5.38%),其他省区迁入率都低于3%;1995—2000年,广东以14.95%的迁入率超过北京(14.45%)和上海(14.16%),成为迁入人口数最多的省份;2005—2010年,上海(23.84%)、北京(21.71%)、浙江(16.06%)和广东(14.02%)成为迁入率最高的省区;新疆是内陆省份中迁入率唯一进入前10名的省区(3.98%),但强度比过去大大减小。人口净迁出的区域主要是安徽、四川、江西、湖北、广西、湖南、贵州、重庆、河南等(见图5-6)。②

① 胡焕庸、张善余:《中国人口地理》(上册),上海:华东师范大学出版社1984年版,第351页。

② Liu Y., Stillwell J., Shen J., and Daras K.: "Interprovincial Migration, Regional Development and State Policy in China", *Spatial Analysis and Policy*, 2014, 7(1):47—70.

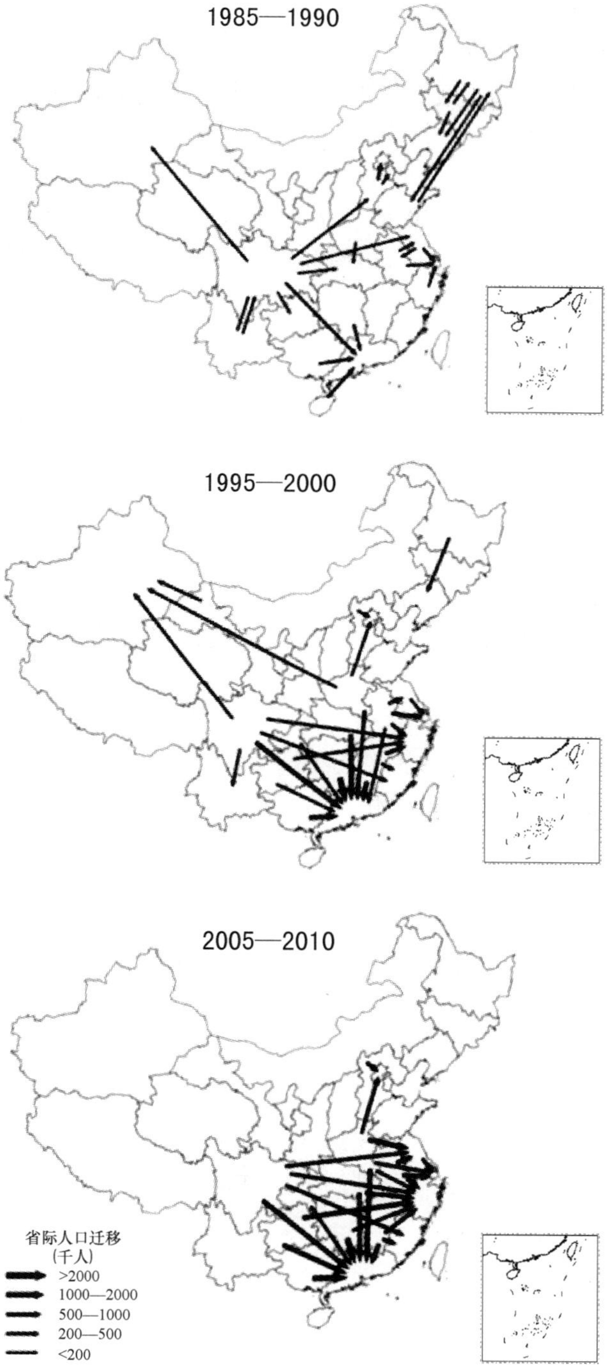

图 5-6　中国省际人口迁移

我国区域人口迁移空间模式发生变化的根本原因在于，人口经济形势及其在各省区之间对比关系的显著变化。20 世纪 50—60 年代，虽然我国已开始实行工业化，但仍具有较浓厚的农耕时代的特点，人口再分布的主要牵引力是人与地或者说是人口与粮食的平衡，它促使人口从相对稠密的区域迁往相对稀疏的区域，尤其是广大边疆地区，人口少，荒地多，谋生之路广，对移民颇具吸引力，再加上国家生产布局的需要和政策的推动，均引发了由沿海向边疆的移民潮。改革开放以来，由于整个社会经济形势的一系列重大变化，促使生产力大发展和温饱问题的初步解决，人口与粮食的平衡不再对人口再分布起主导牵引作用，取而代之的是资本、市场和发展区位。在上述背景下，近20年来，沿海地区的人才、区位和历史基础的优势得到了充分的发挥，生产力高速发展，相比之下，边疆和中西部地区的“拉力”远远不及，因此出现了人口迁移的“孔雀东南飞”。

【本章小结】

1. 人口分布主要受到自然环境、社会经济、历史和政治因素的影响。我国的人口区域分布具有显著的空间不均衡性(东南半壁和西北半壁)、沿海指向性、低地指向性和多中心性的空间格局。

2. 人口规模与增长是影响区域经济发展的重要因素之一，适度人口是一国或一地区最适宜的人口数量，它实际上是一种理想的人口数量。

3. 改革开放前后，我国的区域人口空间迁移模式完全不同。

【练习与思考】

1. 简述我国人口区域分布的主要特征。
2. 简述区域人口增长的一般规律。
3. 以一地区为例，探讨适度人口及其对区域经济发展的影响。
4. 简述我国区域人口迁移的空间特征。

【进一步阅读资料】

1. 张善余：《人口地理学概论》，上海：华东师范大学出版社2013年版。

2. 曾明星、吴瑞君、张善余等：《中国人口再分布新形势及其社会经济效应研究》，《人口学刊》，2013年第35卷第201期。

3. 胡焕庸：《中国人口的分布、区划和展望》，《地理学报》，1990年第45卷第2期。

4. 顾朝林、蔡建明、张伟等：《中国大中城市流动人口迁移规律研究》，《地理学报》，1999年第54卷第3期。

第六章　区域资金运动

【本章学习目的】

1. 学习区域资金运动的途径；
2. 了解区域内、区际间资金供需的调节；
3. 正确分析区域资金监管原则。

资金的区域运动是客观存在的，它有七大运动特点。对其供需的调控与监管是确保资金畅通运行并取得预期目标的保证。

本章在分析区域资金渠道和特点后，阐述区域资金供需模型和对其监管的具体措施。

第一节　区域资金运动的形成与特点

一、区域资金运动的形成

（一）资金、区域资金与区域资金运动

1. 资金

资金有狭义和广义之分。狭义的资金是货币形态的资金；广义的资金是金融资源的主要构成部分，是货币资金、信贷资金、财政资金和外资的统称。

2. 区域资金

区域资金，顾名思义，是与区域相联系而运作的资金。具体而言，区域资金是指与一定地域的区位条件、经济和社会发展的历史进程及现状、城市等级、产业及其他一切与物质活动密切相关的，反映特定地域属性、特点、空间分布及运作规律的各种类型的资金。

3. 区域资金运动

近些年，随着货币化程度的提升和区域经济、金融事业的发展，越来越多的学者涉猎对区域资金运动的研究，也由此形成了对区域资金运动的不同界定。其中，有代表性的一种观点认为，区域资金运动是资金在一定区域内移动的过程，具体分为以纵向资金流动为考察系的资金循环，和以横向资金流动为考察系的资金融通以及纵、横向资金流动的内在联系。资金循环是资金价值增值的实现过程，在一定程度上，是资金融通的前提。而资金融通是资金循环中的一个环节，是资金重新分配的过程。另一种观点是从世界范围内进行考察，认为，区域资金流动是货币资金在不同国别金融市场之间的流动。从一国范围进行考察，主要是指货币资金在一国不同区域内的流入与流出。

我们认为，与宏观资金运动相比较，区域资金运行属中观层面，是一定区域内资金的运行与流入流出。其中，区域内的资金运行主要表现为在一定区域内部围绕区域的生产、交换、分配、消费等环节产生的资金流动。这种资金流动可称为资金的循环。区际间的资金流动，则是由区域经济、社会发展的势差而产生的资金在不同区域之间的流入和流出。

（二）区域资金运动形成的主要原因

大体上讲，促成区域资金运动的原因主要有：在市场与非市场机制条件下资金的从属性；在非市场机制条件下的政府行为；在市场机制条件下资金的本性。

首先，从资金的属性讲，它是商品物质运动的伴生物，表现为对物质运动的服务和对物质运动的引导。前者即人们常讲的“钱随物走”，后者也是人们常讲的“物随钱走”。而无论是前者还是后者，都表明了资金与物质运动的互不分离、互为条件，即资金对物质运动的从属性和流动性。不仅如此，由于资金的其他特性，在区域经济发展的各种要素中，资金要素的流动性是最显著而且是最具主动性的。

其次，在非市场机制条件下以政府行为为主。自 20 世纪 30 年代世界性经济危机爆发以来，在实务和理论上，政府干预成为各国普遍的信条，即便是当今社会，在以凯恩斯为代表的国家干预经济的一些理论和信条受到来自各方批判和抨击的情况下，各国政府对经济、社会事业的实际干预也并没有减弱，而且各国的实践证明，在某些领域、场合和情况下，政府的适当干预是必不可少的。

由政府干预促成的区域资金运动，主要包括政府政策、对财政资金的支配、政府工程、政府定价等。

最后，在市场机制作用下，从资金的本性讲资金是逐利的。资金的逐利性促使银行资金、金融市场资金、外资、企业资金和个人资金均在利益的驱使下，向有利可图、风险相对较小的区域和行业流动。

（三）区域资金运动的途径

为了叙述的清晰起见，我们可以把由资金从属性、政府行为和逐利性引发的区域资金运动归纳为区域内资金运动和区际间资金运动两大类。

1. 第一大类：区域内的资金运动

区域内的资金运动，一方面体现为在一定区域内的生产、交换、分配、消费依次进行的整个过程及整个过程往复循环中的资金流动，另一方面体现为在这四个环节自身运动及往复循环中的资金流动。也就是说，区域内生产、交换、分配、消费的运动，以及各环节自身的运动，实际上都是在进行各种要素的组合。要素的组合要求要素的流动，在要素组合与流动中，资金要素是纽带，是桥梁，是最具流动性的要素。

2. 第二大类:区际间的资金运动

(1) 政府行为

由政府行为促成的资金在区际间的流动主要有以下五条途径:

政府定价。在区域经济发展中的政府定价,主要是政府对初级产品(原料、材料、矿产品)的定价。由政府定价的初级产品的价格往往都是偏低的(即便是有些稀缺品也是如此),这样,生产初级产品的地区,长时期地以低价出售其产品,反过来又以市场价购回高附加值的工业品。在这个过程中,生产初级产品的地区在出售初级产品时,从生产加工产品地区流回的资金,在购买加工品时又以多倍于回流资金的数量使资金流向生产加工产品的地区,从而形成资金在不同地区间的流动。

政府的倾斜政策。政府的倾斜政策在我国区域经济的发展中起着举足轻重的作用。政府的政策向某地区倾斜,就会带动大量的资金流向该地区。改革开放以后,中央政府实施的全方位"东倾"政策,曾在短期内为东部沿海地区带来巨额的资金流,并在短期内促使该地区成为全国经济发展的龙头。

财政转移支付。基于各地区政府财政能力的差异,以实现各地区公共服务水平均等化为目标的政府财政转移支付制度,是通过中央政府一般性转移支付和专项转移支付等规范的制度,将以税收形式形成的国民收入中的一部分,再通过政府财政渠道进行返还。财政转移支付实际上是国民收入再分配中区际之间资金的再分配。这一再分配支持了欠发达和不发达地区的公共服务和经济建设,由此也形成了区际之间的资金流动。

政府工程。政府工程主要是中央政府的重大跨区工程。如道路、交通、通信、桥梁、河道、江河湖海的改造等公共工程。中央政府对这些工程的建设,对应地也带动巨额资金流向工程所在的地区。

突发事件。为应对如地质灾害、暴力活动等事件的发生,政府会临时调动资金应急,这也会引发资金的跨区流动。

(2) 金融中介机构行为

金融中介机构包括银行机构和非银行金融机构。这两类金融机构的运作,通过横向、纵向渠道促使资金跨区流动。

银行机构。① 资金的横向流动。第一,银行机构可以通过同业拆借、债券回购等渠道,将在某一地区吸收的资金融通到其他地区。第二,银行机构可以将在某一地区吸存的资金,以贷款的形式发放到另一地区,形成资金的跨区流动。② 资金的纵向流动。目前我国主体银行机构的设置是总分行制。在这一体制下,总行出于全行资金效益最大化的考虑,必然会通过各分支机构将资金从收益率低的地区,统一调剂到收益率高的地区。各地分支机构向央行分行办理再贴现、再贷款业务等,也促成了资金在区际间的流动。

非银行机构。改革开放至今,我国非银行金融机构越来越活跃,其业务量也在迅速扩大。这些机构以各自经营的业务吸引各地大量的资金后,再投入到各不同区域和项目中,由此引致资金的跨区域流动。

(3) 资本市场行为

在资本市场中,政府、银行、上市公司通过发行股票和债券等金融产品,广泛地吸收巨额资金后，再将其投入到不同地区和项目中，形成资金的跨区流动。

（4）外资行为

20 世纪 90 年代以来，外商直接投资已经成为我国利用外资的主要方式。外资的流入是对东道国资金的补充。外资流动的区位选择基本上是以市场化、货币化程度高，区位条件好，风险最小为原则，一旦这些条件发生变化，其资金流向也会改变。

（5）区位条件

区位条件包括自然区位条件和经济区位条件。

自然区位条件。自然区位条件是指地理区位、风土人情、气候、水、阳光、资源蕴含量、交通条件等。自然区位条件在某些情况下虽然不是区域经济发展优劣的主要因素，但毕竟是区域经济发展的基础性条件，这些基础性条件会通过城市等级、产业结构、生产力发展、经济和社会效益等对资金的流动产生影响。由于资金的趋利本性，利益最大化是其流动的动因，其流动的区位选择自然是流向自然区位条件好的地区。

经济区位条件。经济区位条件主要是经济、社会发展阶段和程度、产业集聚及效益、城市等级、人文素质、基础设施完备程度、市场化及货币化程度、通信、信息建设等，资金会向程度高、发展好的地区流动。

（6）风险规避

风险无处不在，无时不在。风险规避原则是收益要大于损失。如果资金利差不足以弥补交易成本和风险，即便自然和经济区位等条件再好，资金也不会流入。相反，即便自然和经济区位条件稍差，资金也会流入。

（7）人口流动

人口流动包括人口一般性流动、有闲者流动、劳动力流动以及由商务、会务、政务、学务等活动引起的特殊人口的团体性流动。这些流动也会带动资金的跨区域流动。

① 一般性流动。人口的一般性流动，是一些人为寻求更好的居住环境而产生的流动。各地经济、社会事业发展和特有的人文地理、生态环境、自然地理条件的差异，引发人口向适宜地区流动。

② 有闲者流动。有闲者包括离退休人员和长短假、节假日正常休息的在岗在业者。这些群体会利用闲暇时间进行长短途旅游观光活动。

③ 劳动力流动。劳动力流动不仅包括农村剩余劳动力向城市的流动，而且也包括城市劳动力从一地向另一地的流动。

④ 商务、会务、学务、政务团体性流动。这是指因商业事务、各种会议、完成学业及政务定期和不定期的跨区流动。

（8）商品交换

随着各地商品贸易的发展和商业活动由实物实地交易大量转入网购，也会形成资金的跨区域流动。

（9）其他途径

随着个体、私营、民营经济的发展壮大，它们也会选择条件好、利差高的地区，并由此引发资金的流动。

总之,资金只有在区域内循环,才能保证区域生产、生活的可持续发展和走向新的发展阶段;资金只有在区际间融通才能保证对其优化配置,实现资金运动的帕累托最优。因此,区域资金的运动,实际上是金融资源趋向合理、高效目标的空间配置与布局,反映和助推了区域经济中生产专业化分工和比较优势的发挥。

二、区域资金运动的特点

区域资金运动具有以下特点:

1. 资金运动与区域发展实际的紧密结合

无论是区域内以循环形式流动的资金,还是区际间以融通形式运动的资金,都与一定区域中的区位条件、经济与社会发展、市场发育程度、政府意图、资金回报率、风险等密切相关,或者就是以这些条件的差异为动力和诱因而流动的。

2. 呈现区域特点

区域资金的运动,充分体现了与其对应的具有一定区域特色的实体经济的特点,如地方特色经济、优势产业、历史传承与现代化相结合的商品物质,以及与区域风土人情、人文素质相耦合的思想意识。

3. 资金运动的绝对性与相对性

区域资金运动,并不是转瞬即逝的,它具有相对稳定性,即运动是绝对的,稳定是相对的。没有绝对的运动,就不会优化区域资源配置,不会取得更好的经济和社会效益。而没有相对的稳定,资金就成了虚无缥缈的想象物,不会起任何作用。区域资金就是在绝对运动和相对稳定的转换中,实现其对区域经济、社会事业发展的促进作用的。

4. 政府与市场相结合

政府通过政策倾斜、财政转移支付、工程建设及对突发事件的处理等行为,弥补因市场运作留下的缺口与不足;市场机制通过利益诱导,实现金融资源对优势地区、优势产业的支撑。这样,在区域资金运动中,政府行为与市场机制得到了较好的配合。

5. 循环资金与融通资金相互转化

为一定区域内生产、生活循环周转的资金和在区际之间流动的融通资金,是相对于一定时期和时空而言的,它们在一定时空条件下是可以相互转化的,即区域内的循环资金因上述动因可以转化为在区际之间运动的融通资金,而在区际之间流动的融通资金,也可因上述动因转化为在一定区域内循环周转的资金。

6. 区域的差异性

无论是非市场机制还是市场机制作用下促成的资金区域运动,都体现了区域的差异性。其中,非市场机制作用下的政府行为,偏重区域经济发展总体中"龙头"的培育和弱势地区的帮扶;市场机制作用下的银行与非银行金融机构、资本市场、外资、私企、个人等均是逐利的,会使资金流向条件相对较好的地区。

7. 资金供求的多层次和多渠道

一定区域内资金的供求,不仅有政府、银行和非银行金融机构,还有企业和居民个人等。在开放经济条件下,一定区域的资金供求不仅限于区域内,还有区域外,如中央政府直接下拨或通过财政渠道流入流出的资金，外国资金和其他类型区域流入流出的资金。同时，从资金性质来讲，有国家、公有、集体、私人和个人之分。

第二节　区域资金供需与模型

一、区域资金供需

区域资金供需是在特定的区域内及区际间的资金供需。资金供需的载体是法人和自然人，多数情况下，法人和自然人既是资金的供给者又是资金的需求者。

（一）区域内部资金供需

从特定区域内部看，资金的供需者有：地方政府、银行与非银行机构、企业、居民个人等。地方政府通过发行债券或地税、收缴费用、收交利润等成为区域内资金的需求者，又通过直接投资、地方预算支出、财政投资等成为区域内资金的供给者；银行与非银行机构通过吸存、发行金融债券等成为资金的需求者，又通过贷款、票据贴现、直接投资、存款创造等成为资金的供给者；企业通过纳税、存款、购买有价证券和直接投资成为资金的供给者，又通过获得银行贷款、在金融市场发行债券、接受直接投资等成为资金的需求者；居民个人通过纳税、购买有价证券、储蓄等成为资金的供给者，又通过取得工资和奖金、储蓄利息、有价证券收益、向金融机构借款等成为资金的需求者。

（二）区际之间资金供需

从区际之间看，资金的供需者有中央政府、银行与非银行机构、区际联合企业、居民个人、国外投资者等。作为资金供给者，中央政府用财政资金直接投向跨区域项目或以转移支付方式向特定区域投资，成为资金供给者，同时，又通过中央税、中央地方共享税等成为资金的需求者；银行与非银行机构在金融市场上的操作和跨区域间开展业务，既是资金需求者又是资金供给者；区际联合企业跨区或向特定区域直接投资，买卖有价证券、企业债券等，既是资金需求者又是资金供给者；居民个人作为人口与劳动力在区际间流动，既是资金需求者又是资金供给者；国外投资者直接投资或买卖有价证券，既是资金需求者又是资金供给者。

以上区域内和区际之间资金供需者的行为，共同形成了纵横交错、多层次、多渠道的区域资金供需网络。

二、区域资金供需模型

无论资金供需主体如何，一定时期一定区域内的资金供需，实际上主要源于该区域的经济发展水平。衡量和反映经济发展水平的指标，一是国民收入积累率，二是储蓄率。

（一）对积累率和储蓄率的分析

区域积累率和储蓄率，是建立区域资金供需模型的前提条件。

区域积累率的高低，除受区域经济发展水平影响外，还受国家宏观政策、区域中观政策、区域生产消费结构及变动、资金有机构成等的影响；区域储蓄率的高低，除受经济发展水平的影响外，还受消费者偏好、消费者理财理念、消费—储蓄的转化条件等的影响。

区域经济发展水平之所以是影响积累率和储蓄率的主要因素是因为，经济发展水平高，区域再生产的规模就会进一步扩大，资本有机构成就高，在其他因素不变的情况下，积累率就会高；同理，区域经济发展水平高，国民收入就高，就业就较充分，劳动者获得的收入就较高，消费理念和消费结构也会随之提高，在其他因素既定的条件下，储蓄率也会提高。

（二）区域资金供需模型①

$$M_s = A(N,a) + S(i,s) + E_s(P,P') + \mu_s$$

$$M_d = C(N,c) + E_d(r,r') + \mu_d$$

式中，M_s = 区域资金供给；A = 区域内积累资金；N = 区域内国民收入；a = 区域内资金积累率；A 是 N、a 的函数（即 $A = N \cdot a$）；S = 区域内居民（广义）储蓄；i = 区域内居民货币收入；s = 储蓄率（倾向）；S 是 i 和 s 的函数（即 $S = i \cdot s$）；E_s = 区域外资金供给；P = 区域预期投资利润率；P' = 预期投资利润；E_s 是 P 和 P' 的函数（即 $E_s = P/P'$）；μ_s = 区域资金供给随机误差项。

M_d = 区域资金需求；C = 区域内消费资金；c = 区域内资金消费率；C 是 N 和 c 的函数（即 $C = N \cdot c$）；E_d = 区域外资金需求；r = 区域预期资金需求成本；r' = 预期资金需求成本率；E_d 是 r、r' 的函数（即 $E_d = r/r'$）；μ_d = 区域资金需求随机误差项。

有必要指出的是：首先，从理论上讲，区域内资金积累率应是区域内即期现实积累资金量与区域国民收入之比，即，$a = \frac{A}{N}$，因此，求 A 的时候产生了因变量同时又是自变量的情况，不符合函数式成立的要求。解决这个问题的办法是，可以通过有关历史数据经验地求得积累率，即利用积累率由多种因素决定的特点，以上期的 N 与 A 进行替代计算。根据 N 与 A 的相关性而替代计算的微分相对误差可忽略不计，因此，$A = N \cdot a$ 是有意义的。同理，$S = i \cdot s$、$C = N \cdot c$、$E_s = P/P'$、$E_d = \frac{r}{r'}$ 均有实际意义。

其次，为了在资金量的划分上与前面的分析相一致，区域内消费资金 C 中，去掉了转为储蓄的未来消费部分，C 仅包括区域的即期消费资金量或现实的购买力。

最后，两个模型的理论和实践的意义，在一定程度上取决于随机误差项 μ_s 和 μ_d 的变化。如果 μ_s 或 μ_d 是增大的趋势，说明由非经济性因素所引致的区域资金供需量越来越大，在这个时候，上述两个模型就失去了实际操作的意义。不过我们认为，随着改革的发展，影响区域资金供需的非经济性因素将逐步减少，μ_s 和 μ_d 也就有逐步减小的趋势，因此，上述两个模型既具有理论分析指导意义又具有实际应用的意义。

第三节　区域资金供需的调节与监管

一、区域资金供需的调节

区域资金吸纳能力是区域资本积累的先决条件。区域资金运用能力是促进区域储蓄向投

① 程必定：《区域经济学——关于理论和政策问题的探讨》，合肥：安徽人民出版社 1989 年版，第 116—117 页。

资转化和资本形成的关键。区域资金吸纳和运用能力的差异在表现区域金融结构差异的同时,也引发了区域资金的流动。在区域资本流动中,起主导作用的是对资金供需的调节。大体上讲,区域资金供需的调节包括区域内部资金供需的调节和区际间资金流动的调节,而调节又由调节机构、调节目标、调节对象、调节方式等构成。

(一) 区域内资金供需的调节

区域内资金供需的调节,是对某一特定区域内资金供给与需求的调节。

1. 调节机构

区域内资金供需调节的主体机构是中国人民银行的区域分支机构与五大国有商业银行的分支机构。

从中国人民银行分支机构看,根据改革开放后变化了的国情,在1993年11月党的十四届三中全会上,就开始确定了对中国人民银行分支机构进行改革的思路;1995年颁布的《中国人民银行法》中指出"中国人民银行要履行职能需要设置分支机构";1998年,参照国际经验,进行了大区行的改革;1999年,撤销了原中国人民银行31个省级分行,在九个中心城市设立跨省、自治区、直辖市的上海、天津、沈阳、南京、济南、武汉、广州、成都、西安分行和北京、重庆两个营业管理部。在不设分行的各省会,设立了以该地命名的金融监管办事处,作为分行的派出机构,负责该省的金融监管工作。在分行所在地以外的省会城市及计划单列市设立中心支行,各中心支行直属分行管理,从而形成了"总行——大区行——中心支行——县支行"的中国人民银行分支机构的组织架构。

从五大国有商业银行看,各行在省、市及县均设立分支机构。例如,交通银行在全国188个地级以上城市、133个县或县级市设立了营业网点2600多个。

也就是说,总行的货币政策通过大区行以下的中心支行、县支行和五大商业银行的分支机构具体落实。不言而喻,中国人民银行大区行和五大商业银行的分支机构是区域资金供需调节的主要组织机构。

由于中国人民银行大区行和五大国有商业银行的分支机构在金融体系中属中间层次,这就决定了其对区域资金供需的调节一是在原则上,要遵循总行的旨意;二是必须以地区区情为立足点。

2. 调节目标

严格来讲,对区域资金供需的调节属中观层次的金融调控。中观层次的金融调控不需要考虑本币币值的稳定和外汇收支是否平衡,其主要目标应体现区域性,即以具体区域经济社会的历史、现状和未来发展的实际状况进行调节。具体来讲,对欠发达和不发达地区调节的目标是:消除地区金融抑制状态,促进区域经济和社会事业的成长和就业的增加。对发达地区调节的目标是:通过优化资金配置效率,提高技术经济结构、产业结构和消费结构,并以此促进区域经济的高速增长。

3. 调节对象

区域资金供需的调节对象呈现的是多维和垂直式的。

(1) 调节对象的多维

① 调节机制维度。从这一维度考察的调节机制是:中国人民银行分支机构——商业银行

分支机构和区域金融市场——企业、家庭、政府、国外部门，如图 6-1 所示。

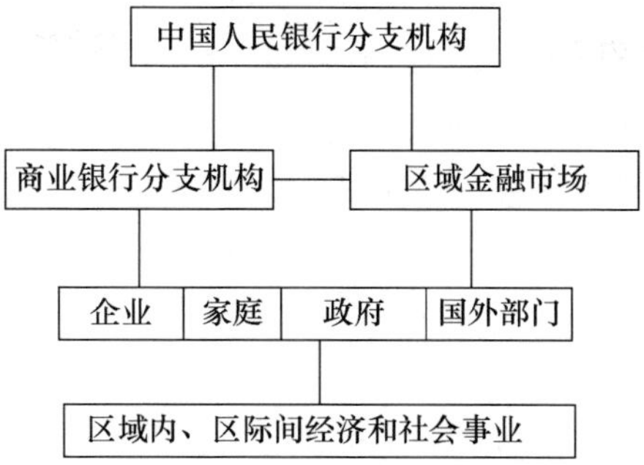

图 6-1　调节机制

② 调节变量维度。同调节机制相匹配，调节变量是：基础货币——商业银行分支机构——区域货币供给量、金融市场影响——社会总需求——社会总供给。

通过以上变量的调节，达到区域货币供需的平衡，即 $M_d = M_s$，进而达到区域总供需的平衡，即 AD = AS。

（2）调节的垂直式

无论是中国人民银行的调节，还是五大国有商业银行的调节，基本上都是从上至下垂直式的。

4. 调节方式

对区域内资金供需的调节，可根据地区实际情况，灵活运用法定存款准备金、贴现率、公开市场业务等一般性货币政策工具，消费者信用、证券市场信用、不动产信用、优惠利率等选择性货币政策工具，也可运用利率控制、道义劝告、窗口指导等直接和间接性货币政策工具，有时几类政策工具也可交叉运用。

（二）区际间资金供需的调节

1. 调节机构

负责区际间货币资金调节的中国人民银行分支机构主要是大区行。大区行调节作用的有效发挥，还需其分支机构和五大商业银行分支机构的有效配合。

2. 调节目标

区际间资金供需的调节目标主要是为缩小区域经济发展的过大差异，促进区域经济和社会事业的协调发展而进行的资金区际间的调度。

3. 调节对象

区际间资金供需的调节对象，主要体现的是跨区域的分支机构、经济实体或项目。

4. 调节方式

利用货币市场和资本市场两个平台，主要采用公开市场操作、证券市场信用、不动产信用、利率优惠政策和道义劝告、窗口指导等方式。

（三）对“四大板块”的总体、综合调节

“四大板块”包括东北地区、东部沿海地区、中部地区和西部地区板块。

1. 东北地区

东北地区板块包括辽宁、吉林和黑龙江三省。对东北地区的总体、综合调节主要是,在消除金融抑制,促进经济体制改革、经济发展,扩大就业的目标下,大力发展货币市场业务,特别是其中的票据市场。同时,视三省的具体情况,在条件具备的地区,先发展资本市场中的债券市场并逐步推动股票市场的发展。调控方式有:① 较宽松的存款准备金、贴现政策;② 有步骤地利用公开市场操作、证券市场信用、不动产信用和道义劝告、窗口指导等。

2. 东部沿海地区

东部沿海地区板块包括北京、天津、河北、上海、江苏、浙江、福建、山东、广东、海南10省市。东部沿海地区总体、综合的调节,以调节经济、产业和消费结构,实现地区经济有质有量的发展为目标。在稳定货币市场和资本市场中股票市场发展的基础上,重点发展公司债券、金融债券和金融衍生工具市场,并推动其他资本子市场的发展。调节方式有:① 市场化利率;② 公开市场、证券市场信用;③ 大力发展各资本子市场;④ 道义劝告。

3. 中部地区

中部地区板块包括安徽、河南、湖北、湖南、山西、江西六省。中部地区总体、综合的调节以消除金融抑制,促进经济和社会事业快速发展为目标。在重点发展非国有金融机构和非银行金融机构的同时,加快发展商业票据市场,稳步发展债券和股票市场,缓步发展少量金融衍生工具市场。调节方式有:① 灵活的法定存款准备金、贴现和公开市场操作;② 利率;③ 消费者信用;④ 窗口指导。

4. 西部地区

西部地区板块包括内蒙古、广西、重庆、四川、贵州、云南、西藏、陕西、甘肃、青海、宁夏、新疆12个省市和自治区。西部地区总体、综合的调节主要是以政府政策大力推进资源型产业转型,以经济的快速发展带动就业的增长为目标。为此,要激发区域资金回流和有效利用发达地区资金的扩散效应。调节方式有:① 灵活的存款准备金、贴现政策;② 法定利率政策;③ 大力发展中小金融机构,特别是农村金融机构;④ 积极发展国债和票据市场;⑤ 逐渐推进公司和企业债券市场的发展;⑥ 区分西部地区各省的情况,有步骤地发展股票市场和金融衍生工具市场。

二、区域资金供需的监管

(一) 监管

1. 金融监管存在的原因

伴随近代银行的发展而出现的金融监管,从20世纪30年代起逐步得到强化。

金融监管的出现并逐步加强,其原因在于:① 金融业发展到今天,已经渗透到现代经济活动的每一个角落,并在经济和社会事业发展中越来越发挥核心与血液的作用。② 因经营对象、经营活动的特殊性和运作环境的变动性,金融体系具有内在的脆弱性,即存在信用风险、流动性风险、收益风险、市场风险、管理风险、汇率风险、利率风险等诸多风险。③ 金融领域外部负效应。金融机构的负债率较高,且其债权人分布广,金融机构一旦出现问题不仅将危及大多数社会机构和民众,并会由传染性导致自我放大而有可能产生系统性金融危机。④ 随着金融业务的扩大和成长，自然而然地会产生垄断，垄断的直接后果是资金价格上升、服务质量下降，使广大客户遭受不公平待遇。⑤ 金融市场的运行存在内幕交易、操纵行情、欺诈客户、信息不公开等信息不完全和不对称现象。因此，为了发挥金融业在经济和社会事业发展中的有效作用，提高运作效率，唯有加强金融监管。

2. 金融监管的内涵

金融监管是金融监督与金融管理的复合称谓。目前，金融理论界对金融监管概念达成的共识是，从词义上讲，金融监督是金融监管当局对金融机构实施全面的、经常性的检查和监督，并以此促进金融机构依照相关法规稳健地经营、安全可靠并健康地发展；金融管理是金融监管当局依照相关法规，对金融机构及其经营活动实行的领导、组织、协调和控制等一系列活动。但在实际工作和对这两个名词的使用中，两者相互之间都囊括了许多复合性内容，其细微的差别往往被忽略不计，于是，从 20 世纪 90 年代至今，金融监督与金融管理便以金融监管一词被复合式使用。

金融监管有狭义和广义之分。狭义的金融监管是指，中央银行或其他金融监管当局依照相关法规对金融机构和其在金融市场中从事的全部业务进行的监督与管理；广义的金融监管既包括以上内容，又包括金融机构的内部控制与稽核，和对同业自律性组织、社会中介组织的监管。

3. 区域资金供需监管

资金的供给与需求，是金融运行的重要内容和实质。对资金供需的监管，体现了金融监管的实质内容。区域资金供需的监管，是对一定区域内部和区际之间资金运行的监督与管理。具体包括金融当局或职能部门对中国人民银行分支机构和商业银行分支机构实行的全面而经常性的检查、监督、领导、协调、测评及控制等工作，通过监管工作，达到促使金融机构按照既定目标，合法、合规经营，降低风险，提高效率，并以此促进区域经济的协调有序发展。

应当指出的是，金融监管虽十分必要，但在实际操作中，应避免监管过度或监管不当。因为不论出现哪种情况，都会加大监管成本，降低金融业的运行效率。正确的金融监管是有效率的监管。

（二）区域资金供需监管的原则

有效金融监管应遵循以下原则：

1. 监管主体的独立性

独立性，是主要市场经济国家多年监管经验的总结。强调监管的独立性，是为了避免利益集团和地方政府对金融事务的不必要干预。金融监管的独立性，就是在监管目标和职责明确的前提下，监管当局拥有制定监管条例和日常操作的自主权。

2. 法制性

监管的法制性也是各国经验与教训的总结。为了保证监管的权威、严肃、强制、一贯和有效，监管必须依照特殊监管法进行。监管的法制性体现在两个方面：一是监管机构依法对金融业进行全面监督与管理；二是为了防止监管过度、松懈、不当等问题的发生，监管主体也要依法约束自身。

3. 公平、公正和公开

公平、公正和公开，是监管主体应避免主观臆断，保证交易各方的平等地位，执法公正，不偏袒或歧视某一方，向当事人公开应当公开的信息和过程，使当事人有知情权。

4．与东道国一视同仁

随着开放度的增加，国外金融活动也日益增多，国外金融主体的业务经营应与东道国一样，其前提条件是“合规”二字。只有合规才能保证其业务活动的合理、高效，才不会对东道国经济和社会事业的发展造成不良的影响。

5．动态性

动态性即金融监管要与时俱进。为避免金融监管的滞后或不符合实际，监管主体应根据变化了的情况及时增加或修订监管规划、内容和方法。

6．前瞻性

监管主体应立足当前、着眼未来，把握和驾驭金融业务的走向及金融结构的演进，以提高监管的事前性和先验性。

7．区域性

由于各区域形成和发展的历史经历不同，发展状况各异。监管必须体现区域的特点和特性，否则监管将成为纸上谈兵。

（三）区域资金供需监管的内容

对区域资金供需的监管涉及对中观层面的银行、非银行金融机构、金融市场和客户群体的监管，具体内容主要有对市场准入的监管，对市场运作过程的监管，对市场退出的监管和对征信系统的监管四个方面。

1．对市场准入的监管

市场准入，是确保区域资金良性运作的前提。金融机构是资金运作的载体。对金融机构是否设立，均要依法进行审查后批准。具体来讲：① 区域性金融机构的设立，向中国人民银行的大区行申报，最终批准权在中国人民银行；② 设立银行必须符合两条最基本的标准，即有高素质的管理人员和有最低限度的人均资本额；③ 设立的程序、组织形式、章程、资本金要求、经营方针、经营场所、法定代表人及其任职资格、可行性报告和许可证等，均应按照相关法规的规定办理。

只有符合以上规定并经批准的金融机构方可正式营业。

2．对市场运作过程的监管

市场运作过程是确保区域资金良性运作的中间环节，也是关键环节。因此，金融机构经批准开立后，监管当局还需对金融机构的运作过程进行有效的、全方位的监管。

（1）对资本充足性的监管。为保证金融机构的经营成效，监管机构首先要对金融机构的资本金进行审查。金融机构在开展业务时要受自有资本的制约，不能脱离自有资本而任意扩大业务，除注册时要求的最低标准外，还要求其自有资本与资产总额、存款总额、负债总额以及风险投资之间保持适当的比例。目前，《巴塞尔协议》中的有关规定，已成为世界各国普遍接受的对金融机构资本充足率监管的最重要和最基本的标准。

（2）对流动性的监管。由于流动性是金融机构的生命之所在，金融监管当局将其视同与对资本充足性同等重要的监管内容。流动性既包括本币流动性也包括外币流动性。目前普遍采用的是以金融机构资产负债期限和利率结构是否合理为基础，对流动性进行系统的评价。

(3) 对业务范围的监管。对业务范围的限制，即对金融机构经营业务项目的限制。在经历了20世纪30年代世界性经济危机和70—80年代金融自由化后，各国对金融机构业务范围的限制大体经历了由窄到宽，由多项、严格的限制到逐步解禁的过程。

(4) 对贷款风险的监管。由于利润最大化的经营目的和派生存款的乘数作用，金融机构会尽可能地将吸收的资金用于贷款和投资。为了防范风险，监管当局应对贷款的投向、投量进行监管。这其间不仅要对各种风险进行控制，还要关注表内、表外业务风险，更要注意资产风险和负债风险。

(5) 对准备金的监管。与对金融机构资本充足性的监管相对应，必须对准备金进行监管。在对准备金监管的工作中，关注点应是金融机构的准备金是否是在充分考虑谨慎经营和真实评价业务质量的基础上提取的。

(6) 对存款保险的监管。金融机构的客户是广大存款者。为维护客户的利益从而保证金融业务的安全性和顺利展开，对存款设立保险制度是必要的。这一制度的核心是，规定金融机构按吸收存款的一定比率向专门的保险机构交纳保证金，当金融机构出现信用危机时，再由存款保险机构向金融机构提供财务支援，或者由存款保险机构直接向客户支付部分或全部存款，以维护正常的金融秩序。

(7) 对外汇风险的监管。有国际交往，必有外汇业务，有外汇业务就会存在外汇风险。对外汇风险的监管也是防范发生金融风险的重要内容。

3. 对市场退出的监管

有进、有退，才能保持市场运作的畅通。与以上市场准入相对应，也存在市场退出。市场退出一般有两种情况，一是主动退出，二是被动退出。主动退出是金融机构因分立、合并或出现公司章程规定的事由需要解散的退出市场；被动退出，是由于法定的理由，如法院宣布破产或因严重违规、资不抵债等原因，主管当局将金融机构依法关闭，取消其经营金融业务的资格的市场退出。

市场退出的形式有：① 接管。对已经或可能发生信用危机、影响客户利益的，主管机构对金融机构实行接管。接管组织自接管之日起，行使金融机构的经营管理权力。接管期限最长不得超过两年。在接管到期时，如被接管的金融机构已恢复正常的经营能力，或被合并，或被依法宣告破产，接管即告终止。② 解散。金融机构依法需要解散的，应向中国人民银行提出申请，并附解散的理由和支付存款的本金和利息等债务清偿计划，经中国人民银行批准后解散。同时，中国人民银行对解散的金融机构依法成立清算组进行清算，按照清偿计划及时偿还存款本金和利息等债务，由中国人民银行监督清算过程。③ 撤销。依据相关法规，金融机构因吊销经营许可证被撤销的，中国人民银行应及时依法组织成立清算组进行清算，并按计划及时偿还本金和利息等债务。④ 破产。依据相关法规，对不能支付到期债务的金融机构，在经中国人民银行同意后，由人民法院宣告其破产。宣告破产后，由人民法院组织中国人民银行等有关部门和人员成立清算组织进行清算。金融机构在破产清算时，在支付清算费用、所欠职工工资和劳动保险费用后，应当优先支付个人储蓄存款的本金和利息。

4. 对征信系统的监管

对征信系统的监管，主要是对金融机构客户的监管。客户是金融机构最大的利润来源，同时也是最大的风险来源。对客户的监管，是在交易前对客户信用情况进行收集和风险评估，在接洽过程中定期对客户调查和评估，确定客户资信等级，并按等级制定和执行相应的信用政策。为此，应建立客户关系管理系统、金融机构与客户协调系统、客户网络信用系统和资信数据系统等。

【本章小结】

1. 区域资金运动包括资金循环和资金融通以及它们的内在联系。

2. 区域资金运动的途径分为区域内和区际间资金运动。

3. 区域资金的供给者也是需求者。为使资金供需平衡和有效运行，必须对其进行调控和监管。

4. 对区域资金供需的监管包括市场准入、退出的监管和对运作过程的监管。

【学习与思考】

1. 描述区域资金运动形成的原因。

2. 简述区域资金的供需。

3. 为什么要对区域资金供需进行调节与监管？

【进一步阅读资料】

1. 程必定:《区域经济学——关于理论和政策问题的探讨》，合肥:安徽人民出版社 1989 年版。

2. 孙翠兰:《促进区域经济协调发展的金融理论与金融对策研究》，北京:经济科学出版社 2014 年版。

3. 王广谦:《中央银行学》，北京:高等教育出版社 2001 年版。

第七章　区域产业

【本章学习目的】

1. 熟悉产业结构演进的基本规律；
2. 掌握区域主导产业选择的条件；
3. 了解产业的合理规模。

第一节　产业，产业结构演进、趋同与优化的影响因素

在一个地区内，各种产业活动的发展并不是彼此孤立的，而是相互联系和相互作用的。同时，任何一个产业的发展都会通过产业间的技术经济联系产生连锁反应，从而对地区经济增长形成波及效应。本章在详细阐述产业、产业结构的基本问题的基础上，探讨产业结构趋同的影响，重点研究产业结构优化的途径。

一、产业、产业结构、区域产业结构及产业分类

（一）产业、产业结构、区域产业结构

1. 产业

产业（industry/sector）是具有某种同类属性企业经济活动的集合。它既不是某一企业的某些经济活动或所有活动，也不是部分企业的某些或所有经济活动，而是具有某种同一属性的企业经济活动的总和。一个产业可以由多个企业或一两个企业（在单独垄断和双头垄断的市场条件下）的同类经济活动所组成，一个企业也可能由于参与多种类型的经济活动而从事多产业（即跨行业）经营。例如，把直接从自然界获取产品、直接依赖自然的农作物栽培和牲畜饲养等生产活动称为农业；把获取自然资源制造生产资料、生活资料，或对农产品、半成品等初级产品进行加工的生产活动称为工业。①

产业是一种社会分工现象，它随社会分工的产生而产生，并随社会分工的发展而发展。作

① 张平：《中国区域产业结构演进与优化》，武汉：武汉大学出版社 2005 年版，第 16 页。

为一种经济单位，它是介于宏观经济和微观经济之间的中观经济。随着社会生产力水平的不断提高，产业的内涵也不断地得到充实，其外延也在不断地扩大。产业不仅包括生产领域的活动，也包括流通领域的活动；不仅包括物质资料部门的生产、流通和服务活动，也包括非物质资料部门（服务、信息、知识等）的生产、流通和服务活动。

2. 产业结构

产业结构也称国民经济的部门结构，是指国民经济中各产业部门之间的相互组合关系，以及各产业部门内部的构成。从广义来看，它包括国民经济各产业之间在生产规模上的相互比例和相互关联方式。

社会生产的产业结构或部门结构，是在一般分工和特殊分工的基础上产生并发展起来的。研究产业结构，主要是研究生产资料和生活资料两大部类之间的关系；从部门来看，主要是研究农业、轻工业、重工业、建筑业、商业服务业等部门之间的关系，以及各产业部门的内部关系。

3. 区域产业结构

区域产业结构是指，区域经济中具有不同发展功能的产业部门之间量的比例和质的联系。它由在生产和流通过程中相互联系并保持一定比例关系的各种产业共同构成，是特定区域内各经济要素之间的相互联系和相互作用方式。区域产业结构通常表现为产值结构、投资结构和劳动力结构等。由于区域条件和环境各异，不同经济区域的产业结构也不尽相同，但一般可以按照产业组合方式，进行区域产业结构类型的划分。区域产业结构是全国经济空间布局在特定区域组合的结果。在某特定区域内，之所以拥有某种类型的产业结构，是由该特定区域的优势和在全国经济空间布局中的总体要求决定的。

（二）产业分类

产业分类是研究产业结构的基础，它是按一定的标准对社会各行各业进行归并分类的。标准不同，所划分的产业类别也不同。常见的分类主要有以下几种：

1. 三次产业分类

（1）费希尔的三阶段划分。1935 年，经济学家费希尔（A. G. B. Fisher）在《安全与进步的冲突》一文（*The Clash of Progress and Security*）中，以社会发展阶段为依据，以资本流向为主要划分标准，将人类经济活动的历史分为三个阶段：第一阶段是以农牧业为主的初级生产阶段，对应的生产活动为第一产业；第二阶段是以工业大规模发展为标志的生产阶段，对应的生产活动为第二产业；第三阶段是以服务业为主的生产阶段，对应的生产活动为第三产业。

（2）克拉克的三次产业划分。英国经济学家克林·克拉克（Colin Clark）在继承费希尔研究成果的基础上，总结了三次产业结构变化的规律及其对经济发展的作用。1940 年，他在《经济进步的条件》（*The Conditions of Economic Progress*）中指出，产业的划分标准有三：产业距离消费者的远近程度、产品是否有形、生产过程是否与消费过程分离。按照这些标准，距离消费者远的为第一产业，近的为第三产业，介于两者之间的为第二产业；产品有形的为第一、第二产业，无形的为第三产业；可分离的为第一、第二产业，不可分离的为第三产业。

（3）经合组织（OECD）的三次产业划分。经合组织将直接利用自然资源的产业划分为第一产业（primary sector/industry），主要包括种植业、畜牧业、狩猎业、渔业、林业、采掘业和矿业；对自然资源进行加工和再加工的产业为第二产业（secondary sector/industry），包括制造业、建筑业和公用事业；为了满足人们更高级的需要而从事的活动为第三产业（tertiary sector/industry），即服务业（service sector/industry）。

（4）我国的三次产业划分。综合多年来我国学者对产业的研究和对三次产业的分析，第一产业为农业（包括林业、牧业、渔业等）。第二产业为工业（包括采掘业、制造业、自来水、电力、蒸汽、热水、煤气）和建筑业。第三产业是除了上述第一、第二产业以外的其他各业。由于第三产业包括的行业多、范围广，根据我国的实际情况，第三产业可分为两大部分：一是流通部门，二是服务部门。具体又可分为四个层次。第一层次为流通部门，包括交通运输业、邮电通信业、商业饮食业、物资供销和仓储业。第二层次是为生产和生活服务的部门，包括金融业、保险业、地质勘探业、房地产业、公用事业、居民服务业、旅游业、信息咨询业和各类技术服务业等。第三层次是为提高科学文化水平和居民素质服务的部门，包括教育、文化、广播电视事业、科学研究事业、卫生、体育和社会福利事业等。第四层次是为社会公共需要服务的部门，包括国家机关、党政机关、社会团体以及军队和警察等。

2. 联合国的产业分类标准

联合国的产业分类是为统一国民经济统计口径而制定的，是一种由权威机关编制和颁布的包括全部经济活动在内的具有广泛适应性的分类，对不同区域具有很高的可比性，是编制投入产出表的基础。联合国工业组织为了统一世界各地的产业分类，颁布了《全部经济活动的国际标准产业分类索引》。这部标准产业分类（1971 年版），把“全部经济活动”（第一级）分为 10 个大项：

① 农业、狩猎业、林业和渔业；② 矿业和采石业；③ 制造业；④ 电力、煤气、供水业；⑤ 建筑业；⑥ 批发与零售业、餐馆与旅店业；⑦ 运输业、仓储业和邮电业；⑧ 金融业、不动产业、保险业及商业性服务业；⑨ 社会团体、社会及个人的服务；⑩ 不能分类的其他活动。

与三次产业分类相一致，标准产业分类的 10 个大项可以分成第一次产业（①、②项）、第二次产业（③—⑤项）、第三次产业（⑥—⑩项）三个部分。

3. 按要素集约程度分类

不同的产业对各种生产要素的依赖程度是不同的。根据所需投入生产要素的不同比重和对不同生产要素的不同依赖程度，可以将产业划分为劳动密集型产业、资本密集型产业和知识密集型产业三大类。

4. 按发展阶段分类

该方法是按照产业发展所处的不同阶段对产业进行分类的一种方法。它一般将产业分为幼小产业、新兴产业、朝阳产业、夕阳产业、衰退产业和淘汰产业等。

5. 按生产流程分类

生产流程分类法是指根据工艺技术生产流程的先后顺序划分产业的一种方法。处于前头工序的产业为上游产业，处于后头工序的产业为下游产业，处于前头工序与后头工序之间的产业为中游产业。上、中、下游产业的界线比较模糊，也是相对的。这种划分的方法有两种情况，一种情况是，相对于某一产业的工序位置来说的。先选定或设定某一基准产业，生产工序发生在这一基准产业之前的称为该基准产业的上游产业，生产工序发生在该基准产业之后的称为下游产业。在这种情况下没有中游产业。另一种情况是，没有基准产业作比较的更加模糊的习惯称法。也就是说，生产工序比较接近原材料的产业称为上游产业，生产工序比较接近最终产品的产业称为下游产业，生产工序处于这两者之间的产业称为中游产业。在这种情况下，中游产业的产业链较长，它又可以再分为上游产业、中游产业和下游产业。

6. 按功能分类

产业的功能分类是按照各个产业在经济增长中的相互关系及其程度、方式以及各经济活动在区域经济发展中的地位、作用和功能，将其分为主导产业、辅助产业和基础性产业三大类。

主导产业又称支柱产业，代表区域经济的根本优势。它一方面在全国或其他较大区域的劳动分工中占有相当重要的地位，另一方面又是区域经济发展的支柱和核心，主导区域产业结构的发展方向，并带动区域其他产业的发展。

辅助产业又称配套产业或关联产业，是对主导产业的产品进行再加工或对其副产品和废料进行综合利用的产业，以及为主导产业提供原料、半成品、零配件和其他服务性工作的产业，即围绕主导产业发展并服务、配套于主导产业的部门。

基础性产业是指为发展生产、保证生产供应、方便居民生活而建设的区域基础设施和公共服务设施等各部门，包括交通、邮电、供水、电力、商业、金融保险、科研设计、文化教育、体育卫生等部门。

由于这种产业分类十分注重产业间的经济联系，有利于组织合理的地域分工体系，建立合理的产业结构，因此，在区域产业分析中被广泛应用。

7. 钱纳里—泰勒分类法

钱纳里—泰勒分类法是指美国经济学家钱纳里（H. B. Chenery）和泰勒（L. Taylor）在考察生产规模较大和经济比较发达国家的制造业内部结构转换及其成因时，为了研究的需要，将不同时期对经济发展起主要作用的制造业部门划分为初期产业、中期产业和后期产业的一种分类方法。

二、区域产业结构演进

区域产业结构的演进，取决于地区主导产业的演进，而主导产业的演进又由区域经济发展的阶段所决定。产业结构演进，也称产业结构转换，是指一个国家或地区的国民经济各部门及整个产业结构，随主导产业的更替而发生的质的变化。因此，分析区域产业结构的演进，重点在于分析地区主导产业的演变。

（一）产业结构演进的基本规律

产业结构是同经济发展相对应而不断变动的，这种变动主要表现为，产业结构由低级向高级演进的高度化和产业结构横向演变的合理化。这种结构的高度化和合理化推动着区域经济向前发展。从众多发达国家和新兴工业化国家的实践来看，产业结构的演进是有其客观运动规律的。

1. 工业化各阶段产业结构的演进

从工业化发展的阶段来看，产业结构的演进有如下几个阶段：前工业化时期、工业化初期、工业化中期、工业化后期和后工业化时期。在前工业化时期，第一产业占主导，第二产业有一定发展，第三产业微乎其微；在工业化初期，第一产业的产值比重逐渐缩小，其地位不断下降，第二产业占主导地位，工业重心从轻工业主导型逐渐转向基础工业主导型，第三产业有一定发展，但比重还比较小；在工业化中期，第二产业仍居第一位，工业重心由基础工业向高加工度工业转变，第三产业逐渐上升；在工业化后期，第二产业比重下降，第三产业继续快速发展，其中信息产业增长加快，第三产业的产值比重占有支配地位，甚至占有绝对的支配地位；在后工业化阶段，产业知识化成为主要特征。产业结构就是沿着这样一个进程由低级向高级发展的。

2. 主导产业的演进

从主导产业的转换过程来看，产业结构的演进规律是：以农业为主导→以轻纺工业为主导→以原料工业等基础工业为重心的重化工业为主导→以低度加工型的工业为主导→以高度加工组装型工业为主导→以第三产业为主导→以信息产业为主导。

3. 三次产业内部结构的演进

从三大产业的内在变动来看，产业结构的演进是沿着以第一产业为主导到第二产业为主导再到第三产业为主导的方向发展的。在第一产业内部，产业结构从技术水平低下的粗放型农业向技术要求较高的集约型农业，再向生物、环境、生化、生态等技术含量较高的绿色农业、生态农业发展；种植型农业向畜牧型农业，野外型农业向工厂化农业方向发展。在第二产业内部，产业结构的演进朝着轻纺工业→基础型重化工业→加工型重化工业方向发展。从资源结构的变动情况来看，产业结构沿着劳动密集型产业→资本密集型产业→知识（包括技术）密集型产业方向演进。从市场导向角度来看，产业结构朝着封闭型→进口替代型→出口导向型→市场全球化方向演进。在第三产业内部，产业结构沿着传统型服务业→多元化服务业→现代型服务业→信息产业→知识产业的方向演进。

4. 产业结构演进的阶段性

从产业结构演进的顺序看，产业结构由低级向高级发展的各阶段是难以逾越的，但各阶段的发展过程可以缩短；从演进的角度看，后一阶段产业的发展以前一阶段产业的充分发展为基础。只有第一产业的劳动生产率得到充分发展，第二产业的轻纺工业才能得到应有的发展。第二产业的发展是建立在第一产业劳动生产率大大提高的基础上的，其中，加工组装型重化工业的发展又是建立在原料、燃料、动力等基础工业发展的基础上的。同样，只有第二产业快速发展，第三产业的发展才具有成熟的条件和坚实的基础。产业结构的超前发展会加速一国或一地区经济的发展，但有时也会带来一定的后遗症。

5. 产业发展的集群化、融合化和生态化

（1）集群化。集群化是产业呈现区域集聚发展的态势。产业集群的崛起是产业的发展适应经济全球化和竞争日益激烈的新趋势，是为创造竞争优势而形成的一种产业空间组织形式，它具有的群体竞争优势和集聚发展的规模效益，是其他形式难以相比的。

（2）融合化。融合化是产业发展的相互渗透趋势。产业融合是指不同产业或同一产业内的不同行业相互渗透、相互交叉，最终融为一体，逐步形成新产业的动态发展过程。高新技术产业的发展是产业融合的强大助推器，$1+1>2$ 的生产效率和经济效益则是产业融合的高性能发动机。产业融合的主要方式有三种：① 高新技术渗透融合，即高新技术及其相关产业向其他产业渗透、融合并形成新的产业；② 产业间的延伸融合，即通过产业间的功能互补和延伸实现产业间的融合，通过赋予原有产业新的附加功能和更强的竞争力，形成融合型的产业新体系;③ 产业内部的重组融合,即工业、农业、服务业内部相关联的产业通过融合提高竞争力,适应市场新需求。产业融合是社会生产力进步和产业结构高度化的必然趋势,产业间的关联性和对效益最大化的追求是产业融合发展的内在动力,而技术创新和技术融合则是当今产业融合化发展的催化剂。产业融合发展直接促进了产业创新。

(3) 生态化或可循环化。产业生态化或可循环化趋势是指产业发展要按照可持续的要求进行,依据自然生态的有机循环原理建立发展模式,将不同的工业企业、不同类别的产业形成类似于自然生态链的关系,从而达到充分利用资源、减少废物产生、促进物质循环利用、消除环境破坏、提高经济发展规模和质量的目的。产业的生态化或可循环化具有全新的含义,循环性、群落性、增值性是其区别于传统生态环境保护的显著特征。① 循环性,即按照自然生态学原理建立的产业体系,具有循环的特征。它运用生态学规律,把传统的由"资源→产品→废物"构成的物质单向流动的生产过程,重构组织成一个"资源→产品→再生资源→再生产品"的反馈式流程和"低开采、高利用、低排放"的循环利用模式,使经济系统和谐地纳入自然生态系统的物质循环过程中。② 群落性,生态产业具有类似于生物群落的特征,它是一种由多个彼此相关联的企业共同组成的产业共生系统,群落内的企业互相进行合作,特别是相互利用废料,使群落内的总体资源得到最优化利用。③ 增值性,发达国家一些成功产业生态共生系统的形成是一个自发的过程,是在商业基础上逐渐形成的,系统内所有的企业都可以从中得到好处,取得增值效应。

(二) 产业演变理论的新发展

20 世纪 70 年代以来,一些学者利用库兹涅茨的研究方法,研究了 70 年代前后的产业结构状况,获得了一些产业结构变化的新趋势:第一产业的劳动力及国民收入的相对比重在 60 年代的西方主要发达国家中仍保持着下降趋势。进入 70 年代后,这种趋势有所减弱。美国、英国的劳动力和国民收入的相对比重都已降到 4% 以下。第二产业中,无论是劳动力还是国民收入的相对比重在 60 年代以后都呈下降状态,工业特别是传统工业在国民经济中的地位正在下降。第三产业的劳动力和国民收入的相对比重都保持着向上的势头,其比重均在 50% 以上。经济学家们称这种现象为"经济服务化"。

鉴于第一产业所创造的国民收入比重已极小,而第三产业日益扩张,相对国民收入日益提高,日本经济学家宫崎勇认为,原来那种三次产业分类法已难以把握产业结构的演变及其发展趋势,需要对产业进行重新分类。为此,他提出了三大产业分类,即物质生产部门(包括原来的第一、第二产业)、网络部门、知识和服务部门。后两个部门是由原来的第三产业分化而成。他认为物质生产部门包括农林牧水产业、矿业、制造业、建筑业;网络部门则是为了对物、人、资金、信息进行流通和中介的部门,包括运输、通信、商业、金融、保险、不动产以及电力、煤气、供水等各产业;知识和服务部门则由医疗、健康服务、教育服务、娱乐服务、家务服务、公共服务等构成。

美国经济学家马克卢普(Marchlup)则在《美国的知识生产和分配》一书中,提出一种新的产业分类法(四次产业法)。它对产业结构变动总趋势的揭示给人们以新的和更大的信息量。四次产业划分法就是在三次产业划分法的基础上,从服务业中再划分出一个第四产业,即信息业。他考察了信息业在经济发展中的作用和意义,研究了信息业在国民经济中的结构比例,提出了一套测算信息经济规模的方法。美国另一位经济学家波拉特继承并在很大程度上扩展了马克卢普的研究成果，为信息经济学在产业结构方面的研究提供了一整套“可操作”的理论和方法。根据波拉特对美国信息经济的测算，美国一百多年来的四大产业就业人口的结构变动趋势表现为：农业明显下降；工业上升又下降，曲线呈山形；服务业缓慢上升，递增率很低；信息业显著上升。四次产业分类法对产业结构变动总趋势的描述使人们看到，原来意义上的第三产业在被抽去信息业的成分之后，其增长趋势并不明显，真正显现增长势头的是信息业。产业结构演进的总趋向是依次经历农业化阶段、工业化阶段和信息化阶段。

三、产业结构的趋同及其影响

1984 年，世界银行中国经济考察团较早地注意到产业结构趋同这种现象，随后，我国学术界便对这一问题逐步展开研究。①

（一）产业结构趋同的内涵

国内部分学者对于我国产业结构趋同的认识有两种观点：一种是简单地将所有产业结构趋同与重复投资、重复建设、资源浪费等画等号，是区域发展的一种不良现象；另一种观点认为，区域产业结构趋同具有两面性，如王书芳（1997）和陈耀（1998）等提出，产业结构趋同的内涵应包括合理、正常的趋同以及与之相反的非正常、不合理的趋同，即所谓的“合意性”趋同与“非合意性”趋同，两者在内容、程度以及性质上均有显著的不同。合意性趋同主要是指围绕专业化部门的区域经济综合发展倾向；非合意性趋同则是指与区域专业化分工相背离的倾向。

综合以上观点，产业结构趋同是一个中性概念。区域产业结构趋同分为正常和非正常两种。正常的产业结构趋同是指，在市场机制正常发挥资源配置作用的基础上，由于区域间市场需求结构、要素条件的相似性及产业资本的自由进入而最终形成的区域产业结构趋同，即合意性趋同。非正常的产业结构趋同是地方政府基于地区利益或者政绩意识考量，脱离当地经济发展与建设的条件和特点，背离区域经济分工的客观要求而造成的产业结构趋同。与以上分类对应，区域产业趋同的影响也分积极性的和消极性的。

（二）产业结构趋同的影响

1. 产业结构趋同的有利影响

区域产业结构的正常趋同是区域产业结构发展的一个客观阶段。合理的产业结构趋同是在市场化进程不断推进的情况下形成的，是企业在市场需求带动下成长的具体表现。这种趋同，有利于促进同行业的竞争，使企业在市场压力下不断更新产品、改进技术、推动产业转移和升级、跨地区横向联合和兼并，从而提高企业经营业绩。同时，它还可以促进区域内产业的分工和细化，增强产业的综合竞争力，达到优化资源配置的目的。

2. 产业结构趋同的不利影响

不合理的产业结构趋同会产生消极的后果：① 分散生产，促使生产集中度与产品竞争能力下降，损害规模经济带来的规模效益。② 各地区专业化水平下降，损害分工效益。③ 市场竞争度不适当地提高，区域间结构性矛盾激化，造成恶性竞争，迫使各地区提高市场保护壁

① 陈耀：《产业结构趋同的度量及合意与非合意性》，《中国工业经济》，1998 年第 4 期，第 37 页。

垒，引起地区间市场的封锁与分割。④ 加大产业结构改革升级的难度，影响产业技术的升级和核心竞争力的提高。⑤ 造成不必要的人力、物力、财力和精力的浪费与消耗。

四、区域产业优化布局的影响因素

产业布局是区域空间结构的基础，区域产业优化布局的影响因素呈现多样性和复杂化的趋势，归结起来主要有以下三种：①

（一）自然因素

1. 自然环境

（1）对农业布局的影响

在各种自然条件中，降水、气温、日照等，往往能决定某种农产品的区域布局。如棉花生产对日照的要求很高，日照时数低的地区就无法种植；茶叶对积温的要求很高，积温达不到的地方基本上无法种植。热带作物、亚热带作物和温带作物在生产地域上的区别，反映出自然条件是寻找适宜种植地域的主要依据，即在进行农作物适宜区位选择时，依据的主要是适宜的自然条件。

（2）对工业布局的影响

自然条件对工业布局的影响，主要表现在工业企业对用水、用地及一些特殊环境的要求上。此外，地质、地貌、气候的干湿度以及光照、风向等，都能够决定某些工业部门是否能在一些特定地域布局。

（3）对城市建设和第三产业的影响

随着科技的进步和可持续发展战略的实施，人类对城市建设环境的要求越来越高。除了满足城市建设中用地、用水等必备条件外，优雅的环境、清澈的河流、美丽的山峦，都成为城市建设必不可少的条件。第三产业的发展，也会依城市的这些条件而形成不同的特色。

2. 自然资源

在一定的经济、技术条件下，产业布局不论是地区组合还是企业规模，无不受地区资源禀赋的制约。第一产业的产品直接取决于自然资源，它的分布必须与自然资源完全一致。农业的发展主要取决于土地的情况；矿业则主要取决于矿产资源的分布。第二产业的产品间接来源于自然资源，它的分布因此出现多种情况。从传统形式上看，工业接近原料地和消费地，就近取得所需的原料和燃料，这是自然资源对第二产业影响的最直接体现。随着科技的进步，自然资源对工业布局的约束越来越小。工业企业在远离原料、燃料产地的市场区域或交通枢纽进行布局，使工业生产和自然资源在空间上脱节。南美洲和澳大利亚产的铁矿砂可能运到日本去生产钢铁，中东的石油也有可能运到法国和德国去加工，等等，这些无不表明自然资源的影响能力在减弱。

在现代经济条件下，企业区位选择开始摆脱资源的制约，使其自由度增大，主要体现在两个方面：一是技术进步改变了自然资源的经济意义，改善了各类矿物资源的平衡状况和地理分布，距离因素对产业区位选择的影响减弱，运输的制约性在降低，因而扩展了产业布局的地域

① 孙久文、叶裕民：《区域经济学教程》，北京：中国人民大学出版社 2010 年版，第 99—102 页。

范围，使产业布局的自由度加大。二是在工业社会，处于资源经济时代，资源的有效供给决定着企业的命脉。而在知识经济时代，自然资源不再是产业发展的唯一资源，产业发展需要更多的智力资源和社会资源。因此，在有限的自然资源衰竭和减少的同时，智力资源和社会资源变得更加丰富，企业区位选择的自由度更大。

（二）社会经济因素

由于社会经济因素种类多、情况复杂，本身具有很大的不确定性，对产业合理布局的影响具有灵活、富于变化的特点。

1. 人口和劳动力

由于区域产业布局不仅涉及一个部门或一个企业，而是涉及一组企业或几个部门，这些部门或企业对劳动力的数量、质量和价格等方面的要求都不同。

劳动力的数量是产业进行区位选择的必要条件。一个地区发展某类产业，必须具备最低数量的劳动力，或者称为门槛数量；劳动力的质量对产业区位选择的影响是综合性的，对某些产业则是限制性的。从各类企业对科技人员数量的要求来看，如果劳动密集型产业要求科技人员的比例为4%—5%，那么高新技术产业则须达到15%—20%，或者更高。因此，高新技术产业对科技人员的要求必须满足这样一个门槛数量。

2. 资金

资金因素是现代经济发展的决定性因素之一。经济增长是资金投入的函数。对于一个地区来说，其资金来源可能是多方面的，归结起来，可分为内部积累资金和外部投入资金。目前，第一类资金的重要性日益增加。第二类资金又分为两部分——国家投入的资金和外商投入的资金，前者逐年减少，后者逐年增加。产业布局考虑的是一个地区资金投入的总量、这些资金在地区各产业之间的配置情况以及资金的回报率。

3. 市场

市场因素对产业区位选择的影响，是产业部门最终确定布局地点的重要依据。市场的需求量和产品的市场价格，决定了市场容量的大小。任何市场的任何产品，都有一个门槛需求量，低于这个值，就无法进行规模生产。而需求量的变化，对生产企业的产品数量和品种都会产生新的需求。市场需求量和市场价格，是工业企业区位选择的前提。

市场因素的集中表现是消费区成为产业区位选择的首选地。第一，由于距离因素对区位选择的影响减弱，运输的制约性在降低，在这种情况下，市场就成为对农业和工业指向性最大的因素。第二，市场因素是对第三产业影响最大的因素。第三产业是消费区产业，它的发展是由人口数量和人均收入水平决定的，它的大部分行业对区位没有任何特殊要求，同时，它对环境的污染小，地区容量大，布局的自由度大。因此，第三产业布局是随着市场的扩大而增加的。

4. 运输

在农业和工业区位理论中，距离因素是产业区位选择的最大因素。传统工业运量大，单位重量价值低，降低运费是降低产品成本的关键，因此，距离因素是最主要的区位因素。但是，在知识经济时代，距离因素的作用在减弱，体现在距离的量变和质变两个方面。在量变方面：交通设施的改进，如高速公路、高速铁路、国际机场的建设，使运输时间缩短，地球“变小”；先进技术的应用，可以使原材料提炼得更精致，需要运输的原材料体积和重量变小。运输方式的改进、运输对象体积和重量的减少，减少了运输费用，削弱了距离对企业区位的制约。在质变方面：知识经济的基础是无形的智力资源，网络技术的广泛应用改变了人们的生存空间，网络“无处不在，无时不有”，是一个没有地域边界的王国，网络化生存没有距离可言。这时，企业区位选择对距离因素的考虑将会少于工业经济时代。

但是，目前运费在产品成本中的作用仍然是很重要的。运输线路的构成、走向和站场的位置仍然影响厂址的选择。同时，运输货物的特性，毫无疑问会影响运费的构成。此外，由于科技的突飞猛进，运输手段的日益现代化，运送货物的速度加快，相对成本降低。站场和港口附近对企业区位选择的吸引力加大，说明运输因素本身仍然是吸引企业布局的一个重要因素。

（三）科技因素

科技对产业合理布局的影响是通过技术进步体现的。① 技术进步改变了自然资源的经济意义，扩展了产业布局的地域范围，改善了各类矿物资源的平衡状况及其地理分布，从而改变了产业布局的自由度；② 技术进步改善了产业本身的分布状况，由于生产工艺、运输技术、输电技术等的进步，降低了生产成本，扩展了时空范围，从而改变了产业分布的面貌；③ 技术进步改变了产业的内部结构，新兴工业部门不断出现，老的工业部门在新技术装备下被赋予新的内涵，它们所消耗的能源、原材料也发生了很大的变化，因此，在产业区位选择上也出现了有别于以前的情况。

传统农业和工业以开发利用实物资源和人的体力为主，其区位因素主要是原料、燃料、运费、劳动力、市场、资金等。当今时代，以高新技术产业为主导产业，主要生产知识产品，以开发利用智力资源和信息资源为主，是知识产品生产和脑力劳动在整个社会生产系统中居主导地位的时代。在传统区位因素发生变化的同时，企业的区位选择也会随之发生变化。

第二节　区域主导产业与辅助产业的选择

一、区域主导产业的选择

（一）主导产业及其特征

主导产业是在区域经济发展的某个阶段，若干产业部门对产业结构和经济发展起主导作用的产业。主导产业在产业结构系统中占有一定比重，技术先进，增长率高，关联性强，它能够最迅速、最有效地吸收创新成果，满足不断增长的市场需求，并获得较高和持续的发展速度。[①]

主导产业具有以下特征：

1. 良好的发展前景

由于引入了创新，主导产业富有生产潜力，生产率高或技术进步速度较快，反映了当代世界科技新的发展趋向。同时，还由于效益高，具有规模生产的可能性，具有较高的产出能力和产出增长率。也正是由于获得了新的生产潜力，促进了技术进步，从而创造了新的市场需求，市场富有潜力，需求的收入弹性高，具有发展前景。

---

① 芮明杰：《产业经济学》，上海：上海财经大学出版社 2012 年版，第 207 页。

2. 扩散与关联效应

由于主导产业与其他产业之间的关联作用较强，对其他产业的发展有较强的带动作用。其扩散与关联效应主要体现在：① 前瞻效应，即对新产业、新技术的出现产生诱导作用。由于引入了创新，主导产业能引起新兴产业的诞生，为下一个重要的主导产业建立平台。② 回顾效应。由于主导产业处于高速增长阶段，会对各种生产要素产生新的投入要求，从而刺激为其提供投入物的产业和部门的发展与人力资源质量的提高。③ 旁侧效应。20 世纪 70 年代以来，主导产业往往是一个群体，它的兴起会对地区经济的发展产生影响，引起其他产业的一系列变革。

3. 序列更替性

从历史发展的角度看，对不同的国家和地区而言，由于相关条件的差异，主导产业会随着技术、市场、资源等因素的重大变动而不断更替，即产业结构的变革。如第二次世界大战后，日本的主导产业曾发生过四次重大更替，其序列是：电力工业；石油、化工、钢铁、造船；机械工业，尤其是汽车和家用电器；电子工业、生命科学、新材料等。不同发展阶段的主导产业在更替的同时又相互作用，前一时期的主导产业为后一时期的主导产业的发展奠定基础。

（二）主导产业发展的一般阶段

纵观世界技术革命与主导产业部门的历史变迁，其转换与发展经历了五个阶段（见表 7-1）。

表 7-1　主导产业发展的五个阶段

阶段	主导产业部门	主导产业群体或综合体
第一阶段	棉纺工业	棉纺织业、早期机器制造业、炼铁业、铁路业
第二阶段	钢铁工业 铁路修建业	钢铁工业、采煤工业、造船工业、纺织工业、机器制造业、铁路运输业、轮船运输业及其他工业
第三阶段	电力、汽车、化工和钢铁工业	电力工业、电器工业、机械制造业、化学工业、汽车工业以及第二个主导产业群各产业
第四阶段	汽车、石油、钢铁和耐用消费品工业	耐用消费品工业、宇航工业、计算机工业、原子能工业、合成材料工业以及第三个主导产业群各产业
第五阶段	信息产业	新材料工业、新能源工业、生物工程、宇航工业等新兴产业以及第四个主导产业群各产业

从表 7-1 可见：

（1）新兴主导产业的形成一般滞后于技术革命一段时间。原因是从一种新技术的出现到产业化的形成需要有一个过程，因此，主导产业部门的更替也需要一个周期。目前，随着新技术涌现速度的加快，这一更替的周期也在不断地缩短。

（2）每一时期主导产业部门的构成由早期的几个产业向产业群发展，早期的主导产业与技术革命之间紧密的单向联系，在现在已经出现多维平行交互发展的状态。现代技术革命的多种重大发明和突破，产生了广泛的新技术群，导致了主导产业部门具有多维化的调整。

（3）主导产业部门演化的路径是，从劳动密集向资本密集，进而向资本技术密集和知识技术密集发展。同时，具有从低附加值向高附加值，进而向更高附加值发展的特征。

（三）区域主导产业的选择

主导产业是区域经济发展的驱动轮，整个经济和其他各产业部门只有在它的带动下才能高速增长。同时，主导产业也是形成合理、有效产业结构的契机。产业结构必须以它为核心才能快速向高级化推进。正确选择主导产业是促进区域产业结构合理发展的重要课题。主导产业选择的一般标准如下：

1. 收入弹性

收入弹性，是由日本产业经济学家筱原三代平提出的选择主导产业的基准之一。该基准以产品收入弹性的大小作为标准，选取收入弹性大的产业作为主导产业。收入弹性反映了该产品的社会需求随国民收入的变化而变化的趋势，表现为收入弹性大。在人均收入提高的情况下，人们对该产品的需求增长幅度高于收入水平增长幅度，这意味着该产业产品有良好的市场前景。收入弹性基准的计算公式为：

某产业的收入弹性 = 该产业产出的人均需求增长率 ÷ 人均国民收入增长率

或　　某产业的收入弹性 = 该产业产出的需求增长率 ÷ 国民收入增长率

对筱原三代平收入弹性系数的观察可知，在工业化发展的不同阶段，不同产业的产品，其弹性系数是不相同的。表 7-2 显示了在某一时点上，不同工业部门的产品在收入弹性上的差异，和在这一时点上工业结构变化的趋势与方向。各工业部门之间在不同时点上收入弹性的显著变化，反映出工业化的阶段性和工业结构的变化。

表 7-2　制造业各行业的收入弹性

	综合	不发达国家	发达国家
制造业平均	1.369	1.89	1.30
食品、饮料、卷烟	0.978	1.72	0.93
纺织	1.205	2.12	0.75
服装、鞋类	1.361	1.95	1.25
木器	1.531	1.71	1.51
纸张、纸制品	2.035	2.36	1.86
印刷、出版	1.718	1.24	1.64
皮革制品	0.893	2.01	0.91
橡胶制品	1.981	1.94	1.46
化工产品	1.547	1.80	1.12
有色金属矿产品	1.157	2.37	1.14
钢铁	1.991	2.98	1.16
机械	1.984	2.23	1.87
其他制造业	1.847	2.05	1.85

注：根据 1953 年与 1958 年约 50 个国家的数据整理，不发达国家是指人均国民收入低于 200 美元的国家。

资料来源：联合国：《工业发展的研究》，1963 年。

在开放经济中，应以在国民收入水平中增长率最快的产业群作为主导产业，这些产业群的发展能对出口起较大的促进作用。

2. 全要素生产率

生产率上升也是由筱原三代平提出的主导产业选择基准。该基准是从供给的角度选择主导产业。全要素生产率，即产出对全部投入要素之比。全要素生产率的上升主要取决于技术进步。生产率上升的差异可以通过技术进步的变化速度（技术进步率）加以考察，而技术进步率的测算可利用生产函数变换求得。其中，“技术进步率的剩余计算法”的计算公式为：

技术进步率 = 生产增长率 − α 劳动力（工资）的增加率 − $(1-\alpha)$ 资本的增加率

其中，α 是工资额占净产值（附加价值）的比重。

在国民经济中，若某产业群技术取得了突破性进展，那么该产业的生产率就能提高到一个较高的水平，则意味着其发展快、未来前景好，国民收入的相对比重也会随之增加。选择全要素生产率上升快的产业作为主导产业，有利于提高一国产品的出口竞争力和资源的利用效率。这不仅是因为技术进步速度快的产业可以降低生产成本，获得比其他产业更快的发展速度，而且可以通过技术的扩散，促进整个产业结构系统的技术进步。

3. 产业关联度

产业关联度是根据产业联系效应强度选择主导产业的基准。主要有赫希曼基准和罗斯托基准。赫希曼在研究时发现，在产业关联链中必然存在一个与其前向产业和后向产业中关联系数最大的产业，应首先发展该产业，将其作为主导产业。罗斯托认为，选取联系相应强的产业作为主导产业，可以通过其后向、旁侧和前向的影响，去诱导、带动和促进其他产业的发展，从而促进整个经济的成长。

在工业化过程中，轻工业表现为后向关联度较高，而重工业表现为前向关联度较高。因此，在经济增长率较高时，后向关联度较高的轻工业的发展对重工业及其他产业的发展起着推动作用。而前向关联度较高的重工业一般表现为发展速度较快。前后向关联度均大于 1 的产业，是对经济增长率的变化最为敏感的部门，国民经济总量和总量的变动对它们具有强烈的影响，这些产业在经济发展中处于战略地位。

4. 过密环境和丰富劳动内容

过密环境基准和丰富劳动内容基准，是 20 世纪 70 年代由日本产业结构审议会提出的。过密环境基准要求选择能提高利用效率、保护环境和治理公害，并能补充由于经济高速增长而引发社会资本短缺、缓解生产集中带来的人口密度过大的问题。过密环境基准的着眼点在于因工业的迅速发展所带来的工业化与环境保护、经济发展与社会成本之间的矛盾，协调经济可持续发展与社会利益的关系。

丰富劳动内容基准要求选择能提供更多舒适安全和稳定劳动场所的产业。该基准显示了随着生产力的发展，人们意识到发展经济的最终目的是为了提高劳动者满意度，这在一定程度上反映了一国经济已经发展到较高的水平。

这两个基准对发展中国家选择主导产业具有很好的借鉴作用。

5. 就业功能

这一基准主要是针对发展中国家在经济转型期，特别是产业结构转换时期所面临的巨大就业压力及其经济和社会影响而提出的。就产业要素的密集度而言,劳动密集型产业的就业功能强,资本密集型产业的就业功能弱,技术密集型产业则分为两种情况:劳动—技术密集型产业的就业功能相对较强,资本—技术密集型产业的就业功能相对较弱。但各产业的实际就业功能及其差别还取决于产业的发展水平、趋势和特点。

从产业的相对就业密度看,可以从两方面来分析。一方面是每亿元工业增加值或产品销售收入所对应的就业人数;另一方面可以从产业的资本与劳动力比率来分析提供一个就业机会所需要的资本量。可以使用三个指标:第一个指标是资产合计与劳动力的比率,反应的是一个就业岗位所对应的全部有形和无形资产(能以货币计量的所有经济资源)的数量。第二个指标是资本总额与劳动力的比率,反映的是一个就业岗位所对应的生产过程中实际投入的资本量(固定资产净值年平均余额和流动资产年平均余额之和)。第三个指标是固定资产与劳动力的比率,反映的是一个就业岗位所对应生产过程中实际投入的固定资产净值(年平均余额)。

6. 技术密集度

产业的技术进步在很大程度上取决于产业的技术密集度。技术密集度对生产率的上升具有根本性和长期性的作用。由于技术密集度取决于产业的技术构成,在产业发展水平、市场需求和体制状况的影响下具有相对稳定性,并且技术含量附加值也高,高技术密集度还具有提高产业增加值率的作用。

7. 国情和区情

产业结构的演化是一个有序过程,具有明显的阶段性。在选择主导产业时除了要依据上述几个基准外,还必须结合各国在一定时点上的国际、国内及地区经济发展的条件和环境,即考虑本国的国情与区情。因此,要正确地选择主导产业就必须对当时所处的经济发展阶段和将要经历的阶段有一个正确的判断。在资源条件方面,要充分利用本国的资源优势,并注重有利于解决经济发展中的“瓶颈”产业。

8. 比较优势

地区主导产业必须建立在地区经济优势的基础上,因为地区主导产业首先是专业化产业。这种经济优势是同其他相关地区的比较而言的,所以,这种优势是比较经济优势。

在区域经济学中,通常用区位商来判断一个产业是否构成地区专业化部门。

区位商是指一个地区特定部门的产值在地区工业总产值中所占的比重与全国该部门产值在全国工业总产值中所占比重之间的比值。其计算公式是:

$$q_{ij} = \frac{e_{ij}/e_i}{E_j/E}$$

式中,q_{ij}表示 i 地区 j 部门的区位商;e_{ij}表示 i 地区 j 部门的产值;e_i 表示 i 地区工业总产值;E_j 表示全国 j 部门的总产值;E 表示全国工业总产值。当 $q_{ij}>1$ 时,可以认为 j 产业是 i 地区的专业化部门,q_{ij}值越大,专业化水平越高;当 $q_{ij}\leq 1$ 时,则认为 j 产业是 i 地区的自给性部门。

可见,利用区位商判断产业的生产专业化状况,实际上是以全国产业结构的平均值作为参照系,假定全国各地区对产品的消费水平基本一致。当一个地区某产业或产品产值占总产值的比重高于全国平均比重时，则认为该产业提供的产品或服务在满足了本地区消费需求之后还有剩余，可用于输出，因而成为专业化部门。其比重比全国平均值高得越多，可用于输出的产品越多，专业化水平越高。

一个专业化部门要成为地区经济发展的主导产业，必须同时具备四个条件：① 有较高的区位商或专业化水平，一般 q_{ij} 值在 2 以上或专业化系数在 0.5 以上，该产业的生产主要为区外服务。② 在地区生产中占有较大比重，能在一定程度上主宰地区经济发展。③ 与区内其他主要产业关联度高，二者之间的联系越广泛、越深刻，越能通过乘数效应带动整个地区经济的发展。④ 能够代表区域产业发展方向，富有生命力。

二、区域辅助产业的选择

主导产业的发展，会带动产前、产中和产后一些相关产业的兴起与发展。这些围绕主导产业而兴起的产业，构成了地区产业结构中另一重要的组成部分——辅助产业。区域辅助产业是围绕区域主导产业发展起来的协作配套部门，与区域主导产业具有密切联系，并因主导产业的不同而有所不同。也就是说，有什么样的主导产业，就相应地要求发展什么样的辅助产业。主导产业发展到多大程度，就相应地要求辅助产业发展到多大程度，后者必须适应、配套、服务于前者。作为主导产业的配套产业，辅助产业分别在后向、前向、侧向、下向“四维”与主导产业有机衔接。因此，辅助产业分为前向联系产业、后向联系产业、侧向联系产业和下向联系产业四个组成部分。[①]

前向联系产业，即为主导产业提供产后服务的产业。由于主导产业生产的往往是中间产品，不能直接进入生产消费和生活消费，前向联系产业对其产品进行进一步深度加工，以适应消费的需要，在区域生产过程中表现为主导产业生产的后一阶段。后向联系产业，即为主导产业提供产前服务的产业。它们向主导产业提供机器设备、生产工具、原材料和燃料等生产资料以及修理安装等劳务，在区域生产过程中表现为主导产业生产的前一阶段。侧向联系产业，即为主导产业提供产中服务的产业。例如，作为地区主导产业，有的男工使用多，有的女工使用多。有的体力型工人使用多，有的智力型工人使用多。这种产业劳动力需求偏向与地区劳动力供给之间会有很大的差距，其结果必然是大量劳动力找不到工作。解决问题的有效办法是在发展主导产业部门的同时，也发展一批与它们在劳动力使用上可以互补的部门。下向联系产业，亦称区域自给产业，它担负着向主导产业所在地区居民提供消费用品、便利群众生活的重任。这类产品日常消耗量大、体积笨重、运输不便、贮藏困难而又便于就地生产，没有必要也不可能完全由区际分工和从区外调入来解决。下向联系产业在一定程度上促成地区主导产业顺利发展。

由此可见，没有辅助产业的扶持、协助，主导产业是不可能顺利发展的。因此，在主导产业与辅助产业之间需要经常保持一种协调发展的关系，才能促使整个区域经济健康发展。这主要体现在以下几个方面：① 主导产业是专门化部门，辅助产业是多样化部门，主导产业与辅助产业协调发展，实质上是在区域范围内将专门化和综合化发展相结合。② 主导产业是核心产

---

① 陈栋生：《区域经济学》，郑州：河南人民出版社 1994 年版，第 71—72 页。

业，在地理分布上是相对集中的。辅助产业是外围产业，地理分布是相对广泛的。主导产业和辅助产业协调发展，实质上是在区域范围内将产业集中布局和分散布局相结合。③ 主导产业对规模经济的要求高，具有大规模生产的特点。辅助产业对规模经济的要求低，具有非大规模生产的特点。主导产业与辅助产业协调发展，实质上是在区域范围内将大中小企业发展相结合。

第三节　产业集聚与产业转移

一、产业集群及形成

集群的概念源于生态学，原意是指由共生关系生活在同一栖所的不同族群。哈佛大学商学院教授迈克尔·波特于 1990 年在《国家竞争优势》一书中，正式提出了产业集群的概念。

（一）产业集群的概念及分类

产业集群是在产业发展过程中，特定领域内联系密切的企业和相关支撑机构，在一定地域内的集中所构成的产业群。这些产业群通过地理集中和产业组织优化，通过群体效应获得经济要素的竞争优势。

产业集群根据不同的角度有不同的分类，我国产业集群的分类显示了明显的地域特征，主要集中于经济发达地区。基于产业关联度、区位优势等，产业集群可以分为以下几类：纵向集群，即由产业的纵向关联而形成的产业集群；横向集群，即由产业的横向关联而形成的产业集群；区位指向集群，即由区位优势指向形成的产业集群。

（二）产业集群的形成及条件

产业集群的形成是经济要素在空间聚集与扩散规律的作用下，各经营主体充分追求其最大利润的体现。其作用机制是，为经营单位所提供的外部经济性吸引企业聚集在特定地区。

产业集群形成的条件有三个。① 集群产生的供给条件。其中主要有：集群产品存在技术可分性，集群产品的运输成本低，集群产品存在丰富的产品差异化机会，企业竞争环境的动态多变与速度的经济性，技术创新的网络性与知识的互通性。② 集群产生的需求条件。其中主要有：集群产品的消费行为易变性，营销信息沟通的口传性，集群中企业可获取多方面的需求利益，本地市场的支持与挑剔顾客的存在。③ 集群产生的社会文化和历史条件。丰富的社会与文化资本，使集群内部的经济关系具有很强的社会嵌入性。运行良好的集群，往往存在共同的文化传统、行为规则和价值观。这种社会文化环境氛围促使集群内部形成一种相互依赖关系，大大减少了交易费用，使企业家之间的协调与沟通容易进行，企业之间的深度劳动分工得以执行。①

（三）产业集群形成的途径

产业集群主要通过以下几种途径形成：① 关键性企业的衍生。产业链的形成一般都有一个关键性企业，通过该关键性企业的衍生、裂变、创新与被模仿而逐步形成产业集群。② 中小企业的集中。某种共同的低成本和某种特定的地域条件，使某种类型的中小企业集中分布在

① 王缉慈：《创新的空间——企业集群与区域发展》，北京：北京大学出版社 2001 年版，第 176 页。

特定的地域范围内,从而形成了具有共生性的中小企业群体。③ 政府引导。产业集群在形成之初,基本上都是企业在市场力量的驱动下自发形成的,但一旦产业集群的雏形出现后,地方政府往往都会积极参与,通过相应的产业政策热情扶持。政府的扶持对本地产业集群的跃升起着重要的助推作用。④ 城镇化的推动。除了一些大的专业性开发园区演变为产业集群外,我国大部分地区的产业集群都是在农村或小城镇兴起的,这是城市化快速推进的结果。

二、产业地域合理规模

产业地域合理规模,是能够带来大规模节约效益的企业在某个地方聚集的规模。产业地域合理规模是以企业的合理规模为基础的。地域合理规模体现在两个层面:一是地域内每个企业的合理规模,二是地域内整体产业布局的合理规模。后者以前者为基础。地域内整体产业布局的合理规模,主要表现为某一产业的合理规模,以及第一、第二、第三产业的结构与规模是否合理。一个地区原料和能源的供给、资金和劳动力的供给、基础设施的承受能力、环境的排污能力、管理水平等在特定时期都是有一定限度的,在这个限度内聚集,就能产生节约,实现规模效益。但聚集效益服从边际效益递减规律,聚集超过一定界限,程度越强,其效益便越低。[①]

(一)产业地域合理规模的类型

从产业聚集的方式来讲,产业地域合理规模可以分为三种类型。

第一,由于在生产过程中的相互联系,一些企业共同布局在某一个地域,形成地域产业的聚集。对任何一个企业来说,都有产前、产后和旁侧联系产业。它的生产过程要消耗其他企业生产的产品,同时又有另外的企业消耗它的产品,更有一些企业与之有着这样或那样生产过程或产品消耗的联系。这些企业聚集在同一地域,可以减少原料和产品的运输,增强生产过程的联系,取得好的经济效益。

第二,为了共同使用基础设施,一些企业共同布局在某一个地域,形成地域产业的聚集。基础设施一般分为三部分:一是生产性基础设施,即为产业生产服务的诸如交通运输、邮电通信、能源供给、物资供应及金融等基础设施;二是生活性基础设施,即为生活服务的诸如商业、服务业、公用事业、住宅及公共设施等基础设施;三是社会性基础设施,即为社会大众服务的诸如教育、科研、卫生、环保、治安等基础设施。如果许多企业共同使用这些较为齐全的基础设施,企业本身就可以省掉许多非生产性投资,从而增加企业的投资效益。

第三,为了管理上的方便,一些企业共同布局在某一个地域,形成地域产业的聚集。现今的管理,其含义已经大为扩展了。除了传统意义上的管理内容外,信息的传递、科技的普及、企业间的协调等,都已经成为企业发展必不可少的条件。一些企业聚集在一个地域,可以加快信息传递,减少管理成本,增加企业效益。

(二)产业地域合理规模的评价标准

上述产业地域合理规模的类型,可能单独出现,也可能复合出现。聚集的合理规模,应依照不同地区的不同情况分别加以分析。要根据企业本身的特点,分析是聚集有利还是分散有

---

① 孙久文:《区域经济学》,北京:首都经济贸易大学出版社 2014 年版,第 104—105 页。

利。同时，还要根据地区的具体条件和环境容量，限定聚集的规模。环境容量大、资源集中、运输条件好、抗污染能力强的地区，产业聚集的规模可以大些；反之则小些。这就涉及对产业聚集合理规模的评价问题。

产业地域合理规模的评价标准是：

（1）构成该产业的单个企业的经济效益是否最好。市场经济条件下，每一个企业都是独立的经济人，追逐利润是其天生的本性。一个企业之所以与同类企业布局在这里而不是在别的地方，就要看它在这里是否能获取最大的利润。

（2）地区产业结构是否最优。区域产业结构是全国经济空间布局在特定区域组合的构成。产业结构包括主导产业、辅助产业和基础产业的功能结构，还包括第一、第二、第三产业之间的产值结构。产业结构的优劣决定该地区经济发展的速度。

（3）社会效益是否最大。从社会效益方面评价产业布局的优劣，主要是指产业布局对地区发展所做的贡献。产业布局在特定地区，对于该产业来说，经济效益并不是唯一的，能为该地区提供税收、安置就业、提高该地区的人均国民收入等也很重要。有的企业布局在一定地区，会产生很大的环境污染，在这种情况下，虽然它能产生很大的经济效益，也不能考虑。

总之，实现产业地域的合理规模，既有企业的自主选择，也是政府部门规划决策的问题，在市场经济条件下，这主要通过区域产业政策来调整。

三、产业转移

产业转移是由于政府经济政策的导向，以及科技进步、资源供给、产品需求等条件发生了变化，而引起某些产业从某一区域转移到其他区域的空间迁移过程，是不同水平区域之间经济关系的重要传导机制。

产业转移的动因十分复杂，主要有企业迁移、产品生命周期两个关键因素。

（一）企业迁移

从微观角度讲，产业转移是企业投资活动的区位选择过程。随着外部环境和企业发展条件的变化，如果企业迁移到更有利的区位才能提高盈利水平和竞争力，在这种情况下，企业迁移决策主要由推力、拉力和阻力因素决定。推力是促使企业离开现有区位的因素，拉力是吸引企业到其他区位的因素，阻力是地方政府的压力等因素。这些因素涉及企业迁移所造成的固定和可变成本的损失、维持现有劳动力就业关系，以及管理者旅行成本增加等因素。

（二）产品生命周期

产品生命周期理论认为，任何工业产品都具有一定的生命周期。随着生产和技术的发展，产品的技术密集度会下降，而且随着产品技术密集度的变化，产品的生产也会发生区域间转移。产品在生命周期内要经历三个发展阶段，即创新、扩张、成熟与成熟后期阶段。处于不同阶段产品的生产优势区域是不同的。①

创新阶段是产品的早期开发与改进期，产品属于技术密集型。这一阶段对产品生产影响最大的要素有两个：科学与工程技术和聚集经济。大城市区域无疑是这两个条件最好的地区。因为大城市：① 是科研信息、市场信息集中和传播的中心，可以为创新输入新思想，这是发展

---

① 陈秀山：《区域经济理论》，北京：商务印书馆 2003 年版，第 327 页。

的源泉。② 集中了大量人才,可以依靠聚集优势加速推动发明创造,节约投资,降低风险。③ 能够提供新产品开发所需的配套服务。④ 拥有最好的销售系统。因此,处于创新阶段的产品生产一般都布局在大城市地区。

扩张阶段是产品生产技术逐渐走向成熟、市场需求日益扩大的时期。这一阶段对产品生产最重要的影响因素是管理和资本。随着产品技术成熟,市场销量增加,大城市区域的生产已不能满足需要,于是产品生产由少数大城市向面上扩散。毗邻大城市的地区与中等城市,将成为这一阶段产品的主要生产地,生产急剧扩张。生产转移的原因主要有:① 生产规模扩大,技术开始转让,竞争加剧,已不可能靠垄断价格获取垄断利润,成本费用突出,生产的技术指向减弱;② 随着企业规模的扩大,一部分外部经济转化为内部规模经济,使得企业在新的区域仍能保证原来的协作关系;③ 生产技术定型化、标准化与自动化降低了对劳动力素质的要求,在人口素质不是很高的区域也能从事生产。由于大城市毗邻区域与中等城市具有要素价格低的优势,在产品转移的同时,其创新地的该产品生产开始衰败。

成熟与成熟后期阶段是产品市场饱和、技术停滞不前的时期。这一阶段对产品生产影响最关键的因素是便宜的劳动力。落后地区拥有大量廉价劳动力,因此,这一阶段产品生产完全转移到落后地区。因为经过长期生产与普及,技术完全标准化,很容易掌握,产品完全沦为劳动密集型产品,产品市场饱和,竞争完全,生产没有扩张的余地,甚至下降。在原创新地这类产品生产会衰败甚至消亡。

因此,产品的发展周期决定了生产地点的变动,出现了产业的区域转移。

【本章小结】

1. 具有某种同类属性的企业经济活动的集合称为产业;产业的类型有多种形式。
2. 影响产业合理布局的因素有自然因素、社会经济因素和科技因素。
3. 主导产业是对产业结构和区域经济发展起主导作用的产业。一般来讲,主导产业选择的标准有:收入弹性、全要素生产率、产业关联度、过密环境和丰富劳动内容、就业功能、技术密集度、国情和区情、比较优势。
4. 产业集聚形成的条件包括供给条件、需求条件、社会文化和历史条件。
5. 企业迁移和产品生命周期,是产业转移的两个关键因素。

【练习与思考】

1. 说明产业、产业结构、区域产业结构。
2. 说明产业结构趋同的正、反两方面影响。
3. 分析主导产业与辅助产业的关系。
4. 分析产业合理规模。

【进一步阅读资料】

1. 冯云廷:《区域经济学》,大连:东北财经大学出版社 2013 年版。
2. 芮明杰:《产业经济学》,上海:上海财经大学出版社 2012 年版。
3. 王缉慈:《创新的空间企业集群与区域发展》,北京:北京大学出版社 2005 年版。

第八章 区域经济发展差异、分工、贸易、竞争与合作

【本章学习目的】

1. 了解区域经济发展差异的衡量指标；
2. 了解区域分工与贸易的类型；
3. 掌握主要区域分工与贸易理论。

现实中,各区域在自然资源禀赋、历史传承、人文素质、经济发展水平等方面存在一定的差异。同时,许多行业和产品往往聚集在某一具有较大优势的地区,从而形成区域分工和贸易的基础。在区域分工与贸易中有合作也有竞争。

本章在分别阐述区域分工、贸易及其相关理论后,重点论述区域经济竞争与合作。

第一节 区域经济发展差异

一、区域经济发展差异

区域经济发展差异是区域经济学要研究和解决的主要问题之一。区域经济发展差异是区域经济发展中的普遍现象,是区域之间在经济发展中存在的差别。

根据新古典区域经济增长理论,资本、劳动和技术在空间上的移动,使区域经济的均衡增长成为可能。但是,由于生产要素不完全流动性的存在,区域间经济发展出现不均衡时,低收入区域一般不可能提供良好的投资机会。经济主体在逐利动机下的行为,会导致社会资源在一定的空间范围集中,并且形成"贫者越贫,富者越富"的马太效应,使区域经济发展差异越来越严重。

二、区域经济发展差异的衡量指标

区域经济发展差异的衡量指标有多种,这里我们只介绍几个常用的指标。

1. 极差

极差也称为全距,是一组数据中最大的值减去最小的值,反映的是这组数据内部各个样本

之间的差距。由于这一指标只选用了数据组中最大和最小两个数据,所以遗漏了大量的信息,也因为只用了两个数据,所以容易受极端值的影响。

2. 离差

离差可以分为相对平均离差和加权平均离差。其计算公式分别为:

$$D_r = \frac{D_m}{|\bar{x}|} = \frac{1}{n}\sum_{i=1}^{n}\left|\frac{x_i - \bar{x}}{\bar{x}}\right|$$

$$D_w = \sum_{i=1}^{n}\left|\frac{x_i - \bar{x}}{\bar{x}}\right|\frac{p_i}{p}$$

式中,x_i 为 i 地区的样本值(如人均 GDP、人均收入等);$\bar{x}$ 为各个地区的均值;D_m 为平均离差系数,它反映了各地区某经济指标值偏离平均值的平均绝对幅度;p_i 为各地区人口数;p 为各地区人口之和,即全国总人口数。

3. 方差和标准差

方差是衡量区域差异的一个重要指标,其计算公式为:

$$\sigma^2 = \sum_{i=1}^{n}\frac{(x_i - \bar{x})^2}{n}$$

式中,x_i 为 i 地区的样本值(如人均 GDP、人均收入等);$\bar{x}$ 为各个地区的均值;n 为地区个数。

标准差为方差的算术平方根,其计算公式为:

$$\sigma = \sqrt{\sum_{i=1}^{n}\frac{(x_i - \bar{x})^2}{n}}$$

这个指标用到了所有地区的数据,所包含的信息量相对比较充分。但是,它是一个反映绝对差异的指标,在均值不同的数据组之间不具有可比性。

4. 变异系数

变异系数分为平均变异系数(CV_r)和加权变异系数(CV_w)。前者为标准差和均值之比,后者主要是采用各地区人口进行加权,最早由美国经济学家威廉姆森(Williamson,1965)提出,所以也称为威廉姆森系数。计算公式分别为:

$$CV_r = \frac{1}{x}\sqrt{\sum_{i=1}^{n}\frac{(x_i - \bar{x})^2}{n}}$$

$$CV_w = \frac{1}{x}\sqrt{\sum_{i=1}^{n}(x_i - \bar{x})^2\frac{p_i}{p}}$$

5. 基尼系数

基尼系数主要用来衡量收入分配的公平程度。其计算公式为:

$$R = \sum_j\sum_i |x_j - x_i| p_i p_j$$

式中,x_i、x_j 分别为 i、j 地区的人均收入(或人均 GDP);p_i、p_j 分别为 i、j 地区人口占全国人口的比重。

6. 广义熵和泰尔指数

广义熵的计算公式如下：

$$I_c(x) = \frac{1}{n}\frac{1}{c(c-1)}\sum_{i=1}^{n}\left[\left(\frac{x_i^2}{\bar{x}} - 1\right)\right] \quad c \neq 0,1$$

$$I_1(x) = \frac{1}{n}\sum_{i=1}^{n}\frac{x_i}{\bar{x}}\log\frac{x_i}{\bar{x}} \quad c = 1$$

$$I_0(x) = \frac{1}{n}\sum_{i=1}^{n}\log\frac{\bar{x}}{x_i} \quad c = 0$$

式中，x_i 为第 i 个分析单元的福利指标；$\bar{x}$ 为该指标的均值；n 为总人数；c 为参数。c 决定福利的转移对不平等指数的影响。当 c 小于 2 时，指数对低福利水平的单元地区的人口比重可作为权重，代替公式中的$\frac{1}{n}$。当 $c=0,1$ 时，广义熵指数就变成了泰尔指数，所以泰尔指数是广义熵的一个特例。

泰尔指数的计算公式为：

$$T_p = \sum_{i=1}^{n}\frac{y_i}{y}\ln\frac{y_i/y}{n_i/n}$$

式中，y_i 为 i 地区收入；y 为全国总收入；n_i 为 i 地区人口数；n 为全国人口数。

三、区域经济发展差异形成的原因

区域经济发展差异，是由要素投入、要素配置与使用效率、空间格局变动、区位条件等多种因素决定的。

1. 要素投入

传统意义上的三要素包括资本、劳动力和土地（包括自然资源）。在现今社会经济中，这三种要素对区域经济的发展仍然起着重要作用，并且三种要素的投入量会影响一个地区的经济发展速度。其中，资本因素是最为直接的经济产出影响因素之一。资本按来源可以分为本地区积累的资本和外地区流入的资本。其中，外地区流入的资本主要分为中央财政拨款、外资和其他同级区域流入的资本。一个地区的资本积累直接影响该地区的资本数量，它取决于该地区的储蓄率和资本折旧率。一个地区的储蓄率越高，资本折旧率越低，则资本增长就越快；反之，则资本增长速度越低，甚至可能出现负增长。影响一个地区资本存量的另一个重要因素是外地区的资本流入。在获得外地区资本流入方面，各个地区同时面临着三种竞争：吸引外国资本、争夺中央财政拨款和争取其他同级区域的资本。

2. 要素配置与使用效率

区域拥有的要素数量和质量只构成了经济增长的必要前提条件，而这些要素如何配置以及要素使用效率则是决定经济增长的重要因素。

在微观层面上，要素最终是交由生产企业使用的。企业使用要素的效率和企业内部的技术水平密切相关，而技术进步最根本的源头是劳动分工。在一个分工细致的社会里，技术水平会得到更大的提高。一个社会的分工越细，要素的使用效率就越高。

3. 空间格局变动

资本、劳动力、技术是决定产出的最直接因素，但是这些因素是一种静态的、平面的产出因素。这些因素能解释为什么"产出是这么多"，但是不能解释为什么"产出会在这个特定的位置"。空间格局的变动，是政府区域发展战略的选择和市场力量作用的结果。在一个完全均质的区域（区域内资本、劳动力、技术无差别），其经济分布会呈现某种规律性，不会均匀地分布在区域内的所有范围。这种分布的形成类似于物理过程的吸引和排斥，最后达到均衡的空间格局。虽然非均衡是常态，但是总有内在的调整机制使其不断向均衡状态靠拢。空间格局的变动对于区域经济发展具有明显的作用。这种作用的结果是区域内的经济发展状况出现分化。所以，空间格局的变动是影响区域经济发展差异的一个重要因素。[①]

4. 区位条件

区位是影响区域经济发展的重要因素。区位条件是一个区域与周围诸社会经济关系的综合，包括位置关系、地域分工关系、地缘政治关系、交通和信息关系等。区位条件对经济增长的影响主要体现在获得经济发展机会的多少和为此付出成本的大小上。

第二节　区域分工与贸易

现实中，不同区域在自然资源禀赋、历史传承、人文素质、经济发展水平等方面存在一定的差异，同时，由于生产要素的不完全流动性和生产活动的不完全可分性，许多行业和产品的生产往往集中在某一较具优势的地区，从而形成了区域分工的基础，产生区域贸易。

一、分工与区域分工

（一）分工

分工是人类社会生产的固有属性，是生产力发展的必然趋势，也是促进生产力快速发展的重要因素。劳动生产力的最大增进以及运用劳动时所表现的更大熟练、技巧和判断力，似乎都是分工的结果。[②] 同时，一个民族生产力的发展水平，最明显地表现在该民族分工的发展程度上。[③]

人类社会发展过程中的分工大体经历了三个发展阶段。第一阶段是自然分工，其主要特征是按性别、体力、年龄等纯生理差异及自然环境的地域差异自然产生的较低级的分工。第二阶段是部门分工，其特点是以初步商品交换进行的早期部门的分工。第三阶段是区域分工，其特点是劳动分工以具体的地域空间为载体。

（二）区域分工

区域分工又称为区际分工、地域分工、劳动地域分工、地理分工等，是指在一个国家中，各区域立足于自身的各种优势条件进行区域专门化生产，通过区际之间的交换，满足自身发展的

① 陆玉麒：《区域发展中的空间结构研究》，南京：南京师范大学出版社 1997 年版。
② 〔英〕亚当·斯密：《国民财富性质和原因的研究》，北京：商务印书馆 1989 年版，第 5 页。
③ 〔德〕恩格斯：《马克思恩格斯全集》（第一卷），北京：人民出版社 1956 年版，第 25 页。

需要并获得区域利益的分工。区域分工属于社会分工,是社会分工的一种形式,是在自然分工、部门分工的基础上发展起来的。

(三)区域分工模式

根据不同的划分标准,区域分工具有不同的模式,其中,最常见的有垂直分工、水平分工和混合分工。

1. 垂直分工

垂直分工是指不同区域中初级产品、中间产品和高级产品之间形成的分工,是相关区域在同一生产过程的不同阶段,进行彼此联系的专业化生产而产生的分工。垂直分工存在的原因是各区域发展条件的差异。在不同的发展条件下,有的区域只能生产初级产品,有的适合生产中间产品,有的可以生产最终产品,有的则只能做相关的配套服务工作。从各自具有的优势出发生产产品,便在区域之间形成了垂直分工。

2. 水平分工

水平分工是相关区域发展不同的经济部门或者生产具有差异的同类产品所形成的分工,它包括两种主要形式。一种是各区域根据自身条件,选择不同的经济部门进行专业化生产,生产出不同的商品。例如,有的区域在资本和技术要素上具有比较优势,因此,适宜发展资本和技术密集型产品;有的区域劳动力比较丰富,生产劳动密集型产品比较有利。在现实中,发达国家利用自身在资本和技术上的优势,生产并出口资本和技术密集型产品;发展中国家则利用劳动力和资源优势参与区域分工。另一种是在同一产业部门内的分工。由于各区域在生产能力、策略以及在目标市场上存在差别,因此,各区域生产同一产品时,在产品的品质、功能、品牌、服务等方面也表现出差异性。在以需求为主导的当今市场中,同一产业部门内的水平分工已越来越普遍。

3. 混合分工

混合分工是指一个地区的专门化生产既参与垂直分工,又参与水平分工。混合分工既可以满足经济发展程度不同区域的需求,又可以促使发展程度大体相同的区域利用自身优势发展区域特色经济。

除以上最常见的模式外,苏联经济地理学家萨乌什金提出了较具特点的"六分法":① 一般分析中较常用在经济上完整的地区(国家经济区)之间的劳动总分工;② 某些个别中心(工业枢纽、大城市)之间的劳动分工;③ 经济中心(城市、联合企业、大型机械制造装配厂)四周的、某一空间"场"内的劳动分工;④ 某一统一生产过程的不同阶段,分散在不同地点的阶段性分工;⑤ 一年中同一产品(如水果)由各个不同地区运往不同消费中心产生的劳动地域分工;⑥ 由于政治和经济上的要求而进行的偶然性劳动分工。上述六种分工可以互相重叠和交叉。[①]

二、区域贸易

(一)贸易与区域贸易

贸易是将区域之间联系起来的最基本的纽带和桥梁。区域贸易指不同区域间商品和劳务

---

① 〔俄〕萨乌什金:《经济地理学:历史、理论、方法和实践》,北京:商务印书馆 1987 年版,第 335 页。

的交换活动，是区域市场的延伸。不同的地域单元中，区域贸易既包括国内贸易，又涵盖国际贸易。但是，区域分工并不是区域贸易产生的充分条件，只有当交易双方有相互需求，并且有必需的交通设施等条件时，贸易才会展开。

（二）区域贸易的类型

大体上讲，区域贸易主要有以下六种类型：

1. 地区贸易、全国贸易、国际贸易

按照商品买卖涉及的地域范围，贸易活动可分为三个层次：地区贸易、全国贸易和国际贸易。地区贸易是指局限于一个地区的贸易活动，它与区域性市场是相互联系在一起的。全国贸易是指在一个国家疆域内跨地区的贸易，它与全国性市场相联系。这两个层次的贸易均属于国内贸易，而国际贸易是突破国界限制的贸易。

2. 垂直、水平和混合型贸易

由于区域贸易是以区域分工为基础的，因此，根据区域垂直、水平和混合型分工模式，区域贸易也分为垂直、水平和混合三种类型。

3. 进口、出口和过境贸易

以货物的移动方向为依据，可分为进口、出口和过境贸易。其中，进口贸易是指本区域销售其他区域生产和加工的产品；出口贸易是指本区域将生产和加工的产品向其他区域输出的贸易；过境贸易是指一区域生产和加工的产品通过本区域输往另一区域的贸易。

4. 有形贸易和无形贸易

有形贸易是可以看得到的商品贸易，等同于货物贸易；无形贸易是以服务贸易为基础的。传统上将服务贸易分为两类，即“要素服务”与“非要素服务”。前者指区域之间因提供劳动、资本、土地等生产要素而发生的贸易，包括直接和间接的投资收益、支付劳务报酬等；后者指与要素提供无关的服务贸易，如咨询、旅游、运输等。

在海关统计中，有形贸易与无形贸易的最大区别是，前者必须通过关境，能为海关统计所反映；后者无法为海关统计所反映。

5. 直接贸易、间接贸易和转口贸易

直接贸易是两个国家或地区之间不借助第三方参与而进行的贸易；间接贸易是指借助第三方参与的贸易；转口贸易是第三国从前两国进口后并非用于消费而是用于再出口的间接贸易。

6. 货币结算贸易和易货贸易

货币结算贸易是以货币为结算支付工具的贸易。易货贸易是以货物计价作为支付工具的贸易。当今的区域贸易是以货币结算为主的贸易。

除了以上贸易类型外，近年来，在我国外贸统计中使用频率较高的一种分类是“一般贸易”与“加工贸易”。前者指一般意义上的贸易，后者指进口外国原料、材料、技术或散件，经国内企业加工、装配之后再出口的贸易活动，即人们常讲的“三来一补”——来料加工、来样加工、来件装配及补偿贸易。

（三）区域贸易条件

进行区域贸易的目的是贸易双方都获得利益。而在现实活动中，贸易双方获得的利益并不是对等的。有的区域贸易条件较好，可从贸易中获得较大的利益；有的区域贸易条件欠佳，获利较少。因此，改善区域贸易条件就显得尤为重要。

贸易条件是指，一国或地区在一定时期内出口产品的价格指数与进口产品的价格指数之比。其计算公式如下：

$$T = \frac{P_x}{P_y} \times 100\%$$

其中，

$$P_x = \sum_{i=1}^{m} x_i p_i, \quad P_y = \sum_{i=1}^{n} y_i p_i$$

式中，T 为贸易条件，P_x 为出口商品的价格总指数，P_y 为进口商品的价格总指数，x_i 表示第 i 种商品出口额占出口商品总额的比重，p_i 表示第 i 种商品出口价格与基期价格的比值，y_i 表示第 i 种商品进口额占进口商品总额的比重，p_i 表示第 i 种商品进口价格与基期价格的比值，m、n 分别表示出口和进口商品的种类。

一般来讲，一地区 T 值增大，表示该地区贸易条件改善，可以扩大区域贸易，并获取更多的贸易利益；T 值变小，则意味着该地区贸易条件恶化，有必要采取措施改善贸易条件。

三、区域分工与贸易的基础

区域分工与贸易有两大基础，一是区域差异，二是区域利益。

（一）区域差异

所谓区域差异，是指不同区域之间自然资源禀赋、经济发展水平和结构等方面存在的差距。资源禀赋差异是自然形成的，是外生因素；经济发展水平和结构差异，是在历史发展过程中人们所选择的制度和技术等因素所引起的，是内生因素。如果各区域自然条件、经济发展水平与结构都完全一致，区域分工与贸易也就没有必要了。

1. 自然差异

自然差异是最基本的区域差异，是区域分工的前提。早期的区域分工与贸易均是以自然差异为基础的。

一个区域选择发展什么产业，首先要考虑的是资源及其丰度，如自然条件、区位条件、人口与劳动力条件等。一般来讲，自然资源比较丰富的地区会选择发展资源密集型产业，劳动力丰富的地区则选择发展劳动力密集型产业。区位条件较好的地区，运输、交通和贸易相对较发达。如我国的煤炭开采业主要集中在山西、内蒙古、河南、陕西、新疆等省区，同时，这些地区的火电厂也比较多；而水电厂主要分布在水资源丰富的四川、贵州、湖北、广西、云南等中西部省区；东部沿海地区的城市则因航运和贸易相对比较发达，在参与国际分工和对外贸易方面具有较大的优势。

2. 非自然差异

自然资源要素禀赋是区域比较优势形成的基础。但在实际运作中，要素的区际流动打破了资源的地域垄断，削弱了由资源禀赋差异而形成的比较优势。同时，资本、技术等非自然资源在生产和贸易中的作用越来越大，已经成为现代区域分工的基础要素。

首先，要素的流动只是削弱了由资源禀赋形成的比较优势，非但没有削弱区域分工的程度，反而在一定程度上促进了现代区域分工的形成。一方面，自然资源丰富的地区需要劳动力和资本的投入，要素流动使其成为可能，并带动了该区域资源产业的发展；另一方面，资本丰富的地区也需要劳动力和电力、石油等要素的补充，以发展现代产业部门。

其次，资本、技术和制度等因素在产品生产与产业分布中的作用越来越大。一方面，发达区域依靠其资本、技术和制度的优势，吸引劳动力和自然资源；另一方面，资本和技术本身能够替代劳动力，即要素密集度的转移。例如，在欠发达区域的劳动密集型产品，在发达区域由于机器和技术的运用，变成了资本密集型产品。

资本有利于形成规模经济，技术有利于竞争优势的生成。现代贸易理论认为，规模经济和国家竞争优势也是形成区域分工的基础。由于资本更倾向于投资于它所熟悉的地区，因此，资本丰富的国家或地区能够充分利用资本优势组织区域内的规模生产，规模的扩大又会吸引人力资本和资源的迁入，从而形成规模经济上的比较优势。而国家竞争优势则来源于技术在区域间流动的障碍和时滞。技术流动的障碍主要有创新能力存在差异、专利保护、购买技术的支付能力和技术应用的配套条件等。即使减少或消除这些障碍，由于学习和接受能力的差异，技术传播也会存在一定的时滞。因此，在发达区域与欠发达区域之间，会有一个产品生命周期（开发、成长与成熟）。在此基础上，发达区域始终保持创新和新产品开发的优势，再与相关环节相配套，便形成了竞争优势（比较优势）。

再次，市场需求差异也是非自然差异的重要组成部分。市场是交换与贸易的场所，是实现区域分工与贸易的载体。要素禀赋对区域分工产生供给约束，而市场对区域分工产生需求约束。

区域间市场需求结构的差异主要是受生活习惯、消费观念、文化和经济发展水平差异等因素的影响，表现为对商品和劳务的需求偏好、需求规模、购买力的差异。各区域生产的产品首先满足的是区域内部的需求，因此，各区域选择的部门、产品，更多的是适合本区域市场需求结构的部门，从而形成区域分工。当然，由于区域资源和技术的差异，一区域不可能完全生产本区域所需求的全部产品，这就需要区域交换与贸易。因此，市场需求结构的差异，也是影响区域分工与贸易的重要因素。

最后，市场需求结构的层次性还形成了区域分工的层次性。在当今的世界贸易中，发达国家间的贸易占大部分，这是因为发达国家之间的需求结构存在相似性。需求偏好相似理论认为，两个国家对某类工业品的需求偏好越相似，它们之间开展贸易的可能性就越大。如果两国需求结构完全一样，那么一个国家进出口的货物可能也是另一个国家可能进出口的货物，因此，一国的国内需求也可能是进口需求。而需求偏好又决定于该国的平均收入水平，不同收入水平的消费者一般具有不同的消费结构，收入水平相当的发达国家在需求结构上具有相似性，它们之间的贸易才得以展开。

（二）区域利益

区域利益既是区域分工与贸易的基础，也是区域分工与贸易的目的。各区域只有在能够获取相对利益的基础上，才会参与区域分工与贸易。

1．区域分工利益

区域分工的经济利益主要表现为：

（1）提高劳动生产率。正像分工使劳动专门化一样，区域分工导致各地区根据自身资源禀赋和其他优势，专门生产一种或几种产品，这样不仅能够最大限度地利用现有资源，还能提高劳动者的熟练程度，从而提高区域劳动生产率。

（2）产生规模经济。区域分工使一区域专注于一部门或少数部门的生产，从而有利于资源、人才和资金向该部门集中，扩大该部门的发展规模，产生规模经济效益。

（3）减少成本。根据各区域的要素禀赋进行分工生产，减少了要素在区域间的流动成本。同时，同一部门的企业集中在一个区域，有利于知识和信息的传播，减少了交易成本等。

（4）增强区域创新能力。区域专门化生产有利于吸引、培养专业人才和专业技术的发展，进而有利于增强区域创新能力。

总之，区域分工集中了区域资源、技术、资金和人才等要素进行专门化生产，这不仅增强了区域创新能力，还有利于减少成本和产生规模经济效益，最终促使区域财富增长和居民福利提高。

2．区域利益的特点

区域利益是一个集合的概念，包括社会利益和经济利益。区域利益表现出三个特点：

（1）二重性。区域利益既是区域分工产生的原因，也是区域分工产生的结果。一方面，追求区域利益最大化是各区域参与分工合作的前提；另一方面，区域利益之所以存在是区域分工导致的。

（2）集合性。区域利益的主体内部有不同的利益集团、利益阶层和利益个体。虽然这些不同利益主体追求的经济利益都有可能构成区域经济利益的一个因素，但它们都不能单独代表一个区域的经济利益。只有代表了区域内大多数居民和利益集团的经济利益，才能算是区域经济利益。

（3）整体性。区域利益既是各区域自身的利益，也是区域整体的利益。一方面，参与区域分工的每一个地区，都是一个具有独立利益的主体，都会以自身比较优势为基础，进行专门化生产，为本区域谋取最大福利。另一方面，区域利益也应该涵盖整体利益。从一国范围来看，各省市除了发展本地区经济和社会福利外，还应该考虑将那些资源禀赋较差、各方面经济条件落后的区域纳入全国区域分工的范围内，从而实现全国经济效益和社会福利的整体提高。

四、区域分工与贸易的基本理论

（一）重商主义贸易观

重商主义贸易观产生于欧洲资本原始积累时期，反映了这个时期商业资本的利益和要求。

重商主义贸易观基本上可归纳为三点：① 金银或货币是财富的唯一形式，一国货币的数量代表着该国的富裕程度。② 对外贸易是获取额外贵金属或货币的主要源泉，是增加一国财富的重要途径。③ 对外贸易政策应该是多卖少买，甚至不买。但在如何增加货币财富的方法上，早、晚两期重商主义有不同的主张。

早期重商主义主张多卖少买，严禁货币输出国外，以贮藏尽量多的货币，达到增加国家财富的目的。恩格斯曾形象地指出，这个时期的重商主义者“就像守财奴一样，双手抱住他心爱的钱袋，用嫉妒和猜疑的目光打量着自己的邻居”[①]。与早期重商主义不同，晚期重商主义重视贸易顺差，认为在一定时期内的外贸逆差是应当被允许的，只要最终的贸易结果能保证顺差，保证货币最终流回国内就可以。在具体政策上，晚期重商主义者主张国家推行一系列鼓励出口的政策，同时，对输入本国的外国商品课以高额关税或者禁止进口本国不需要的商品，以达到保护本国工业和贸易顺差的目的。

（二）绝对优势理论

英国古典经济学家亚当·斯密在倡导自由经济与贸易的基础上，通过绝对优势模型，对国际贸易与地域分工作了详尽的阐述。

斯密认为，每个国家或地区都有导致生产某些特定产品的成本绝对低下、绝对有利的生产条件。如果每个国家都在这种绝对优势的基础上进行专业化生产，然后通过贸易交换，就会增加国民财富。每个国家或地区都只生产具有绝对优势的东西，然后用来交换其他国家或地区具有绝对优势的产品，这比各地都生产本地所需的一切产品更为有利。

但该理论不能解释在现实中的以下现象——有些国家或区域比较先进发达，有可能在各种产品的生产上都具有绝对优势，而另一些国家或区域可能不具有任何生产技术上的绝对优势，但是贸易仍然在这两种国家或区域之间发生。

（三）比较优势理论

在绝对优势理论的基础上，1817 年，英国古典经济学家大卫·李嘉图在《政治经济学及赋税原理》一书中，提出了比较优势理论。

李嘉图提出这一理论的假设前提是：① 两个国家、两种商品与一种要素的生产和交换模式，要素明确为劳动；② 生产要素在国际是不流动的；③ 生产成本固定不变，因而技术水平是给定的、不变的；④ 物物交换与运输成本为零。

李嘉图认为，由于资本和劳动力在国家间不能完全自由地流动和转移，所以，不应该以绝对成本的大小作为国际分工和贸易的原则，而应依据比较成本开展国际分工与贸易。在比较优势模型中，生产和贸易的模式是由生产技术的相对差别以及由此产生的相对成本差别决定的。各国应该专门生产并出口其拥有比较优势的产品，进口其不具有比较优势（或有比较劣势）的产品。

比较优势理论弥补了绝对优势理论的不足，它强调的区域分工主要是对区域相对成本优势的利用。一个区域即使在各方面都具有绝对成本优势，也要选择与自身比较和与其他区域比较生产成本最低的商品进行生产；而一区域即使在各方面都不具有绝对成本优势，也仍然可以选择生产成本相对低的商品进行生产。在比较成本基础上所形成的区域分工与贸易，不仅可以使各区域获得更高的收益，也可以增加区域经济发展的总体收益。与斯密的绝对优势理论一样，李嘉图的比较优势理论也存在一些不足之处，例如没有指出一国或一区域比较优势的源泉。

---

① 〔德〕恩格斯：《政治经济学批判大纲》，《马克思恩格斯全集》（第一卷），北京：人民出版社 1956 年版，第 596 页。

（四）要素禀赋理论

要素禀赋理论的提出标志着区域分工与贸易理论发展的一个重要阶段。这一理论由赫克歇尔（E. Heckscher）在 20 世纪 20 年代提出，并经俄林（B. Ohlin）发展和完善，被统称为 H-O（赫克歇尔—俄林）定理。

要素禀赋理论认为，地区是分工与贸易的基本地域单元；生产商品需要不同的要素，如劳动、资本、土地以及其他生产要素；区域分工与贸易取决于区域之间生产要素禀赋的差异。由于要素禀赋不一样，区域之间同类要素的价格就不同，一国内生产要素价格存在差异，就会导致国内的地域分工与贸易；同理，各国要素价格的差异，就会导致国际分工与贸易。

具体而言，导致区域分工与贸易的直接原因，是两地商品相对价格的不同，而两地商品价格的差异又是由生产要素的供给及其价格决定的，所以，两地区生产要素相对价格的差异（或其稀缺性的差异），是分工与贸易得以进行的必要条件。导致区域分工与贸易的另一条件是生产要素的不完全可分性。由于生产要素不完全可分，所以小规模生产是不经济的，专业化的规模生产则会带来内部规模经济和外部规模经济。因此，各个区域应该密集地使用本区域丰富的要素生产商品，并以此获得比较优势。也就是说，资本相对充裕的地区应生产并出口需要大量资本的资本密集型商品；劳动力相对充裕的区域，则应生产并出口需要大量劳动的劳动密集型商品。在此基础上形成的区域分工与贸易，可以发挥各自的资源禀赋优势，进而促进区域经济的发展和生产效率的提高。

要素禀赋理论以各国相对生产要素禀赋的差异来解释区域分工和贸易产生的原因，并认为自由贸易将会使生产要素价格趋于均等化。但是，该理论舍弃了技术和经济条件的差别，又假定各生产要素本身的生产效率是相同的，从而把比较优势和生产要素的禀赋差异看成是绝对的和永恒不变的，而忽视了生产力的动态变化。

（五）要素禀赋理论的进一步发展

1. 要素替代理论

要素替代理论认为，区域分工的形成除了与要素禀赋有关外，还与要素的组合有关。通过要素替代，同一种生产要素的使用就可能产生不同的效果。例如，在不存在要素替代的情况下，纺织品在中国和美国都属劳动密集型产品；但在存在要素替代的情况下，纺织品的生产既可以在中国采取劳动密集方式生产，也可以在美国采取资本密集方式生产。要素替代在能源的使用中则更为明显。

因此，在进行区域分工时，不能简单地以一个地区的要素禀赋来分析其比较优势，而应按照各区域最有利的投入比较成本得出比较优势。在要素可替代的情况下，比较优势由要素边际替代率和各种要素在不同地区的价格共同决定。①

2. 技术差距理论

1961 年，美国经济学家波斯纳（M. Posner）在其《国际贸易和技术变化》的论文中，提出了从技术角度分析区域分工与贸易的技术差距理论。该理论认为，一个技术要素丰富的区域，总是在技术创新与技术产业化方面具有领先的地位，在技术密集型产品的生产上具有比较优势，

① 张敦富：《区域经济学原理》，北京：中国轻工业出版社 1999 年版，第 178 页。

并以此获得出口的优势。然而，这种优势并不是恒定的，因为技术作为一种生产要素，总是会被传播到其他区域，并被其他区域接受、模仿，直到完全掌握。

当然，技术的流动与转移并不是可以在短时间内完成的。一个国家或地区在研制出一种新产品后，虽然其他国家或地区也会模仿，但尚需一段时间，在这段时间内，创新国仍可以凭借其在特定产品上的技术领先地位，继续创造新产品，并通过贸易获利。一般而言，其他区域引用该技术和需求该产品存在两种时滞。一是需求时滞，即创新区生产新产品，但并不向其他区域输出。二是模仿时滞，即新技术在其他区域被采用的时滞。同时，技术的传播还要受到贸易壁垒和专利法等的限制。

3. 产品生命周期理论

产品生命周期理论是由美国学者弗农（R. Vernon）在 1966 年提出的。该理论在技术差距理论的基础上，进一步将产品的生产划分为三个时期，即开发（创新）、成长（发展）与成熟（标准化生产）时期。

在新产品的开发期，技术是主要因素。因此，技术要素丰富的国家在新产品的开发与生产上拥有相对优势，并以此获得利益；在产品成长期，技术开始向其他区域传播，生产逐步标准化，规模生产和规模经济开始产生，生产的区域布局逐步向低梯度地区推移；在产品成熟期，生产已经标准化，技术更容易掌握，产品市场全面形成，原来的技术密集型产业已经转变为劳动密集型产业，产品开始在欠发达地区生产。

该理论形成的区域分工与贸易格局，可以通过图 8-1 予以说明。

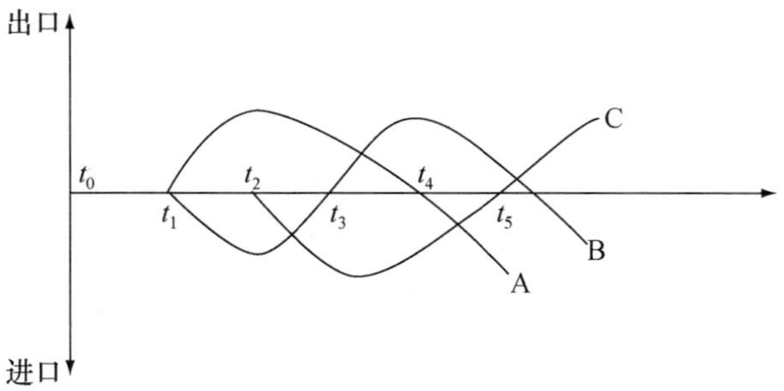

图 8-1　产品生命周期理论图

创新国家 A 在 t_1 生产新产品并出口，同时，其他先进国家 B 开始模仿。当这些模仿国家的产品打入市场后，创新国家的出口开始减少，并逐渐退出市场，转为进口该产品。同时，其他先进国家的产品逐步占据了市场的主导地位。而欠发达国家 C，由于在技术资源和新技术接受与运用方面均不如发达国家，因此，其模仿产品的时滞期相对较长。当产品进入标准化生产后，欠发达国家开始大规模生产并出口该产品，其他发达国家也逐步退出该产品的生产。

4. 需求偏好相似论

1961 年，瑞典经济学家林德（S. B. Linder）在《论贸易和转变》一书中提出了需求偏好相似理论，以解释要素禀赋相似的条件下，工业发达国家之间贸易产生的原因。该理论认为，传统贸易理论在解释贸易发生机制时，撇开了需求的影响，实际上，在供给一定的情况下，不同的需求压力会导致不同的国内价格比率，从而为贸易的产生创造了前提条件。

(1) 一国产品的出口决定于本国的需求偏好。企业在决定生产某种产品时，最先考虑的是它所熟悉的国内市场。

(2) 出口产品的结构、流向及贸易量的大小，取决于两国的偏好相似程度。林德认为，两个国家对某类工业品的需求偏好越相似，它们之间对此类工业品进行贸易的可能性就越大。如果两国需求结构完全一样，一个国家可能进出口的货物也是另一个国家可能进出口的货物，那么，国内需求也可能是对外国的进口需求，从而推动了贸易的发展。

(3) 一国的需求偏好又取决于该国的平均收入水平。不同收入水平的消费者一般具有不同的消费结构，收入水平相当的发达国家在消费结构上具有相似性，因此，它们之间的贸易才得以展开。

(六) 新贸易理论

传统分工与贸易理论都是在比较优势的基础上发展的，都重视要素禀赋差异对区域分工与贸易的影响。然而，20 世纪 70 年代以后，世界经济格局发生了许多新的变化。在这种大背景下，传统的分工与贸易理论日益暴露出一些缺陷，从而推动了新贸易理论的产生。

20 世纪 80 年代后期，新贸易理论的主要代表人物克鲁格曼（Paul R. Krugman）、赫尔普曼（E. Helpman）和格罗斯曼（G. M. Grossman）大量运用产业组织理论和市场结构理论来解释国际分工与贸易，使国际贸易理论取得了重大的进展。

1. 规模经济贸易理论

早在 1980 年，克鲁格曼就阐述了以下论点：在几种大背景下，具有较大本国市场的厂商更能有效地利用规模经济增强其国际竞争力，即国内市场规模会影响该国在国际上的比较优势。1985 年，克鲁格曼和赫尔普曼将空间概念与规模经济分析引入规范经济学的研究中，并把区位理论、区域分工理论、贸易理论和区域发展理论有机地综合运用，突破了传统贸易理论的框架，将对贸易优势原因的研究由外生引入内生。他们在自由进入和平均成本定价的基础上，发展了一个垄断竞争模型，认为产业的聚集会产生外部规模经济效应，企业聚集在同一区域内有利于劳动力市场共享和知识外溢，于是企业规模经济、集聚区行业规模、市场规模导致了规模经济分工的产生。由此出发，他们得出的结论是，在当今环境下，现代工业的突出特点是规模收益递增，传统的比较优势和自然资源禀赋等外生因素已不是竞争优势存在的原因，竞争优势源自于区域内竞争、合作、创新等内生因素。他们的这一结论表明，即使一国不存在比较优势和自然资源禀赋优势，仍然可以进行有利于已的国际贸易。

2. 对规模经济贸易理论的发展和修正

1993 年，梯伯特（Tybout）在克鲁格曼等规模经济优势理论研究的基础上，进一步论述了递增性内部规模收益，并将其作为一国贸易中比较优势的根源。他认为，有较大规模国内市场的厂商在国际贸易中具有竞争优势。

同年，多勒尔（Dollar）等的研究指出，规模经济只能部分地说明一个国家的生产专业化及其优势，但不能解释国家全部的专业化及其优势。能够合理解释的原因只能是技术差异，即在现在基础上产生的新技术。

3. 以人力资本为优势的贸易理论

2000 年，格罗斯曼和麦吉（Maggie）从人力资本配置的角度，研究了国际的比较优势。

他们首先分析了人力资本对比较优势和贸易的影响,并以此为基础指出,在具有相对同质人力资本的国家,出口产品所使用的生产技术以人力资本之间的互补性为特征。具有相似才能的人力资本的配置,是生产组织具有生产效率的基本要求;同时,在具有异质人力资本的国家,出口产品所使用的生产技术以人力资本之间的替代性为特征,即异质生产组织配之以异质人才。这样,对具有异质人力资本特征的国家来讲,高素质人才的比例大,会使这种有人力资源效率的生产组织产生比较优势。①

(七) 国家竞争优势理论

1990 年,迈克尔·波特出版了《国家竞争优势》一书。波特用了四年的时间对美、英、德、日等 10 个重要贸易国的 100 个行业进行调查研究后指出,国家竞争优势是指一个国家使其公司或产业在一定的领域创造和保持竞争优势的能力。一个国家的产业能否在国际上具有竞争力,取决于该国的国家竞争优势,而国家竞争优势又是由四组因素决定的,它们是要素条件,需求条件,相关支持产业,企业战略、结构和竞争。这四组因素的每一组都可单独发生作用,但同时又会对其他因素产生影响。四组因素结合成一个体系,就形成了图 8-2 所示的"钻石体系"(national diamond)模型。

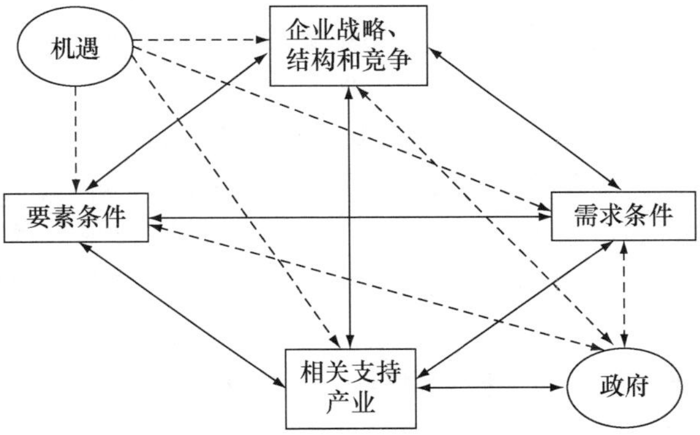

图 8-2 波特的"钻石体系"模型

资料来源:魏后凯:《现代区域经济学》,北京:经济管理出版社 2006 年版,第 488 页。

(1) 要素条件。一个国家如果拥有对某一产业十分重要的某类低成本要素禀赋或独特的高质量要素禀赋,该国的企业就有可能在该产业获得竞争优势。要素可分成基本要素和高级要素,基本要素是被动继承的,高级要素才是竞争优势的长期来源。

(2) 需求条件。国内需求对竞争优势最重要的影响是通过国内买主的结构和买主的性质实现的。不同的国内需求使企业对买方需求产生不同的看法和理解,并作出不同的反应。在国内需求给当地企业及时提供需求信号或给当地企业施加压力,要求它们比国外竞争者更快创新、提供更先进的产品时,国家便有获得竞争优势的可能。

(3) 相关支持产业。一个国家或地区获得竞争优势,是由于本区域存在具有国际竞争力的相关支持产业,当这些产业聚集在一起时,更易产生规模经济效益。

① 孙翠兰:《区域经济与新时期空间经济发展战略》,北京:中国经济出版社 2006 年版,第 61 页。

(4) 企业战略、结构和竞争。不同国家的企业在目标、战略和组织方式上大不相同,国家优势来自于对它们的选择和搭配。

在"钻石体系"模型中,机遇和政府也会对国家竞争优势的形成产生一定的影响。政府应该积极地为企业提供公平竞争的外部环境,激发企业的创新力,以提高国家或区域的竞争优势。

波特的竞争优势既包含一个国家的初始比较优势——主要取决于资源禀赋,又包含后发比较优势和潜在比较优势——主要取决于是否具有创新的制度、组织和理念,因此从本质上看,竞争优势仍是比较优势,是超越了传统含义上的比较优势的比较优势理论。

第三节　区域竞争与合作

一、区域竞争与竞争力

(一) 区域竞争

区域竞争是指两个以上的行政区域政府竞争性地提供公共产品,以吸引投资与发展本辖区经济的政府间竞争。与一般竞争比较,区域竞争具有以下特征:

1. 区域竞争的主体是区域政府和区域产业

三十多年的改革是在保持社会稳定的前提下渐进式进行的,其结果是中央政府的经济决策权逐步向地方政府、企业和市场分散,经济社会发展由中央政府独立推动变成中央政府、区域政府(省域政府,下同)和市场力量共同推动。区域政府行使越来越多的经济决策权,同时也承担了越来越多的推动社会经济发展的责任。对区域经济社会发展的推动和促进,既是区域政府职能的正常发挥,也是区域政府间竞争的产物。一方面,中央政府需要每个区域政府全力投入经济建设,共同推动国民经济整体发展;另一方面,区域政府作为发展区域经济的决策者和直接受益者,受提高任期政绩和提高辖区内人民群众物质生活水平的利益驱动,必然想方设法努力提高辖区汲取生产要素和经济发展资源的能力,加快辖区经济发展。产业是国民经济中以社会分工为基础,在产品和劳务的生产经营上具有某些相同特征或同一属性的企业或其他经济实体及其经济活动的集合。一个区域内不同产业的集合构成区域国民经济。区域内社会资源最终要配置到各个产业部门,并形成强弱不同的产业经济,从而决定一个区域创造社会财富的能力。从某种意义上说,区域经济不过是产业经济的空间表现,区域经济发展最终都要落实在区域产业经济活动上。无论是区域经济增长率提速、综合经济实力增强,还是经济实力的提升,很大程度上都取决于区域产业能力的强弱。世界经济发展的历史和实践也证明,一个国家和区域要不断提升经济实力,关键在于不断提升其产业竞争力。一个区域的经济发展能力以该区域众多产业发展能力的集合为基础,区域之间的经济竞争本质上表现为区域产业发展能力之间的竞争。因此,区域间社会经济发展的竞争主体应该是区域政府和区域产业。

2. 区域竞争的内涵是提高资源汲取能力

社会经济发展是由资本、劳动力、生产资料及其在生产过程中的社会结合和改进,自然资源条件以及影响社会发展的其他相关因素共同推动的,而其中的关键生产要素是资本、技术、人才。由于现代科学技术进步,特别是加入 WTO 后国际全球化进一步深化,市场分割日益弱化,生产要素流动性日益加强,区域发展的优势已不再是对传统土地、资源、产品等固定物质财富的占有,当代社会财富的价值越来越体现在全球市场竞争中的资金流、信息流、技术人才流及物流上,区域竞争能力更多地体现在其对诸种流动财富的吸引力和利用这些财富创造新价值的能力上,体现在利用这些流动财富不断强化区域经济地位的能力上。因此,区域政府参与区域竞争的主要内容和手段是尽可能在全球范围内搜索发展资源、组织经济活动、鼓励辖区企业扩大投资,同时努力引进外来投资、外来人才和先进技术,使资金、技术、人才等生产要素向辖区内汇聚,形成经济发展“资源谷”。

3. 区域竞争的方式是完善产业发展环境

一个区域要在国际国内竞争中获取持久的竞争优势,往往离不开当地独特的产业发展环境,尤其是产业发展的人文环境。资本要增值、企业要发展、产业要升级,必须有一个好的发展环境,才能吸引辖区外资金、人才、技术向区内流动。在 WTO 规则涉及的 23 个协议中,只有 2 个涉及企业,其他都涉及政府,这更充分说明,在加入 WTO 的背景下,区域竞争力的提高更大程度上取决于政府职能的转换,区域间的竞争归根到底是政府行政竞争和管理经济能力的竞争。早期区域间竞争主要是制定优惠政策(如降低地价、减免税收等)向投资者提供特殊待遇。随着我国加入 WTO 以及区域竞争的深入,发展环境的竞争逐步取代优惠政策成为主要的竞争工具。各区域,尤其是经济发展先行区域的政府都积极改善投资环境,完善法规制度,提高政府效率,发展教育、科技、文化事业,提高国民素质,努力为投资者提供完善的基础设施、高效便捷的政府功能、有效的法制保障和安定的治安环境,形成良好的市场经济秩序、市场竞争环境和公平竞争条件,创造一个优良的自然、社会和产业发展环境。

4. 区域竞争的多样性

区域竞争是市场经济条件下竞争的一种特殊形式。虽然区域竞争在形式、功能、手段、目标等多方面与其他形式的竞争有相似之处,但由于将空间因素纳入竞争之中,区域竞争比一般的经济竞争要复杂得多。它的特殊性可以归结为参与竞争主体的非单一性、竞争的相对性、不完全性、动态性等特点。为了全面理解区域竞争行为,有必要对区域竞争的特点作进一步分析。

竞争主体的非单一性是指区域竞争不仅包括区域间地方政府的竞争,还包括区域间产业之间的竞争,这种多个竞争主体之间为获取经济利益而进行的竞争使区域竞争变得十分复杂;区域竞争的相对性是指这种竞争并非你死我活,而是区域之间在共同发展中的相对竞争。区域经济中的地理、空间因素的存在,使得区域竞争不会像企业竞争那样由于竞争失败而导致企业实体的消亡。区域竞争不存在生与死,只存在强与弱,所以区域竞争是一种为谋求更大的竞争优势而展开的竞争。

区域竞争的不完全性是指区域竞争不同于企业之间的微观竞争。西方的新古典完全竞争理论不能有力地解释区域竞争,因为根据新古典完全竞争理论,产品差异是阻碍完全竞争、产生垄断的重要原因,而地理位置经常被作为产品差异的基础。

区域竞争的动态性强调的是条件的变化,随着区域竞争所处的客观经济环境的变化、参与竞争的区域发展水平的变化、参与竞争区域的主导企业产品所处的生命周期阶段的变化,区域竞争的范围、程度、手段、目标等都会发生变化，所以这些最终都会影响区域竞争力。①

（二）区域竞争力

在经济全球化大背景下，区域竞争力的强弱已成为衡量一个地区是否具有现实和潜在竞争优势的重要标志，是判断一个区域能否实现可持续发展的关键因素。

区域竞争力的研究起源于美国等西方国家对国家竞争力的研究。由于国家实际上也是一个具有区域属性的特定区域，因此，对国家竞争力的研究也属于区域竞争力研究的范畴，只是研究的层面不同而已。到目前为止，对国家竞争力的研究相对比较深入，对区域竞争力的研究则比较滞后。在国外，大多侧重于国家竞争力、产业竞争力和城市竞争力的研究。我国自20世纪90年代初开始对国家竞争力进行研究，随后以省、市、县为对象的研究也逐步展开。目前的研究多是将国外对区域竞争力的研究方法和成果进行适当修正，再结合我国国情和区情，更多地集中在城市和地区层面。

区域竞争力是在系统分析区域现状的基础上，将一个区域与其他区域相比，在资源环境、经济实力、产业市场、对外开放、基础设施、人力资本、科技创新和管理服务等方面表现出来的一种相对的综合能力，是一种通过比较吸引、争夺、转化资源并控制和占领市场的能力，因此，是能够为区域发展提供资源配置和市场导向功能的能力。

区域竞争力包括资源环境竞争力、经济实力竞争力、产业市场竞争力、对外开放竞争力、基础设施竞争力、人力资本竞争力、科技创新竞争力和管理服务竞争力八种竞争力。

（三）影响区域竞争力的因素

由于区域经济是一个复杂而又开放的有机体，影响区域竞争力的因素是多方面的。②

1. 区域产业结构状况

地区中一个产业的发展及发展规模既要受到其他产业的影响，又影响着其他产业。如果地区各产业或各生产部门在生产上相互衔接、紧密配合，并形成合理的比例，则地区资源在各部门之间将得到合理的配置，相应地为地区创造的财富就会比较多，地区的经济实力就会增强，竞争力也会上升。同时，地区的产业结构只有适应了市场需求的变化，产品的价值才能得以实现，产业结构的应变能力才能提高，地区产业的吸引力才可以增加，资源配置的能力也会增强，区域竞争力就能得以提升。

2. 区域科技与国民素质

科学技术是第一生产力，它是区域内产业、企业发展的强大动力。在科教兴国、科技立国的时代，科技竞争力已成为区域竞争力中举足轻重的一个方面；国民素质是影响区域竞争力的一个重要因素。人是社会的主体，任何先进的管理、合理的决策、优秀的发展模式都基于一定的国民素质。国民素质高的地区，对外吸引力就强；反之则弱。

3. 区域优势产业集群状况

所谓区域优势产业集群是指，在某一地区围绕某一特定专业化领域所建立的一系列企业和机构，这些企业和机构由共性及互补关系联结在一起，可以共享基础设施带来的方便。优势

① 左继宏：《区域竞争力的理论研究与实证分析》，武汉理工大学博士论文，2005年，第47—49页。

② 孙久文：《区域经济学》，北京：首都经济贸易大学出版社2014年版，第173—175页。

产业集群主要由以下几方面组成:终端产品或服务公司;专业化的生产要素、零部件、机器设备和服务提供商;专门为优势产业群服务的专业化金融服务机构;特殊基础设施服务提供商;政府及民间机构的专业教育和培训机构、研发机构、信息咨询机构等。优势产业集群对区域竞争力的贡献主要体现在:一是专业化带来的高效率;二是专业化有利于创新活动的产生;三是专业化有利于企业的创办和吸引其他地区大企业分支机构的设立。

4. 区域企业发展及技术创新状况

企业,特别是具有一定规模的大企业是地区竞争优势的主要载体。从发展的角度看,区域的比较优势将经历从资源比较优势到经济比较优势再到技术比较优势的演变过程。其中,经济比较优势实质上就是优势企业的规模化优势,是区域分工进一步深化的表现。一个地区的资源总是有限的,将它们集中投入到优势产业群中的优势企业中去,不仅能获得专业化带来的好处,而且还能进一步获得规模化带来的效率。

一个地区的最终优势体现在技术比较优势上。因此,增强地区竞争力,还要靠企业的技术创新,不断提高企业内在竞争能力,特别是技术创新和产品研发能力。要鼓励实力雄厚的优势企业增加研发投入,建立自己的研发中心,同时加强与高校和科研机构的联合研究开发。优势企业要以市场为导向,加大新产品开发力度,实现稳定一代、投产一代、储备一代和研制一代的产品开发链。采取各种有效方式吸引和留住(也可借用)优秀科研人才,为他们创造良好的科研环境。

5. 区域对外开放状况

区域对外开放程度决定生产要素合理流动和合理配置的程度。地区开放程度高,生产要素流动性高,企业才能有效地引进、输出、迅速合理地配置生产要素,有效地降低生产成本和交易成本,提高产品竞争力。地区加强对外开放能够吸收和引进知识、技术、技能、制度、文化、管理,企业可以进行创新,增强自身的竞争力。开放可以创造新资源,培养新优势,不仅可以扩大原有产业规模,提高产业层次,而且可以发展高新技术的创新产业,提升产业的高级化程度,实现资源的合理配置。

6. 区域资源及基础设施状况

资源是区域发展的天然基础,它依赖于区域的自然禀赋。合理地开发和利用具有自身特色的资源,会为提升区域竞争力找到合适的切入点,否则会使区域竞争力极大地降低。

基础设施是地区经济、社会经济的基本承载。地区基础设施的容量大小和负荷能力的强弱决定着该地区的产业规模,地区基础设施水平是地区产业高级化程度的基础,地区基础设施的具体类型和结构也决定着地区的产业结构。

(四) 提高区域竞争力的途径

提高区域竞争力,应该采取多种手段而不是单一措施。

1. 加强地方政府的作用

地方政府是区域经济主体之一,政府角色和职能对建立区域竞争力具有重要影响:① 政府通过制度安排,改变区域要素的供给特征和要素配置效率,进而影响区域增长速度。兼顾公平和效率的区域经济政策既能实现区域内部的均衡发展,也可以在资源供给既定的条件下,实现资源利用效率的最大化。② 地方政府要强化宏观经济调控,只能取消对企业的直接行政干预,企业的生产情况由企业根据市场情况决定。③ 制定和维护市场规则,加强市场监管力度,营造统一开放的市场环境,保护公平竞争,保护区内所有投资者和居民的合法权益是地方政府的重要工作。

2. 优化区域产业结构

区域经济发展过程实际上也是区域经济结构高级化、合理化的过程,因此,结构优化是区域经济发展的永恒主题。区域产业结构优化是指从整个区域经济出发,以一定的价值观和方法论为指导,通过一系列深入细致的定性、定量研究,得出区域产业结构的优化模型和方案,并在此基础上,制定和实施相应的产业政策,实现区域内产业间比例关系的优化调整,促进各种生产要素最佳组合、各种资源最佳配置,从而取得最好的经济效益。区域产业结构优化是一个科学决策的过程,是正确选择区域主导产业、合理确定其发展规模和速度、发挥主导产业带动和辐射作用的过程。

3. 发展产业集群

区域竞争力往往表现在地方特色产业集群的发展上。发展区域产业集群竞争力的具体措施有:① 提高生产要素的质量。按照波特的观点,生产要素可分为初级生产要素和高级生产要素。许多产业集群区的初级生产要素优势正在逐渐减弱,因此,应重点培育和创造中高级生产要素。② 大力发展中介机构,提高产业集群的自我管理能力。中介机构可以大大降低企业间的交易费用,并在必要时提供企业无能为力的、具有外部性的服务。专门的中介机构可以协调和解决可能出现的问题,及时公布与行业竞争相关的信息,发挥竞争对于创新的积极作用。③ 培育龙头企业,实现层次性布局。根据市场发展的需要,利用分包、战略联盟、技术合作、组建虚拟企业等形式,在产业集群内部形成合理的"大、中、小"共生的产业组织结构,提高专业化与协作的效率,克服内在缺陷,促使产业集群向规模化、专门化、协作化方向发展,提高整个群落的生命力和竞争力。④ 着力打造区域品牌,树立区域品牌竞争意识。区域品牌是区域经济发展的一种宝贵资源,可以被集群内所有企业免费享用,是准公共物品。因此,需要政府牵线,集群运作,将这种品牌进行整合、包装,扩大宣传力度。同时,还要建立集群内部监督协调机制,对破坏区域品牌整体形象的区内企业实行惩罚,形成一种精诚合作、优势互补的竞争新格局。⑤ 广拓融资渠道,促进产业集群的资本集聚,要构筑与区域产业集群发展相适应的地方金融体系,组建股份制商业银行等。推行企业财产抵押贷款,组建中小企业跟踪监督机构,建立专门的信用担保机制和企业债权维护机制等,放宽对企业信贷的限制。创立集群产业发展基金,拓宽融资渠道,建立"政府宏观指导、企业自主投资、银行独立审贷"的新型投融资体制,促进民间投资向产业群集聚。

二、区域经济合作

(一) 区域经济合作的内涵与要素

合作是指为了完成某项共同的任务或获得某项共同利益而实行的联合。区域经济合作是指,在一定的地域空间范围内,不同地区的经济主体为了各自或共同的经济利益,依据一定的协议、章程或合同,将商品和生产要素在地区之间组合、配置的过程。

区域经济合作是任何开放区域对外经济活动的重要内容,它包括四个要素:合作主体、合作对象、合作方式和合作利益。

区域经济合作的主体可以是自然人、法人、政府以及非政府组织。早期的区域经济合作主要是企业法人为了企业利益在各区域间展开的合作。在社会化大生产和区域分工细化的条件下，企业之间的合作已经不能满足各区域经济发展的要求，以政府为主体的区域经济合作逐渐居主导地位，与此同时，各种非政府组织的合作也发展起来。区域经济合作的对象是商品和生产要素。物资交换、商品贸易属于低层次的合作，而技术、人才、资本、信息等生产要素的全面合作，则是区域经济的高层次合作。区域经济合作的方式是通过区域间的协议、章程或合同，采取合资办厂、合作生产、合作经营、"三来一补"等方式，实现生产要素在不同区域之间的重新组合。区域经济合作的利益是区域经济合作的目的。就各区域自身来讲，区域经济合作的目的是为了获取各自的经济利益；就一个大区域或一个国家来讲，区域经济合作是实现区域间和一国总体经济增长及全社会共同繁荣的重要途径。

（二）区域经济合作的原则

区域经济合作是与区域分工相伴而生的，是其存在和发展的必然结果。但在区域经济合作中，由于合作主体各有自己的利益，所以，冲突和竞争就在所难免。为使区域经济合作达到预期效果，合作各方遵守一定的合作原则是十分必要的。

1. 自主平等原则

自主平等是合作的前提，也是区域经济合作最基本的原则。在区域经济合作中，参与合作的主体是在自愿的基础上，从本地区资源禀赋出发，与其他主体开展多形式和多内容的合作，以争取在合作中为本地区赢得最大的经济效益。

2. 协调发展原则

协调发展是区域经济合作运用最广泛的原则。它既是区域经济合作的手段，也是区域经济合作的目的。首先，区域经济合作的利益主体较多，因此，为了形成区域经济发展的合力，创造出仅凭单个区域的力量无法获得的经济效益，就必须协调各方利益，形成优势互补或优势叠加的效果。其次，区域合作的内容比较宽泛，从商品贸易到要素流动，从不同部门的合作到同一部门内部的合作，涉及区域的每一个经济单元。因此，区域经济合作必须协调合作的具体内容，发挥各区域和各部门的最大优势。最后，区域经济合作的方式比较灵活。区域经济合作既要努力发挥企业合作的优势，促进企业内资源要素的流动，又要加强区域联系，通过区域合作组织等高层次的合作方式来整合区域资源配置。总的来说，区域经济合作应该从整体利益出发，通过协调合作主体的利益、内容和合作方式，实现区域经济的协调发展。

3. 地域性原则

地域空间是区域经济合作的基础性原则。早期的区域经济合作是在一定的地域空间邻近基础上的合作。空间上相连的区域在长期的发展中往往会有各种各样的传统经济联系、相同或相似的社会文化背景，对于开展合作有许多有利的条件。同时，空间上相连的区域之间要素流动的成本相对较低，经济往来相对容易，有利于开展合作。但是在交通和通信技术高度发达的现代社会，地域相邻已经不是区域经济合作的必要条件，各区域之间都存在一定的经济联系。同时，全球经济一体化也在逐渐打破地域性的区域垄断和区域发展。

4. 经济效益原则

经济效益是区域经济合作的最终目的,也是区域经济合作最重要的原则。经济效益包括直接经济效益和间接经济效益。直接经济效益是可以直接看得到的经济效益,例如企业利润和区域 GDP 的增长。各合作主体参与区域经济合作的目的,是通过要素和商品流动,取得规模效益和布局效益。除此之外,各合作主体还会改善发展环境,减少因恶性竞争等因素导致的经济损失,提高区域整体福利。这些都可以看成是区域经济合作的间接经济效益。

(三) 区域经济合作的主要类型

依不同的标准可将区域经济合作分为不同的类型。

(1) 以区域经济合作主体为标准,可将其划分为企业之间的合作和地域之间的合作。合作主体是区域经济合作的四要素之一,一般包括自然人、企业法人、政府和非政府机构等。但在实际的经济合作中,企业和政府是区域经济合作的主要参与者。

企业、企业集团之间的合作,是区域经济合作的基础和基本形式。就合作内容看,包括生产、营销和研究开发三个环节。其中,生产过程中的合作,包括技术、设备、人才、能源、原材料及资金等方面的合作,以生产适销对路的产品为主要目标;销售过程中的合作,包括联销、代销、信息交流和设置窗口等方面的合作,它以在市场上销售产品为主要目标;研究开发过程中的合作,包括联合研制新产品、新设备、新工艺流程,甚至新的包装设计等,以研究开发新产品和新技术为主要目标。①

现代区域经济合作主要是以政府为主导的合作,政府之间的合作是企业合作的延伸。企业之间的合作主要考虑企业的利益,很少涉及企业所在区域的利益。但是,区域经济合作的目的是为区域整体谋福利,因此需要区域的代表——政府牵头,组织区域要素配置,协调区域产业发展,发挥区域比较优势,实现区域整体经济效益的提高。

(2) 以地域空间范围为标准,可将其划分为国内不同区域之间的合作和国家之间的国际经济合作。地域空间是区域经济合作的基础,任何经济都必须落在一定的地域上,因此,一定的地域空间是区域经济合作得以进行的载体。

国际经济合作是现代区域经济合作的主要内容。从重商主义到现代国际贸易理论,已经形成了比较系统的国际分工、贸易与合作理论。国际经济合作也是一个更为复杂的合作活动,它除了考虑经济利益外,还要考虑合作各国之间政治、文化等方面的差异。在当今全球一体化进程中,各国的政治合作也在逐步加深,文化交流也日益频繁。

(3) 以合作范围为标准,可将其划分为部分经济合作和全面合作。区域经济合作的范围很广,但不是每一个区域经济合作都包括所有的合作范围。一些区域只缺乏部分资源或条件,因此可以寻求与资源或条件丰富的区域开展部分经济合作。资源、行业、交通规划等方面的合作均属于部分经济合作。全面合作是指在政府的推动下,区域之间开展包括区域市场建设、要素区域配置、区域交通建设、区域金融合作、区域信息网络建设等全面的经济合作。区域基础设施建设、区域环境保护、区域政策法规制度建设等,均属于区域经济的全面合作。

(4) 以资源禀赋和资本、技术水平为标准,可将其划分为水平合作和垂直合作。这一划分

① 刘再兴:《区域经济理论与方法》,北京:中国物价出版社 1996 年版,第 325 页。

是与区域分工相关联的。区域分工的主要模式是水平分工和垂直分工。因为水平分工一般发生在经济发展水平相当的区域之间,水平型区域经济合作也是在合作各方经济发展水平相当、产业技术含量基本一致的基础上展开的。此外,同一产业内部的分工合作也是水平合作的主要方式。当今,发达国家之间的合作主要采用水平型的区域经济合作。垂直型区域经济合作是与垂直区域分工模式相联系的合作类型,它是指合作各方在经济发展水平相差较大、技术差距明显的情况下,各区域提供本区域能够完成的产品或要素的合作活动。该类型的合作主要发生在发达国家和欠发达国家之间。

(5) 以区域经济合作的对象和内容为标准,可将其划分为生产合作、资金合作、劳务合作、技术合作和信息合作等。

此外,区域经济合作还可依据时间、距离和行业部门的不同,划分为长期合作和短期合作、相邻区域合作与跨区域合作、行业之间的合作和行业内部的合作等。

(四) 国际区域经济合作及主要模式

1. 国际区域经济合作

国际区域经济合作是指不同国家或地区的经济主体,为了各自的或共同的经济利益,依据一定的协议、章程或合同,将商品和生产要素在国际组合、配置的过程。国际区域经济合作是区域经济合作最广泛、最复杂的一种形式,它除了要考虑经济利益和地理区位外,还要考虑合作国家或地区间政治、文化和制度方面的差异。因此,国际区域经济合作不仅是经济方面的合作,还包括政治、文化、制度等方面的协调。

2. 国际区域经济合作的主要模式

国际区域经济合作经历了优惠贸易安排、自由贸易区、关税同盟、共同市场、经济同盟和完全经济一体化等几种模式的发展,其中完全经济一体化的合作程度是最高层次的。

(1) 优惠贸易安排(preferential trade arrangements)。优惠贸易安排是指成员国之间,通过协定或其他形式,对全部商品或部分商品规定较为优惠的关税标准。这种模式是区域经济一体化的最低级和最松散的形式,其特点是:① 限制各种产品和生产要素自由流动的各种歧视并没有完全消除,而是分阶段减让,以逐步达到其一体化目标;② 由于只是部分地消除了一体化前存在的贸易歧视,所以,这是一种非完全的、消极的经济一体化。APEC、早期东盟等都属于这种模式。

(2) 自由贸易区(free trade area)。自由贸易区是指由签订自由贸易协定的国家组成的贸易区,各成员国在区内取消关税和非关税壁垒,但对非成员国仍设贸易壁垒。自由贸易区的主要特征是:① 各成员国之间已完全消除了限制产品自由贸易的一切歧视,实现了产品市场一体化;② 各成员国仍各自保留其与各非成员国之间原有的贸易歧视;③ 生产要素自由流动的障碍并未消除。由于各国对外贸易政策不一致,自由贸易区内各成员国之间的海关也不能撤销,以防止区外国家的商品通过贸易壁垒低的成员国流向壁垒高的国家,从而使壁垒高的国家政策失效。这类自由贸易区包括 1960 年成立的欧洲自由贸易区(欧盟的初级形式)、1966 年成立的拉丁美洲自由贸易协会和 1994 年建立的北美自由贸易区等。

(3) 关税同盟(customs union)。关税同盟比自由贸易区更进一步,指成员国之间完全取消关税和其他贸易壁垒,并对非成员国实行统一的关税税率而缔结的同盟。这种形式的经济合作模式有以下一些特征:① 各成员国之间已完全消除了限制产品自由贸易的一切歧视;② 各成员国对各非同盟国实行统一的贸易歧视;③ 各成员国之间通过协议来分配因实行共同关税而获得的关税收入;④ 生产要素自由流动的障碍并未消除等。关税同盟是一种非完全的、积极的经济一体化组织,其典型代表是欧洲共同体。虽然1992年年底开始实行一体化的欧洲已远超过一般的贸易集团,但其贸易政策仍然是对内自由、对外壁垒,因此,从其对贸易的影响来讲,与关税同盟较相似。

(4) 共同市场(common market)。共同市场是指成员国之间完全取消贸易壁垒,建立了对非成员国的统一关税税率,而且成员国之间的生产要素可以完全自由流动。共同市场具备关税同盟的一切特点:各成员国之间完全消除了限制产品自由贸易的一切歧视和限制生产要素自由流动的一切歧视,实现了要素市场的一体化。非洲共同体是该模式的典型代表。

(5) 经济同盟(economic union)。经济同盟是指成员国之间商品和生产要素可以完全自由流动,建立了统一的对外关税,成员国制定并执行一些共同的经济政策和社会政策,逐步取消各国在政策方面的差异。其特点是:各成员国统一了贸易及生产要素流动、货币、财政、福利等内容的经济政策,实现了商品和要素市场的一体化。经济同盟是一种较完全的积极的经济一体化组织,欧盟是该模式的典型。

(6) 完全经济一体化(complete economic integration)。完全经济一体化,是其成员国在经济、金融、财政政策上完全统一化,也是区域经济一体化的最高级形式。到目前为止,全球还没有此类经济合作组织出现,欧盟正在朝这个方向发展。这类经济合作组织具有以下一些特征:① 具备经济同盟模式的所有特征,即实现了产品市场、要素市场和政策一体化;② 实现了部分政治一体化,即各成员国放弃了部分国家主权,形成了一个经济、政治相对统一的同盟。

几种国际区域性经济合作模式及其主要特征如表8-1所示。

表8-1 国际区域性经济合作模式及主要特征

主要特征 / 合作模式	成员国之间部分商品优惠关税	成员国之间的自由贸易	共同对外关税	生产要素的自由流动	各种经济政策(财政、货币等)的协调	经济一体化和部分政治一体化
优惠贸易安排	✓					
自由贸易区	✓	✓				
关税同盟	✓	✓	✓			
共同市场	✓	✓	✓	✓		
经济同盟	✓	✓	✓	✓	✓	
完全经济一体化	✓	✓	✓	✓	✓	✓

(五) 我国区域经济合作及主要模式

1. 我国区域经济合作的特点

大体上讲,我国的区域经济合作有四个特点:一是若干省(区)之间的合作,二是省(区)比邻地区之间的合作,三是省(区)内部部分地区之间的合作,四是城市之间的合作。

2. 我国区域经济合作的主要模式

长三角、珠三角和京津冀三大都市圈是我国区域合作的典范,是我国经济发展和技术创新的重要区域。

(1) 长三角“城市集群互补型”合作模式

目前,长三角都市圈被誉为世界六大都市圈之一,是我国最具活力的都市圈。该都市圈集吸引外资、对外投资、贸易、物流、金融等多项功能为一体,是最重要的重化工业和机械装备制造工业基地,是全国最大的外向型经济综合体,也是重要的科研、教育和高新技术研发及产业基地。早在20世纪80年代初,国务院就组建了“上海经济区规划办公室”,提出以上海为中心建立长三角经济区。80年代末,“上海经济区规划办公室”被撤销。直到1992年中央政府作出“以浦东开发开放为龙头,开发建设长江三角洲及沿江经济地带”的重大战略决策。同年,区域内的上海、南京、无锡、苏州、南通、常州、镇江、扬州、杭州、宁波、绍兴、嘉兴、湖州、舟山14个市由“经协会”发起,成立了“长三角14城市经协会主任联系会”。该联系会逐渐发展成长三角区域合作的主要纽带。此后,该区域经济发展的各项指标均居全国前列。

长三角地区的经济发展,在很大程度上得益于区位优势和区域中城市间的经济合作。

从区位优势讲,该地区位于我国海岸线中点和长江入海口,是我国和世界航运的重要枢纽。区内的上海港、宁波港、南京港、镇江港、张家港、江阴港、南通港等组成了我国最大的沿海沿江港口,港口吞吐量占全国的70%左右,是我国对外、对内联系的重要门户。同时,区域内铁路、公路和航空等交通网络十分发达,磁悬浮高速列车和跨海大桥等现代交通体系构筑了区域合作的基础。信息网络和技术网络的建设,使该区域成为许多跨国公司投资的首选之地。

从城市间的合作看,主要体现在以下几方面:① 政府主导的区域协作机制。通过城市经济协调会和市长联席会议等制度,促进区域内各城市之间的经济协调。② 不断拓展区域合作范围。在经济协作的基础上建立共同市场,促进区域内资源、人才、技术和资本等生产要素的流动。③ 跨地区基础设施建设。将基础设施建设作为突破口,构建现代化区域网络交通和通信体系,促进区域信息传播和要素流动。④ 资源禀赋和经济水平。以现有资源和经济发展水平为基础,开展城市间的水平分工与垂直分工,并以此调整区内产业结构分布,实现资源利用最大化,促进城市特色产业与特色经济的发展,加速区域经济一体化的进程。

长三角地区未来的合作,将沿长江向内陆拓展,进而带动中西部地区的联动合作。

(2) 珠三角“开放型异质性”合作模式

珠三角是以珠江三角洲为中心的经济区域,有狭义和广义之分。狭义的珠三角主要指原来的珠江三角洲经济区,包括广州、深圳两个副省级市和珠海、佛山、江门、东莞、中山五个地级市及惠州市区、惠阳市、惠东县、博罗县、肇庆市区、高要市、四会市七个县级市,共14个市、区(县)。广义的珠三角则除以上城市外,还包括广东、香港和澳门在内的大都市圈。这里我们主要讨论狭义珠三角都市圈。

珠三角开放区的设想被提出两年后,国务院决定以广东为综合改革试验区。从此,珠三角28个县市经济开放区的格局被确定。从20世纪90年代开始,股票、房地产业的发展使珠三角成为全国资金的集聚地。1994年,广东省政府明确提出了建设珠三角经济区的构想,并编制了相应的规划。之后,“9 +2”合作的推广,扩大了区域合作的地理范围,并极大地促进了区域内的经济发展。2003 年,CEPA(《内地与香港关于建立更紧密经贸关系的安排》)的正式签订,使珠三角区域的合作更深入、更完善,经济发展更快。

以发展历程和战略选择为视角,该地的区域经济合作有如下特点:① 粤港“前店—后厂”式合作。广东紧邻市场比较成熟的香港和澳门。改革开放后,香港和澳门的资本流向广东投资建厂,很快带动了珠三角区域制造业的发展。而香港和澳门两大消费城市又为该区域的产品提供了销路,从而形成了“前店—后厂”式的合作。② 产业结构梯度转移。珠三角是我国率先改革的区域,市场机制和产业基础良好,因此不仅能承接世界发达区域的产业转移,而且也能承接香港和澳门的产业转移。③ 区域合作范畴不断扩大。从狭义的珠三角到广义的珠三角,再到现在包括福建、江西、湖南、广东、广西、海南、四川、贵州、云南九个省(区)以及香港、澳门两个特别行政区(“9 +2”)的“泛珠三角”,其合作区域扩大了几倍,合作内容、范围和影响力也在不断扩大,表现出明显的“开放型异质性”合作,互补性很强。

(3) 京津冀“内向竞争型”合作模式

京津冀都市圈以北京、天津为主轴,以唐山、保定为两翼,包括北京、天津和河北部分地区。该区域被称为继长三角和珠三角之后我国经济增长的第三大引擎,不仅是我国北方现代化程度较高的城市群和工业密集区,而且是我国知识、人才和技术密集程度最高的区域,具有发展知识和技术密集型产业的比较优势。

京津冀地区的区域经济合作最早始于改革开放初期。1982 年,北京在《北京市城市建设总体规划方案》中,首次正式提出了“首都圈”的概念。不久,华北地区率先成立了全国最早的区域协作组织——华北地区经济技术协作会,京津冀区域合作在协会的指导下得以正式展开。1988 年,北京与河北环京地区的保定、廊坊、唐山、秦皇岛、张家口、承德六地市,组建了环京经济协作区,建立了市长、专员联席会议制度,设立了日常工作机构,卓有成效地推进了该区域的经济合作。

1992 年以后,由于多种因素的影响,京津冀地区的合作逐步削弱。直到 1996 年,国家才在“九五”计划中,将环渤海地区列为七个跨省区经济区域的第二位。同年,北京市科委制定的《北京市经济发展战略研究报告》指出,“首都经济圈”指以北京、天津为核心,包括河北的保定、廊坊、唐山、秦皇岛、张家口、承德、沧州七个市,面积共 16.8 万平方公里。从此,京津冀区域经济合作进入了一个新的历史时期。

近年来,该都市圈的合作日益紧密,已在以下几方面有所表现:① 交通统一规划,构建区域合作良好的基础。京津冀都市圈内的交通联系比较广泛,北京和天津之间的铁路和高速公路,将两地区的联系缩短在 1 小时以内,而京九等铁路线和京开等高速公路,又将北京和河北的保定等城市紧密联系起来。新一期的《京津冀城乡空间发展规划》将北京规划为七环,向外扩大到京冀交界处,自西南向东北依次连接涿州、固安、廊坊、香河、大厂、三河直至平谷。首都机场的建设也以推动京津走廊发展为主。因此,该区域内现有的和未来的交通网络规划将推动区域经济合作快速发展。② 重新定位首都功能,加强区域内产业转移。在新编《北京城市总体规划》中,北京被定位为政治和文化中心,而北京经济中心的功能让位于天津。这一重要战略的制定,为区域内产业转移、提升北京产业结构起到了良好的作用,必将推动未来区域经济的整体发展。③ 构筑环渤海经济区。京津冀合作的目标不仅是促进本区域的发展，还承担着引领包括山东半岛和辽东半岛在内的环渤海地区的经济合作。合作范围的扩大，将有利于首都和周边区域的发展。

除以上讨论的长三角、珠三角、京津冀三大都市圈外，我国还有许多各具特色的省市、市市、市县合作，如合肥“省会经济圈”、沈阳经济圈、山东半岛城市群、长珠潭城市群、成渝都市圈、河南中原城市群和西咸都市群七大次城市群。

（六）区域经济合作相关理论

1. 区域经济联系理论

区域经济联系是指各个区域之间在商品、劳务、资金、技术和信息等方面的交流活动，具体包括自然联系、经济联系、人口移动联系、技术联系、社会联系、服务传递联系，以及政治、管理及组织联系（见表 8-2）。

表 8-2　各种区域经济联系及基本因素

<table>
<tr><th>类型</th><th colspan="2">基本因素</th></tr>
<tr><td>自然联系</td><td colspan="2">公路、铁路、航空、航运、管道等交通运输网络生态系统的相互依赖</td></tr>
<tr><td rowspan="8">经济联系</td><td rowspan="5">内在的</td><td>国家—区域、区域间的投资—生产—利润循环</td></tr>
<tr><td>国家—区域、区域间最终消费—生产—就业循环</td></tr>
<tr><td>区域专业化与协作，生产的前向、后向、旁侧联系</td></tr>
<tr><td>市场辐射范围和产品销售的空间模式</td></tr>
<tr><td>消费水平与消费结构的空间联系</td></tr>
<tr><td rowspan="3">实体的</td><td>原材料、半成品、制成品的区际商品流</td></tr>
<tr><td>能源流动及网络</td></tr>
<tr><td>资本流动、收入流动</td></tr>
<tr><td>人口移动联系</td><td colspan="2">劳动力流动、人口暂时或永久性迁移</td></tr>
<tr><td>技术联系</td><td colspan="2">创新与技术的扩张</td></tr>
<tr><td rowspan="2">社会联系</td><td colspan="2">文化、价值观念、社会思潮的相互渗透</td></tr>
<tr><td colspan="2">习俗、宗教的联系，社会群体间相互作用</td></tr>
<tr><td>服务传递联系</td><td colspan="2">电信系统及信息系统；信贷及金融网络；教育、培训；商业及技术服务联系</td></tr>
<tr><td>政治、管理及组织联系</td><td colspan="2">区域管理与控制层次的关系；政策决策链；组织与结构相互依赖</td></tr>
</table>

资料来源：刘再兴：《区域经济理论与方法》，北京：中国物价出版社 1996 年版，第 304 页。

区域分工、贸易与合作本身就是区域经济联系的一种表现，而区域之间的经济联系又为区域分工与合作提供了基础条件，区域经济联系的不断加强，拓展和促进了区域分工与合作的进一步发展。

2. 区域相互依赖理论

区域相互依赖理论是由我国著名区域经济学家刘再兴归纳提出的。该理论认为，世间的事物都是普遍联系的，世界经济也必然相互联系、依赖。区域相互依赖理论的基本观点是：① 相互依赖是经济发展的必然趋势。进入 20 世纪以来，世界相邻区域的经济一体化日益凸显，并为全球一体化奠定了基础。② 相互依赖的全面性。区域经济一体化的进程，必然导致区域各种因素相互融合。也就是说，区域相互依赖不只是经济的依赖，还包括物质生产和精神生产等领域的相互依赖。③ 相互依赖的双向性。区域的相互联系具有互利性，而不是单方面和单方向的。④ 依赖性的加强。20 世纪 80 年代以来，在世界经济的发展中，发达国家与欠发达国家之间的经济联系日益密切，相互依赖性也逐渐增强。

关于区域相互依赖程度的测算，西方发达国家提出了许多指标体系，比较常用的是贸易结合度。这是一个综合性的指标，其公式如下：

$$\text{A、B 两国间的贸易结合度} = \frac{\text{A 国对 B 国的出口额 / A 国的总出口额}}{\text{B 国的进口额 / 世界出口总额}}$$

此值等于 1 表示依赖程度为平均水平；大于 1 表示依赖程度密切；小于 1 表示依赖程度不够密切。

3. 区际要素流动理论

传统分工与贸易理论认为，要素在区域之间的不完全流动性，是区域分工形成的一个重要前提。然而，现实中，要素在区域中和区域之间是流动的，而且，随着交通、通信设施的不断完善，要素的区域流动越来越广泛、迅速。新贸易理论和国家竞争优势理论阐述了在要素流动的情况下比较优势的存在。

一般来讲，区际要素流动的内容主要包括劳动力、资本、技术与信息的流动（对诸要素流动问题的阐述，详见第四章第二节“三、区域发展要素的流动”，这里不再赘述）。

【本章小结】

1. 垂直分工、水平分工和混合分工是最常见的区域分工模式。

2. 区域贸易的种类包括：地区贸易、全国贸易、国际贸易；垂直、水平和混合型贸易；进口、出口和过境贸易；有形贸易和无形贸易；直接贸易、间接贸易和转口贸易；货币结算贸易和易货贸易。

3. 区域分工与贸易理论包括：重商主义贸易观、绝对优势理论、比较优势理论、要素禀赋理论、要素禀赋理论的进一步发展、新贸易理论、国家竞争优势理论等。

4. 区域经济合作的原则主要有自主平等、协调发展、地域性和经济效益等原则。

5. 国际区域经济合作经历了优惠贸易安排、自由贸易区、关税同盟、共同市场、经济同盟和完全经济一体化等几种发展模式，其中，完全经济一体化是合作深度和一体化程度最高的模式。

6. 我国国内的区域经济合作主要有长三角、珠三角和京津冀三大都市圈内部的合作以及以合肥为代表的“省会经济圈”合作等。

【练习与思考】

1. 名词解释：区域分工、区域贸易。

2. 简述区域分工与贸易的基础。

3. 简述区域分工与贸易的基本理论。

4. 名词解释：区域经济合作、自由贸易区、共同市场。

5. 简述区域经济合作的原则。

6. 简述国际区域经济合作的主要模式。

7. 简述我国三大都市圈区域经济合作的经验。

【进一步阅读资料】

1. 〔英〕亚当·斯密:《国民财富的性质和原因的研究》,北京:商务印书馆1989年版。

2. 孙翠兰:《区域经济与新时期空间经济发展战略》,北京:中国经济出版社2006年版。

3. 〔俄〕萨乌什金:《经济地理学:历史、理论、方法和实践》,北京:商务印书馆1987年版。

4. 樊杰、陆大道等:《中国地区经济协调发展与区域经济合作研究》,北京:中国友谊出版社2001年版。

5. 海闻、P. 林德特、王新奎:《国际贸易》,上海:上海人民出版社2003年版。

6. 孙海鸣、赵晓雷:《2003中国区域经济发展报告——国内及国际区域合作》,上海:上海财经大学出版社2003年版。

7. 孟庆红、张伟:《区域经济合作研究》,成都:西南交通大学出版社2003年版。

8. 梁庆寅、陈广汉:《泛珠三角区域合作与发展研究报告》,北京:社会科学文献出版社2007年版。

9. 王胜今、李玉潭、朱显平:《东北亚区域合作与中国东北振兴研究》,长春:吉林人民出版社2007年版。

10. 刘再兴:《区域经济理论与方法》,北京:中国物价出版社1996年版。

11. 陈广汉等:《区域经济整合:模式、策略与可持续发展》,广州:中山大学出版社2002年版。

12. 陈泽明:《区域合作通论》,上海:复旦大学出版社2005年版。

13. 容敏德、严江枫:《区域合作:欧洲经验与东亚》,北京:中国经济出版社2007年版。

14. 〔美〕保罗·克鲁格曼:《国际经济学》,北京:中国石化出版社2007年版。

第九章　区域优势、区域特色经济与区域创新

【本章学习目的】

1. 结合实际分析区域优势；
2. 通过区域优势、区域特色经济的学习，了解区域经济创新的基础。

每个区域都有自己的优势和特色经济，关键问题是如何发现优势和发展特色经济。而其间区域经济创新是发挥区域优势和发展特色经济的永恒动力。

本章在阐述区域优势、区域特色经济一般问题后，探讨区域创新与发展特色经济的关系。

第一节　区域优势及特点

一、区域优势

（一）区域优势的概念

区域优势是指一区域客观存在的比较有利的自然、经济、技术和社会条件，以及在这些条件基础上发展起来的专业化生产部门。区域优势通过产业和产品表现为一地方的区域特色经济。

（二）区域优势的特点

区域优势具有以下特点：① 普遍性。与差异是普遍存在的一样，优势也具有普遍性。有差异的地方必然有优势和劣势之分。区域优势是在区域差异基础上形成的，是区域差异优质特征的体现；② 地域性。区域优势是一定地域空间上的优势，有具体的地域属性。因此，分析区域优势必须将优势和区域结合起来；③ 相对性。一个地区的区域优势也是相对于其他区域而言的。有比较才有差异，有差异才有优势。一个区域和另一个区域相比可能具有某方面的优势，但与第三个区域相比，这方面的优势可能并不存在。此外，在某些方面一区域较另一区域具有比较优势，但在其他方面可能具有比较劣势。

（三）区域优势的分类

大体上讲，区域优势可以分为以下类别：

1. 条件优势、生产优势和产品优势

条件优势包括自然资源条件、区位条件等方面的优势，是区域一切优势的基础；生产优势是一区域在技术、资本、投资环境和具体的生产、管理环节方面的优势，是形成区域竞争优势的直接源泉；产品优势是区域优势的最终反映，也是区域特色经济中特色产品的体现。

2. 绝对优势、比较优势和竞争优势

绝对优势理论是斯密用于分析区域分工与贸易的理论，其实质是比较优势的一个特例；比较优势是最为普遍的优势，一般常讲的区域优势就是区域比较优势；竞争优势是 20 世纪末才提出来的新概念，是要素条件，需求条件，相关支持产业，企业战略、结构和竞争等因素综合决定的优势。

3. 外生比较优势和内生比较优势

外生比较优势是指资源、技术等生产要素的差异，是由外部环境决定的，是外生于经济体系之外的；内生比较优势是指由经济体系内在决定的差异和比较优势，是内生于经济体系的。这意味着差异是分工的结果而不是分工的原因，而比较优势可以在分工或专业化过程中形成。

4. 先发优势和后发优势

先发优势一般存在于发达区域，是指发达区域在经济发展过程中率先实现工业化和现代化，始终保持在科学技术和信息方面的领先优势；后发优势通常存在于欠发达区域，指的是欠发达地区在经济发展过程中，通过赶超学习和对重点部门投资等措施，实现经济的快速增长，逐步赶超发达区域。后发优势是区域经济发展政策的重要基础。

二、确定区域优势的方法

（一）部门优势列举法

列举法是将各部门生产发展所要求满足的条件与地区可能提供的条件进行逐条比较，然后加以综合分析，作出评价。

首先，根据地区生产发展的有利条件，粗略估计哪些部门有可能发展成为地区的优势部门，即粗选优势部门。

其次，进行列表筛选，列出某产业部门发展所需要的区位条件（因素），然后与地区实际具备的条件对照比较，并作出评价。如将某产业发展所需的区位因素区分为指向性因素（用√表示）、主要因素（用□表示）、一般因素（用×表示），再与地区可能提供的条件进行比较，对区域条件按优、良、差给分，最后进行综合评价，确定区域优先发展的产业。具体如表 9-1 所示。

表 9-1　产业布局要求与地区条件比较表（示意）

条件	某产业	
	布局要求	地区条件
资源	✓	优
劳动力	□	良
产业用地	×	差
资本	✓	良
区位	×	差
……	……	……

资料来源：张金锁、康凯：《区域经济学》，天津：天津大学出版社 2003 年版，第 165 页。

（二）优势产业确定法

测量区域优势产业和产品一般采用产品输出率和区位商方法。

1. 产品输出率

产品输出率是用来衡量区域产品输出程度的指标。根据孟庆红教授《区域经济学概论》一书中的描述，某区域产品的输出率，应该等于该区域该产品的输出产值与该区域该产品全部产值的比，其计算公式是：

$$\gamma_{pi} = \frac{\alpha_{pi}}{\sum \alpha_{pi}}$$

式中，γ_{pi}为 p 区域 i 产品的输出率；α_{pi}为 p 区域 i 产品的输出产值；$\sum \alpha_{pi}$ 为 p 区域 i 产品的全部产值。

由于一个区域越是专业化生产某种产品，该产品在满足本区域需求后供应区域外市场的剩余部分就越多，因此，产品输出率基本上反映了区域专业化程度，即在该产业上所具有的优势。

2. 区位商

区位商又称区域产业专业化率，是反映一个区域产业专业化水平的指标，指的是某个部门在某区域所占的比重与另一部门在全国的比重之比值。区位商的测算方法是，某区域某产业的增加值（或就业人数）占该区域 GDP（或就业人数）的比重，与全国该行业的增加值（或就业人数）占全国 GDP（或就业人数）的比重之比，即：

$$R_i = \frac{q_i / \Sigma q_i}{Q_i / \Sigma_{Q_i}}$$

式中，R_i表示某区域 i 产业的区位商；q_i表示该区域 i 产业的增加值或就业人数；Σq_i表示该区域 GDP 或全部就业人数；Q_i表示全国 i 产业的增加值或就业人数；ΣQ_i表示全国的 GDP 或全部就业人数。

区位商说明的是区域的某一部门（产业）同全国的同一部门（产业）相比较所具有的优势，并用这种优势代表专业化程度。当 $R_i > 1$ 时，该部门（产业）为产品输出部门；反之，为产品输入部门。大于或小于 1 的程度，反映了该部门产品的输出输入规模。①

三、区域优势的发挥

根据罗斯托所著《经济成长阶段》一书的论述，每一国家或地区都需要经历传统社会阶段、为起飞创造条件阶段、起飞阶段、向成熟推进阶段、高额群众消费阶段和追求生活质量阶段。同时，每一发展阶段都有不同的总体优势。

1. 传统社会阶段

在传统社会阶段，经济处于原始状态，产业以农业为主，社会结构僵化。因此，处于该阶段的区域应该充分利用自然资源，大力发挥农业的优势，通过贸易获得财富的积累。

① 孟庆红：《区域经济学概论》，北京：经济科学出版社 2003 年版，第 237—238 页。

2. 为起飞创造条件阶段

处于这一阶段的区域，新技术开始运用于农业和工业，金融机构开始出现，交通运输状况也得到了很大改善，商业范围扩大。因此，发挥区域优势最好的方法是提升农业结构，加快改造工业，通过优先发展战略，建立初步工业体系。

3. 起飞阶段

起飞阶段是区域经济发展最关键的阶段。在这一阶段，农业和工业已经采用现代的组织技术与方法，经济中的净投资上升，产生了许多新的工业部门。因此，处于该阶段的国家，应充分发挥政策引导，加大对基础设施等方面的投入，为新产业部门的建立创造条件。

4. 向成熟推进阶段

在这一阶段，现代技术波及经济活动的每一个部门，投资继续保持快速增长，生产技术不断改进，现代工业部门体系开始建立。因此，处于该阶段的区域，应以技术发展为突破口，通过技术优势开发新产品和新产业，尤其是高附加值的行业。通过规模经济和技术手段，始终保持区域的竞争优势。

5. 高额群众消费阶段

在这一阶段，经济中越来越多的资源被用于生产耐用消费品和提供劳务，社会保障和福利事业得到了充分发展。资源的优势已经越来越弱，技术的传播也限制了其优势的发挥，区域竞争日趋激烈。因此，处于该阶段的区域，应发挥本区域在信息交流和组织管理、生产条件等方面的综合优势。

6. 追求生活质量阶段

在这一阶段，主导部门已从耐用消费品的生产转到以服务业为代表的部门。因此，处于该阶段的区域应发展以服务业为主的特色产业，并开拓新的领域和新的资源。

第二节　区域特色经济

一、区域特色经济的内涵

区域特色经济的关键是“特色”二字，特色的原意主要是指一事物区别于其他事物的特有色彩、风格，是差异性、区别性、独有性的有机统一。特色是区分优质和非优质事物的规定性，是人们认识优质事物的根据，它表达了事物的自我完善、自我发展的倾向性，代表着事物发展和进化的方向。同样，特色也是一种优势经济，是以特色产品为核心，以特色产业为依托，以特色资源为基础，以特色技术为主导的一个系统工程。而区域特色经济是涵盖特色与区域特征的经济，是指一个地区在发展市场经济的过程中，遵循区域分工的原则，以特色资源和技术建立起来的比较优势为基础，通过竞争而形成的特色产品和特色产业的专门化生产。它包括以下几个层次：① 差别经济，即寻求一个地区与其他地区经济的差别，通过标新立异，推动本地区特色的形成和经济的发展；② 优势经济，是资源、技术、人才、市场、社会等因素比较优势的体现；③ 潜在的优质经济，优质的含义很广泛，包括产业质量、产品质量、要素质量，还包括经济运行过程中的管理、质量调控优势等；④ 效益经济，即将有限的资源最有效地配置到某一生产领域，形成区域专门化生产的特色产业和产品，以获得最大的经济利益。

根据资源、人文、科技、生态环境等多个层面，可将区域特色经济分为资源型、人文型、科技型、生态型和混合型等特色经济。

二、区域特色经济形成的基础

区域分工是在区域差异基础上，选择具有比较优势的行业或产品进行的专门化生产，而这种专门化生产的行业或产品即是区域的特色经济。因此，区域特色经济的形成基础包括区域差异、区域优势、区域分工和区域利益。

1. 区域差异

如前所述，区域差异是区域分工、贸易与合作的基础，也是区域特色经济产生的基础。特色是一事物区别于其他事物的属性，因此，特色存在的基础就是差异。差异显示出优势，优势形成特色。正是在这个意义上可以说，区域经济是具有区域特色的经济，即区域特色经济。

2. 区域优势

区域优势是由区域差异形成的一区域在某些方面的优越性，包括自然条件、经济社会发展水平、技术和环境等方面。区域特色经济是由区域优势转化而来的，因此，区域特色经济也可以称作区域优势经济。

3. 区域分工

区域特色经济是区域分工基础上的专业化经济。仅有差异、优势还不能称之为特色经济，只有在区域分工基础上进行专业化生产，才能称为区域特色经济。区域分工要求各区域凭借、利用和发挥自身优势进行生产布局，因地制宜地发展生产部门，建立特色显著、专业化程度高的区域经济结构，以发挥其在劳动地域分工中的经济功能，产生巨大的经济效益和社会效益。

4. 区域利益

区域利益包括区域分工、贸易、合作等区域经济活动的目的。区域分工要求各区域根据自身优势建立特色产业和产品的生产，形成特色经济，目的也是使区域利益最大化。因此，区域利益是区域特色经济产生和发展的根本动力。

三、区域特色经济的体现及经济意义

（一）区域特色经济的体现

区域特色经济主要体现在区域特色产品、区域特色产业结构、区域特色产业布局，以及与区域经济发展紧密相关的区域特色经济发展战略、区域特色形象等方面，是一区域区别于其他区域经济特征的综合表现。

1. 区域特色产品

区域特色经济要转化为区域利益，必须通过对外销售特色产品来实现。特色产品的特征集中体现在特殊的内涵和特殊的使用价值上，同时，特色产品的供给也应该有不可替代的地域性。特色产品的特殊使用价值、特色内涵以及产品供给的特定地域性，都应该汇聚于产品的品牌上。在日益激烈的市场竞争中，没有品牌的商品必然受到冷落，只有在市场上树立特色产品的品牌，才能让特色经济发展壮大。

2. 区域特色产业结构

区域特色经济在一定程度上也可以称为区域特色产业。区域产业结构由主导产业、辅助产业和基础设施三个部分组成。其中,主导产业是区域产业结构的核心,它决定着区域经济的发展方向、性质、速度和规模,并体现出某一区域在全国劳动地域分工中的地位。区域主导产业不同,产业结构也就不一样。因此,区域特色经济进一步体现为区域主导产业的特色。

3. 区域特色产业布局

区域特色产业布局是对区域内不同产业的布局,它与区域生产力发展水平密切相关。有什么样的生产力发展水平,就有什么样的产业分布条件、内容、形式和特点。因此,处于不同发展水平的各经济区域,其产业空间配置的要求和格局必然各具特色。

4. 区域特色经济发展战略

区域特色经济还体现在发展战略方面。随着资源的流动性越来越强,资源禀赋的比较优势在不断弱化。在这种情况下,一地区通过发展战略来提升本区域的竞争优势,就成为最重要的特色经济基础。例如,我国提出的西部开发战略和振兴东北地区等老工业基地的发展战略,已经成为这些区域发展特色经济的有利措施。

5. 区域特色形象

区域特色形象是区域特色文化的体现,而文化与经济发展又是密切相关的。对区域特色文化的提炼可以从两方面着手,一是利用现有文化发展特色文化、特色旅游等产业;二是通过提升本区域的文化来提升本区域的形象,改造本区域的经济发展环境。

(二) 发展区域特色经济的意义

区域特色经济是在区域分工基础上的专业化生产,因此它能够有效地利用资源,合理分工,提高劳动生产率,为本区域谋取最大福利。

1. 有利于地区利用和发挥资源优势

由于区域差异的存在,各区域在资源禀赋的总量、质量和类别上总是不同的。而区域分工基础上的区域特色经济有利于充分、合理利用本区域现有资源,发挥资源优势,构造优势产业。

2. 有利于形成商品优势,增强市场竞争能力

区域特色经济最终体现在产品的市场上。在以需求为主导的市场中,特色产品是赢得市场的最有效方法。发展区域特色经济有利于生产特色产品,并通过市场交换为本区域赢得最大利益。

3. 有利于防止重复建设和产业趋同现象

我国的地域空间跨度较大,各地区的资源禀赋也不一样,但产业趋同现象十分严重,各地区都追求“大而全”“小而全”的发展思路,这既浪费了资源,又降低了产业竞争力,不利于整体经济的发展。而发展区域特色经济则有利于各区域发挥比较优势,防止重复建设和产业趋同现象。

4. 有利于实现区域经济的可持续发展

区域特色经济是区位优势和资源优势的延伸,然而,区位优势和资源优势并不等于区域特色经济。在市场经济条件下,区位优势和资源优势不可能保障区域经济的持续发展。只有在

区位优势和资源优势基础上,发展区域特色经济,才能够构建区域的长期竞争力,实现区域经济的可持续发展。

第三节 区域创新

在区域经济发展中,创新始终发挥着关键性作用。实践证明,从工业革命开始,技术的变革和创新就对经济发展起着重要的推动作用。实际上,西方发达国家的优势地位就是从工业革命后的技术创新发展起来的,接下来的第二、第三次工业革命,则更进一步推动了这些国家经济的发展。因此,从一定意义上讲,区域优势的确立是区域创新的结果。

一、创新和区域创新

创新包括知识创新、技术创新和制度创新等。1912 年,美籍奥地利经济学家熊彼特(J. Schumpeter)在其经典著作《经济发展理论》一书中,提出了以创新理论为核心的经济发展模式和经济周期波动的增长理论。他认为,创新是"间断出现的实现生产手段的新组合",包括新产品的引入(生产创新)、技术变革(生产方法创新)、开辟新的市场或新的原材料来源以及引入新的生产组织形式。

传统的创新模型认为,研发活动是创新的关键,且创新过程被描述成一个以某种次序连接不同行为的环,即线性创新模型。在此模型中,创新的链条起始于正式的研发活动,随后是应用研究、产品开发和商业化(见图 9-1)。

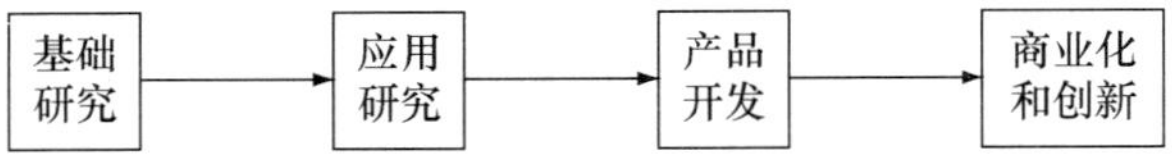

图 9-1 线性创新模型

资料来源:Andersson and Karlsson(2002),转引自魏后凯:《现代区域经济学》,北京:经济管理出版社 2006 年版,第 334 页。

区域创新是指所有创新活动和创新成果在地域空间上的集结,是创新活动和区域活动的结合,具体包括地域空间、创新环境、创新主体、创新网络和创新活动等几个方面。其中,地域空间是载体,创新环境是基础,创新网络是平台,创新活动和创新主体是核心。

由于创新活动的区域性和区域的差异性,一般来讲,区域创新活动主要集中在少数地区,尤其是发达地区,即使在一个国家内部,区域创新活动也是集中在少数几个城市,例如美国的硅谷、我国的北京和深圳等。

二、区域创新模式

一般认为,创新环境、产业区、区域创新系统、新产业空间、地方生产系统和学习型区域是常见的几种创新模式。不同区域创新理论流派的创新观如表 9-2 所示。

表 9-2　不同区域创新理论流派的创新观

创新的特征	理论流派					
	创新环境（MI）	产业区（ID）	区域创新系统（RIS）	新产业空间	地方生产系统	学习型区域
创新动力学的核心	企业通过与同一环境内其他组织的关联实现创新的能力	各主体在共同价值体系下实现创新的能力	创新是研发的互动性、累积性的专门过程（路径依赖）	研发活动及其实施的结果，新生产方法的应用（如即时生产方式）	同产业区一致	同区域创新系统一致，但强调技术和制度的演化
制度的作用	在研究（大学、企业、公共机构等的研究）过程中制度具有非常重要的作用	制度是“主体”，能实现社会规制、促进创新和发展	学者们对区域创新系统的定义不尽相同，但公认的是制度能规范行为	协调企业间交互作用和企业活动发展变化的社会规制	同产业区一样，但注重政府治理的作用	同区域创新系统一致，但更重视制度的作用
区域发展	空间观的基础：创新环境以及合作氛围中各主体的创新能力	空间观的基础：区域空间的稳固性和弹性，这种弹性是创新的因素	互动学习的源泉	社会规制和集聚性生产体系的互动	扩展的工业化，如不断演进的社会—经济发展	双重的动态变化：技术和技术—组织的，社会—经济和制度的
文化	信息和互惠互利关系的变化	产业区各主体共同的价值观；信任及互利互惠	将区域视为互动学习或从运行规则中学习的体系	结网① 和社会性互动的文化	发展过程中区域社会—文化环境的作用	同区域创新系统一致，但更注重经济和社会文化生活的互动
主体间关系的类型	企业与其供应商、客户、合作伙伴间的战略关系	网络是社会规制的模式和约束源，它使合作和竞争共存	网络是互动学习的组织模式	企业间交互作用	企业间和机构间网络关系	各主体组成的网络（极值性）
与环境关系的类型	各主体根据环境变化调整其行为的能力；非常丰富的关系；与区域环境内各主体之间的关系	能应对环境变化；丰富的关系；有限的空间环境观	在内部专门关系和环境约束间寻求平衡；丰富的关系	社区形态和社会再生产的动态变化	与创新环境相近	同区域创新系统一致

注：① 这里的结网是指技术、空间和社会三者交织的网络。

资料来源：魏后凯：《现代区域经济学》，北京：经济管理出版社 2006 年版，第 348 页。

1．创新环境

所谓创新环境，是指区域内一组有利于创新的社会制度、法律体系、社会心理、社会习俗、经营文化、社会网络等软性条件与基础设施、劳动力、技术和经济存量等硬性因素的集合。这一概念是由欧洲区域创新环境研究小组(GREMI)在1986年首先提出来的。该小组在对欧洲部分创新地区和美国硅谷的研究中指出,环境是区域创新的基础条件,有创新环境的地方才有创新,例如大学和科研机构集聚地等。

2. 产业区和新产业区

产业区是大量相关小企业的集聚地,在这一区域,大量中小企业在共同的价值体系下,相互作用,实现创新能力。之后,产业区概念被发展为新产业区,即"具有共同社会背景的人们和企业在一定自然地域上形成的社会地域生产综合体",其特点是灵活性、专业化和扎根于本地文化的合作网络。

3. 区域创新系统

区域创新系统是企业及其他机构在以根植性为特征的制度环境中系统地从事交互学习。具体内容是:① 交互学习。相当于知识在生产系统内通过交互作用结合而成的各类不同行为主体的一种集体资产。② 环境。环境指的是一个开放的地域综合体,包括规则、标准、价值观以及人力和物质资源。③ 根植性。根植性包括企业内外创造和复制经济及知识的过程,这些过程一般是通过某种特定的社会交互形式来完成的,可以通过不同的形式实现,但也会增加复制的难度。①

4. 新产业空间

新产业空间注重技术创新与空间的结合,即高技术创新工业区,其核心是柔性生产体系,理论基础是交易成本。新产业空间强调高技术企业对产业区域形成的推动、产业区域对企业创新能力的提高以及它们之间的交互作用。

5. 地方生产系统

地方生产系统是其他几种模式的发展,是各种生产单位在地理上保持一定紧密联系的系统。同产业区一样,它也强调相关中小企业交互作用实现的创新能力,但在区域环境治理、制度提供和文化创造等方面,更注重政府的作用。

6. 学习型区域

学习型区域是指通过有效的个体学习、组织学习和区域学习,提高参与区域创新活动的企业、大学、科研机构的创新能力,增加区域人力资本积累,从而大幅度提高区域创新能力和经济效益,形成并长期保持竞争优势的一种有效的区域创新系统。学习型区域是区域发展的有效手段,它表现为接受新观念的开放性,具有鼓励并提供学习与创新的机会和硬环境。

三、区域创新对区域特色经济发展的影响

创新对区域特色经济的影响主要表现在以下三个方面:

首先,创新的地域性使区域形成比较优势。创新活动需要以一定的地域空间和环境为基础,中小企业的集聚和高校、科研机构的集聚都必须在一定的区域内才能产生集聚效应。同时,由于信息传播的时滞性和交易成本的存在,创新结果在区际之间的传播受到了阻碍,这进

---

① 魏后凯:《现代区域经济学》,北京:经济管理出版社2006年版,第351页。

一步加强了创新结果在区域内的产业转化,形成区域比较优势和区域特色经济。

其次,创新的外部性有利于区域规模经济的形成。创新活动具有外部性,即能够产生溢出效应。在一个产业区,这种溢出效应有利于产业区内其他企业信息共享,提高区域生产率,从而形成区域规模经济。只有创新活动的外部性和创新的地域性相结合,才会形成区域规模经济。区域规模经济实质上是区域特色经济的一种。

最后,区域创新网络的形成将使区域更具有竞争优势。创新活动实质上是信息整合的结果,其关键是相关信息的交换;同时,创新的结果又必须转化成产业和产品才能实现其价值。因此,建立包括企业、高校、科研院所和政府等机构在内的区域创新网络,将更有利于创新环境的建设和创新成果的转化,从而使区域更具有竞争优势。

四、区域创新政策的作用领域与手段

区域创新政策是区域创新系统正常运行的保证。区域创新政策是国家经济政策、国家科技政策和地区产业政策的结合,是一个整合的概念。

(一)区域创新政策的作用领域

1. 基础研究领域

大多数基础研究是没有直接收益的,但它们却是大多数创新得以产生的基础。在市场经济制度条件下,企业一般不会去做没有直接经济效益的基础研究,这就需要超越企业局部利益的中央和地方政府承担起组织、资助基础研究的责任。通过政策手段资助基础研究是区域创新政策的重要方面。

2. 基础设施建设领域

以基础设施建设为中心的许多公共设施建设,如交通、通信和城市基础设施等,是技术创新活动能够进行的环境基础。由于这些公共设施具有公共产品的性质,因而有赖于政府的投资、建设,为区域创新提供保障。

3. 主导产业领域

如果一个地区某些主导产业领域的创新活动可以极大地促进区域经济的发展,那么,中央和地方政府都应积极促进这些领域的创新,通过政策手段加快主导产业发展。

(二)区域创新政策的主要手段

1. 政府资助地区研究与开发项目

政府对研究与开发项目给予直接的资助,是实施区域创新政策中普遍运用的手段。虽然各国的研发经费近年来在财政支出中的比例不尽相同,但都呈现上升的趋势。政府资助还包括政府拨款给公共研究开发部门,通过建立政府研究所、实验室、资助大学研究等,使创新活动普遍化。

2. 政府采购创新产品

政府采购创新产品在一定程度上会促进区域创新的发展,其原因是:首先,政府部门的需求构成了一个大市场,政府既可以为本身购买,也可以采取适合的手段,要求能源、交通等部门采用某些产品,这种市场保证自然有利于创新产品的问世。其次,政府部门的购买起着需求拉动的作用,在产业发展的早期阶段,这种拉动尤为重要,特别是在落后地区发展半导体、集成电

路等领域的活动中，政府采购所起的推动作用比直接资助要大得多。

3. 政府直接投资

国家将一些基础设施和产业、技术领域作为优先发展的对象，并制定这些领域的发展战略、方案，并进行直接投资。由于许多创新产业的风险高、资金需求多、涉及技术领域多，政府的直接投资或与企业的合作性投资也已成为一种发展趋势。

【本章小结】

1. 区域优势包括条件优势、生产优势、产品优势、绝对优势、比较优势、竞争优势、外生比较优势、内生比较优势、先发优势和后发优势；区域优势具有普遍性、地域性和相对性特点。

2. 发展区域特色经济，对利用和发挥资源优势、增强市场竞争能力、防止重复建设和产业趋同、实现区域经济的可持续发展都有十分重要的意义。

3. 创新是区域特色经济可持续发展的保障。

【练习与思考】

1. 确定区域优势的方法有哪些？
2. 区域特色经济体现在哪些方面？
3. 发展区域特色经济的意义是什么？
4. 区域创新有几种模式？

【进一步阅读资料】

1. 魏后凯：《现代区域经济学》，北京：经济管理出版社 2008 年版。
2. 杜肯堂、戴士根：《区域经济管理学》，北京：高等教育出版社 2004 年版。
3. 孙翠兰：《区域经济与新时期空间经济发展战略》，北京：中国经济出版社 2006 年版。
4. 王缉慈：《创新的空间：企业集群与区域发展》，北京：北京大学出版社 2005 年版。
5. 盖文启：《创新网络——区域经济发展新思维》，北京：北京大学出版社 2002 年版。

第十章　乡村与城乡边缘区、城镇、城市、城市群

【本章学习目的】

1. 熟悉城市、乡村与城乡边缘区的本质特性；
2. 掌握城市体系形成规律及其功能特点；
3. 借鉴城市群形成与发展的国际经验。

社会生产力的发展促进了城市的出现、兴起与繁荣，城市化的结果导致人类聚落形态分为城市和乡村两大类型。城市与其周边的农村及邻近城市保持密切的经济和社会联系。随着城市化进程的加快，原有城市规模向腹地扩张，城市间的各种联系日益紧密。在一个区域内，若干个规模不等的城市相互联结在一起形成了城市体系。区域内的经济布局、要素流动、信息传输等主要都是依托或通过城市体系进行的，并由此形成各种经济和社会网络。城市体系实际上构成了区域的空间框架。

第一节　乡村与城乡边缘区

一、乡村

乡村(rural)，是居民以农业为基本经济活动聚落的总称，通常称为农村。从人类社会发展的历史看，原始部落起源于旧石器时代的中期。到新石器时代，农业和畜牧业开始分离，以农业为主要生计的氏族定居下来，才出现了真正的乡村。按乡村的经济活动内容，可把乡村划分为农业村(种植业)、林业村、牧村和渔村，也有农林、农牧、农渔等兼业的村落；按乡村是否具有行政含义，又可将其划分为自然村和行政村。自然村是村落实体，行政村是行政实体。一个较大的自然村可以设几个行政村，一个行政村也可以包含几个小自然村。

OECD 从地方和区域两个层次对“乡村”下的定义是：在地方社区层次，社区的人口密度小于每平方公里 150 人；在区域层次，把乡村分为三等，即有 50% 人口生活的乡村为“基本乡村区域”，15%—50% 人口生活的乡村为“重要乡村区域”，少于 15% 人口生活的乡村为“基本城市区域”。按照 OECD 的计算，10% 的欧洲人居住在边远乡村，他们的辖区面积为欧洲土地面

积的 47%。60%的欧洲人居住在城市,城市辖区面积不到 16%。在英格兰,村庄与乡村居民点的区别是,村庄有教堂,所以有教区中心;而乡村居民点则没有。

尽管我们可以从形体、社会和文化上“意会”乡村,实际上,在国际学术界几乎还没有一个可以“言传”的乡村概念。乡村即是“非城市”。但是这个定义没有表达出乡村本身的特征。与城市相比,乡村的特征主要是:乡村居民主要从事农业,其消费方式和文化更贴近自然,自然景观多,人口密度低。

二、城乡边缘区

(一) 城乡边缘区的内涵

自 19 世纪末,中欧地理学家特别是城市地理学家们,从城市形态学与形态发生学的角度提出“边缘区”这一涉及城乡过渡地带的概念之后,对这一定义的研讨就没有停止过。迄今,学术界对城乡边缘区的概念仍未达成共识。因此,如何准确、合理地定义城乡边缘区的概念,就成为我们分析和认识的起点。

1. 概念的讨论

对于是谁最早提出城乡边缘区的概念,学术界有两种观点。一种认为,1936 年德国地理学家哈伯特·路易斯(Herbert Louis)在对柏林的城市形态结构进行分析时,最早使用了城乡边缘区(stadtrand zone)的概念;另一种认为,是史密斯(T. L. Smith)最先使用城乡边缘区(urban fringe)这一概念,且将其界定为“毗邻整个城市界线外的建设区域”。根据已有的文献分析,我们认为,从严格意义上讲,史密斯应该是最早提出这一概念的学者,因为他给出了城乡边缘区的概念及内涵,而路易仅仅是为了将这一地带同城市结构中的其他地带相区别而冠之以一定的名称,并没有就这一概念进行深入的研究与解释。

自城乡边缘区作为一个独立的研究领域被提出后,许多学者对这一概念展开了广泛而深入的研究。1942 年美国学者威尔文(Wehrwein) 和安德鲁(Andrews)分别撰文提出了较为明确的定义。威尔文认为:“工业用地和农业用地的转换地区,是一个很难快速、准确定义的概念。”安德鲁则是将城市边缘区同城乡边缘区相区别,认为“城乡边缘区在面积上要更大些,是从经济中心向外毗邻城市边缘区的农业用地和城市土地利用方式相混杂的地带”。

20 世纪 60 年代,英国地理学家科曾(M. R. G. Conzen)从城市开发的复杂性和有序性角度,提出了周期性因素对边缘区空间结构变化的影响,他认为,边缘区是城市地域扩展的前沿。同时代的普里沃,在前人研究成果的基础上认为:“城乡边缘区是一种土地利用、社会和人口特征发生变化的过渡地区,位于连片的中心城区与外围的几乎没有城市居民住宅及非农土地利用的纯农业腹地之间,兼具城市和乡村的特征。”但这一定义并没有得到学者们的完全认同。鉴于现代城市的扩大并非是城市边缘连续、简单的快速向外增长,而是在其外缘以点状方式,以不连续的土地利用形式向外围扩展,因此,威迪汉德(J. W. R. Whitehand)把这种边缘区又定义为城市新区的一种形态。

20 世纪 70 年代以来,以卡特(Carter)为代表的一些学者逐渐意识到,将城乡边缘区继续作为城市研究的一个附带物已不能适应实际发展的需要,由此提出了边缘区作为一个独特的地带,既不同于城市,也不同于乡村,主要是由城市和乡村的土地利用景观混合而成的观点,并且边缘区的人文、社会特征具有城乡过渡的性质。这一认识和普里沃的定义构成了城乡边缘区的主流看法。

城乡边缘区作为一种中间地带，其过渡性和可变性使其成为一个很难准确定义的动态概念，因而学者们纷纷从不同的角度，按照各自的理解归纳了对这一地带的认识，从而衍生出一系列不同的术语，如“城市边缘区”“城乡结合部”“城乡交错带”“灰色区域”以及“UMLAND”和“Desakota”等。

2. 概念的界定

综合以上见解，我们认为，界定城乡边缘区可以从以下几方面入手：从空间位置来看，城乡边缘区位于城市和乡村的中间交叉地带，以城市和乡村土地利用方式相混合为典型特征；从形态来看，城乡边缘区是城市要素与农村要素在一定空间范围内的相互运动，是各种要素高度混合而成的一种全新的社会经济空间；从结构来看，城乡边缘区既是传统意义上城市结构的转换，又是传统意义上农村结构的转换；从运动实质上看，城乡边缘区是城市和农村地域产业结构的转化过程；从区域发展来看，城乡边缘区内的人口和社会具有城乡过渡性质，是城市在自身的近域推进和广域扩展过程中，城乡要素逐渐过渡、彼此渗透、功能互补而形成的特殊区域，具有明显的城乡经济混合增长的特征。

综合以上分析，城乡边缘区是位于城乡之间、具有城乡过渡性质的各种城乡特征融合为一体的独特城乡综合区域。需要注意的是，城乡边缘区的过渡特性及城乡混合的土地利用方式并不意味着这一地带只是一个暂时现象，恰恰相反，尽管它的内边缘区可能被城市侵吞，转变为城市的一部分，但边缘区动态的推移，使这一地带成为围绕许多城市的一个持续不变的景观。城乡边缘区是城市外围，城市和乡村相互影响与相互作用，因此，城乡边缘区的出现和消失都势必以城市和乡村两个对立单元的存在与消亡为前提。也就是说，对于一些完全孤立存在于不毛之地的资源性城市而言，其周围是不可能出现城乡边缘区的。

（二）城乡边缘区的形成与发展

1. 城乡边缘区的形成

从总体演进情况看，城乡边缘区的出现大体有两种形式。一种是与大城市邻近的农业地区，由于受城市化的影响而在城市外缘形成一个准城市化地带，这一地带由于其混合、过渡的特征而被视为城乡边缘区；另一种是多个城市在聚集发展过程中，城市之间沿主要交通干线形成的发展走廊，这一地带也属于城乡边缘区的范围。尽管城乡边缘区形成的原因有差异，但是，从本质上讲，各种城乡边缘区产生和发展的内容，都是通过城乡之间的相互作用、相互影响而使其土地利用、人口和社会特征方面同时出现城市与乡村的两种痕迹。

2. 城乡边缘区的发展

从总体发展过程看，城乡边缘区的发展经历了四个阶段。

(1) 起始阶段。在起始阶段，由于城市化刚刚起步，社会总体经济水平较低，第二产业发展所需的社会资本短缺。初期工业化所带来的农业资本向工业的转移，致使农村更加贫困，决定了城乡边缘区不可能获得实质性的发展。可以说，此时的城乡边缘区农业用地占90%以上，除了为城市提供一定的粮食外，城乡边缘区与市区之间没有经常、稳定和大量的经济往来。

(2) 发展阶段。伴随着科技进步和工业化的发展，农村人口不断向城市集中，城市人口占总人口的比重迅速提高，自下而上地推动城市化的发展。与此同时，国民经济和社会资本的增长、工业化规模的扩大、城市就业机会的激增，吸收了大量农业剩余劳动力，城市化高速发展。产业开始由普通农业向城郊型农业过渡，经营的大田作物改为蔬菜、瓜果等农副产品，产品的商品化率提高，开始与城市之间发生经常性的经济往来。但在这一阶段，第一产业在边缘区仍是主导产业。

（3）成熟阶段。由于市区中心的高度密集产生了一系列经济、社会和生态问题，人口和资本在城市中心聚集的利益已不足以弥补必须支付的高额成本。人口和制造业的外迁带动了零售业向边缘区的迁移，在具有较高消费能力的地方建起了超级市场和商业中心。在这种分散型城市化的影响下，边缘区的农业用地大量被占用，第二产业成为主导产业，观赏和休闲农业发展，一些大型商业、娱乐场所在边缘区的兴建，以及交通运输网络和其他一些基础设施的日益完善，使城乡边缘区在景观上向城市型靠拢。

（4）衰落阶段。城市化的持续发展使城乡边缘区不再是缺乏经济行为的"卧城"，在某种意义上，它已成为城市综合体的一部分。边缘区一部分靠近城市的地域已经彻底实现了从边缘区向城市的转化，与城市连为一体，边缘区的范围由此发生改变。但在这一阶段也存在另一种发展模式，即经济危机的爆发导致高失业率和汽车行驶成本的上升，同时，市区中心的布局结构经过重新调整以及政府的倾力支持，人们和一些商业服务企业出现向心运动。这又使边缘区的发展出现下降趋势，使其继续保持一种城乡混杂的局面。

对城乡边缘区的发展演变，我们大致可以用图 10-1 说明。

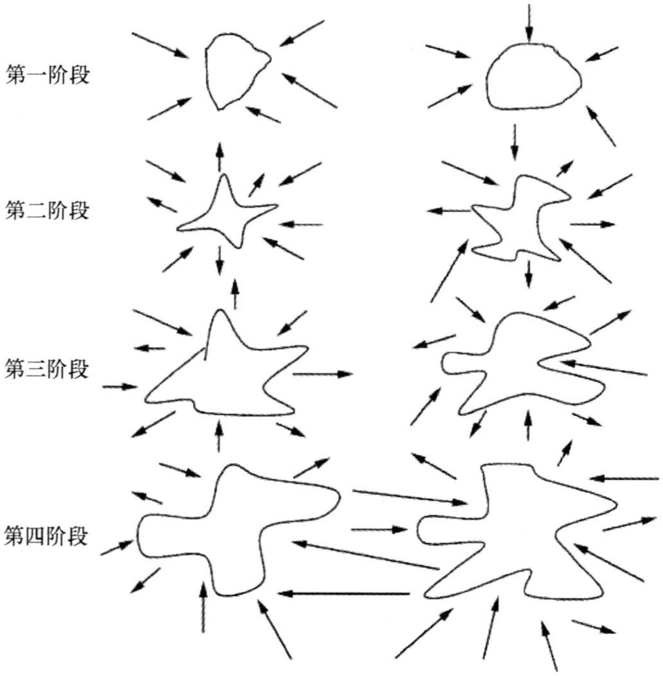

图 10-1　城乡边缘区发展演变图

资料来源：郝寿义、安虎森：《区域经济学》，北京：经济科学出版社 1999 年版，第 410 页。

3. 城乡边缘区的成因

随着历史的演变和经济、社会的发展,城乡边缘区逐渐成为一个独特的经济发展地域,其形成的基本原因有客观条件与动力机制两个方面。

(1) 客观条件

科技进步和交通的发展是城乡边缘区形成的客观基础。在城乡边缘区,一方面,科技进步使农业在生产和生活方面出现了巨大的变化,如农业现代化水平的提高必然使许多农业劳动力从土地的束缚中解放出来,转而从事非农生产,推动边缘区向城镇发展;另一方面,交通技术的突破性发展使城乡之间的联系进一步加强,为城市人口向边缘区的扩散提供了可能。正如芒福德(Munford)所指出的:"早期的居住者不可能超过水和食物的供给范围,直到交通的发展和更为复杂的管理机构的形成才改变了这一切。"交通运输的变革,不仅带来边缘区内城市用地方式的增加,也大大刺激了交通沿线两侧地区的经济发展,不仅使城镇间经济互相扩散,同时也使城镇在沿线地带形成发展走廊。

生活水平的提高是城乡边缘区形成的加速器。在当今各国城市病较严重的情况下,城乡边缘区仍保有较高质量的自然环境,成为宜居的理想地带。一些有条件的城市居民开始向边缘区迁移。随着经济的发展,会有越来越多的居民到边缘区定居。同时,当边缘区乡村居民的生活水平提高到一定程度后,其需求结构也会发生改变,原有的日常消费方式开始与城市趋同。所有这些都在一定程度上推动城乡边缘区的形成。

与中心城市的联系是城乡边缘区形成的直接条件。任何城市的发展都不可能脱离其周边地区而孤立地存在。同样,城乡边缘区的形成也是在中心城市扩散效应的影响下进行的。城乡边缘区内部的转变是其结构、成分及传统的社会、政治、经济制度和功能的演进;在外部,常常是外部的关系、结构、进程的修改或完全替代现存的经济和社会过程。外部的变化可以推动事物内部的演进,城乡边缘区的变化在很大程度上正是得益于其外部的影响,即与城市之间的密切联系。这些联系包括资金流、信息传输、商品交换、来自城市企业与研究机构的技术、管理知识,以及城市的技术设备与城乡边缘区的土地、劳动力的交换等。联系的方式包括:① 城市经济的扩散。随着城市生产社会化程度的提高,在产业结构升级的过程中,一些低梯度产业被扩散到城乡边缘区,或与边缘区展开专业化协作,带动了城乡边缘区的经济发展。② 城市经济的辐射。城市通过技术输出、人才输出、信息输出,给城乡边缘区以强烈的辐射作用,并促使其加速成长。同时,由城市各类需求形成的市场,也拓展了城乡边缘区的生产和投资领域。③ 对边缘区居民的影响。边缘区居民与城市文明接触的机会多于一般的乡村居民,更容易接受新观念、新事物,对边缘区发展的作用不可低估。

(2) 动力机制

城乡边缘区的基本内涵实际上反映了特定条件下城市和乡村两种异质空间相互作用的结果。因而,对城乡边缘区动力机制的研究也就无法离开城市和乡村两者的发展。

城市本身的发展促进了城乡边缘区的形成与发展。在城市发展理论中,城市发展的主要决定因素是城市的集聚经济。但是,随着城市规模的不断扩大而导致的集聚不经济的非理性后果,必然通过扩散疏导解决。可以说,正是由于集聚不经济,才迫使城市在其周边区域寻求新的发展空间。

农村经济的发展推动了城乡边缘区的形成与发展。城市的扩张使可耕土地面积逐年减少,从而使农业的持续发展受到了土地空间的严格限制。与此同时,农业生产受气候等自然条件的影响较大、农产品的需求弹性较小,以及农业与非农业的比较利益差别等因素,也都在促使农村向非农化发展。这些都导致城乡边缘区在原有农村经济发展的模式中出现了向城市要素的转化,成为城乡要素的混合地带,表现出独特的区域个性。

综上所述,城市和乡村的发展,刺激着两者之间出现了一个独特的地域单元——城乡边缘区。此时的城乡边缘区在各个方面都具有了自己的特征,成为既区别于城市又不同于其赖以发展的基础——乡村的一个独立的有机体。当然,城乡边缘区的形成,归根结底还是由社会经济发展推动的。

4. 城乡边缘区的特征

学者威尔文在对城乡边缘区的研究中,提出了两个特征:① 边缘区的居民增长是由城市和边缘区之间灵活的道路网络刺激而产生的。② 边缘区具有混合的土地使用模式。此后,高勒杰(College)又将边缘区的特征归纳为七点:① 土地占有存在一种持续的变化模式。② 农场规模较小。③ 集约型农业生产。④ 人口变动较大,密度中等或偏低。⑤ 居住区扩展迅速。⑥ 提供的服务和公共设施不完善。⑦ 投机性建筑司空见惯。其他中外众多学者也从不同角度提出过边缘区的一些特征。

归纳起来,城乡边缘区主要有以下几方面的特征:

(1) 过渡性

无论在社会、经济还是生活条件方面,城市和乡村之间都存在着鲜明的发展梯度差异,这一梯度差异最明显的空间,也即地理边缘效应表现最突出的地方,自然属于位居城市和乡村之间的城乡边缘区。因此,城乡边缘区内存在景观、功能上由城市向乡村过渡的特征。近城市一侧的边缘区,受城市影响强烈,其城市要素、景观和功能较强,集中表现在有较多的工厂、居民住宅、商业和饮食服务网点以及一些基本的基础设施。但随着向乡村地域的靠近,边缘区的城市景观逐渐减弱,而乡村的地域特征越来越明显,基础设施远不如近城市地区,农业用地比重较高,建筑群落保持了更多的农村自然景观。可以说,独特的城乡之间的区位,造就了城乡边缘区在空间发展上的过渡性,从而呈现出景观、要素及功能从城市近域到乡村边缘的渐变性结构特征。

(2) 动态性

城乡边缘区是一个动态变化的区域,它随着城市的不断扩展、延伸而逐渐由内向外推移,从而使边缘区空间结构呈现非均衡的周期性动态推进现象。城乡边缘区受制于城市化的发展以及城乡两个界面的不同影响,其范围难以固定,始终处于城乡两种势力作用的动态发展过程之中。

(3) 二元性

城乡边缘区的过渡性与动态性,决定了其必然是城乡经济、社会的二元综合体。

第一,经济结构的二元性。城乡边缘区在经济上最显著的特点是经济结构的二元性,一方面,其经济发展受到毗邻城市区域的影响,成为部分城市产业的扩散之地;另一方面,作为城乡交界地域,所有的农田依然生产着大量农副产品以供城市之需。这样,边缘区既有第二、第三产业，又有高水平的农业生产基地，其经济发展是在原有的乡村经济基础上叠加城市经济成分而成的，表现出产业结构的二元性和就业结构的二元性。就产业结构的二元性而言，城乡边缘区既有从城市外溢或新配置的先进的工业体系，又有历史传承下来的传统农业体系。前者以现代生产方式进行规模生产和规模经营，后者以相对落后的分散方式从事生产活动。而就就业结构的二元性来讲，在城乡边缘区既有与现代生产方式相联系的就业者，又有与落后生产方式相联系的就业者。受城市经济的影响较大，城乡边缘区内经济结构变动迅速，就业机会多，因此，这里的农民兼职人数较多，人均收入水平远高于一般乡村地区，一些人的收入水平甚至高于市区的水平。同时，边缘区城乡经济的复合型特征并非简单的城乡经济的混合，边缘区的企业或者是规模大、占地面积多而无力支付市区高昂地价的大中型企业，或者是污染严重，以致为城市所不能容许存在的企业。而在不少发达国家，随着城乡边缘区的不断发展，吸引了不少对中心城市服务较少依赖的技术先进企业的迁入。并且，随着市区的不断膨胀，城乡边缘区内制造业的增长速度甚至超过市区制造业的发展。与非农产业类似，城乡边缘区内的农业是一种特殊的城郊型农业。其特点是：除种植业外，蔬菜、果品、养殖产业的生产也占有相当的比重，在不少城乡边缘区内还有观赏、休闲农业，产品主要满足城市居民的日常生活需求，商品化率高。城郊型农业的形成在于所邻城市对农副产品，特别是对鲜活副食品的持续不断的庞大需求，而这些农副产品在运输上的特性决定了生产的就近性。不过，随着现代技术的进步，在一些发达国家，边缘区农业对市区副食品供应的功能已开始减弱。例如，法国巴黎市区需要的蔬菜、水果、肉类等副食品的供应，主要是通过四通八达的高速公路网由各地运来，其边缘区农业在保护生态和生活环境以及教育方面的功能逐渐显露出来。

第二，人口社会的二元性。城乡边缘区作为城市和乡村两大社区相互接触、混合的地带，人口社会现象十分复杂。特有的经济运行方式以及边缘区的地缘位置，影响着边缘区的人口密度，使其介于城市的高密度和乡村的低密度之间，人口机械增长较快，流动人口的比例较高，构成复杂。不同的人口构成，使边缘区内各社区之间的交流、对立更趋复杂，由此造成社会结构的变动和管理的混乱。形成城乡边缘区人口社会二元性特征的原因在于不断发展的城市化和郊区化过程。从乡村角度看，城市吸引了源源不断的乡村人口在完全进入城市之前滞留在过渡区域——城乡边缘区。边缘区就业机会多，与城市的文化生活近似。农民家庭中较多闲房的存在与城市内就业艰辛、住房贵形成鲜明的对比，促使部分向城市流动的农村人口沉淀在城乡边缘区，形成边缘区机械人口的不断增长和流动人口的聚集。从城市角度看，城乡边缘区环境优美、空气清新、地价便宜，越来越多的城市人口借助发达的交通工具迁往边缘区，形成郊区化趋势。随着这些城市人口的到来，不少工业和商业也向边缘区分散，由此推动了边缘区的加速发展。与此同时，城乡边缘区内原有的人口也在不断分化，一部分人口通过加入城市或区内的第二、第三产业而改变了生活方式，逐渐向城市生活靠拢，而另一部分则还在继续从事农业生产，保持原有的农村生活方式。这样，城乡边缘区内各种外来人口和当地人口的分化，从总体上呈现出城市和乡村两种不同社区的混合。

（4）土地利用多样性

由于受城市扩张的影响，城乡边缘区的土地利用一直处于多样化的混合状态。农业用地和非农用地、各种非农用地之间以及不同农业用地类型相互混杂，竞争激烈。边缘区不仅保存了原有的农村土地利用方式，如粮田、菜地、果园、苗圃以及分散的自然村落，同时也受到城市用地的影响，形成“城市中有农村，农村中有城市”的局面。由于缺乏行之有效的规划管理，边缘区内高级住宅、工厂、仓库、娱乐场所等非农用地类型与农业用地在布局上相互混杂、叠加，经常带来外部经济的负效应，增加了边缘区内基础设施建设的成本。具体来讲，边缘区的土地利用特征是：① 土地利用方式多样。由于受到城市和乡村两方面因素的影响，边缘区的土地类型不仅包含二者的各种土地类型，还派生出了一些边缘性用地类型。如居住用地、公共设施用地、工业用地、商业网点用地、道路交通用地、耕地、大棚温室蔬菜用地、花卉园艺用地、畜牧业用地、绿地、特殊用地（包括垃圾场、墓地以及一些未被利用的闲置空地）等。② 土地利用竞争激烈。在市内可发展空间逐渐缩小、土地价格飞涨的情况下，边缘区相对低廉的土地成为众多城市经济活动的争夺对象。农业用地被不断转换为非农用地，非农用地之间和各种农业用地之间为争夺同一块土地也都存在各种竞争。其中，最明显的是城市用地对耕地的侵占。为保护边缘区的耕地，各国政府制定了各种管理办法，对这一地区的耕地实施保护。③ 土地整体布局混乱。边缘区往往是土地开发极为活跃的地带，以短期利益为主的土地开发交易活动等带来的外部负效益，使边缘区土地利用混乱。这不仅破坏了农业的规模经营，增大了农田建设的成本，而且也为基础设施建设制造了诸多麻烦。

第二节 城 镇

一、城镇及其定位

城镇（town），通常是指以非农业人口为主，具有一定规模工商业的居民点。在我国，通常规定县及县以上机关所在地，或常住人口在 2 000 人以上、10 万人以下，其中非农业人口占 50% 以上的居民点。

城镇定位是根据城镇自身条件、竞争环境、需求趋势等的动态变化，在全面、深刻地分析有关城镇发展的重大影响因素及其作用机理、复合效应的基础上，科学地筛选城镇定位的基本组成要素，合理地确定城镇发展的基调、特色和策略的过程。其含义是通过分析城镇的主要职能，揭示某个城镇有别于其他城镇的本质差别，创新个性化城镇形象，抓住城镇最基本的特征，引领自身发展的目标、占据的空间、扮演的角色、竞争的位置。

城镇定位是引导城市发展的指南针，是谋划城镇中长期发展必须解答的重大课题。城镇功能的正确定位，对一个城镇的稳定、快速和可持续发展具有重要意义。一个城镇的定位，不是一个简单的名称和城镇形象塑造的问题，而是一个城镇在全省、全国、全球经济一体化进程中角色的转变和战略的调整。城镇定位，不仅要接受城镇决策者、城镇经营者、城镇居住者的检验，而且也要接受历史的检验。因而，城镇定位必须遵循客观性原则、唯一性原则、排他性原则、导向性原则、美誉性原则和认同性原则。

城镇定位由定性、定向、定形和定量四个方面或环节构成。定性，是确定城镇的性质，即在详尽分析城镇在区域社会经济发展中所承担的各种职能作用的基础上，筛选出对城镇发展具有重大意义的主导性和支配性职能；定向，是确定城镇的发展方向，包括城镇的发展方针、目标走向、战略模式等，这一工作是以区域分析、城镇对比分析和发展战略研究为基础的；定形，是城镇形象的确定，不仅包括城市有代表性的景观特色，更重要的是城镇内在的、相对稳定的、个性化的东西；定量，则从数量角度给城镇发展以某种形式的标定，它既包括城镇人口规模、用地规模的确定，也包括城镇经济地位、综合竞争力、发展水平的科学预测与数量分析。

由于城镇竞争是多方面的，所以城镇定位的内容也是多方面的，涉及性质定位、功能定位和产业定位等。其中，产业定位是基础，功能定位是核心，性质定位是灵魂。因此，性质定位是最重要的。性质决定功能，功能引领产业并决定城镇规划、城镇建设和城镇发展。因此，找准了城镇性质，就找准了城镇的本质性特征。

二、中小城镇现代化建设

中小城镇现代化是一个综合性范畴，不仅涵盖社会、政治、经济、科技、管理、文化、理念、环境和人民生活等方方面面，而且还蕴含着各方面原有的内在联系和发展变化的相互关系。因此，中小城镇现代化建设是一个复杂的社会工程，其建设规划不仅需要一定的理论基础，而且还必须遵循综合性、系统性和可持续发展相结合的原则。

建设现代化中小城镇，一是要发展以信息技术为核心的先进生产力，走新型工业化道路；二是要建设以通信、交通、水、电、住宅和医疗为主高效运作的基础设施；三是要创造人与自然相互协调的环境；四是要塑造以先进思想意识为基础的文化体系；五是要培育具有现代化文明素质的居民；六是要形成现代信息技术与市场机制相结合的管理网络体系；七是要优化产业结构，降低第一产业在三次产业中的比重，使第二产业平稳上升，迅速提高第三产业的比重，特别要重点推进以信息技术为核心的新技术产业和金融、保险、房地产、咨询服务、旅游业的发展，并使之成为新的增长点，使中小城镇成为乡村工业化、商品流通、交通运输、信息通信、科技教育、资金融通、文化娱乐中心以及环境优美的花园城镇和文明城镇。

第三节　城　　市

一、城市的产生及发展

（一）城市的界定

城市是人类活动的综合体，是人类进步和文明的标志与结晶。从语意上讲，城市是由“城”和“市”两方面组成的。“城”和“市”最初是两个不同的概念。“城”在古汉语中是指在一定地域上围起来用作防卫的墙垣，其含义为“城郭”，内称城，外称郭。《管子·度地》中有：“内为之城，城外为之郭。”《墨子·七患》中说：“城者，所以自守也。”《孟子·公孙丑下》中有：“三里之城，七里之郭，环而攻之而不胜。”《吴越春秋》中指出：“筑城以卫君，造郭以守民。”这些都是指城的防御含义。“市”指的则是周围居民按照约定俗成的时间，去交换彼此产品的场所。《管子·匡君小匡》中说：“处商必就市井。”《孟子·公孙丑下》中说：“古之为市也，以其所有易其所无者，有司者治之耳。”《周易·系辞》中说：“日中为市，致天下之民，聚天下之货，交易而退，各得其所”。这里的“市”是指“中市”，以一般消费者的购买为主。从中我们可以看出，

“市”是古时商品流通的中心,它总是与商业联系在一起的,正如马克思所指出的:商业依赖于城市的发展,而城市的发展也要以商业为条件。

随着生产力的发展,商品生产和流通日益发达,商品交换已成为人们日常生活中不可缺少的一部分。商品交换的发展,客观上要求为交换提供一个安全、通达、便利、固定的场所,于是“城”和“市”相互结合,并最终统一起来,产生了完整的“城市”。城市的概念不仅反映了城市的起源,而且反映了城市早期作为防卫和交易之地的基本功能。

城市发展到今天,它的内涵发生了很大的变化。从古代的仅仅有防卫、交换功能到近代工业化之前的行政、商业、宗教及行会,经工业化后的科技、文化,再到现今的现代化、信息化,可以说,无论是从历史发展还是从人们的认识上,城市的概念是在不断更新和深化的。而究竟什么是城市?城市的具体定义是什么?目前国际上还没有统一的定论。另外,不同学科对城市也有不同的解释,不同行业的人也会对城市的内涵和外延有不同的理解。正如美国城市学家芒福德指出的:“人类用了5 000多年的时间,才对城市的本质和演变过程获得了一个局部的认识,也许要用更长的时间才能完全弄清它那些尚未被认识的潜在特性。”①英国经济学家巴顿指出:城市是一个坐落在空间地区的各种经济市场——住房、土地、运输等——相互交织在一起的网状系统。日本学者山鹿城次对城市的解释是:“城市是一个巨大的人口集团密集的地域,它以第二产业、第三产业为主并与之相互依存,同时,作为周边的地方中心,城市进行着高级的社会经济文化活动,是具有复杂的利益目标的各种各样的组织的地方。”②马克思说:城市本身表明了人口、生产、工具、资本、享乐和需求的集中。而在乡村所看到的却是完全相反的情况——孤立和分散。列宁给城市下了一个全面、科学的定义,他指出:“城市是经济、政治和人民精神生活的中心,是前进的主要动力。”③列宁对城市精辟的概括深刻揭示了城市的本质,阐明了城市在经济、社会发展中的地位和作用。

在我国,对城市概念的界定也是见仁见智。我国地理学界对城市概念较有代表性的解释是:城市是具有一定规模的工业、交通运输业、商业集聚的以非农业人口为主的居民点,是具有一定人口和建筑、绿化、交通等用地规模,以第二产业和第三产业活动为主的居民点。1984年中共十二届三中全会通过的《中共中央关于经济体制改革的决定》中指出:城市是我国经济、政治、科学技术、文化教育的中心,是现代工业和工人阶级集中的地方,在社会主义现代化建设中起主导作用。

综合以上见解,我们认为,可以将城市的定义概括为:城市是生产力发展、社会分工细化和生产关系变革的必然产物,它以一定空间为界限,以非农业人口为主体,并以第二、第三产业活动为主,是具有强大集聚力和辐射力的社会综合体,是区域经济、政治、文化等的中心。

(二)城市的产生

城市不是与生俱来的,而是人类社会发展到一定阶段、人类文明发展到一定程度的产物,它的出现本质上是与乡村相对立的、人类生存的特殊地理空间。城乡之间的对立,是随着野蛮

① 芒福德:《城市发展史——起源、演变和前景》,北京:中国建筑工业出版社2005年版。

② 山鹿城次:《城市地理学》,武汉:湖北教育出版社1986年版。

③ 中央编译局:《列宁全集》(第十九卷),北京:人民出版社1959年版,第262—264页。

向文明的过渡、部落制度向国家的过渡、地域局限性向民族的过渡而开始的。因此,最早的城市就出现在人类古文明的发祥地。

据有文字记载的资料,人类社会早期的城市,主要产生于公元前3500年至公元前1500年。人类历史上第一批真正意义上的城市,约在公元前3500年至公元前3000年间产生于尼罗河、印度河和两河流域(幼发拉底河和底格里斯河)。我国的黄河流域也是世界上城市出现最早的地区之一。我国的原始城市大约产生于公元前2500年以前。

城市的产生,归根结底是由生产力发展决定的。众所周知,在城市产生与发展的过程中,人类社会分工的不断分化起了决定性的作用。在人类社会发展过程的三次社会大分工中,每一次社会大分工在推动人类社会向前发展的同时,都为城市的产生创造了条件。在原始社会,由于生产力极端低下,生产工具简单落后,人们只能以狩猎、捕鱼、采集野果为生,连最基本的固定居所都没有。由于生产力低下,劳动产品难有剩余,人们必须共同生产、统一分配、共同消费,彼此间没有进行交换的必要和可能。随着生产工具的发展和改进,人们逐渐掌握了牲畜驯养和作物栽培技术,产生了农业耕作,产品有了一定的剩余,人们可以在产品交换的基础上进行生产分工,于是畜牧业就从农业中分离出来,并逐步形成了人类社会的第一次大分工——农业和畜牧业的分离。第一次社会大分工,使农业和畜牧业产品的交换成为一种经常性的活动,这直接导致了固定交换场所的出现,这就是集市的萌芽。

农业和畜牧业的分离,产生了对农业生产工具和技术更多以及更高的需要,使农业中兼做农业工具的手工匠人独立出来,成为专门从事工具生产的手工业者。于是,这形成了第二次社会大分工。第二次社会大分工,不仅形成了与农业相互依存的制造业,也大大提高了农牧业的劳动生产率,使可供交换的产品大量增加、范围扩大,这也扩大了交换场所的规模。从这一时期开始,出现了集市与城郭相结合的趋势。

社会分工的深化,特别是手工业的发展和手工业品的增加,要求商品交换的水平和效率也要不断提高,从而出现了专门从事商品交换的商人,这形成了人类社会的第三次社会大分工。商人的出现,使人类在直接生产活动之外进入了一种全新的经济活动领域——商品流通领域。这一领域的出现,是人类社会发展史上一次革命性的进步,也是早期城市产生的重要条件和标志。

以上只是对城市产生过程的总体论述,具体而言,在不同的国家,由于自然地理条件、历史发展、经济过程演化、人文环境等的差异性,城市产生的原因和过程也有所不同。例如,有的城市主要产生于战争的需要,有的城市主要产生于文化的发展,有的城市则是由于政治因素使然。

(三) 城市的发展

1. 古代城市

城市的产生与发展是一个历史过程。早在公元前3500年,欧洲地中海周围的美索不达米亚地区就出现了城市。在我国,早在夏商时期也已经有了粗具规模的城市,如夏的禹阳城(约在河南登封)和商的成汤城(约在河南郑州)。

古代城市的产生大致是在人类社会发展的奴隶制时期,因此,城市的兴衰同奴隶主的统治密切相关。早期城市一方面是剩余农产品的交换中心,另一方面也是当时社会、宗教、政治、军事、科学、文化、手工业的中心，是奴隶主征集和分配剩余农产品并享受奢华生活的地点。为了适应这些需要，除了一定的手工业作坊、市场发挥着一定的手工业生产基地和商品交易中心的作用外，奴隶主还建造了大量华丽的宫殿、寺庙、浴池、庭院、斗兽场等，这些均使早期城市的人口剧增，规模扩大。

由于当时生产力还比较低下，农业在整个社会经济中仍占统治地位，城市对农村在经济上的依赖性很强，所以，通常以一个城市为中心，加上周围村庄共同组成一个独立的国家或行政组织，这就是所谓的城邦，即古代城市。历史上的古希腊、古印度、古埃及都存在过城邦，其中较为典型的有雅典、斯巴达等。我国春秋战国时期的一些以一个城市为据点的诸侯小国也属于城邦性质。

进入中世纪后，社会生产力有了巨大的进步，农业生产技术明显提高，剩余农产品越来越丰富，手工业技术得到进一步发展，手工业匠人专业化和集中化的趋势增强，交通运输手段增多并被广泛利用，交通条件更加便利。这些都促进了商品流通的扩大和交换的频繁进行，商业活动特别是国际贸易日趋活跃，从而推动了城市的扩大和发展。城市职能的转变，使城市的手工业中心和商品交换中心的职能开始突出与强化，城市对周围地区的影响、城市之间的交换关系和经济联系也不断加强。

由于商品经济的发展、城市功能的变化，逐渐形成了不同类型和性质的城市。《剑桥欧洲经济史》(第三卷)曾把欧洲中世纪的城市分为以下几类：① 贸易城市。以商业为主，商人是核心居民，但也有为地方市场及出口生产的手工业。② 消费中心和生产中心城市。这里的居民主要是手工业者，为地方市场生产商品，并与附近乡村居民交换，乡村供给他们食品及原料，他们供给农村手工业品。③ 消费性城市。也就是政治、军事、宗教中心，以及作为文化中心的大学城。④ 农业性城市。城市居民主要从事农业，但领主因为要将该地变为设防据点，或者要给居民以自由，也给城市以法律的地位。

在中世纪的欧洲，城市发展曾经历了一个衰亡时期。盛极一时的罗马城，其人口由近百万人猛降到6世纪的4万人、10世纪的3万人。城市经济遭到破坏，商业萧条，手工业凋敝，自给自足的农村经济有抬头之势。

从11世纪到13世纪的300年，是欧洲城市大发展时期。据英国统计资料显示，1100—1300年，英国有新兴城市140个左右。德国的许多城市也是在十二三世纪出现的。现在的一些著名城市，在当时已经初具规模，并达到一定的繁荣程度。如在十三四世纪，伦敦已有3.5万人，米兰已有5.2万人，巴黎已有5.9万人，威尼斯已有7.8万人，纽约堡已有2.3万人，罗马已有5.5万人等。

这一时期城市的特点是：

(1) 规模较小，数量很少。限于当时生产力的发展水平，建立在自然经济和小农经济基础上的城市，不可能获取大量的粮食以养活城市人口。因此，这一时期绝大多数城市规模较小(除古代罗马和唐代长安外)。例如，十三四世纪，巴黎人口为5.9万人，伦敦仅有3.5万人。相应地，当时的城市数量也很少。据瑞士日内瓦大学保罗·贝罗克教授的研究，公元1000年至1500年，整个欧洲拥有2万人以上的城市从43个发展到107个，即在500年间只增长了64个，平均每8年才诞生一座新城市。如果把城市人口标准从2万人降为2 000人，则欧洲城市人口占总人口的比重从公元1000年的12%—15%增长至1700年的15%—17%,700年间只增长了2—3个百分点,平均每280年才增长1个百分点。

(2) 农产品、手工业生产的集散地。在人类社会第三次社会大分工后,城市手工业技术得到了进一步发展,涌现出一大批各具特色的手工业城镇。例如,我国唐代的常州,就是当时在全国享有盛誉的制造绸、绢、缎的中心,曾有"新妆巧样画双娥,慢裹常州透额罗"的诗句。

(3) 城乡分离。古代城市中虽然有手工业和商业,但其经济收益不足以维持城内居民和官府的消费,城市设施水平很低,城市的消费主要还是依靠邻近农村提供的地租和税赋。正如马克思所言:"现代的历史是乡村城市化,而不像在古代那样,是城市乡村化。"①

2. 近代城市

1784年,蒸汽机被发明并广泛应用于各部门,由此拉开了人类社会工业革命的序幕。工业革命创造了人类历史上前所未有的生产力,引起了整个社会生产方式的改变,并迅速地使资本、财产和人口等由分散走向集中,人类开始摆脱了生产活动对土地的依附;机械化工业代替了以手工劳动为主的工场手工业;广泛的社会化专业协作代替了分散、孤立的生产状态;交通运输业的发展缩短了空间距离,使商业活动由国内市场延伸到国外市场。商品交换、经济联系和社会往来的强化,使城市发生了巨大的变化:① 城市的数量迅速增加,出现了许多新型城市——工业城市;② 城市规模急剧扩大,人口数量明显增加;③ 城市性质和功能发生变化,经济功能,特别是工业生产功能和商品交换功能日益突出;④ 财富大规模集中,城市成为社会经济的中心。

总之,机器大工业在各地的兴起,迅速形成了现代化的工业城市。工业化使城市以前所未有的速度向前发展,改变了原来的生产方式和生活方式,加速了乡村人口和非农业经济活动向城市的集中。在世界各国中,英国是最早踏上工业化道路的国家。1801—1851年的半个世纪中,英国5 000人以上的城镇从106个增加到265个,城镇人口占总人口的比重由26%上升到45%,成为世界上第一个城镇人口超过乡村人口的国家。

19世纪以后,法国、德国、美国等国家也相继完成了工业革命,城市的数量和规模得到了空前的发展。1790年,美国人口在2 500人以上的城镇只有24个,城镇人口占总人口的比例为5.1%。而到了1830年,美国工业革命以后,城镇上升到90个,城镇人口比例上升到8.8%。1870年,相应数字为663个和25.7%。到1890年,则发展到1 384个和35.1%。

在欧洲、美洲、亚洲等一些市场经济国家,城市也是随着工业化的发展而较快速地成长起来的。

3. 现代城市

城市在经历了古代和近代两个阶段之后进入现代城市时期,这是整个城市发展历程中一个极其重要的时期。

20世纪以来,特别是第二次世界大战以后,世界各国的城市建设明显加速。1950—1970年的20年中,世界城市人口总数从7.06亿增加到近14亿,几乎增长了一倍。同近代城市相比,现代城市不仅经济中心的功能及地位得到了进一步的强化和提高,而且其经济活动的产业

① 〔德〕恩格斯:《马克思恩格斯全集》(第四卷),北京:人民出版社1995年版,第169页。

类型和性质也出现了一系列变化,其突出表现是:

(1) 规模稳定增加,都市圈大量涌现。随着城市聚集效应和扩散效应的不断加强,城市逐渐发展成多个城市的联合体。单一城市的界限和区分日趋模糊,城市的行政界限与实际界限明显不一致,从而形成了许多城市群、城市带或都市圈。例如,东京都市圈兼有日本政治、经济、文化中心的功能,集聚了 4 132 万人,约占日本全国总人口的 1/3,同时还集聚了资本金在 50 亿日元以上企业数量的约 60% 和外资法人企业的近 90%;长三角地区是我国经济最活跃的地区之一,这一地区的国土面积占全国的 2.2%,人口占全国的 1/10,但创造了全国近 1/4 的 GDP,1/3 以上的外贸进出口总额,是我国经济发展水平最高、外向型经济最活跃、城市化水平领先的地区之一。

(2) 第三产业处于主导地位。在近代城市中长期居于主导地位的工业生产活动,日益被第三产业所取代,传统的工业生产活动日益由城市的中心向城市边缘地带——郊区或卫星城市转移;一些为物质生产活动和为人类生存提供服务的第三产业,如银行金融、信息咨询、邮电通信、交通运输、物资供应、广告,以及其他一些高度专业化的高技术、高质量的产业活动发展很快,并迅速成为城市中心地带最重要的经济活动。对欧洲城市的考察表明,像法兰克福、阿姆斯特丹、日内瓦等国际性城市中,第三产业从业人员的比重目前平均已高达 77%,而工业部门仅占 16%;还有一类国际性城市如鹿特丹、曼彻斯特等,第三产业的从业人数比重平均为 66%,工业部门比重是 25%;另一类国际性城市如里昂、米兰等,其第三产业就业人数所占份额虽较低,但平均也在 58% 以上,工业部门所占比重占 28% 左右。

(3) 城市日益由单一功能的工商业城市向多功能综合性城市演变,城市作为教育、研究和发展中心的地位与作用日趋重要。规模宏大的现代化城市以及许多中等城市无不拥有学科门类齐全、高素质、高水平的大专院校和科研机构及图书、信息中心等单位。城市已成为各类高级专门人才的培养基地和人类智慧的来源地。

(4) 城市作为旅游中心的"游憩"功能得到空前发展。一些与旅游密切相关的行业如交通、运输、旅游接待、景点建设、文化娱乐等发展极为迅速。例如伦敦、巴黎等现代工商业城市,不仅其商业贸易、工业制造等经济活动高度发达,而且其旅游业及相关产业的发展在世界上也是一流的。

(5) 城乡融合,差距缩小。随着城市对外联系的社会领域及其地域范围的日益扩大,其对外扩展能力和吸引能力也在不断增强,从物质和文化上都为农村现代化提供了示范。农村生产条件、技术手段、交通状况、教育水平以及生活服务设施,都在向城市接近,城乡差距不断缩小,呈现出城乡融合的趋势。

4. 数字城市

进入 21 世纪,数字化、信息化已经成为推动城市经济和社会发展的重要因素之一。信息化是数字化的本质,数字化是信息化的表现。如何把城市经济发展与数字化、信息化结合起来,以信息化带动城市的传统特色经济,以工业化和传统经济促进与支撑信息化,使城市经济发展与信息化互为依托、整体推进,对未来城市的发展具有重要意义。

1982 年,英国著名科学家詹姆斯·马丁在其论著《电讯化社会》中,首次提出了"信息时代"这一概念。1993 年年初,美国政府率先提出兴建"信息高速公路"(正式名称是全国性信息基础设施,national information infrastructure)。随后,欧盟、日本、加拿大、韩国、新加坡等国或地区便纷纷效仿,先后提出了本国或地区的"信息高速公路"计划。这标志着人类开始跨入信息社会。

所谓"数字城市",就是集信息化和网络化为一体的城市,即"城市信息化"。它利用信息技术,在完善的信息网络基础架构上,把城市的空间地理、公共设施、经济状态、人口和自然资源数字化后描述成为基础信息资源,然后对这些基础信息资源进行利用,构建电子政务、电子商务和数字社区支撑平台,更好地为政府、工商企业和公民提供有效、快捷、方便的服务。整个城市通过计算机网络联系在一起,高效而可靠地运用遥感、遥测、宽带、多媒体及虚拟仿真等技术,对城市的基础设施和建筑环境系统进行信息自动采集、动态监测管理及辅助决策服务。数字城市不仅是一个纯技术的概念,同时也蕴含着城市管理和规划体制的一次重大变革。随着城市化进程的加快,城市问题日益凸显,各国政府都在大力开展城市合理规划、城市产业调整、城市基础设施和形象工程建设等工作。信息化正逢其时,它提供了全新的城市管理理念。例如,城市规划师在有准确坐标、时间和对象属性的五维虚拟城市环境中进行规划、决策和管理,就像走在现实的城市街道上或乘坐直升机规划城市空间布局、配置城市资源、改善交通系统一样。数字城市无疑将为调控城市、监管城市提供革命性手段,为城市可持续发展和调控能力的提高提供有力的工具。

应当注意的是,城市的数字化、信息化,应推进、支撑城市经济发展,为城市经济发展注入新的生机,而不能为数字化而数字化,为信息化而信息化,乱搞形象工程;城市信息化应符合城市经济规划的要求,各部门、各单位应按照城市总体发展需要,密切配合,集中有限资源,进行合作建设;城市信息化实施应做到与城市建设同步,因地制宜,实事求是,加快城市经济结构调整和产业升级,带动城市经济的全面发展和社会进步。

城市发展的各历史阶段及其主要特征如表 10-1 所示。

表 10-1　城市发展各历史阶段及其主要特征

城市发展阶段	城市经济功能	城市建设情况	城市发展状况	城乡关系情况
古代城市	农业、手工业 集中发展	城市设施简陋 生活条件落后	规模较小 数量很少	城乡分离 相对封闭
近代城市	工业、商业 集中发展	城市设施完备 生活条件改善	规模扩张 数量猛增	城乡对立 差距拉大
现代城市	第三产业发展功能 多元化	城市设施现代化 生活条件优越	规模稳定 形成大都市群	城乡融合 差距缩小
数字城市	信息流通、管理、服 务中心	城市信息化、 数字化、宜居化	城市区域化 区域城市化	城乡统筹 协调发展

二、城市的规模与城市化

(一)城市的规模

简单地说,城市规模就是城市的大小,具体包括城市的人口数量、城市的空间面积和城市的经济发展状况。由于不同国家的人口总量不同,城市化水平不同,城市数量分布及经济状况不同，所以衡量城市规模的标准也不尽相同。一般来说，由于城市人口较易被统计，所以往往成为衡量城市规模的最基本指标。但是，由于各国城市人口的计算及其统计口径可能不完全一致，因此，在进行比较时需注意这一点。

城市规模是不断变化的，是受城市产生与发展的客观规律影响的。城市规模的扩大，一方面有利于生产力的发展和社会经济效益的提高，另一方面也带来了令人头疼的"城市病"。因此，确定合理的城市规模，对提高城市经济效益和生活质量是至关重要的。

1. 城市规模分布理论

20世纪以来，经济、地理、社会、统计等领域的诸多学者，从不同角度分析过城市规模的分布规律，并据此提出统计规则、随机等诸多模式。统计规则中较著名的是"首位度理论"和"顺（位）序—规模律"。

（1）首位度理论

城市首位度理论，是由马克·杰弗逊（Mark Jefferson）于1939年提出的一种城市规模分布理论。杰弗逊在对51个国家城市人口规模分布进行研究后，列出了每个国家前三位城市的规模和比例关系。他发现，其中有28个国家最大城市的人口规模是第二大城市的两倍以上，有18个国家的这一比例在三倍以上。由此他得出结论，世界各国城市的发展存在一种规律性现象，即每个国家都存在一个最大城市——首位城市（primate city），该城市不仅是一个国家或地区人口规模最大的城市，而且在国家整个经济、社会、文化生活中都有举足轻重的地位，在一国中发挥着异常突出的作用和影响。一般来说，多数国家的首位城市是首都，例如我国的北京、日本的东京、墨西哥的墨西哥城；而非首都的首位城市在经济方面通常占有突出的地位，例如美国的纽约。

城市首位度多用来衡量一个国家或地区的城镇化程度和规模分布状况。首位城市与第二位城市的人口比值即为城市首位度，上述规律就被称为城市首位度规律或城市首位度理论，其计算方法是：

$$S = P_1/P_2 \qquad (10\text{-}1)$$

式中，S为城市首位度；P_1为第一大城市人口；P_2为第二大城市人口。

杰弗逊对此规律的解释是，一个国家在其城市发展的早期，无论是何种原因产生了一个规模最大的城市，都有着一种强大的自身继续发展的动力。它作为经济机会的中心而出现，吸引国家优秀人才或生产要素集聚于此，并逐渐成为一个国家乃至民族的象征。

尽管杰弗逊所发现的规律并不适合所有国家，但其提出的城市首位度概念已被广泛采用，成为衡量城市规模分布状况常用的简单指标。首位度大的城市规模分布，就被称为首位分布。

首位度在一定程度上反映了一个国家最大城市的人口集中程度，但它仅是两个城市之间的比较，范围较窄，且不够准确。因此，有人提出4城市指数和11城市指数，对首位度概念加以改进。以$P_1, P_2, \cdots, P_{11}$表示第1—11位城市的人口规模，则：

4城市指数 $$S = P_1/(P_2 + P_3 + P_4) \qquad (10\text{-}2)$$

11城市指数 $$S = P_1/(P_2 + P_3 + \cdots + P_{11}) \qquad (10\text{-}3)$$

显然，4城市指数和11城市指数都只考虑了两个城市更能全面地反映城市规模分布的特点。因其都是以第一个大城市与其他城市的比例关系为基点，所以被人们称作首位度指数。

（2）顺（位）序—规模律

顺序—规模律也称位序—规模律，是指一个城市的规模和该城市在国家所有城市按人口规模排序中的位序关系规律。它是由奥尔巴克（F. Auerbach）于 1913 年首次提出的。奥尔巴克在研究欧洲国家和美国人口资料时发现，城市人口与其序列间具有以下统计规律：

$$P_i \cdot R_i = K \tag{10-4}$$

式中，P_i为所有城市按人口规模从大到小排序后第 i 位城市的人口；R_i为第 i 位城市的位序；K 为常数。本式又被称为奥尔巴克约束性方程。

例如，某城市有常住人口 35 万，在本国城市的位序为第 2 位，则 $K=70$。

12 年后，罗特卡（A. J. Lotka）在研究 1920 年美国 100 个最大城市的情况时，发现它们符合：

$$P_i R_i^{0.93} = 5\,000\,000 \tag{10-5}$$

这实际上给奥尔巴克约束性方程中的常数找到了一个适合当时美国的参数，并允许位序变量有一个指数。

1936 年，在辛格（H. W. Singer）的研究中出现一般转换公式：

$$\lg P_i = \lg K - q \lg R_i \tag{10-6}$$

公式（10-6）相当于

$$P_i R_i^q = K \tag{10-7}$$

1949 年，捷夫（G. K. Zipf）提出在经济发达的国家里，一体化城市体系的城市规模分布可用下列公式表达：

$$P_R = P_1 / R \tag{10-8}$$

式中，P_R是第 R 位城市的人口；P_1是最大城市的人口；R 是城市的位序。这样，一个国家第二位城市的人口是最大城市人口的一半，第三位城市的人口是最大城市的 1/3，以此类推。这一公式显然不具有普遍意义，但作为一种理想状态，已被许多学者接受。据此，也可以推导出 4 城市指数和 11 城市指数的理想结果应当是 1。

现在被广泛使用的公式，实际上是罗特卡模式的一般化：

$$P_i = P_1 / R_i^q \quad \text{或} \quad P_i = P_1 \cdot R_i^{-q} \tag{10-9}$$

捷夫模式是 $q=1$ 时的特例。对公式（10-9）作对数变换：

$$\lg P_i = \lg P_1 - q \lg R_i \tag{10-10}$$

公式（10-9）和公式（10-10）对大部分国家与区域的城市规模分布具有普适性。

首位度理论和顺（位）序—规模律是两种不同的城市规模分布现象。首位度理论体现的是首位城市在国家或地区城市中居于绝对优势地位，经济、人口、物质、活动等在首位城市高度集中；顺（位）序—规模律描述的则是城市规模与其位序之间的自上而下的均匀变化规律。①

2．我国城市规模分布的特点

（1）我国的城市规模分布属于相对均衡类型。由于我国国土辽阔，人口众多，城市发展历

---

① 吴殿廷等：《区域经济学》，北京：科学出版社 2006 年版，第 369 页。

史悠久，城市数量庞大，国家城市体系由明显的大区级、省区级和地方级的地域子系统共同组成。在这种情况下，不可能形成很高的首位度。

(2) 新中国成立后，我国城市规模分布的总趋势是日益均衡，但各时期的波动很大，说明我国政治经济政策和经济过程不连续，城市人口增长速度上下起伏较大。在双对数坐标图上，顺(位)序—规模分布的斜率趋于减小，帕累托分布的斜率趋于增大，但中间过程的波动都较大。

(3) 改革开放以来，我国高位序大城市人口增长加快，首位度指数有所回升。

(4) 在绝大多数情况下，我国高位序城市，特别是最大城市的实际规模比理论规模小得多，从国家城市体系的背景看，发展前景还是可观的。[①]

(二) 城市化

城市化是城市发展进程的概述，是社会发展的历史过程，是工业革命的伴生现象。城市化程度也是一个国家的经济发达程度，特别是工业化水平高低的重要标志。

1. 城市化的内涵与城市发展化动力机制

(1) 城市化的内涵

城市化源于英文 urbanization，也称城镇化、都市化。urban(城市)是 rural(农村)的反义词，除农村居民点外，镇及镇以上的各级居民点都属于 urban place(城镇地区)，它既包括 city，也包括 town，因此，将 urbanization 译为城镇化也许更贴切一些。

由于城市化研究的多学科性和城市化过程本身的复杂性，对城市化概念的界定一直是众说纷纭，莫衷一是。

人口学家认为，城市化是农村人口不断涌向城市的人口地理迁移过程，是城市人口占总人口比重不断上升的过程。地理学家认为，城市化是在一定地域范围内发生的一种空间过程，是农村地区转变为城市地区的过程。社会学家认为，城市化是农村生活方式，诸如文化教育、价值观念、生活方式、宗教信仰等转变为城市生活方式的过程，是全面社会化的过程。经济学家认为，城市化是农村经济方式向城市经济方式的转变过程，是使经济从农业向非农业转移、生产要素向城市集聚的过程，是城乡经济一体化的过程。美国新版的《世界城市》指出："都市化是一个过程，包括两个方面的变化。一是人口从乡村向城市运动，并在都市中从事非农业工作；二是乡村生活方式向城市生活方式的转变，包括价值观、态度和行为等方面。第一方面强调人口的密度和经济职能，第二方面强调社会、心理和行为因素，实质上这两方面是互动的。"《中华人民共和国国家标准城市规划术语》中对城市化的描述是："人类生产与生活方式由农村型向城市型转化的历史过程，主要表现为农村人口转化为城市人口及城市不断发展完善的过程。"一般认为，城市化是一个国家或地区实现人口、财富、技术和服务集聚的过程，同时，也是生活方式、生产方式、组织方式和传统方式转变的过程。城市化过程还包括诸如城市影响、城市传播和城市带动等外向式的扩散过程。

因此，城市化体现和反映了社会生产与生活的各个方面，是一个动态过程。其中，生产方式的转变是城市化的根本动力和推动因素。可以说，城市化是由生产力发展所导致的一系列

---

① 许学强、周一星、宁越敏：《城市地理学》，北京：高等教育出版社 1997 年版，第 113 页。

社会经济现象的组合。

我们认为，城市化是经济、社会发展的必然产物，它不仅是城乡人口结构比例的转化和城乡地域的统一，更重要的，它是一种产业结构和社会方式的转变，是人类生产、生活、居住和行为方式由传统向现代的演变过程，是人类文明程度和现代化程度提高的标志。

（2）城市化发展的动力机制

城市化发展的动力机制是指在城市化过程中推动城市化发生和发展的动力因素，以及维持和改善城市化的各种经济关系、组织制度等所构成的综合系统。

从整体上分析，城市化的动力机制包括两大部分，即农村和城市。农村是内因，是城市化的起始动力；城市是外因，为城市化提供相应的条件。具体地讲，城市化发展的动力机制包括农业、工业化、第三产业、制度安排和人们对城市生活方式的向往和追求，如图 10-2 所示。

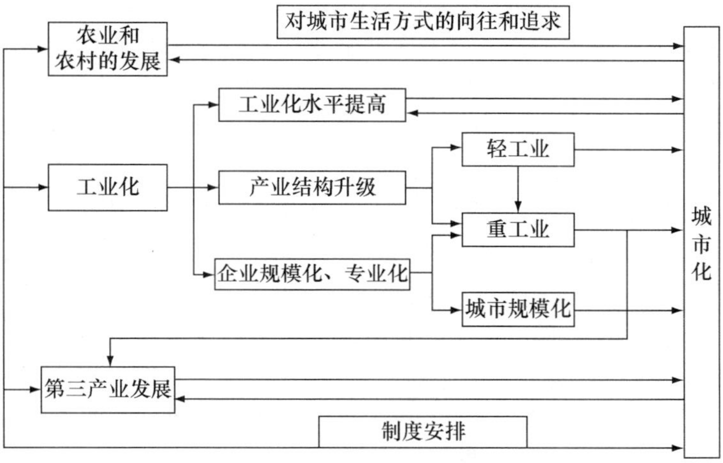

图 10-2 城市化发展的动力机制逻辑框架图

第一，农业和农村的发展是城市化的起始动力。城市化过程实际上就是落后的农村自然经济，逐步转变为先进的城市商品经济的历史过程。由于这一过程的方向是由农村到城市，很自然地，农业和农村的发展便成了城市化的起始动力与发展基础。也就是说，城市化是从那些农业经济发达、农业分工完善的地区发展起来的，是建立在农业生产力发展到一定阶段和一定程度的基础上的。在城市化初期，其进程主要取决于农业为城市人口提供商品粮和原材料的数量，为城市工业提供资本原始积累的规模，为城市提供多大市场和为城市提供多少劳动力等。

第二，工业化是城市化的根本动力。随着产业革命的发展，自给自足、分散无序的农村自然经济逐步瓦解，资本和人口在机器大生产中不断集中，由此导致了城市规模的不断扩张和城市数量的急剧增加。工业化是城市化的经济支柱，城市化过程主要表现为企业对规模化和集聚效应的追求。工业化的发展促进了诸多生产企业的形成。要想吸引一个生产企业到一个地区投资，其基本条件就是该地区的市场规模符合企业的临界值，即任何生产企业需要生存下去的最低销售额。在一个聚居区消费水平很低的条件下，不存在有效市场，自然就达不到临界值，企业在这一地区投资无利可图。在聚居区市场规模积累到有效市场以保证企业有利可图之前,一般都要依靠输入这种产品来满足需求;反之则相反。虽然聚居区的市场可能已达到临界值但还没有投资,但这一临界值都是投资的前提和条件。因此,企业本身要落脚于城市,即一定规模的人口聚居区。同时,集聚效应是企业获得外部规模经济效益的主要途径。多个企业的集聚可以大大节约企业的外部投资,能够以较低的成本获得外部相关产品和服务的供给(劳动力、交通运输、信息服务、医疗等)。这使得城市特别是特大城市对企业具有很强的吸引力。此外,工业化造就了足够多的就业机会和岗位,为农村富余劳动力提供了广阔的就业空间。在一些发达国家,工业化进程很快,以至于城市劳动力与农村进入劳动力的总和也远远满足不了对劳动力的需求。可以想见,如果在城市化过程中,工业化过程受阻,就业机会缺乏,那么城市对农村人口的吸引将乏力,城市化过程只能缓慢进行。

第三,第三产业发展是城市化的加速动力。随着城市化和工业化的发展与相互融合,城市经济和社会各方面都有了高速发展,并导致非直接生产性服务增加。其表现是:① 生产配套性服务增加。工业尤其是重工业在发展中寻求企业的规模化和专业化,客观上导致了企业发展对外部环境及社会服务的依赖性不断增强,生产配套性服务业也因此得到了广泛的发展,如充分发育的市场体系、发达的金融体系、完善的能源供应网络、便捷的运输体系、方便的通信服务系统以及多样化的人才培养体系等。② 生活消费性服务增加。富有效率的重工业化使人们的经济收入提高,闲暇时间增多,更多的人进入中高档消费阶层,生活质量大幅度提高,开始追求更为丰富多彩的物质消费与精神享受,如住房、购物、医疗、旅游等,于是,生活消费性服务成为最富有活力的产业。③ 大规模工业化和城市化也带来了许多城市问题,诸如城市环境恶劣、交通拥挤等。为了改变这种状况,工业化国家开始了产业结构调整和优化升级,第三产业由此崛起,并逐渐取代工业成为城市产业的主角。因此,重工业发展到一定程度后,城市化的"接力棒"从此传到了第三产业的身上,并由它继续推动。与第二产业不同,第三产业是典型的"服务型"产业,因此它具有劳动密集型的特点。当第二产业由于技术水平和生产效率提高而导致劳动力的需求相对减少时,第三产业迅速发展,提供了大规模的就业机会,从而保证了在工业化深化的情况下,非农产业就业比重仍不断提高。因此,如果说轻工业的大规模发展是工业化过程吸纳劳动力的第一次浪潮的话,那么,伴随着重工业化的第三产业的迅速发展,则掀起了非农产业吸纳劳动力的第二次浪潮。

应当指出的是,在分析工业化与第三产业对城市化的作用时,要区分作用的实质。工业化带来的是城市规模的膨胀和城市数目的增多,其对城市化的作用主要体现在"量"的扩张上;而第三产业促进的是城市软硬基础设施的完善和人民生活水平的提高,其对城市化的作用主要体现在"质"的进步上,这是两者的本质区别。

第四,制度安排是城市化的安全动力。以罗纳德 · H. 科斯(Ronald H. Coase)和道格拉斯 · C. 诺斯(Douglass C. North)为代表的西方新制度经济学派,以大量历史和现实数据为依据提出了制度经济学理论。他们认为,制度是重要的,它对经济行为的相关分析应该居于经济学的核心地位。经济增长的关键在于制度因素。有效率的制度安排能够促进经济增长和发展,无效率的制度安排则会抑制甚至阻碍经济的增长和发展。在技术不变的条件下,通过制度创新(变迁)同样可以大大促进经济发展。

城市化作为伴随社会经济增长和结构变迁出现的社会现象,同样与制度安排及其变迁密切相关。如果缺乏有效率的制度，或制度安排不利于生产要素的聚集，城市化就不能正常发展。

实践证明，制度安排与创新在城市化过程中具有十分重要的核心地位，这主要体现在四个方面：一是通过有效率地推进农业发展的制度安排，促进了农业生产效率和农业产出水平的提高，增加了农业产品剩余和要素剩余。二是通过有效率地推进非农产业发展的制度安排，促进了国民经济的非农化，特别是工业化的发展。三是通过有效率地促进经济要素流动的制度安排，使农业部门的要素流出推力和非农部门的要素流入拉力形成集聚的合力。四是通过有效率地推进城市建设的制度安排，促进了城镇基础设施及房地产业的开发，从而满足了城市非农产业和人口不断集聚的需要。

第五，人们对城市生活方式的向往和追求是城市化的精神动力。城市是一个国家或地区文明程度最高的地方。这里具有高度发达的文化服务设施、灵敏准确的信息发布中心、热闹繁荣的购物游乐场所、快速便捷的交通运输工具等，而且城市居民有较高的文化程度、较强的组织纪律性、较舒适的生活条件、较良好的卫生习惯等，所有这些都能在较高水平上满足居民的物质和精神需要，因此，对农村居民产生了很大的吸引力，使大量农民进城工作和生活，加快了城市化进程。

2. 城市化水平的测度

世界上大部分国家和地区，一般都是按照城镇人口占总人口的比重来衡量城市化水平的。据统计局测算，2004 年我国城市化水平为 41.76%。城市化水平的计算公式为：

$$城市化水平 = (城镇人口 / 总人口) \times 100\% \qquad (10\text{-}11)$$

该方法简单、明确，资料搜集较易，因此为各国通用。在用此公式计算和对比世界各国城市化水平时需要注意的是，各国对城市或城镇的划分标准不同和口径不统一会引起差异。相对而言，城镇划分标准比较低的国家和地区容易夸大其城市化的规模和水平；相反，标准比较高的国家和地区则通常容易低估其城市化水平。

此外，把一些在城市里从事第二、第三产业但又没有正式取得城镇户口的人员都统计在城镇人口中，这样，城市化水平自然就高。这种统计方法更适合我国国情，由于长期实行严格的户籍管理制度，许多长期在城镇打工的人口因上不了城镇户口而被排斥在城镇人口之外，这显然降低了我国的城市化水平。

3. 城市化发展规律

城市化的发展与其他社会经济活动一样，有其自身运动的规律。1979 年，美国地理学家诺瑟姆(Ray M. Northam)在对主要国家的城市化过程进行研究后认为，城市化发展的一般规律是呈“S”形运动轨迹。但他只描述了“S”形曲线，并没有给出该曲线的数学模型，清华大学的谢文蕙教授弥补了这一不足。

该模型表示：在城市人口达到一定程度后(一般为 30%)，城市化速度加快；而再到了一定程度后(一般认为 70%)，城市化速度又逐渐放慢，并趋于停滞(见图 10-3)。由此，我们可以得出结论：城市化过程经历了初始、发展、成熟三个阶段(见表 10-2)。

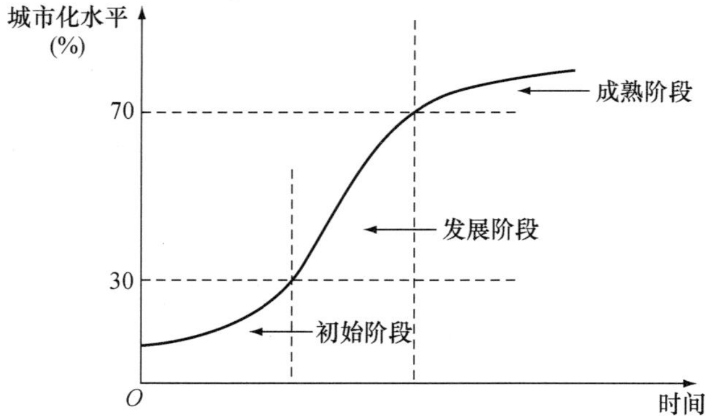

图 10-3　城市化发展一般规律

表 10-2　城市化各阶段的主要差异

城市化各阶段	发展速度	产业结构	动力机制	空间形态
初始阶段	缓慢	第一产业为主	工业化	规模小、数量小、联系不多,以点为主
发展阶段	高速	第一产业下降,第二、第三产业提高	工业化和第三产业	数量激增,出现大都市群、都市带,以带为主
成熟阶段	平稳	第三产业为主	第三产业	大、中、小联系起来,形成城市体系,以面为主

城市化阶段性发展与一国的经济发展水平成正比例关系,是双向互促的关系。首先,城市化与工业化是共同发展的。工业化促进了分工和协作,在利益机制和成本约束的引导下,厂商为获得聚集和规模经济效益向条件优越的区域集中,纷纷涌入大城市,人口也大量涌进城市寻找工作机会。到了城市化后期,随着经济、社会的全面发展,大多数居民都有一个较为稳定、丰厚的收入来源,追求闲暇、舒适和环境品质成为一种新的价值观。此时,城市化逐渐趋于缓慢,甚至出现"逆城市化"现象。

4. 我国的城市化进程

表 10-3 列出了我国城市化水平状况,图 10-4 给出了相应的图示。

表 10-3　新中国成立以来我国城市化水平的状况

年份	全国人口（万人）	市镇人口（万人）	城市化水平（%）	年份	全国人口（万人）	市镇人口（万人）	城市化水平（%）
1949	54 167	5 765	10.64	1977	94 974	16 660	17.55
1950	55 196	6 169	11.18	1978	96 259	17 245	17.92
1951	56 300	6 632	11.78	1979	97 542	18 495	18.96
1952	57 482	7 163	12.46	1980	98 705	19 140	19.39
1953	58 796	7 826	13.31	1981	100 072	20 171	20.16
1954	60 266	8 249	13.69	1982	101 654	21 480	21.13
1955	61 465	8 285	13.48	1983	103 008	22 274	21.62

（续表）

年份	全国人口（万人）	市镇人口（万人）	城市化水平（%）	年份	全国人口（万人）	市镇人口（万人）	城市化水平（%）
1956	62 828	9 185	14.62	1984	104 357	24 017	23.01
1957	64 653	9 949	15.39	1985	105 851	25 094	23.71
1958	65 994	11 721	17.76	1986	107 507	26 366	24.52
1959	67 207	12 371	18.41	1987	109 300	27 674	25.32
1960	66 207	13 073	19.74	1988	111 026	28 661	25.81
1961	65 859	12 707	19.29	1989	112 704	29 540	26.21
1962	67 295	11 659	17.33	1990	114 333	30 195	26.41
1963	69 172	11 646	16.84	1991	115 823	31 203	26.94
1964	70 499	12 950	18.37	1992	117 171	32 175	27.46
1965	72 538	13 045	17.98	1993	118 517	33 173	27.99
1966	74 542	13 313	17.86	1994	119 850	34 169	28.51
1967	76 368	13 548	17.74	1995	121 121	35 174	29.04
1968	78 534	13 838	17.62	1996	122 389	37 304	30.48
1969	80 671	14 117	17.50	1997	123 626	39 449	31.91
1970	82 992	14 424	17.38	1998	124 761	41 608	33.35
1971	85 229	14 711	17.26	1999	125 786	43 748	34.78
1972	87 177	14 935	17.13	2000	126 743	45 906	36.22
1973	89 211	15 345	17.20	2001	127 627	48 064	37.66
1974	90 859	15 595	17.16	2002	128 453	50 212	39.09
1975	92 420	16 030	17.34	2003	129 227	52 376	40.53
1976	93 717	16 341	17.44	2004	129 988	54 283	41.76

注：① 1981 年及以前数据为户籍统计数，1982—1989 年数据根据 1990 年人口普查数据进行了调整，1990—2000 年数据根据 2000 年人口普查数据进行了调整，2001—2004 年数据为人口变动情况的抽样调查推算数。② 总人口和按性别人口中包括中国人民解放军现役军人，按城乡分人口中现役军人计入城镇人口。

资料来源：根据国家统计局综合司《新中国五十年统计资料汇编》的数据计算。

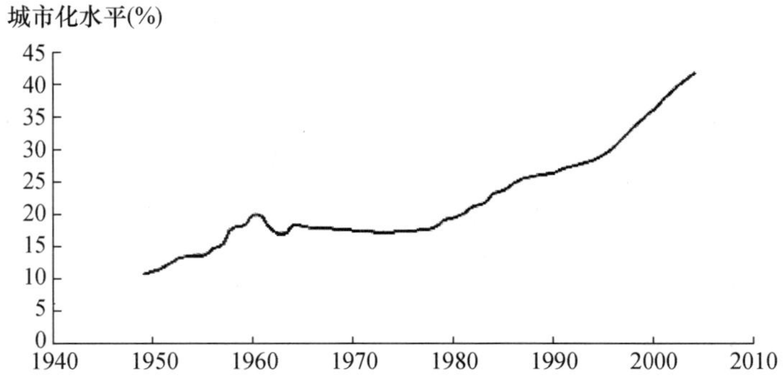

图 10-4　我国城市化发展曲线（1949—2004）

我国城市化大致经历了以下四个阶段：

（1）城市化起步阶段（1949—1957）。1949 年以前，由于工业化水平的限制，我国的城市基本上属于传统式的以消费为主的区域性商贸中心。1949 年以后,在中央政府"将消费城市变成生产城市"发展目标的指导下,城市的发展进入了一个新的发展阶段。

(2) 城市化波动阶段(1958—1965)。"一五"时期形成的经济和人口增长机制对城市化的影响在这一时期开始显露。国民经济出现剧烈波动,城市化发展受其影响,进入了动荡起伏的阶段。这一时期,以行政手段为核心的城市发展控制方式起主导作用。从 1958 年开始陆续出台了一系列城市控制政策,包括户籍管理制度以及与之配套的粮食及副食品、燃料供应制度、住宅制度、就业制度、医疗制度、教育制度等,这些制度与人民公社制度的设立,使对农村人口迁移的控制成为可能。1960 年,全国规划会议决定三年不搞城市规划,不建城市或以极低标准建设城市等。

(3) 城市化停滞阶段(1966—1978)。"十年动乱"使国民经济处于崩溃的边缘,但国家仍坚持"三位一体"的经济体制,重工业仍是整个国民经济优先发展的重点,投资和积累模式仍被大大强化。政府动员城市青年"上山下乡"和严格限制农村人口向城市人口转变的政策,使城市建设几乎停止。"三线"建设时期,大批沿海城市的工厂迁往京广线以西 1 000 公里的范围。这一时期城镇人口变动很大,迁出和迁入率都比较高,城市化水平一直徘徊在 17.13% 和 17.86% 之间,以城市人口比重表示的城市化进程,在这一时期几乎停滞。

(4) 城市化加速阶段(1979 年至今)。党的十一届三中全会提出以经济建设为中心,大力推进城乡经济体制改革和对外开放的方针。农村联产承包责任制的实行,解放了农业生产力,提高了农业效益,同时也为城市经济发展提供了资金、资源和劳动力。1983 年推行的"地改市,市带县"的行政体制改革,从允许部分农民自理口粮进城,到引入购房入户等政策,以及 2001 年以后部分省市农业户口的取消,大大加速了整个城市化的进程。1978—2004 年,城市化率由 17.92% 上升到 41.76%;城市由 193 个增至 668 个;建制镇由 2 173 个增加至 18 000 个。但从总体上讲,目前,我国城市化发展水平尚处于初级阶段。

从以上我国城市化发展的历程可以看出,整体上讲,城市化是一个以政府为主导、以一系列经济社会管理政策为主体、人为调控的城市化模式。

第四节 城 市 群

随着城市的发展,城市与城市之间的内外联系日益增强。一定区域内城市的空间分布也逐渐由分散走向集中,并由单体城市演变、重构成城市群。目前,城市群已成为世界范围内城镇体系规划和区域经济组织的主要发展模式。

一、城市群及其功能与发展动力

(一) 城市群的概念

联合国对城市群(urban agglomeration)①的定义是:由一个城市或城镇的中心城区与郊区边缘地带或毗邻的外部地区组成。一个大的城市群可能包括几个城市或城镇郊区及边缘地

① 顾朝林:《城市群研究进展与展望》,《地理研究》,2011 年第 5 期,第 772 页。

区。作为以中心城市为核心向周围辐射构成多个城市的集合体,城市群在经济上紧密联系,在功能上分工合作,在交通上连成一体,并通过城市规划、基础设施和社会设施的建设,共同构成具有鲜明地域特征的社会生活空间网络。一群地域相邻,又有一定的行政、交通、经济、社会等联系的城市组群或单个大城市区域,可进一步构成国家层面的经济圈,经济圈形成后,将会对国家乃至世界经济的发展产生重要的影响。

(二) 城市群的功能

1957 年,法国地理学家戈特曼(J. Gottman)在研究美国东北部城市发展时提出了大都市带(megaloplis)的概念。他认为,大都市带是由许多城市连成一体,在经济、社会、文化等方面存在密切交互作用的巨大城市地域。戈特曼发现,美国东北部城市的发达程度和集聚程度,已经不能再用传统的农村和城市的概念予以概括了,其界限已经超过了行政区域,包括某些州的全部或部分地区。此外,城市群不单纯是膨胀了的单个大都市区或多个都市区的简单组合,而是在其组合中,随数量的变化也发生了质变,是一种全新城市群的有机整体,在本质上具有与其他城市现象不同的特征。

戈特曼认为,城市群的功能如同城市的主要街道和交叉路口是城市的命脉一样,主宰着一国或一个地区的经济、文化、金融、通信、贸易等方面的主要活动和政府发展政策的制定。它具有枢纽和孵化器两大基本功能。

首先,枢纽功能。城市群作为各种轴线的枢纽,连接着两个或多个网络。这些网络,主要是内部网络和国际交往网络。各种网络均沿着城市群枢纽向汇聚中心会合,汇聚中心便在那些承担大量交流活动的枢纽上发展起来,成为社会、经济、技术一体化的核心地域。

其次,孵化器功能。这一功能是由于城市群内部各种要素、不同行为方式,在空间上的高度聚集和高强度的相互作用而产生的各种新思想、新方法、新技术、新产品。城市群中各种创新先是导致其部门增量的变化,然后再使空间增量及其规模进一步扩大,进而使城市群得到发展,最终成为一国或一个地区资金流、物流、技术流、信息流进出最活跃和最重要的区域。

(三) 城市群的发展动力

从发展动力来看,法国经济学家佩鲁(F. Perroux)在 20 世纪 50 年代提出的"增长极"理论与戈特曼的城市群概念是一致的。其核心思想是,经济增长过程中会产生一些自身增长迅速并能对邻近区域产生强大辐射作用的"增长极"。由此,他将在经济空间中处于支配地位的经济单位称作推动型单位。推动型单位具有技术密集、规模生产、高成长性等特征。它们集中于一些大城市地区,以较快的速度优先得到发展后,就会通过其吸引力和扩散力不断地扩大其发展规模,并带动其他邻近地区的发展。佩鲁把这种产业关联性强的地区称为"增长极"。根据国际经验,"增长极"的形成可由政府推动建立,也可由市场机制自发调节产生。佩鲁的"增长极"概念深受熊彼特创新理论的影响,"增长极"理论的前提就是创新。在戈特曼的城市群概念中也可以发现他受创新理论的影响,他认为城市群高密度聚集导致高强度的相互作用,从而使创新不断涌现,并推动城市群的不断发展。

二、国外城市群发展模式及共同特征

（一）国外城市群典型发展模式

国外城市群发展有两种基本模式①：一种是由单核心——大城市带动城市带或城市群的发展。较典型的有以纽约为中心的美国东北部大西洋沿岸城市群，以洛杉矶为中心的美国西南部太平洋沿岸城市群，以东京为中心的日本太平洋沿岸城市群。另一种是"多中心"齐头并进的城市群发展模式。较典型的有北美的五大湖城市群，德国的莱因—鲁尔城市群，荷兰的兰斯塔德城市群等。多中心城市群模式的共同特征是，多个中心城市依据产业优势进行功能分工，协调发展。如德国的莱因—鲁尔城市群内有20座城市，波恩是政治文化中心，科隆是交通枢纽和商业中心，埃森是机械、煤化工业中心，杜塞尔多夫是金融中心，多特蒙德则是炼钢、重机工业中心等。荷兰的兰斯塔德城市群中的海牙是政治文化中心，阿姆斯特丹是全国金融经济中心，鹿特丹是世界上吞吐量最大的港口，乌德列支是国家级的交通枢纽。

这些城市在工业化推动下，通过明确的职能分工，在各自优势产业部门和共同市场的基础上，有效促使了人口和经济活动更大规模的集聚，彼此间关联、协同、均衡地发展，从而形成了城市群巨大的整体规模效应。

（二）城市群发展的共同特征

作为城市化过程中出现的一种特殊的地域空间组织，城市群的形成是一个复杂的过程，是经济、社会、文化和历史等各种要素共同作用的结果。反观世界上典型城市群的形成与发展，它们有以下共同特点：

第一，优越的地理位置和良好的自然条件。人类社会发展的历史证明，人类总是向平原地区集中并依水而居。原因是，平原地区易于大规模发展工业生产和进行产业布局，而水则促进了港口的形成，港口成为城市经济发展的支柱，水源与港口促进了城市的发展。现今世界上发展最快、最发达的城市大多是港口城市。

第二，发达的基础设施与快捷的交通运输条件。纽约、东京、伦敦、巴黎等地城市群中的核心地域，都建成了城际轨道交通和四通八达的海、陆、空交通网络。从中可见，在世界典型城市群的形成与发展中，发达的基础设施与快捷的交通运输是其发展和完善的纽带。

第三，围绕经济中心城市发展。经济中心城市能使城市群成为经济活动的集聚地，几乎所有城市群的形成与发展的经历都是中心城市先以工业、制造业为基础，在逐步完善工业布局和生产能力以后，产业结构升级并转向商业和金融业等第三产业。

第四，城市群形成的阶段性。以上世界著名城市群的发展历程虽然各具特色，但在其形成和演进的过程中，都经历了核心城市壮大、单核心城市群建成、多核心群市群圈合作发展和大城市群协调发展四个阶段，显示了城市群由小到大、由中心到外围的一般发展规律。

第五，尊重客观规律制订发展规划。以上世界著名城市群中的核心城市规划，均是在城市发展的初期，以培育基础条件为主要内容、以提高核心城市综合实力和辐射带动能力为出发点的。在城市群初步形成以后，对其进一步完善将成为规划的主要目标。这一阶段强调的是城

① 王乃静：《国外城市群的发展模式及经验新探》，《技术经济与管理研究》，2005年第2期，第83页。

市群内部的职能分工和一体化发展。待城市群成熟以后,再从经济、社会、环境等各个方面进行长远规划,此阶段的规划则偏向于可持续发展。

【本章小结】

1. 乡村的形成是一个历史过程,其概念正在完善。

2. 可以从多角度定义城乡边缘区。过渡性、动态性、二元性和土地利用多样性是其共同的特征。

3. 城镇定位是由定性、定向、定形和定量四个方面构成。

4. 首位度理论和顺(位)序—规模律是著名的城市规模分布理论。

5. 各学科对城市化的理解不同,实际上,它是由生产力发展所推动的一系列社会经济现象的组合。促成城市化形成的机制有:起始动力、根本动力、加速动力、安全动力和精神动力。

6. 城市群的形成是由经济、社会、文化、历史发展的诸多因素共同作用的结果。

【练习与思考】

1. 如何理解乡村概念?

2. 城乡边缘区有哪些主要表现形式?

3. 城市规模的影响因素有哪些?

4. 谈谈你对未来我国城市群发展的建议。

【进一步阅读资料】

1. 孙久文:《区域经济学》(第二版),北京:首都经济贸易大学出版社 2010 年版。

2. 罗伯塔·卡佩罗:《区域经济学》,北京:经济管理出版社 2014 年版。

3. 藤田昌久、保罗·克鲁格曼、安东尼·J. 维纳布尔斯:《空间经济学——城市、区域与国际贸易》,北京:中国人民大学出版社 2011 年版。

4. 巴曙松、杨现领:《城镇化大转型的金融视角》,厦门:厦门大学出版社 2013 年版。

5. 叶齐茂:《发达国家郊区建设案例与政策研究》,北京:中国建筑工业出版社 2010 年版。

第十一章 区域经济发展战略与区域经济规划

【本章学习目的】

1. 了解区域经济发展战略的内涵、制定原则；
2. 掌握我国主要领域区域经济规划编制的程序与方法。

区域经济与社会事业的全面发展要有区域经济发展战略和对其进行具体安排的区域经济规划。

本章在分别阐述区域经济发展战略和区域经济规划一系列关键问题之后，重点论述五大领域具体规划的编制原则、主要内容、程序和方法。

第一节 区域经济发展战略

一、区域经济发展战略的内涵

（一）"发展战略"一词的由来与发展

"战略"(strategy)一词原为军事用语，原意是指军事全局的策划及作战的根本方针。"战略"一词被用于经济领域是在第二次世界大战以后。第二次世界大战后，许多发展中国家摆脱殖民统治取得政治上的独立，独立后的这些国家面临的首要任务是发展本国经济。在这一历史背景下，以发展中国家经济如何发展为研究对象的发展经济学应运而生。在发展经济学中，"战略"一词演化为"发展战略"。较早提出这一概念的是美国经济学家赫希曼，他在1958年出版的《经济发展战略》一书中，对发展战略进行了较详细的阐述。[①] 此后，在联合国制定的20世纪60—80年代三个10年"国际发展战略"中，"发展战略"一词便超出对发展中国家的研究范围，被广泛地运用于发达国家。20世纪70年代末，我国一些经济学家也开始运用"发展战略"一词，并先后受到政府及经济学、未来学、地理学等学界的普遍关注和认同。但迄今为止，对"发展战略"一词的理解，国内外尚存不同的见解。其中一种观点认为，"发展战略"仅限

① Hirschman A. D.: *The Strategy of Economic Development*, New Haven: Yale University Press, 1958.

定于对发展中国家的研究，是专指发展中国家由“不发达”到“发达”的过程，也就是说，“发展战略”一词是专指不发达国家为寻求经济发展而采取的战略决策和战略部署。另一种观点将“发展战略”解释为一般的、非特定的过程，可以泛指任何一个国家或一个国家的某个地区，也可以通用于任何一个时期和阶段，既不受国家或地区的限制，也不受时间（阶段）的约束。以上这两种观点均有可取之处。因为“发展中国家”的“发展”一词，是从发展经济学中的“发展”概念沿袭来的，因而在初始阶段，可以将“发展战略”一词理解为专指发展中国家。然而，发达国家实际上也有各种社会经济问题需要研究、解决，特别是发达国家内部也有不发达的经济、社会问题，发达国家也需要制定经济、社会发展战略。诸如日本、美国、东欧诸国等也都制定本国的经济、社会发展战略，这些国家中的地区层面也制定区域经济、社会发展战略。

（二）区域经济发展战略的含义

区域经济发展战略是指，对一定区域内经济和社会发展有关全局性、长远性、关键性的问题所作的筹划与决策。也就是，根据对区域经济、社会发展状况的估量，考虑到发展中的各方面关系，对区域经济发展的指导思想、要达到的目标、应解决的重点问题和需经历的阶段以及必须采取的对策进行的总体筹划与总体决策。区域经济发展战略本着某一地区生产要素条件的情况，和该地区在全国经济总体中的地位和作用，对地区未来发展的目标、方向和总体步骤进行谋划，以达到指导地区经济发展、提高人民生活水平的目的。区域经济发展战略可分为区域经济发展总体战略和产业发展战略。

区域经济发展总体战略，即综合性的区域经济发展战略。它是从宏观角度对区域经济发展进行全局性的战略谋划，是从区域经济的客观实际和发展规律出发，预测区域经济未来的发展历程和发展态势，寻找一条适合区域实际的、合理的区域经济发展道路。它不同于一般意义的五年计划，也不同于一般的区域规划，是一种粗线条的指导性战略设想。主要内容包括：区域经济发展的战略思想，区域在全国经济发展中的地位，区域经济在未来战略规划期的发展目标、发展规模和发展水平，区域产业结构和主导产业选择，区域产业布局，区域城乡规划，区域形象设计，等等。

产业发展战略，则是根据区域经济发展总体战略中确定的区域产业结构和主导产业，针对区域经济发展的重点产业所制定的发展战略。产业发展战略是从产业在区域发展中的条件、现状及全国发展的情况出发，确定其在本区域未来时期的发展目标、规模和水平。产业发展战略的制定，必须依据区域经济发展对该产业的需要进行，同时，又要根据地区的资源条件、科技水平等，实事求是地谋划其未来的发展。产业发展战略的制定，一方面要体现区域性原则，即抓住区域特点，科学确立优势产业发展方向，并以此发挥乘数效应，带动区域内其他产业的发展；另一方面要遵循效益原则，即合理使用人力、物力和财力，使资源优化分配，实现宏观经济效益最大化。

（三）区域经济发展战略的特征

1. 全局性和长远性

全局性和长远性是发展战略的共同特征，也是区域经济发展战略的特征，因为区域经济发展战略所涉及的问题均是属于全局性的重大问题。此外，一地区的发展战略，是着眼于在今后较长时期内要实现的战略目标和应采取的相应对策，绝不是只顾眼前利益的短期行为，一般时限为10年、20年，甚至30—50年不等。

2. 区域性

区域经济发展战略是在全国宏观经济发展战略的指导下，谋划区域经济发展的总体构想。因此，它不同于全国性发展战略，而是要根据区域的实际情况制定，带有极强的区域性特征。任何一个地区，由于其自然环境、社会经济发展状况、文化、风俗习惯等的差别，发展的重点、方向有很大的差异。区域经济发展战略的区域性，就是要强调地区特点，强调地区的针对性。因此，区域经济发展战略不可能套搬全国的发展战略，而是要依据劳动地域分工和发挥地区优势的原则，制定符合地区实际的发展战略。

3. 层次性

区域经济发展战略的范围有大有小，层次有高有低。从一个经济区（或地区）到一个产业，从一个产业到一个行业再到一个企业，都有自己的发展战略问题。下一个层次和较小范围的发展战略，是上一个层次和更大范围发展战略的有机组成部分。

4. 预见性

区域经济发展战略要成为指导区域经济有步骤发展的依据，必须有较强的预见性或前瞻性。预见或预测，必须有坚实的现实基础，它是在现实经济发展的基础上，总结前一时期的发展情况，准确估计未来经济形势的变化和国家宏观政策导向，根据现实与可能，作出科学的预见或预测。以往人们常常把预见性理解为制定远景目标的实现情况，即规模、速度和水平指标在预测与现实之间差距的大小，但这种理解是狭义的。指标预测固然重要，并且存在着时间越短、预测误差越小，时间越长、预测误差越大的特点。但广义的预见性应包括更宽泛的含义，如预测未来产业结构变动的基本态势，把握区域政策的导向，进而预见未来区域经济发展的走势等，都属于预见性的范畴。对于发展战略的制定者来说，最重要的不在于预测未来区域经济发展的指标，而在于实现这些指标所应采取的切实可行的政策和策略。

5. 综合性

区域经济发展战略是一个完善的系统，它涉及区域中城镇、乡村、产业、资源、环境、社会发展和政府行为等各方面的问题，复杂性和综合性很强。首先，制定区域经济发展战略需要的条件是自然环境、自然资源、劳动力和资本条件、交通运输、信息通信、科技教育、文化习俗、社会制度以及地理区位条件等，同时，还需要对这诸项条件进行综合分析和评价，并以此为根本依据，对规划区域的经济发展作出正确的评估。其次，涉及的产业既有物质生产部门，也有为其提供各种服务的部门。最后，既包括企业行为，也包括政府行为和中介组织等的行为。因此，区域经济发展战略所具有的复杂性和综合性，使其制定和实施都具有很大的难度。

6. 可操作性

可操作性，也称可应用性，是检验区域经济发展战略能否落实的试金石。可操作性强，就在实践中加以应用；可操作性差，则只能是纸上谈兵。区域经济发展战略的可操作性，主要表现为目标的可实现性和策略的可应用性。可操作性强的发展战略的制定，要求制定者必须深入实际认真调查研究，分析地区经济发展中存在的主要问题，研究问题产生的原因，找到解决问题的途径。同时，还必须准确地把握世界经济发展趋势、国家经济发展总体走势和宏观环境，分析宏观因素对区域发展的影响程度，从而随时把握区域经济发展的脉搏。不仅如此，还要求战略的制定者有较高的政策水平，能够准确掌握国家经济发展政策的尺度，并将这些政策区域化，使之适应当地的实际情况。

二、区域经济发展战略制定的原则与方法

（一）总体原则

区域经济发展战略的制定，总体上要遵循以下四项原则：

1. 全局性

即从全局出发，通盘考虑，统筹规划区域经济的发展。

2. 预定性

区域经济发展战略需要有较为明确的预定发展目标，并能够调动广大领导干部和群众以积极进取的态度和行为去努力、拼搏。因此，必须高标准、严要求。

3. 可行性

制定区域经济发展战略要从区域自身的实际出发，否则就不能达到指导区域经济发展的目的。

4. 衔接性

区域经济发展战略的制定，需做好两方面的衔接工作，一是前期和后期发展战略要相互衔接，二是不同层次和相关战略主体的战略制定要相互衔接。

除以上四项原则外，区域经济发展战略的制定还要做到“三个结合”：充分发挥区域优势和国民经济全面发展相结合；非均衡发展与均衡发展相结合；改革开放与综合效率兼顾相结合。

（二）分析方法

依据经济学、统计学、地理学、系统科学等多学科研究的方法，区域经济发展战略的分析方法主要有三种。

1. 系统分析方法

系统分析方法就是将区域经济发展战略视为一个系统，对区域经济发展的各个系统要素进行综合分析，从而找出解决问题的可行方案。系统分析是一种研究方略，它能在复杂且不确定的情况下发现问题的本质和起因，明确研究目标，找出各种可行的方案，并通过一定标准对这些方案进行比较，从而帮助决策者在复杂的问题和环境中作出科学决策。

2. 比较分析法

比较法也称对比分析方法，是通过实际数与基数的对比来提示实际数与基数之间的差异，借以了解经济活动和问题的一种分析方法。在科学研究中常用比较分析法，它与等效替代法相似。在区域经济发展战略分析中，比较分析法是最常见的一种方法，大致可分为纵向比较法和横向比较法。纵向比较是区域自身和自身比，如区域的某个产业发展现状和过去5—10年相比增长了多少；横向比较是区域和其他区域相比，有时候区域经济发展仅根据纵向比较无法全面客观地看待自身的发展情况，只有通过与其他基础相近、条件相同区域进行横向比较分析，才会得到更科学清晰的判断。

3. 预测分析法

预测分析法是依据客观对象的已知信息，运用定性和定量分析，对事物的某些特征、发展状况进行估计和测算。在区域经济发展战略的制定中，通常需要根据区域经济现状和历史发展数据来推测未来的发展趋势，如人口增长变动、区域经济增长周期等。

三、区域经济发展战略的主要内容与编制程序

（一）区域经济发展战略的主要内容

一般来说，区域经济发展战略的内容是多方面的，但其基本内容是：①

1. 战略定位

确定区域经济发展的战略定位，就是根据区域发展基础、内外部经济联系、在全国或上一级区域劳动地域分工中的地位和作用，以及影响未来发展因素的变化等，对该区域在高一级区域、全国乃至世界经济发展中所占据的地位和发挥的作用及承担的功能进行准确的判断和勾画。这是制定区域经济发展战略的关键之所在。

2. 战略优势

区域经济发展战略要能够准确地把握所研究区域的优势。如对区域发展的资源优势、区位优势、经济基础优势、社会条件优势等进行全面审视，在此基础上进一步分析什么是现存优势、已丧失甚至消失或蜕变为劣势的原有优势以及什么是未来发展的优势，等等。

3. 发展环境

区域经济发展的内外部环境既包括区域发展面临的国际大环境，也包括区域发展的国内环境，还包括区域自身的基础发展条件和影响因素。

4. 战略机遇和挑战

在区域经济发展中，机遇是关键，挑战是动力。机遇在犹豫中丧失，挑战在风险中淡化，差距在等待中拉大。有多大的机遇，就会有多大的挑战。因此，只有抓住机遇、迎接挑战，区域经济才能得到发展。

5. 战略原则和指导思想

区域发展战略原则是在制定区域经济发展战略时必须遵守的客观规则；战略指导思想是制定战略时依战略原则而必须遵循的各项方针和政策。战略原则和指导思想是编制区域经济发展战略的行动指南，在区域经济发展中起着“导向”的作用。

6. 战略目标

从所含内容上看，区域经济发展一般包括经济发展、社会发展和资源环境发展三大战略目标体系。其中的每一项战略目标都可以通过一系列具体指标进行度量。从时间上看，每一项战略目标又具体包括近期目标、中期目标和远期目标。

7. 战略产业

区域经济发展中的战略产业是左右区域经济发展全局、对区域发展具有带动和主导作用的产业。区域发展战略产业的选择直接关系到区域经济和社会事业发展的成败，因此，必须运

---

① 方创琳：《区域发展战略论》，北京：科学出版社 2000 年版，第 29—32 页。

用科学的方法进行选择和确定。

8. 战略重点

在区域经济发展战略中一定要区分和确定战略重点,并对战略重点进行集中投入,进而通过“以点带面、全面推进”的模式,实现区域发展的目标。

9. 战略布局

战略布局就是将区域发展的战略产业和战略重点落到具体的空间运作中,实现资源和产业的优化配置,提高区域经济发展的实力。

10. 战略对策

战略对策是实现区域发展目标、实施战略产业和战略重点的重要保障,具体涉及政治、法律、经济、技术和社会等各方面及各有特点的措施。

(二) 区域经济发展战略编制的基本程序

一般来说,区域经济发展战略制定的程序包括:

1. 准备阶段

制定区域经济发展战略,首先应开始研究工作方案的设计、论证和确定,即区域经济发展战略制定的工作方法、程序、技术路线、研究课题的设置、力量的配备、研究工具与设备的准备、研究方向和重点的选择以及经费概算等。与此同时,还要做相关理论与方法的准备。

2. 调查分析阶段

对区域情况和外部环境进行分析。具体来讲,首先,对区域情况的分析包括历史发展的回顾与现状诊断。对区域历史的分析,应重点对区域经济、社会事业进行分析;对现状的诊断,既要从自然资源条件、劳动力、智力系统、产业现状与积累能力、基础设施等生产要素方面进行分析,也要从消费水平与投资水平角度进行市场分析,还要从商品经济观念、竞争意识、地方政府决策水平、行政管理效率等角度进行社会人文条件的分析,特别是要从经济发展与生态环境相互协调的角度进行生态环境分析。其次,对外部环境的分析则主要从国内外、区域内外政治经济形势等不同空间尺度来分析一区域发展面临的机遇与挑战、优势和劣势等。

3. 综合研究阶段

综合研究阶段可分为分项研究、专题研究和综合研究。其中的分项研究也即对区域经济各部门、行业、社会发展、科教文卫等多方面进行诸项研究,如农业与农村发展战略,工业发展战略,人口增长、人民生活和卫生保健事业发展战略,教育与科学技术发展战略等。专题研究则是针对某一个或几个专题开展更为深入的探索与分析,如生态与环境保护、区域建设资金筹措等。综合研究是在多方面分项及专题研究的基础上,提出战略方案。

4. 论证完善阶段

以上阶段为基础,再进一步对区域经济发展战略进行论证、修改、完善,直至最终完成。

5. 跟踪研究、反馈调整阶段

区域经济发展战略的制定并不以战略编制完成为结束,应进一步跟踪战略实施进展的情况,及时反馈并作出必要的调整。

四、我国区域经济发展战略的演进

长期以来,由于地域与历史发展等方面的原因,区域经济的发展存在着不均衡的"梯度"式状态。特别是改革开放以来,我国确立的由东到西"梯度推进"式非均衡发展战略的实施,在取得举世瞩目成就的同时,"四大板块"之间发展的差异也呈不断拉大之势。在这一背景下,2000 年前后,中央政府就开始着手对非均衡发展战略进行调整,调整的主要方向是将以前的非均衡发展战略逐步演变为区域经济协调发展战略。

(一) 以内地建设为重点的区域经济均衡发展战略

在新中国成立后的三年恢复时期,国家工业建设的重点是东北老工业基地,其次是华东和华北。"一五"时期,苏联援建的 156 项工程中,沿海地区占 1/5,内地占 4/5。基本建设投资中,内地占 53.3%,沿海地区占 46.7%;从"二五"到"文化大革命"时期,工业建设大规模向内地推进。[①] 尽管均衡发展战略在当时的国内外环境中有其不得已而为之的因素,但也取得了不可忽视的成就。

(二) 以东部沿海地区为重点的区域经济非均衡发展战略

改革开放以后,在邓小平同志"两个大局"战略思想的安排下,我国开始实施区域经济非均衡发展战略。在长达近三十年的历史发展中,基本上实行的是全面的"东倾"战略(政策、投资、税收、技术、人力资源等都向东部倾斜)。1980—1984 年,国家先后批准创建了深圳、珠海、汕头、厦门四个经济特区,并开放了沿海 14 个城市。1985 年以后,又相继把珠三角、长三角、闽南厦(门)漳(州)泉(州)三角地区、山东半岛、辽东半岛等开辟为沿海经济开放区,并建立了海南经济特区和上海浦东等一系列经济技术开发区。到 20 世纪 90 年代,我国基本上形成了"经济特区—沿海开放城市—沿海经济开放区—内地",全方位、多层次、宽领域的战略格局。但在取得成就的同时,区域经济发展差距也在不断拉大。

(三) 区域经济协调发展战略的实施

为了解决区域发展差距拉大的问题,1999 年年底召开的中央经济工作会议决定实施西部大开发战略。此后的"十五"计划中,将"实施西部大开发战略,促进地区协调发展"专门列为一章,强调"国家实行重点支持西部大开发的政策措施,增加对西部地区的财政转移支付和建设资金投入。并在对外开放、税收、土地、资源、人才等方面采取优惠政策"。2002 年秋天的十六大报告中,又明确提出了:"支持东北地区等老工业基地加快调整和改造,支持以资源开采为主的城市和地区发展接续产业。"这是中央首次提出振兴东北等老工业基地的方略,也是继东、中、西三大板块划分后首次提出了"东北板块"。此后的 2004 年,中央又提出了"中部崛起"的发展战略(见图 11-1)。

为了确保"四大板块"发展战略更好地落到实处,国家又先后批复了广西北部湾经济区、珠三角地区、江苏沿海地区、关中—天水经济区、辽宁沿海经济带、中国图们江区域、黄河三角洲高效生态经济区、鄱阳湖生态经济区、皖江城市带承接产业转移示范区、长三角地区、山东半岛蓝色经济区等区域发展战略。此外,中央政府也在继续增设综合改革试验区。目前,我国已

① 肖春梅、孙久文、叶振宇:《中国区域经济发展战略的演变》,《学习与实践》,2010 年第 7 期,第 5—11 页。

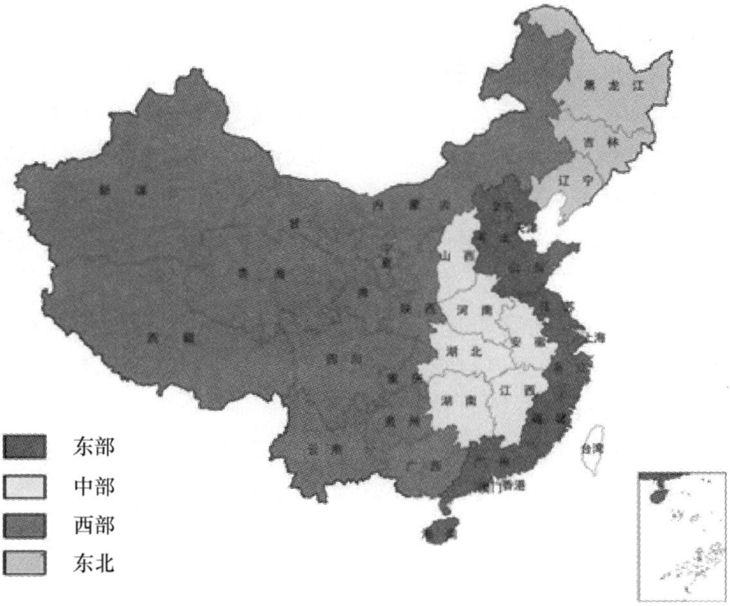

图 11-1　我国“四大板块”区域政策分区

确立的综合改革战略区有上海浦东和天津滨海，武汉城市圈和长株潭城市群、成都和重庆、辽宁沈阳、山西，等等。综合改革试验区是以“改革”为内容，以解决问题、探索实践、鼓励地方“先行先试”为目标的战略。由于国家给予“综合改革试验区”以“区域规划”同样的政策支持，它们已经成为带动地方发展的引擎。同时，中共中央、国务院的“指导意见”也是支持区域发展的重要文件。相对于“区域规划”和“综合改革试验区”，“指导意见”更偏重指导性，政策层级更高，主要针对特殊区域和被关注地区的发展规划，如海峡西岸经济区、海南国际旅游岛等。同20世纪80年代国家设立的“特区”“国家级经济技术开发区”相比，国家给予的区域政策并没有本质上的不同，只是覆盖范围从较小的工业园区和城市个体，扩展到更多的省区、更大范围的城市群和跨省区域。

总之，我国区域经济发展战略在历经均衡发展——非均衡发展——协调发展战略的演变后，越来越趋向理性并越来越与现实相吻合。

第二节　区域经济规划总论

一、区域经济规划及编制依据

（一）区域经济规划的内涵

区域经济规划是区域经济发展的总体策划，是对区域经济发展战略的具体安排。

根据研究对象的不同，区域经济规划可分为三个层面：宏观层面的中长期发展战略规划、中观层面的区域产业发展与布局规划、微观层面的规划方案设计。在宏观层面，区域经济规划是对区域空间进行以社会经济综合发展为目的的规划，将大都市与周边吸引地域结合到一起，制定中长期发展战略规划；在中观层面，将区域经济规划的范围限定在一个特定的区域内，综合考虑区域内部资源的分布和社会经济发展的条件，对这个特定地区的经济活动及产业发展制定一揽子发展程序和时间表；在微观层面，区域经济规划包括各类资源的开发规划和居民小区的开发规划等，较之宏观规划和中观规划，微观规划更倾向于方案的设计。

（二）区域经济规划编制依据

编制区域经济规划要有的放矢，因而规划对区域的自然、经济、社会等条件的依赖性很强。

1. 资源基础

资源基础是地区经济发展的物质基础，主要包括矿产资源、地表水和地下水资源、海洋资源、森林资源、生物资源、农业资源、劳动力资源以及旅游资源等。区域的资源基础直接影响区域经济发展的方向、经济结构和具体内容。一项具有全国或全省意义的重要资源，往往会成为地区经济发展的支柱。因此，在编制规划时，对区域资源状况的数量、质量及可供利用的状况等逐一查明，并进行综合分析，是开展区域经济规划的重要前提。

2. 自然条件

区域自然条件主要指农业生产和其他产业发展所要求的自然条件。农业生产对自然条件的依赖性较大。影响农业生产发展的自然条件主要指气候、土壤、地貌、水文等。在各种自然条件中，降水、气温、日照等要素往往能够决定某种农产品的区域布局；对工业和其他产业的发展，在建设和布局上有影响的自然条件主要有地貌、地质、气候、水资源条件；一些自然灾害，如火山、地震、台风、沙尘、滑坡、泥石流和洪涝灾害等，对某些工程的影响更为直接。在制定区域经济规划时，要对区域的自然条件进行全面调查、综合评定，充分利用有利条件，克服和改造不利因素。

3. 经济和社会条件

区域的经济和社会条件，是经过长期历史形成的对区域发展有重要影响的诸条件的综合，主要包括经济总量、产业结构、技术水平、人口和劳动力、资金、市场、基础设施、文化、道德观念等。在对区域的经济和社会条件进行综合分析的基础上，依据扬长避短、挖潜、提高的方针，充分发挥优势，具体安排项目和建设重点。在众多社会经济条件中，十分重要的是科技条件，它往往构成区域发展高科技技术产业或高科技装备等主导产业的必要基础。

4. 国家对区域经济和社会发展的战略部署与长远规划

国家在国民经济发展的不同时期对不同区域往往有不同的战略部署，在这种宏观格局中，对各省区或各地域的战略地位、分工作用以及今后的发展方向都有相应的安排，这些对于跨省区、省区以及省以下各级的区域规划来说，是必须遵照的基本依据。如改革开放之初在东南沿海地区实行的对外开放战略、“四沿”战略，近几年实行的西部大开发战略、振兴东北等老工业基地战略和中部崛起战略，对上述区域不同时期的发展方向、速度、条件，都构成了基本前提和依据。充分利用这些战略部署提供的机遇，对地区资源条件进行综合分析，对区域经济发展方向、发展速度、经济结构等进行科学预测和综合论证，以加快经济发展，是区域经济规划的基本任务。

二、区域经济规划编制程序与方法

（一）编制程序

区域经济规划编制的程序就是进行规划的工作步骤。规划过程是一个前后关联的连续性及回馈的过程，大体上可以分为三大步骤。

1. 规划准备工作

（1）了解提出规划部门或领导的要求。通过调查、座谈的方式，了解当地对规划的要求。

（2）组织成立规划领导机构。如果区域经济规划的对象是一个行政区，规划领导机构必须有行政区的主要负责人参加。如果是跨行政区的规划，领导机构必须有上一级行政区的主要负责人或主管部门的领导参加。领导机构主要起组织、协调、决策的作用。

（3）筹建规划的工作组。工作组应该有负责综合规划方案编制的规划人员和负责各个专项规划的专业人员。

（4）筹措规划经费。

（5）准备规划所用的各类地图，包括最新的地形图和行政区划图。

（6）制订工作计划，初步拟定规划工作阶段或进度要求。

（7）培训规划工作人员。统一思想，提高认识，明确任务和工作方法。

2. 规划方案的设计过程

（1）现状调查与资料收集。区域发展的现状调查与资料收集，是整个规划工作的基础。要进行实地调查，广泛听取各方面意见，获取区域有关经济、社会、自然、科技等各方面的基础资料，并对这些资料进行分类和整理。基础资料包括两类：一手资料和二手资料。一手资料是原始的、未经加工的，由规划人员通过调查、测量等方式直接获得的资料；二手资料包括由他人搜集的信息或者从其他相关媒介如书籍、文章、统计数据和地图等资料中获得的信息。在获取基础资料的基础上，根据规划的要求考察区域发展的现实基础和可能前景，认识区域的本质特征、区域的发展演变过程，明确区域发展中的基本问题，为制定区域发展规划提供依据。

（2）分析与预测。对收集、调查的资料进行详尽的分析，明确区域发展的优势、劣势，找出发展中的关键问题和潜力，形成对区域经济现状的总体认识，并在此基础上，对区域经济发展的一系列指标进行长期和分阶段的预测。同时，还要在因素变动的情况下，对可能出现的几种情况进行预测。

（3）发展目标确定。区域发展目标是区域经济规划的核心。有了目标，才能提出发展方向，研究发展方针，组织合理的结构，提出实现目标的对策和方案。发展目标应分两部分：第一部分，形象目标，即经历一段时间的发展后区域的发展阶段和水平；第二部分，预测目标，即将各项指标的预测结果作为目标。在确定预测目标时，应邀请专家反复论证，并多方面征求当地公众的意见。

（4）专题研究。在发展目标确定之后，应进入对具体内容的设计研究。在上述调查研究的基础上，对区域各产业和重大建设项目或重点开发区域、禁止开发区域进行专门深入的研究。专题研究包括区域主要产业部门（工业、农业、商业、交通运输等）、区域内各地区及若干专门问题的研究（如市场、资金、技术、人口等），并形成专题研究报告。每一个专题都可能存在数个解决问题的方案,规划者需要在各个备选方案中选择其中一个作为解决的对策。

(5) 制订方案。制订规划方案是整个规划过程的关键环节,也是规划者在规划中最富有创造力和想象力的阶段。规划设计时,既要有产业发展的专项规划方案,也要有综合的总体规划方案。规划方案的形式一般包括规划文本、规划图和预测模型。其中,预测模型是对区域经济发展未来前景进行的预测,包括预测方法、预测依据、数据和变量设立及调整、预测结果的评估等。

3. 规划方案的评估、实施与监督

(1) 方案评估。规划方案的评估,一是在规划方案未决定之前,在若干个方案中进行比较、选择。依据共同的评估方法和评估标准判断规划的优劣,选出较为合适的方案;二是对规划方案进行评估、论证和评审。请当地政府的负责人、业务主管部门和各方面的专家,对规划方案进行评估、论证或评审。规划者根据评估、论证或评审的意见,认真研究后,作出必要的修改,最后形成规划文件(包括图件和报告)。

(2) 报批定案。规划成果应按有关程序规定,报上级主管部门或政府权力部门审批。全国性和跨省、区的大区域规划,以及大江大河流域的规划,应报国务院批准;省、区的规划,报同级人民政府批准。通过主管部门或政府权力机构的审批,确保规划实施的权威性。

(3) 实施阶段。在实施过程中,要经常检查规划的可行性和实际效果。要根据新出现的情况、问题,对原规划方案进行必要的调整、补充或修改,使其适应不断变化的形势和环境。各级政府应保障规划的实施并进行相关的监督。

(二) 编制方法

1. 综合平衡法

(1) 综合平衡法的含义。综合平衡法是传统综合法中的一种,也是国际上区域经济规划编制中最基本、使用最广泛的一种方法。所谓平衡,就是各种关系的处理。具体而言,要处理好这样三方面的关系:① 供给和需求的关系。规划应尽可能使需求和供给在品种、数量、质量上相互适应,相互协调。② 区域各产业、各种具体建设项目的用地关系。要使各种物质要素各得其所、有机联系、密切配合,在空间上相互协调。③ 地区与地区之间的关系。要在讲求效益、公平、安全等原则的基础上,在建设项目的空间布局、进度和程序上合理安排,使地区之间相互协作,共同发展。

(2) 具体内容。区域经济规划中需要规划平衡的内容有很多:在经济方面,有生产与市场、资金、劳动力、土地、水、矿产、物资、交通、电力等的供需平衡;在社会方面,有城乡人口、教育、医疗、体育、娱乐设施、粮食、肉类、蔬菜、水果及住宅等的供需平衡;在生态系统方面,有林木采伐与营造、污染物排放与治理的平衡等。

(3) 工作步骤。综合平衡法的工作步骤是:① 确定综合平衡的内容和指标体系。② 预测发展需求,包括产业发展和地区发展的预测,确定各项目的需求量。③ 通过供需双方的比较,反复调整,最后确定规划方案。

进行综合平衡的一个重要工具是平衡表。编制平衡表的基本思路是:在供给总量控制的前提下,各产业、各地区的需求与供给总量要基本保持一致。当然,由于平衡的内容各不相同,平衡的格式和编制方法也有所差别。

2. 系统分析法

（1）原则。“系统分析”一词是20世纪40年代兰德公司首次提出的。系统分析是一种思考和研究问题的策略体系，它因研究对象和分析问题的不同而不同。① 根据系统论的原理，区域是一个复杂系统。区域系统是由相互联系的诸要素形成的有机整体。因此，区域系统分析也要遵循系统分析的原则：① 整体性原则。系统分析要从整体上考虑并解决问题，把研究对象看成一个系统。客观上可能存在最优或较优的各部分，就能使总体功能达到大于各部分功能之和的功效，即整体优化。② 动态性原则。区域系统都是开放的，必然表现为动态变化。因此，应从历史变化过程把握其动态演化规律，结合环境变化预测其未来发展方向；从系统的输入—输出过程探索其内在演化机制，寻求有效控制的途径和措施。③ 优化性原则。系统分析中的优化是整体的优化、动态的优化。对于一个较大的区域系统来讲，其最优解可能是存在的，但却很难找到。因此，在区域经济规划中，不应该强调绝对的最优，应通过寻求满意解（相对最优）逐步逼近最优解。寻优是一个持续的过程，也是在寻优费用和寻优效果之间权衡的过程。④ 模型化原则。对区域系统进行分析，还要清楚地描述系统内部各组成部分之间的相互依存关系和时间、空间上的联系，尽可能把握系统与环境之间的相互作用方式和强度。模型化是对区域进行深入研究的必然过程，数学模型是区域系统分析必不可少的工具。

（2）环节。系统分析由三个环节组成：问题形成、系统分析、系统评价。① 问题的形成，即确定规划的区域、目的、发展的总体和具体目标。② 系统分析，即对系统要素的性质、功能、相互关系进行分析，对系统的各种不确定性因素及系统的组织、结构、状态和可能的变化，通过综合处理，建立模型，反复验证，以作出判断，并提出抉择方案。③ 系统评价，即设计方案提出后或在实施中，根据效益、成本、影响等基本指标，对规划设计方案作出综合评价。在系统分析和系统综合中通常同时采用演绎和归纳两种方法。

3. 比较法

（1）概念。比较法是在认识区域特征的基础上，进行方案论证、方案择优的基本方法。实际上，在传统综合法中也运用到比较法，那就是根据区域经济发展战略，从经济发展总体目标出发，对社会再生产各方面、各环节、各领域的人力、物力、财力资源和需要进行对比，以调节和处理经济发展中的不平衡和矛盾。

（2）比较法在规划工作中的运用。① 认识区域特征，确定区域发展优势。通过对规划区域与全国甚至世界上其他地区的比较和对区域发展有利条件、限制因素的对比，能够认识区域优势，明确其发展方向。② 发展目标与具体指标的制定。区域经济发展目标和具体指标经常是对不同发展阶段、不同国家、不同地区的同类指标进行对比和分析后才加以确定的。③ 重点开发地区和经济建设项目布局地点的选定，是在以区域的宏观研究为指导，以区域内各地方的微观研究为基础，通过对资源、环境、基础设施以及地区关系等进行比较和选择后得出的结论。

（3）工作步骤。首先，选择比较对象。比较对象应具有内在的联系性和可比性。其次，确定比较标准。比较标准一般应从社会效益、经济效益、环境效益等方面进行综合分析，通常政

---

① 聂华林、王成勇：《区域经济学通论》，北京：中国社会科学出版社2006年版，第488—489页。

治因素也会成为比较标准的首选条件。最后，分析评价，也就是目标和方案的优选。

第三节　区域国土资源开发规划

一、区域国土资源开发规划的概念及任务

（一）概念

区域国土资源开发规划的研究对象是区域的国土资源系统。它是以实现区域可持续发展为宗旨，以妥善处理区域自然资源开发与区域经济发展、人口增长与环境保护之间的关系为主线，对区域国土资源开发、利用、整治和保护作出的规划。

（二）任务

区域国土资源开发规划的主要任务是对国土资源进行分析，明确区域内的优势和劣势资源，以及区域内国土资源开发中存在的风险和问题，将资源的开发落实到具体产业上，对区域产业结构进行调整和布局，使资源优势转化为经济优势。在编制区域国土资源开发规划时，应以协调地区关系和实现经济、社会与生态环境效益的统一为目标，确保地区经济和社会的持续、快速、健康发展。规划应有应用前景和功效兼容的弹性空间。

根据任务的性质，国土资源开发规划可分为两大类：一类是综合性的国土资源开发规划，它涉及区域内的全部资源要素；另一类是专项资源的开发规划，如矿产资源、能源资源、水资源、土地资源、生物资源、海洋资源等的开发规划。

二、区域国土资源开发评价

评价区域国土资源开发的主要内容如下：

（一）开发现状评价

评价国土资源开发现状的目的，是对规划区域内国土资源的种类、数量、品质、价值、资源分布组合结构、开发条件、开发利用现状和开发中存在的问题等进行分析评价。搞清规划地域内国土资源的基本状态、特征和开发的基本态势，可以为国土资源开发的深层次评价提供基本数据和基本结论。

（二）开发潜力评价

国土资源开发潜力是指，在合理的开发条件下国土资源能够产生的最大利用价值，利用价值的大小决定国土资源开发方式和投入计划的制订。国土资源开发潜力评价，主要是根据规划区域的国土资源利用现状、产业结构特征和社会经济发展目标，对该地区的国土资源开发潜力作出科学的评价。国土资源开发潜力，主要与规划区域内国土资源的种类、数量、质量、种类组合结构特征、开发的时空安排、开发的技术经济水平、开发对生态平衡的影响程度、开发地域所处更大系统的国土资源开发状况等因素相关。

（三）开发优势度分析

国土资源开发的优势度，是一类资源相对于区域内其他资源和其他区域内同一类资源在质量、数量、开发后产生的效益等方面优越程度大小的度量指标。分析国土资源开发优势度的

目的，是确定规划区域内的优势资源、优势程度、非优势资源、资源组合的优劣程度。

（四）开发的吸引力

国土资源开发的吸引力是指，国土资源开发对资金、人才、劳动力、物资设备、技术和信息的吸引能力。国土资源开发吸引力的大小一般和国土资源的富集程度、市场供求状况、开发规模、组合结构、稀疏程度、开发的基础设施和服务体系完善程度、开发的障碍因素、开发区的地区形象、开发区与周边地区经济发展的关系、开发的政策环境和开发的协调程度等方面的因素有关。

（五）开发的敏感度评价

国土资源开发敏感度是指，国土资源开发活动在自然与人类社会系统中引起的反应程度及其效应。国土资源开发涉及自然生态环境和经济社会环境两大系统。所以，国土资源开发敏感度评价应包括国土资源开发的自然生态环境和经济社会环境的每个方面。

（六）开发的风险度评价

国土资源开发的风险主要有社会风险、经济风险和环境风险等。国土资源开发风险度评价是指，对国土资源开发活动所造成的对人类经济社会发展、生态环境系统的风险及其损失进行评估，并以此对国土资源开发进行决策和管理的过程；国土资源开发的优势度、吸引力、敏感度和风险度评价，是以规划区域内国土资源的开发现状、开发潜力为基础的。

通过以上六个方面的分析评价，可以较全面地把握规划区域内国土资源开发的本质特征，为国土资源开发规划提供详细、易于操作的科学依据。

三、区域国土资源开发规划的编写

（一）国土规划说明书的编写

国土规划说明书是国土规划编制的主要文件，说明书包括三个部分。[①]

1. 总体综合规划

这部分的主要内容是阐述区域的自然和经济条件。分析地区特点，说明本区域与周围地区的经济、社会联系及其在发展国民经济中的地位，提出规划依据，确定发展地区经济的原则。解释发展地区经济的有关控制指标，以及规划具体内容的综合简要说明等。在说明书中对规划地区的范围、面积、确定地区界限的根据、行政区划、人口、民族等也要概括地说明。

2. 专项及重大项目规划

分专业编写，简要说明各专业规划的一般情况和特点；规划的依据、原则；规划的主要意图和具体内容等。涉及的专业一般有：工业、商贸金融、仓储、交通运输、水利和给排水、能源供应、城镇及居民点、建筑基地、科技、文教、卫生、体育事业及风景区、休疗养区的规划等。

3. 实施规划的措施与建议

除了上述内容外，在说明书中还可附上必要的附件，如对实现规划方案的必要措施、资源综合利用的建议等。

说明书的编写应力求简明确切，必要时可附缩图或照片，引用的基础资料应注明资料来

① 吴次芳、潘文灿：《国土规划的理论与方法》，北京：科学出版社2003年版，第331—332页。

源。编写规划说明书时,应同时编写一份简明提要,主要供领导机关审阅参考。

国土规划属中长期规划,通常考虑的是 10 年、20 年以上,有时甚至是 50 年的远景问题。有时也考虑五年规划的发展目标。

(二)制图

国土规划图一般包括下列内容:

1. 规划地区位置图

主要标明规划地区的经济地理位置、与附近地区主要的经济联系。

2. 土地利用现状图

主要标明现有和正在建设的城市、县镇、工矿区、乡镇、农林牧副渔用地、风景区、休养区及其他专门用地的位置和范围;大中型工矿企业、电站、高压线路、铁路、公路、站场、港口码头、机场等的用地位置。

3. 矿产资源分布图

主要标明各种矿产资源分布的位置、矿区范围、现有和规划矿井与开采场的位置。

4. 国土规划总图(比例尺 1:50 000 或 1:100 000)

主要标明区域内的城市、县镇、工矿区及乡镇、农林牧副渔地区、大中型工矿企业、铁路和公路的线路与站场、港口码头、机场、电站、高压线路、供水水源及灌溉干渠、排水口、防洪工程、建筑基地、商业、仓储、科技、文教、卫生、体育设施及风景区、休养区等的规划方案。

5. 农业分布规划草图

主要标明重要农作物的分布地区、国有农场、大型农业设施、大片菜地、果园、防护林、牧区、渔区、水库及灌溉渠道、乡镇等的规划方案。

6. 专业规划综合草图

主要标明交通运输系统、水利及供排水系统、动力系统的规划方案及其主要工程的位置。

7. 重要城镇及工矿区规划草图

主要标明各个城镇和工矿区的工业企业、铁路线和站场、港口码头、机场、仓库、居住用地及主要干道的规划方案。

8. 区域环境质量现状评价图

主要标明各城镇及工矿区污染源的性质、分布的位置及污染的范围和程度,河湖水系分布情况、取水口及排水口的位置以及水体被污染的程度,地下水的分布情况、流向及其被污染的程度等。

第四节 区域基础设施规划

一、区域基础设施及其性质

(一)基础设施的含义与分类

基础设施泛指国民经济体系中为社会生产和再生产提供一般条件的部门和行业,包括交通、邮电、供水、供电、商业服务、科研与技术服务、园林绿化、环境保护、文化教育、卫生医疗等技术性工程和社会性服务设施。基础设施又有广义和狭义之分，广义的基础设施包括工程性基础设施和社会性基础设施等硬件和软件系统；狭义的基础设施则是指有形的资产部门，即技术性的工程设施。在我国通用的文件中，基础设施一般指狭义的工程设施和硬件系统。①

区域基础设施一般指四大系统：交通运输系统、给水排水系统、动力系统和邮电通信系统。交通运输系统既是基础设施的一部分，又是独立的部门；给水排水系统包括给水的水源工程、输水的通道、自来水的生产和提供设施、雨水排放管网和污水排放及处理设施；动力系统包括电力生产及输变电设施、区域性煤气、燃气、石油液化气的生产输出设施和热力生产供应设施；邮电通信系统包括邮电局所、各种通信手段收发和传输设施。

（二）基础设施的性质

1. 公共性

在一国或一个地区内的基础设施，是为该国和该地区生产与生活整体服务的，由大家共同使用、共同享受；基础设施大多由国家或地方财政提供，也有少数是由企业或单位联合建设的。

2. 两重性

基础设施既为生产服务，又为人民生活服务，两者不易截然分开。在城市中，供水的70%、煤气的50%、电力的80%以上用于生产，其余用于生活。基础设施是“处于直接生产过程之外的生产过程的条件”，而不仅仅是“非生产性建设投资”和“社会公共福利事业”。

3. 系统性

基础设施是一个综合系统，其内部各构成要素和部门既相互独立，又相互依存，共同成为社会经济发展的支撑体系。各类基础设施按其自身要求形成独立的网络系统。同时，各类基础设施在布局、规模、建设时间上又需要相互协调，形成一个有机整体。

4. 长期性

基础设施是服务于全社会生产与生活的，要与其服务的区域规模和人口规模相适应，因此一般规模都较大，需要投入的资金较多，施工时间较长，一旦建成，往往可以长期使用，有的可运营百年以上。投资效益的回报期也较长，而且基础设施对区域社会、生态效益的影响往往不会在短期内体现出来。

5. 间接性

基础设施的投资效益往往分散地体现在其服务对象的效益上，这种间接效益也往往超过其直接效益。这是由于基础设施建设的目的主要不是着眼于获得自身的经济效益，而是为整个区域经济社会服务，提高区域整体实力和总体效益。例如，重庆长江大桥建成后，重庆市80%以上的工厂受益，每年为工业企业增收节支1 000万元。

二、区域基础设施规划——以交通运输产业为例

（一）影响区域交通运输规划的主要因素

1. 区域经济发展水平

随着区域经济发展规模的扩大，对运输规模的需求也在上升。运输业的总体规模与GDP

① 崔功豪等：《区域分析与规划》，北京：高等教育出版社2002年版，第305页。

是一种正相关关系。表 11-1 是对我国货物周转量与 GDP 关系分析的结果。

表 11-1　我国 GDP 与货物周转量的关系

年份	1980	1985	1990	1995	2000	2001	2002	2003	2004	2005	2006
GDP(亿元)	4 546	9 016	18 668	60 794	99 215	109 655	120 333	135 823	159 878	183 868	210 871
货物周转量(亿吨公里)	12 026	18 365	36 207	35 909	44 321	47 710	50 686	53 859	69 445	80 258	88 952

随着经济发展水平的提高,单位产值的运输量呈下降的趋势,如表 11-2 所示。

表 11-2　我国每万元 GDP 产生的货物周转量

年份	1980	1985	1990	1995	2000	2001	2002	2003	2004	2005	2006
货物周转量(亿吨公里)	26 454	20 369	14 038	5 907	4 467	4 351	4 212	3 965	4 344	4 365	4 218

资料来源:根据《中国统计年鉴(2007)》计算。

2. 区域产业结构

区域的产业结构与运输量的大小有直接关系。原因是,不同产业的单位产值产生的运输量差别很大。以重化工业、矿业为主的区域,交通运输业的配置也应当有较大的规模;反之,以轻工业为主的区域,交通运输业的配置可以保持相对较小的规模。以旅游等第三产业为主导产业的区域,客运设施也应当有较大的发展和较高的水准。

3. 区域人口数量、密度和迁徙情况

人口数量多,对客运的要求会增加得很快。人口密度要求运输设施的密度要与之相对应。人口的迁徙情况决定了对高峰期运输能力的要求,如我国春节期间交通量增加很多,就是对人口流动状况的一个很好说明。

4. 区域面积、地形等的情况

面积大而人口少,需要的人均运输能力就要高些;相反,需要的人均运输能力就要低些。山区、高原、丘陵运输网一般分布稀疏,平原、大江、大河的三角洲地区运输网都很密集。

5. 地区投资能力

地区投资能力是由多方面构成的,主要包括地方政府的财政能力、中央政府对该地区的投资状况、地方民间资本投资交通的能力、引进外部资金的情况、银行贷款的能力以及地区发展交通运输设施的有关政策等。

(二) 交通运输规划的战略目标与发展任务

制定交通运输规划,必须明确战略目标与发展任务。

1. 战略目标

基本思路是充分发挥各种运输方式的优势,以发展大交通为目的,建设区域综合运输体系,使区域的交通运输能力基本适合区域经济发展的需要并略有超前。

2. 发展任务

规定各种运输方式的发展任务。在北方,公路、铁路可能更重要;在南方,内河运输有着特殊的意义;在西部的广大地区,铁路、航空的作用更加明显。此外,还要规划不同时期、不同阶段的具体发展任务,并力争使交通运输业的布局与区域产业布局相互协调。

（三）主要运输方式规划

1. 公路

公路运输在我国各地区都占有最重要的地位。公路运输是我国改革开放以来发展最快的交通运输方式之一。

经改革开放多年的建设,我国主要城市之间的公路交通条件显著改善,公路交通的紧张状况初步缓解。同时,县、乡公路里程快速增长,质量也有很大的提高。一个布局合理、四通八达的全国公路网已初步形成。高速公路建设是改革开放后我国公路事业取得的突出成就。全国的高速公路网络正在形成。回顾我国公路发展历程,与世界公路发展趋势相比,我国公路交通正处于扩大规模、提高质量的快速发展时期。但是,由于基础十分薄弱,我国公路建设总体上还不能适应国民经济和社会发展的需要,与发达国家的先进水平相比还有较大差距。从行政区划分布看,由于经济发展和人口分布的不平衡,公路发展在各地区之间存在着较大的差距。总体来看,东部地区公路密度较大,高等级公路的比例也较高,明显高于全国平均水平,更高于中西部地区。

未来我国公路规划的重点是:

首先,本区域与外区域的连接线。目前,区域的发展已经不是单个区域的事情,而是区域之间协调的结果。把本区域与外面有效地联系起来,是公路规划的首要任务,这种线路最好是高速公路。

其次,本区域内部大中城市之间的主干道。大中城市是区域的经济中心,它们之间的联系往往能够对区域经济发展起到决定性的作用。这种主干道可以是高速公路,也可以是高等级公路。规划的原则是以不造成某些城市的经济衰退为前提。

再次,构建区域公路交通网络。通过建设更多的低等级公路,将区域内部全部联系起来,使经济资源能够在区域内有效地流动,方便所有居民出行和参与经济活动。

最后,公路建设要重视与其他交通运输方式的联系和协调。无论是铁路、航空还是水运,都需要通过公路进行相互之间的联系,要在区域规划中专门给予重视。

2. 铁路

我国国土辽阔,正处于经济快速发展阶段。近年来,铁路为适应市场需求变化,在生产布局和运输产品结构上作了重大调整,使铁路运输布局和资源配置得到进一步优化。同时,为了适应运输市场的需求,以大面积提速为龙头,在旅客运输方面推出了快速列车、夕发朝至列车、朝发夕至列车、城际列车、旅游列车;在货物运输上,推出了大宗货物直达列车、快运货车等一系列优质服务措施。这些均在开拓运输市场、扩大市场份额方面发挥了重要作用。

铁路规划不是一个区域能够解决的。对于规划区域来讲,一方面应充分利用现有的运输能力,另一方面要向国家有关部门提出本地区急需建设的铁路线路规划。国家的基本战略是:提高铁路的综合运输能力和现代化水平,集中力量建设和改造一批对国民经济全局有重要影响、在路网上起骨干作用的大能力干线,并建设分地区性辅助通道,促进区域经济发展。如南昆线、朔黄线、西安—安康线、哈大线电气化、南疆线、内昆线、粤海通道等,都对区域经济发展起到了巨大的作用。

3. 航空

航空运输是我国改革开放以来增长最快的交通运输方式之一。航空运输规划也是一个全局性的问题。对区域来讲,关键是机场的建设与布局。要根据区域经济发展的基本情况与当地人民的生活水平、出行习惯等规划和建设机场。一般来讲,一个地区级的区域应当有一个机场,每个大城市都应当有自己的机场,特大城市和超大城市应当有两个以上的机场。

4. 内河航运

我国人口众多,各江河流域是人口高度集聚的地区,内河航运对某些地区的区域经济发展十分重要。但由于我国的土地资源、森林资源开发强度大,大面积水土流失严重,河流泥沙含量大,河床淤积严重,河道不断受到破坏。同时,由于生态环境遭到较严重的破坏,各大江河流域范围内水源涵养能力大大下降,许多河流年径流量绝对减少,有些河流甚至发生季节性断流,通航里程减少。

规划时要求各地区的江河水利工程建设和跨江河桥梁建设不能影响内河航运。在水利工程建设中不要建设碍航闸坝,人为地造成江河断航,要对港口接卸能力和疏运能力进行规划,根据目前的能力进行投资预测、预算,并且多方面吸引投资进行建设。内河船舶的购置也是规划的重要组成部分,应当放开让民营企业参与到内河航运中来。政府应当像修公路那样改善内河的通航条件,使水运优势得到有效发挥,这部分资金应当由政府来投入。

第五节　区域城镇体系规划

一、区域城镇体系规划概况

(一) 城镇体系规划的内涵

城镇体系规划,是在一定的地域范围内妥善处理各城镇之间、单个或数个城镇与城镇群体之间及群体与外部环境之间的关系,以达到地域经济、社会、环境效益最佳发展的总体目标。①城镇体系规划以城镇为重点,以区域生产力布局和城镇地域职能分工为依据,在科学认识城镇体系发展的基础上,引导和协调区域内城镇的发展与协作。具体来讲,城镇体系规划是根据第一产业、第二产业、第三产业等经济发展和教育、科技、文化等社会发展的需要,在分析城镇体系内拥有的历史沉淀、现状特征、发展条件的基础上,明确城镇体系的规模等级结构、职能结构和空间布局结构,使区域内各城镇形成一个层次合理、各具优势、分工明确、协调发展的密切联系的有机整体。系统科学理论、区域科学理论和城市科学理论是城镇体系规划的理论基础,城镇化理论、中心地理论、空间相互作用理论等是城镇体系规划的基本思路和方法。

(二) 城镇体系规划的目标、任务与指导思想

1. 城镇体系规划的目标

城镇体系规划的目标与城镇体系所在区域的发展总目标是密切联系的。城镇体系是区域

---

① 彭震伟:《区域研究与区域规划》,上海:同济大学出版社 1998 年版,第 105 页。

的一个组成部分，城镇体系规划要达到的目标，就是从区域发展的目标出发，通过对区域人口、产业和城镇的合理布局，解决体系内城镇之间的要素竞争，统筹城镇的发展方向，协调城镇之间的发展空间，改善体系内部和外部环境之间的关系，运用现代的系统理论与方法，努力促进区域社会、经济、环境综合效益最优化，建立一个能产生最大综合效益和整体利益不断增长的城镇体系结构（包括等级规模结构、职能结构、空间结构）。

2. 城镇体系规划的任务

根据建设部1994年发布的《城镇体系规划编制审批办法》，城镇体系规划的任务是：综合评价城镇发展条件，制定区域城镇发展战略，预测区域人口增长和城市化水平，拟定各相关城镇的发展方向与规模，协调城镇发展与产业配置的时空关系，统筹安排区域基础设施和社会设施，引导和控制区域城镇的合理发展布局，指导城市总体规划的编制。

城镇体系规划要为政府引导区域城镇发展提供宏观依据和手段。现阶段的主要任务是：① 以区域为整体，统筹考虑城镇与乡村的协调发展，明确城镇的职能分工，确定区域城镇发展战略，调控和引导区域内城镇的合理布局及大中小城市的协调发展；② 在维护公平竞争的前提下，协调区域开发活动的空间布局和时序，限制不符合区域整体利益和长远利益的开发活动，保护资源，保护环境，促进城乡协调发展；③ 保障社会公益性项目的建设，促进经济社会的协调发展，统筹安排区域基础设施，避免重复建设，实现区域基础设施共享和有效利用，降低区域开发成本；④ 确定引导城镇体系完善与发展的各项政策和措施。

3. 城镇体系规划的指导思想

指导区域城镇体系规划编制的核心思想是“以人为本”，促进区域内城镇的和谐发展。城市与自然的根本区别在于，自然是一个无人的世界，而城市是有人的世界，也就是说，人是城市空间的构成基础和存在的本质，城镇体系是以人为中心连接起来的城市空间系统。因此，进行城镇体系规划时要以现实的人为基础，坚持以人为本。

具体确定城镇体系的指导思想时一般要考虑国家一定时期的路线、方针、政策、区域发展战略和城镇体系的发展历史、现状、条件，结合各城镇的等级、职能、辐射范围、经济联系、比较优势等，确定发展方向。

二、区域城镇体系规划的基本内容

城镇体系规划的基本内容包括：区域人口与城镇化水平预测、城镇体系组织结构规划、城镇体系规划实施及建议等。下面重点介绍区域人口与城镇化水平预测和城镇体系组织结构规划。

（一）区域人口与城镇化水平预测

1. 区域人口预测

（1）区域人口预测

区域人口预测是根据人口发展规律，从人口现状出发，考虑影响人口增长的各种因素，对未来某个时期的人口状况作出推断。[①]

---

① 李克强：《区域经济规划理论与方法》，北京：中央民族大学出版社2006年版，第247页。

(2) 预测方法

我国目前用于预测区域总人口的方法很多,常用的有综合平衡法、环境容量法、回归分析法、劳动力需求法等。其他用于区域总人口规模预测的方法还有人口动态模型预测法、灰色系统模型预测法、系统动力学预测法等。这些方法都各有其局限性和适用范围,预测结果也不尽相同,有的相差20%以上。在实际工作中,应结合区域特点和资料的完备、可靠程度,选择适当的方法。一般的做法是,以一种方法为主,并用其他方法进行验算以弥补不足。对根据各种预测方法得出的区域人口数量进行全面评估,同时考虑城市化发展水平、区域发展政策、区域社会经济发展阶段以及财政能力、区域环境容量等,最终确定规划期末的区域总人口规模。这里我们主要介绍综合平衡法、回归分析法和劳动力需求法。

① 综合平衡法。一般而言,在政治经济比较稳定的时期,区域内的机械人口增长也是比较稳定的。此时区域人口的增长,是由前一年的人口加上自然人口和机械增长人口,即:

$$P_i = P_{i-1} + N_i + M_i$$

式中,P 为总人口;N 为自然增长人口;M 为机械增长人口;i 为年份。

当人口的自然增长率和机械增长率为稳定值时,该公式可以简化为:

$$P = P_0(1 + n + m)^t$$

式中,P 为规划预测年总人口;P_0为规划基础年总人口;n 为人口自然增长率;m 为人口机械增长率;t 为年限 = 预测年份 - 基础年份。

应根据国家计划生育政策和区域内近几年的人口自然增长率及近、远期人口的年龄构成,选定自然增长率。机械增长率的选定,则要参照历年增长率和今后的经济发展。也可以将区域人口分成农业人口、非农业人口和暂住人口,并对三个不同组成部分分别进行预测,最后求出规划期末区域的人口总规模。

② 回归分析法。回归分析法是依据事物发展中变量之间相互关系的原理,通过寻找能够近似表达两个或多个变量之间相关关系的数学方程式进行预测的方法和技术。用这一方法预测区域总人口时,应主要选取与区域总人口的增长密切相关的因素,通过回归分析求解,再预测区域未来的人口规模。人口预测中常用的回归分析法有年份与人口规模的回归分析、工农业总产值与人口规模的回归分析等。回归分析法可分为一元回归和多元回归两大类。

一元回归法中,人口总量只与一个变量有关,并以一个固定的模式变化,然后运用最小二乘法求解模型参数,进行预测。设 P 为人口数,a、b 为参数,x 为相关变量,则模型包括以下几种:

直线模型:$P = a + bx$

对数模型:$P = a + b\ln x$

幂模型:$P = ax^b$

指数模型:$P = ab^x$

抛物线模型:$P = a + bx + cx^2$

在上述模型中,若 x 为若干年份,则可建立人口与时间的趋势预测模型。

在多元回归法中,人口总量和多个独立变量存在相关性。多元线性回归的一般表达式为:

$$P = a + b_1X_1 + b_2X_2 + \cdots + b_nX_n$$

在实际工作中，多元线性回归中的变量可以是影响人口变化的一些因子，如房租、工资水平、岗位数、失业情况以及工业投资情况等，这些均是可以量化的因子。在实际运用时，要尽量减少因子之间的关联，以免影响预测效果。

③ 劳动力需求法。劳动力需求法的基本原理是，将区域人口增长与经济增长速度和科技进步、劳动、资金因素在经济增长中的贡献份额挂钩，从而使规划期内的区域人口与同期社会经济发展的目标相对应。

计算公式为：

$$P = P_0(1 + \mathrm{EL} \times Y/B)^t \times K_0/K$$

式中，P 为规划期末城区人口规模；P_0为基准年城区人口规模；t 为规划年限；EL 为劳动贡献率；Y 为经济增长率；B 为劳动力产出弹性系数；K_0为基准年劳动力系数；K 为规划期末劳动力系数。

经济增长率 Y 以国民经济和社会发展计划中确定的 GDP 年均递增值为参照，根据区域实际情况确定；劳动力产出弹性系数 B 通常采用国家科学技术委员会体制改革司文件的建议值（0.9）；劳动贡献率 EL 按国家发展和改革委员会办公厅、国家科学技术委员会体制改革司文件推荐的柯布—道格拉斯生产函数方程和国家科学技术委员会建议的资金产出弹性系数 0.3 测算。K_0/K 通过研究第六次人口普查资料中的年龄结构，分析近、远期进入劳动年龄的人数与退出劳动年龄的人数的关系，确定比值。

2. 城镇化水平预测

城镇化水平常以城镇人口占总人口的比重来表示。区域城镇体系规划研究和预测规划区域范围的城市化水平，主要研究区域社会经济发展水平下的城镇人口总规模，为整个地域的经济发展和城镇建设布局提供依据。城镇化水平预测的方法很多，可以选择剩余劳动力转化分析法、城镇化水平增长率趋势预测模型法、回归优选模型法、综合指标法等进行城镇化水平预测。

为学习方便，这里我们介绍农村剩余劳动力转化分析法和综合指标法。

（1）农村剩余劳动力转化分析法

农村人口向城市转移，最主要的就是农村剩余劳动力向城市第二、第三产业的转移。如果农村剩余劳动力的数量、进入城镇的转化率、人口负担系数都能量化，便可运用如下模型进行城镇化水平预测：

$$U_L = [P_u(1 + r)^t + ct + Lme]/P_e$$

式中，U_L为城镇化水平；P_u为预测期基年城市人口；r 为预测期城市人口自然增长率；t 为预测年限；c 为区外人口迁入城镇的年平均数量；L 为农村剩余劳动力；m 为农村劳动力的人口负担系数；e 为农村剩余劳动力进入城镇的转化率；P_e为预测期末区域总人口。

（2）综合指标法

农村剩余劳动力转化分析法属于单一指标法。综合指标法是指用两个或两个以上的指标，来反映某一个国家或地区的城市化水平。它能从多方面、多角度去考察城市化水平，但是工作量大，很多指标无法量化，并且各地区情况各异，通用性差。

（二）城镇体系组织结构规划

城镇体系组织结构规划主要包括城镇体系职能结构规划、城镇体系等级规模结构规划、城镇体系空间结构规划和城镇体系网络结构规划等。

1. 城镇体系职能结构规划

城镇体系职能结构，是指区域内各城市的职能构成及其在区域发展中所起的作用。城市职能是城镇经济、社会和文化等因素的集合，要素的不同组合形成城镇为区域服务的职能特点。城镇体系职能结构规划是针对城镇现状职能构成的特点，结合区域社会经济的历史、环境、条件和发展战略，确定城镇的性质、特色、地位、作用及发展方向，其实质是使城镇体系内各个城镇具有明确合理的职能分工，相互协作，发挥各自的优势，以取得城镇体系的整体最佳效益。总的来说有两个任务：一是确定城镇体系的整体职能类型，二是使城镇体系内各城镇类型有机结合、相互协调。城镇体系职能结构规划是与各城市产业结构规划相联系的。规划的原则是：发挥综合中心大城市的区域极核作用，带动次级中心城市发展；注意发挥各类城市的产业优势，强化主导产业对相关产业群的带动作用，实现城市专业功能作用的区域化及国际化。

城镇体系职能结构规划的具体步骤如下：

第一，认识现状特点与存在的问题。城镇体系职能结构的规划首先要建立在对城镇职能现状分析的基础上，通过对区位、产业结构、文化底蕴等的定性和定量分析，明确区域内各城镇的相似性和差异性，找出是否存在定位不合理、职能体系不完善等问题，以便在规划中采取有针对性的措施予以改进和完善。

第二，分析规划期发展条件的变化。资源开发、重点项目布点、基础设施建设等，都可能引起规划期内一些城镇发展条件的变化，从而使这些城镇的职能需要有所调整。进行城镇体系的职能结构规划时，要充分考虑未来规划期内可能发生的条件变化，在确定城镇职能方向时要有所体现。

第三，确定城镇职能结构发展方针。对现状分析之后，肯定其中合理的部分，改进不合理的部分，从城镇拥有的发展条件出发，根据比较优势原则和国家的相关政策，提出城镇体系职能结构的发展方向，使城镇体系职能结构的发展有明确的目标。

第四，划分城镇的职能等级序列与职能类型，确定服务区域。这是城镇体系职能结构规划中最核心的内容。划分城镇职能等级序列的目的，是解决城镇体系现存的问题，使其层次明确、分工合理。在明确城镇在职能结构中所处的等级之后，还要明确各个城镇的职能类型，确定规划期内各城镇的职能类型组合。每个城镇体系都要确定区域内共有几种职能类型、每类城镇的数量及名称。需要指出的是，城镇体系的职能结构规划，还要考虑未来一定期间内的新设城镇，并划定其职能层次，确定其职能类型，使之与原有城镇协同发展。

第五，选择重点发展城镇，确定主要城镇的职能性质与发展方向。由于资金、资源、人力等方面的限制，区域内的所有城镇不可能同步发展。城镇体系职能结构规划应在全面衡量区域内部条件和外部环境的基础上，确定重点发展的城镇和重点产业的发展方向，把有限的财力、物力投放到关键的节点上，以点带面，带动城镇体系的整体发展。

2. 城镇体系等级规模结构规划

城镇体系等级规模结构是指规划区域内不同规模的城镇组成的等级结构，从大到小依次为超大型城市、特大型城市、大城市、中等城市、小城市和建制镇等。城镇体系的等级规模结构特征常用首位度(城镇体系内第一大城市与第二大城市人口之比)与4城市指数(指首位城市人口与余下三大城市人口之和的比)反映,这两个指标越小,表明城镇体系内各城镇在等级规模方面的差异越小。

城镇体系的等级规模结构规划,主要是安排规划区域不同规模等级城市的数量、每个城市的人口数和它们之间的等级关系。城镇体系的等级规模结构规划,必须建立在对城镇化水平的预测及各个城镇合理发展规模的预测基础上,其主要内容包括:分析城镇规模分布的现状特点;确定规划期内可能出现的新城镇,包括某些农村集镇的升级和因基本建设可能出现的新城镇;分析各城镇人口规模的变动趋势和相对地位的变化,预测今后的动态;结合城镇的人口现状、发展条件和职能的变化,对新老城镇作出规模预测;制定城镇体系的等级规模结构规划,形成新的、合理的城镇等级规模结构。

在规划中,首先要确定区域的中心城市。因为按国内一般对大中小城市运行效益的比较,大城市运行效益最高,具有典型的规模经济效益递增的特点。其次要巩固区域内的中等城市,在规划期内将其中条件好、发展快的中等城市发展为大城市,促进区域内的小城市加快发展为中等城市,带动各片区的经济发展,最后要巩固发展小城市和县城镇,这是城镇体系等级规模结构规划的基础性工作。在规划期内,应强化第二、第三产业,提高城市聚集效益和扩散效应。

3. 城镇体系空间结构规划

城镇体系空间结构是指城镇的地域分布状态。它是地域范围内经济和社会物质实体的空间组合形式,是地域经济结构、社会结构和自然环境条件在空间上的投影。我国城镇体系的空间结构按照城镇的作用和区域性质的不同,大体分为四大类型:大城市地区城镇体系空间结构、多中心城镇体系空间结构、以自然资源综合开发利用为主的城镇体系空间结构和行政—经济区域城镇体系空间结构。

城镇体系空间结构规划的原则是:① 与规划区的社会经济和城市化发展阶段相适应,满足城镇体系发育空间聚集的客观要求,顺应市场经济的客观规律;② 依托区域经济主流向的交通走廊,促进城镇发展空间轴带和网络节点形成规模效应;③ 按照地域分工的特点,促进不同区域经济与社会发展空间、产业分工的优化组织和生产力合理布局;④ 按城市—区域的内在联系合理组织城市经济区,发挥各级城镇的区域中心作用,促进城市经济协调发展。

城镇体系空间结构规划的具体内容是:

(1) 现状特点与问题分析

一般从城镇的地域分布、分布密度、地域差异等方面入手,结合城镇的发展条件,并与其他地区城镇体系作比较,确定本区域城镇体系空间结构类型,明确城镇体系空间发展程度,分析存在的问题。

(2) 分析城镇体系空间结构的影响因素

影响城镇体系空间结构的因素包括区域自然条件、人口分布状况、经济基础、城市化水平、交通运输等,要分析这些因素对未来城镇体系空间结构的影响程度,并作出有针对性和有远见的空间结构布局。

(3) 确定城镇体系空间结构规划的指导思想

这是在现状特点、问题与影响因素分析的基础上,考虑区域经济社会发展战略及自然地理条件等因素后提出的,包括城镇体系空间分布的重点、步骤与主要意图等。

(4) 选择并确定城镇体系空间结构规划模式

城镇空间结构模式的确定与城镇空间分布形式以及城镇空间发展态势密切相关。在城镇体系空间结构规划中,要考虑城镇生长点、增长极、发展轴等,并且加以不同层次、不同级别的限定,这实际上是对未来城镇发展态势的限定。一般应依托若干中心城镇,形成若干城镇集聚区、次级城镇发展轴线和主要城镇发展轴线,利用点—轴—面的极核作用和扩散效应,带动各分区城镇体系的发展,形成点—轴—面有机结合的多层次城镇体系空间结构。

(5) 城镇区域的划分

由于历史基础、经济发展水平、城镇条件和发展方向的差异,城镇体系内若干中心城市将会因为集聚、辐射及经济联系等因素形成若干城镇区域。为使中心城市的发展带动周边地区的经济和城镇的发展,有必要按照城镇体系发展的远期目标调整城镇区域划分。

4. 城镇体系网络结构规划

城镇体系网络结构是城市与城市之间、城市与区域之间所形成的各种有机的社会经济联系系统。城市体系网络结构的主体是体系内的城镇,尤其是中心城镇。中心城镇在网络结构中的作用,是将其作用力和能量通过网络渠道辐射到整个区域。在这个过程中,技术、资金、信息等资源在区域内扩散,促进了区域的协调发展。城镇体系网络结构规划的目的是,使城镇赖以生存和发展的各种物质及非物质因素流动更便捷、合理,从而促进城镇体系的良性发展。具体来说,城镇网络结构规划是在城镇体系职能结构规划、等级规模结构规划和空间结构规划的基础上,对地域行政管理、工业、交通、商业、科技、情报、文化、教育卫生和财政、金融信贷等网络进行统一规划,提高区域城乡居民的物质和精神生活水平,推动区域社会经济的全面发展。同时,城镇体系网络结构规划并非依附于城镇体系职能结构、等级规模结构和空间结构规划而存在,而是对上述三个规划内容在一定程度上起到反馈影响和制约作用。它们是互为背景、相互依存的。

城镇体系网络结构规划主要包括以下几个方面内容:

(1) 行政管理网络系统

城镇体系的行政管理网络与我国行政区的划分相对应,形成了"首都——省城(直辖市、自治区首府)——省辖市、地级市——县级市、县城——镇"的五级行政管理网络系统。行政管理网络系统规划,是根据城镇体系整体发展的要求,合理调整现行城镇体系行政管理网络结构,包括隶属关系、管辖范围等,以使城镇体系的发展更健康和迅速。

(2) 交通运输网络系统

城镇体系内的交通运输网络对城镇体系正常功能的发挥影响重大。交通运输网络规划是在分析交通现状的基础上,提出发展和改进现有交通运输网络系统的方针、原则及具体的建设项目和管理对策等。

(3) 生产协作网络系统

在市场经济条件下,各城镇内的企业间形成了三种生产协作网络:"市——县城——镇"

自上而下的城镇工业扩散网络系统，“镇——县城——市”自下而上的聚集式深加工协作网络，横向联系密切的城镇群生产综合体网络系统。第三种生产协作网络系统是城镇群经济组织的高级阶段，它们是围绕一两种资源或某种主要产品、统一生产、有序分工、协作配套、形成有机联系并具有地域特征的生产联系网络系统。在市场经济条件下，第三种生产协作网络系统所占的比重呈不断增长的趋势，这给城镇体系的职能类型、规模等级和空间结构都带来一定的影响。生产协作网络系统规划的任务就是根据区域整体发展的原则，安排体系内各种生产要素的布点、相互分工及其联系方式，以使区域整体发展效益最佳。城镇体系生产协作网络系统与城镇职能中的产业结构有一定的联系，在进行规划时，要避免各城镇产业结构雷同、职能分工不明确、生产重复等情况的发生，以加强区域分工与区域合作。

（4）商品流通网络系统

随着市场经济的发展，城镇间的流通市场逐渐扩大，形成了联系广泛的流通网络。目前，商品流通网络系统正在成为我国城镇体系内联系生产和消费，联系各地区乃至全国和世界不可缺少的经济纽带与桥梁。在商品流通网络系统规划中，要分析各种新城镇的现状，分析商品产销基地是劳动密集型还是技术密集型，以及是否会发生转变，还要分析是否有新的城镇能够发展起来，以把握未来市场和商品产销基地网络的发展趋势。

第六节　区域环境规划

一、区域环境规划及原则

（一）区域环境规划的内涵

区域环境规划，是人类为使环境与社会、经济协调发展，在一定的地域空间范围内对自身活动和环境所作的时空安排。其目的在于使人类活动与环境之间形成良性互动，从而达到可持续发展的目的。

（二）区域环境规划的基本原则

区域环境规划的目的在于谋求经济、社会和环境的协调发展。因此，在区域环境规划中，应特别注意坚持以下几项原则：

1. 宏观规划与微观规划相结合

由于区域环境具有超越规划区域范围的特点，因此，在进行区域环境规划时首先要有全局观念，要在比规划区域更高的层次上研究区域环境，特别是在宏观上进行环境的功能分区，这样才能对规划区域进行较准确的环境定位。在此基础上，根据区域环境的特点，具体考虑生产力布局的环境合理性、产业结构与资源优势的配置、污染物总量的控制和地域分布等因素。

2. 城乡统筹

坚持城乡统筹，一是在控制和减少城市环境污染的同时，充分利用广大农村净化环境的功能，切实防止农村、农业的污染，做到在环境功能上的城乡互补。二是在积极促进农业工业化的同时，避免走先污染后治理的老路。要按照可持续发展的原则，用新技术、新工艺、新材料避免和减少污染，或者至少是在建设工业项目的同时，进行防污治污项目的配套建设。三是吸取大城市污染集中的教训，在农村城市化过程中，走新型城市化道路，减少因无序集中而带来的负效应。四是在自然、生态、经济、社会各要素的结构、分布和功能上相互协调，以达到既加快城市化进程，又能实现可持续发展的目的。

3. 区域自然生态环境一体化

任何区域内的河流、渠系、水体、大气都把人类活动的区域与自然区域联系起来，这些自然区域包括水体、沼泽、山脉、森林、草原、海岸带、河滩等。从自然生态的角度看，它们共同构成了区域生态环境的有机整体。因此，在区域环境规划中，既要重点规划城镇、农村环境，又不可置自然区域于不顾，而是要从自然生态环境整体性的角度进行全面的规划。尤其要注意：① 在没有进行全面、科学的规划之前，切不可急功近利，随意侵占、开发、破坏自然区域，要保护好自然区域的现状，作为留给子孙后代的宝贵财富，这是我们这一代应尽的责任；② 要利用自然区域生态质量好的优势，靠自然净化功能解除和缓解城镇环境的压力，使区域生态环境质量不断优化。

4. 突出特色

任何区域都具有区别于其他区域的特点。不同的区域拥有不同的自然资源，它构成了区域发展的自然基础；不同区域的产业结构、空间结构、生产力发展水平等都不会完全相同。区域环境规划必须针对不同区域的自身特点，制定切合实际的环境目标和指标，使规划对环境保护起到约束和指导作用。

5. 突出重点

区域环境规划必须坚持全面规划、合理布局、突出重点、兼顾一般的原则。根据我国目前工业与城市环境已经不同程度地受到破坏的现实，环境规划既要重点解决现有工业和城市已经存在的污染问题，又要规划未来区域发展如何保持环境与经济、社会协调发展的问题。污染的重点在于工业和城市，因此，环境综合整治的重点行业在工业，重点区域在城市，要消灭城市和工业的污染源头。重点项目、产业、城镇的布局与发展，必须与生态环境相协调。广大农村要坚持走“绿色化”道路，减少污染，禁止乱占耕地。

6. 打破纵横局限

打破纵向局限是指，根据我国行政领导体制，在时间上不因领导班子的换届而影响规划的编制和执行；打破横向局限是指，针对行政区划与生态系统空间上的矛盾，实行跨市、跨省规划，必要时必须通过整个生态系统涉及的行政区域的合力规划来完成。

二、区域环境规划的主要内容

（一）社会、经济、环境状况的评价

区域社会状况涉及区域内资源潜力、工农业生产及人口等国民经济和社会发展情况与主要指标。它们是环境规划的起点和基础，阐明其发展趋势，以使环境与国民经济和社会发展规划相协调。从区域环境规划的角度分析，主要包括：① 区域的土地、水、生物、矿产、海洋、大气等资源的状况分析。② 生产力发展水平分析，主要是资源、能源的消耗，对环境的污染，生产技术工艺水平的先进程度等。③ 区域经济结构特点及发展趋势分析，包括各产业的比重，支柱产业和重点产业的内容、结构、层次、水平，经济发展趋势等。④ 生产力布局状况，包括各经

济要素的空间组合状况，布局与环境、环境容量的关系，城乡布局、生产力布局与功能的协调状况等；环境状况则包括前期环境规划目标和指标的执行情况，环境现状及存在的主要环境问题，特别是本期环境规划基准年的现状，以此作为环境规划的起点。

(二) 环境规划的目标、指标及指标体系

环境目标是为改善、管理、保护该区域的环境而设定的，是在该规划期限内力求达到的环境质量水平与环境结构状态。环境目标可划分为战略目标、策略目标、规划目标等。在确定总目标的基础上，针对最突出的环境问题和规划期的工作重点，将必须实施的规划目标和措施作为纲领或总任务确定下来，充分体现规划的重点。指标是目标的具体内容，是要素特征和数量的表述。相互独立又相互联系的指标构成了环境规划指标体系，该体系可用图 11-2 表示。在实际规划工作中，可根据规划区域对象、规划层次、目的、范围和内容选择适当的指标。

(三) 环境功能区划

环境功能区划，是依据经济社会发展需要和不同区域在环境结构、环境状态使用功能上的差异，对区域进行合理划分。功能区是指在环境方面对经济和社会发展起特定作用的地域单元。环境功能区实际上是社会、经济与环境的综合性功能区。在环境规划中划分功能区是为了合理布局，确定环境目标和便于管理与执行。

划分功能区的主要原则是：① 环境功能与区域总体规划相匹配，保证区域或城市总体功能的发挥；② 根据地理、气候、生态特点或环境单元的自然条件划分功能区，如自然保护区、风景旅游区、水源区或河流及岸线、海域及岸线等；③ 根据环境的开发利用潜力划分功能区，如新经济开发区、生态绿地等；④ 根据社会经济的现状、特点和未来发展趋势划分功能区，如工业区、居民区、科技开发区、教育文化区、开放经济区等；⑤ 根据行政辖区划分功能区，行政区往往具有某些经济社会特点，如果在环境的自然地理特征方面有一致性，则按行政辖区划分功能区，这样更有利于管理；⑥ 根据环境保护的重点和特点划分功能区，特别是一些有特殊功能的区域可划为重点保护区，其他的还可划分为一般保护区、污染控制区和重点整治区等。

(四) 污染控制规划

污染控制规划又称污染综合防治规划，是针对区域或城市环境质量制定的目标及针对主要环境问题拟定的措施。污染控制规划包括工业或行业污染控制规划、乡镇环境保护和建设规划、城市环境综合整治规划等。也可以按环境要素划分为水污染控制规划（包括区域、水系、城市）、大气污染控制规划、固体废弃物处理和处置规划、噪声控制规划等。

1. 工业或行业污染控制规划

如前所述，工业或行业污染物的排放是环境污染的主要原因，也是控制环境污染的首要对象。工业或行业污染控制规划是在行业规划的基础上，以重点污染行业加强技术改造和治理污染源为主的规划。规划的主要内容包括：① 按照组织生产和保护环境两方面的要求，划定工业或行业的发展区，确定工业或行业的发展规模；② 根据区域内工业污染物现状和规划的排放总量，按照功能目标要求，确定允许的排放量或削减量；③ 根据区域总量控制要求，对新建、改建、扩建的项目，确立新增污染物排放量和去除量；④ 对老污染源治理项目，制定淘汰落后工艺和产品的规划，提出治理对策，确定污染物削减量；⑤ 制定工业污染排放标准和实现区域环境目标的其他主要措施。

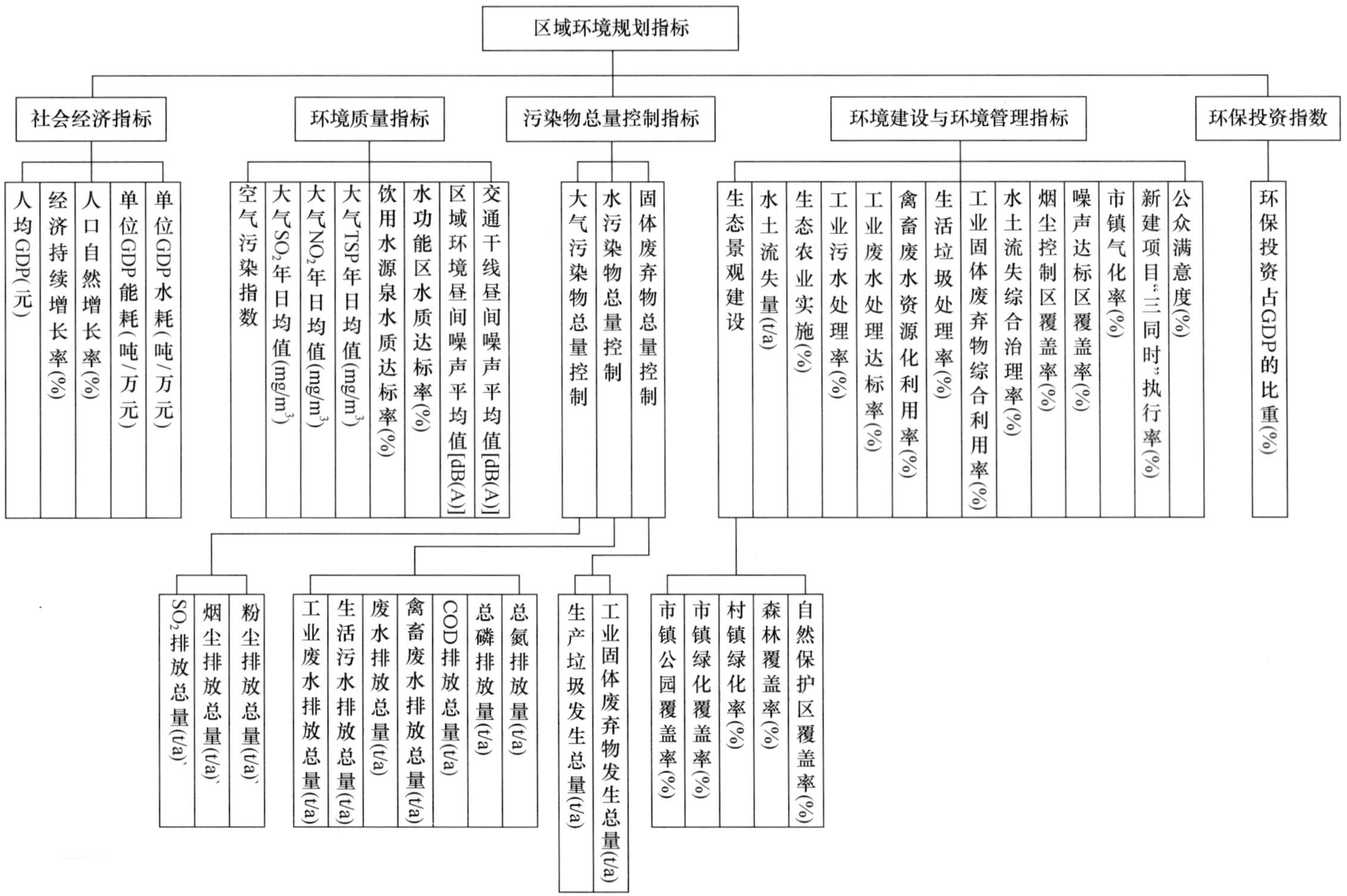

图 11-2　区域环境规划指标体系

2．重点城镇污染控制规划

重点城镇污染控制规划主要包括:① 按区域环境的要求和条件,实行功能分区,合理部署居民区、商业区、游览区、文教区、工业区、交通运输网络、城镇体系及布局等;② 能源规划,包括推行无污染、少污染燃料,集中供热,实行煤气化、电气化等计划;③ 水源保护和污水处理规划,规定饮用水源保护区及其保护措施,规定污水排放标准,确定下水道与污水处理厂的建设规划;④ 按功能分区提出控制污染的指标,消除污染源,防止噪声和粉尘等污染;⑤ 规定垃圾的收集、处理、利用指标和方式,争取由堆积、填埋、焚烧垃圾走向垃圾的综合利用;⑥ 规定绿化指标,划定绿地区、苗圃区等。

3．大气污染控制规划

针对区域内主要大气污染问题,根据大气环境质量的要求,运用系统工程方法,以调整经济结构和布局为主、工程技术措施为辅的方法确定大气污染综合防治对策。该类规划的主要内容是:① 明确具体的大气污染控制目标;② 优化大气污染综合防治措施。主要包括:减少污染物排放、改革能源结构、对燃料进行预处理、改进燃烧装置和燃烧技术、减少粉尘和有害气体的排放、采用无污染或少污染的工艺、节约能源、加强企业管理、减少事故性排放、妥善处理废渣等;治理污染物,回收利用废气中的有用物质或使有害气体无害化;扩大绿地面积,发展植物净化;合理确定烟囱高度,充分利用大气稀释、扩散的自净能力等。

4．水污染控制规划

水体包括江河、湖泊、海湾、地下水等,针对水体的环境特征和主要污染问题,制定防治目标和措施。主要内容是:① 按照不同水体的使用功能、水文条件、排污方式、水质自净特征等,划分水质功能区,监控断面,建立水质管理信息系统等;② 规定水质目标与污染物排放总量控制指标;③ 提出水体污染控制方案、分期实施的工程设施和投资概算等。

（五）生态规划

生态规划是一门年轻的学科。20 世纪 60 年代,随着资源管理和开发以及环境保护的发展出现了生态规划的需要。当时主要是合理配置资源,制定符合生态要求的土地利用规划。随着生态学的迅速发展,其理论渗入到社会、经济各个领域,极大地丰富了生态规划的内容。目前的生态规划已不限于空间结构布局、土地利用等方面,还扩展到经济、人口、资源、环境等诸多方面。目前,生态规划一般被理解为:应用生态学的基本原理,对人类活动与自然生态环境的协调所进行的规划。具体包括:根据社会、经济、自然等条件,提出不同层次的开发战略与发展决策,合理安排农林牧副渔、工业、交通事业,以及住宅、行政和文化设施等,保证各类资源能得到最适当的配置,保护自然生态环境,实现可持续发展。

生态规划特别强调协调性、区域性和层次性,充分运用生态学的整体性原则、循环再生原则、区域分异原则,融生态规划、生态设计、生态管理于一体,编制生态规划。生态规划可按地理空间尺度、地理环境和生物生存环境、社会科学门类等分成不同的规划类型,其中城镇生态规划、农村生态规划、生态农业规划与社会经济建设的联系最为密切,受到政府和规划部门的普遍重视。

1．城镇生态规划

根据城镇土地利用的生态适宜度原则,利用城镇各种自然环境信息、人口与社会文化经济信息，为城镇土地利用决策提供可供选择的方案。其主要内容是：① 确定规划目标；② 确定各种土地利用，包括居住、交通、绿地、工业、商业、文化设施、菜地、林地等的适宜度；③ 根据适宜度分析、制订城镇土地利用方案并进行评价，提出优选方案；④ 制订实施规划的计划和具体实施措施；⑤ 在执行中对规划进行调整和完善。

2. 农村生态规划

农村生态规划是针对农村主要环境问题和生态问题，提出以调整农业生态结构、改善和维护土地等农业资源、合理规划利用土地为主要内容的农村生态系统保护，美化农村环境的计划和决策。农村生态系统复杂、层次多，人工生态系统占有重要地位。其生态规划必须因地制宜，采用多种类型的生态工程和生态技术。其主要内容包括：① 根据农村生态环境的特点，确定适宜的农业生产结构；② 制定增加和保护区域内物种、改良和增加农作物品种的措施，增强其抵御自然灾害和各种病虫害的能力；③ 采用和推广各种有效的农业技术，促进合理利用和有效保护土地资源；④ 合理使用化学农药与化肥，减少化学物质对土地与农作物的污染；⑤ 合理规划农村居住生活环境，健全基础设施，美化农村环境。

3. 生态农业规划

生态农业是根据生态学、生态经济学原理，吸收我国传统农业的精华，应用现代科学技术方法建立起来的一种多层次、多结构的集约经营管理的综合农业生产体系。做好生态农业规划，是完善和扩展农村生态规划的重要步骤。主要包括：① 农业生态环境状况分析，突出主要农业环境问题；② 选择适当的生态农业建设指标及指标体系；③ 合理进行生态农业区划；④ 规划生态农业工程，优化生态农业技术；⑤ 落实生态农业建设对策和措施。在生态农业规划与建设计划中，经常采用生态工程技术，包括农业的立体种植和养殖技术、食物链结构工程技术；农林牧副渔一体化，“种、养、加”结合的生态工程技术等；能源环境工程技术；自然环境治理技术，包括水土流失治理技术、控制沙漠化技术、盐渍化土壤改良技术、综合防治技术、区域整体规划技术、绿色食品与有机食品工程技术等。

（六）自然保护规划

自然保护是为了给当代及后代人建立最适宜的生活、工作和生产条件，通过一系列合理的管理措施，保护人类生活的自然资源和自然环境，使之免遭破坏。自然保护的内容是保护人类生存和发展的生态过程及生态系统（如水、土、气以及森林、草地等），使其免遭破坏和污染，保证生物资源的永续利用，保存生物物种遗传的多样性，保存自然历史纪念物。自然保护规划是在对自然资源进行调查、分析、评价的基础上，对其保护、增值、开发利用等作出的全面安排。自然保护规划根据不同要求、不同保护对象，可以分为不同的类型，其中最常见的是自然资源保护规划和自然保护区规划。

1. 自然资源保护规划

自然资源是在一定的技术经济条件下，自然界中对人类有用的一切物质和能量，如水、土、气、森林、草原、野生动植物等。按其能被人利用时间的长短，可分为有限资源和无限资源两大类，前者又可分为可更新资源和不可更新资源。自然资源保护规划根据不同的保护对象，有不同的规划要求和侧重点。如对可更新资源的保护，重点应放在调整其再生（增值或更新）速率与开发利用速率之间的相对关系上；而对不可更新资源来说，最关键的是有计划地适度开发和合理利用,决不可竭泽而渔。

2. 自然保护区规划

自然保护区一般是对受国家法律特殊保护的各种自然区域的总称,包括自然保护区、国家公园、风景名胜区、自然遗迹地等各种保护区。自然保护区的基本定位是:保护生物多样性的基地,开展科学研究的天然实验室,宣传教育的自然博物馆,合理开发利用自然资源的示范地,开展生态旅游活动的场所等。因此,自然保护区规划应按不同的保护对象,突出重点进行规划建设。当前,我国自然保护区有五类:① 生态系统自然保护区(森林生态、草原生态、荒漠生态、内陆湿地和水域生态、海洋和海岸生态等);② 珍贵植物或特殊植被及水源涵养自然保护区;③ 野生动物自然保护区;④ 森林公园(自然公园);⑤ 自然历史遗迹保护区。

自然保护区一旦确立,便成为一个占有确定空间、具有特定的自然保护任务、受法律保护的特殊环境实体。我国自然保护区分国家级自然保护区和地方级自然保护区,地方级又包括省、市、县三级。建立、变更、撤销各级各类自然保护区,必须符合法律规定的条件、要求和审批程序。

三、区域环境规划实施的措施与条件

区域环境规划的实施既与编制规划的质量有关,又取决于实施过程中所采取的具体步骤、方法、组织和管理。区域环境规划实施的保证措施主要有:① 环境规划必须切实纳入国民经济与社会发展规划体系;② 提供环境规划实施的管理制度、政策与法律保证。

在区域环境规划中,必须拟订一系列环境保护的具体措施,其中主要包括大气、地表水和地下水、土壤植被保护和被毁土地的恢复、绿化体系的形成、卫生防疫条件的改善、防噪声、防电磁振荡、防热污染等。

四、区域环境规划编制程序与步骤

区域环境规划的编制过程,是一个正确认识社会、经济、环境相互关系及运动变化的过程,也是一个科学决策的过程,其编制程序分准备、编制两个阶段。

(一) 准备阶段

1. 组建机构,明确任务

在接受区域环境规划任务后,应组成规划领导小组、规划编制组、技术协调组和重点项目科研组,分别负责主体规划的领导、编写、技术联系与协调工作,开展环境现状评价、环境预测和对策的研究等。

2. 调查研究,弄清问题

各课题组根据各自的任务编制调研方案。方案要突出以下几个方面:① 收集和掌握相关资料与文件,包括区域经济社会现状及发展规划、已有的或全国一级环境规划纲要、前期环境规划、执行情况及总结分析等。② 区域自然环境条件。③ 区域污染源状况、环境问题的发展趋势、主要污染行业及污染动态变化。④ 环境现状及评价。⑤ 有关环境科研成果等。

3. 拟定环境规划编制技术大纲

根据区域环境问题,确定规划重点,拟定技术大纲,论证和审定后,作为规划编制的行动纲领,并报上一级管理部门批复,下达规划任务。

4. 部署编制任务

由领导小组对各行政部门、行业部门分解和下达环境规划任务与要求,并举办规划学习班,统一规划技术大纲中的方法、概念等。

(二)编制阶段

1. 确定规划目标与指标

环境目标是环境建设的纲领,是经济与环境协调发展的综合体现和规划的核心。环境目标要求与经济发展的战略部署相协调,与城市或区域的功能性质及当前、今后的环境状况和经济实力相适应。一般而言,确定环境规划总目标时,可用定性的描述,将环境的主要问题及其在规划期所要达到或解决的程度用文字作结论性说明,而分项目标、带有全区域共性的环境问题,则以具体目标设栏,用定量概念分别描述,如废水、废气、固体废物排放总量控制指标,万元产值的"三废"排放指标,工业废水排放达标率,水、气环境质量指标值等。环境目标的提出需要经过多方案比较和反复论证后才能确定。

2. 环境预测

环境预测指在对环境质量的过去和现状进行调查研究的基础上,运用相关科学手段和方法,推测社会经济活动对环境的影响及环境质量的变化情况。环境预测是环境决策和管理的基础,是制订环境规划目标和环境规划方案的重要依据。区域环境预测包括:① 对规划期内人口、生产力发展水平、经济发展等带来的各种环境问题及环境质量变化的预测;② 资源、能源消耗、土地利用后的规模和速度等对环境的影响分析;③ 预测各类环境要素中各种污染物的总量、浓度、分布及削减量,分析由环境污染造成的社会、经济损失,预测环境容量的变化等;④ 区域开发活动可能造成的生态破坏;⑤ 环保措施、环保投资及其效益分析。

3. 编制规划方案

编制规划方案包括环境调查、筛选得出的主要环境问题、环境目标与指标的建立、环境预测与达到目标的对策措施等。一般要拟订多个可供选择的方案,然后进入投资估算和可行性分析,研究各方案可能达到的后果,推荐较满意的方案供决策。

4. 制定对策与措施

环境规划对策与措施是落实规划目标的重要保障,应具有可行性,其内容主要包括:① 把环境保护规划纳入区域国民经济和社会发展规划。② 落实环境规划资金,保证资金渠道畅通,逐年增加环保投入。③ 健全环境管理体制,发挥各项管理制度在规划中的作用,强化环境管理。④ 正确处理长、中、短期环境规划的关系,重点放在短期规划上。⑤ 发挥科技进步在环境保护中的作用。⑥ 汇总编制规划措施执行表,具体落实到相关部门、单位和责任人,并定期督促检查执行情况。

5. 进行投资估算与可行性分析

对规划方案,按照规划对策措施的内容,测算环境规划总投资需求。对照国民经济发展规划的环保投资安排、环保投资需求估算,分析财力对环保投资的承受能力,决定采纳哪种规划方案,经过反复协调,不断反馈,直至确定基本达到规划目标而采取的一系列对策和措施,以求投资效益基本最优,环境资源利用基本合理可行。

6. 修改、协调与完善规划

区域环境规划是区域总体规划的一个组成部分,应该体现区域的总体发展战略,并与区域的国土规划、城市规划、城镇体系规划、各部门规划等相协调。就环境规划本身而言,以上各方面的内容之间是相互联系、相互制约的。因此,在完成各部分的规划内容后,必须以总体规划的协调和环境规划内容自身的协调为前提对规划进行必要的修正与完善。

7. 完成规划文本

规划文本的主要内容包括上述各大方面,把最后确定的内容载入文本。

第七节 海洋利用规划

一、海洋经济与海洋功能区划

(一) 海洋经济及对海洋经济的认识

1. 海洋经济

海洋是潜力巨大的资源宝库,也是支撑未来发展的战略空间。我国海域辽阔,海洋资源丰富,开发潜力巨大。海洋经济发展已引起我国各级政府的高度重视,“十二五”以来,国务院发布了《全国海洋经济发展“十二五”规划》,各沿海地方政府也陆续开展海洋经济和海洋开发利用相关规划的编制。经过多年的发展,我国主要海洋产业总产值年均增速都大大高于经济平均增速,并已成为国民经济新的增长点,对国民经济和社会发展发挥了积极的带动作用。大力发展海洋经济,进一步提高海洋经济的质量和效益,对于提高国民经济综合竞争力,加快转变经济发展方式,全面建设小康社会具有重大的战略意义。①

2. 国内外学者对海洋经济的认识

我国早期学者或者主要将海洋经济限定在与海洋直接相关的经济活动,或者以海洋资源作为生产、交换、分配和消费对象,或者将活动空间范围局限在海洋,漏掉了与海洋间接相关但可以归入海洋经济的一些活动。例如,何宏权等(1983)认为海洋经济是“人类在海洋中及以海洋资源为对象的社会生产、交换、分配和消费活动。海洋经济的活动范围在海洋,就空间地理位置来说有别于陆地,故而称为海洋经济”。杨金森(1983)认为,海洋经济是“以海洋为活动场所或以海洋资源为开发对象的各种经济活动的总和”。以上定义代表了我国早期学者对海洋经济概念的探索和认识。自20世纪90年代以后,学者们对海洋经济的认识进一步深化。徐质斌(1995)认为,“所谓海洋经济,是产品的投入与产出、需求与供给,与海洋资源、海洋空间、海洋环境条件直接或间接相关的经济活动的总称”。这一定义有别于其他定义之处在于,它提出了与海洋“间接相关”的概念。但是何谓间接相关以及间接程度如何,还没有作更多的说明。2003年,徐质斌又将海洋经济定义为“海洋经济是活动场所、资源依托、销售或服务对象、区位选择和初级产品原料对海洋有特定依存关系的各种经济的总称”。此界定基本没有脱离先前的认识框架,只是将“直接或间接相关”改称为“特定依存关系”,仍需要对特定依存

① 国务院:《全国海洋经济发展“十二五”规划》,2012年9月16日。

关系的具体内涵进行界定。陈可文(2003)认为:“海洋经济与海洋相关联的本质属性是海洋经济区别于陆域经济的分界点,也是界定海洋经济内容的主要依据。按照经济活动与海洋的关联程度,海洋经济可以作以下三个层次的划分:① 狭义海洋经济,指以开发利用海洋资源、海洋水体和海洋空间而形成的经济;② 广义海洋经济,指为海洋开发提供条件的经济活动,包括与狭义海洋经济产生上下接口的产业,以及陆海通用设备的制造业等;③ 泛义海洋经济,主要是指与海洋经济难以分割的海岛上的陆域产业、海岸带的陆域产业以及河海体系中的内河经济等,包括海岛经济和沿海经济。”定义中三个层次的划分,不仅将前述的“直接相关”“间接相关”或“特定依存关系”具体化了,而且通过分层说明,使对海洋经济的认识和理解更加全面、完善。但是,从逻辑上讲,广义应该包括狭义,而泛义则应包括狭义和广义,可该界定中没有体现这种包含关系,同时,定义中特别是泛义定义,不具备统计的可操作性,因此需要适当修正。2003 年 5 月,国务院发布的《全国海洋经济发展规划纲要》(以下简称《纲要》),给出了一个由政府认可的相对权威的海洋经济定义,《纲要》指出:“海洋经济是开发利用海洋的各类海洋产业及相关经济活动的总和。”此定义与前述两位学者的定义基本一致,只是更加综合抽象,仍然需要对外延进行进一步统计界定;具有统计可操作性的界定,是中国国家海洋局 1999 年 12 月 28 日发布、于 2000 年 1 月 1 日实施的《中华人民共和国海洋行业标准海洋经济统计分类与代码 HY/TO52-1999》(以下简称《代码》)。《代码》的定义是“以海洋和海岸带为依托的海洋经济……具有综合性,它几乎渗透到国民经济的各个方面;同时又具有涉海性,必须与海洋密切相关”。《代码》也给出了“海洋产业”的统计定义,认为海洋产业是人类利用和开发海洋、海岸带资源所进行的生产和服务活动,是涉海性的人类经济活动。涉海性主要表现在:① 直接从海洋中获取产品的生产和服务;② 直接从海洋中获取的产品的一次加工生产和服务;③ 直接应用于海洋和海洋开发活动的产品的生产和服务;④ 利用海水或海洋空间作为生产过程的基本要素所进行的生产和服务;⑤ 与海洋密切相关的科学研究、教育、社会服务和管理。属于上面五个方面之一的经济活动,无论其所在地是否为沿海地区,均可视为海洋产业。很显然,《代码》的定义与以上学者及《纲要》基本一致,重点落在界定与海洋相关(即“涉海性”)的程度和范围,认为与海洋相关可以是直接的,也可以是间接的,只要符合上面五个方面的标准,都可以归入海洋经济。此定义更主要是从统计可操作性入手的。

国外学者对于海洋经济的界定与国内学者相差不大,有的学者认同狭义定义,如美国学者 Charles S. Colgan(2004)认为,“海洋经济是指那些直接与海洋相关,并将海洋资源作为投入的经济活动,具体包括那些依赖海洋的活动如海洋采矿、海洋渔业以及海洋交通运输业等”。而有的国家机构给出的界定则相对松散,例如,加拿大(2004)没有具体对海洋经济进行界定,只将海洋产业界定为“以加拿大海域和与这些海域相邻接的沿海地区为基础的,或依赖这些区域进行经济活动获取收入的产业”。而且出于种种原因,国外目前尚未建立独立的海洋经济学科,海洋经济的研究也主要是放在生态、资源、环境经济等领域进行的(乔翔,2007)。①

(二)海洋功能区划

根据海域区位、自然资源、环境条件和开发利用的要求,按照海洋功能标准,将海域划分为

① 伍业锋:《海洋经济:概念、特征及发展路径》,《产经评论》,2010 年第 3 期。

不同类型的功能区，也即海洋功能区划，其目的是为海域使用管理和海洋环境保护工作提供科学依据，为国民经济和社会发展提供用海保障。宗旨是指导海洋资源的科学发展，引导生产力布局，建立各海域合理的海洋经济结构，促进海洋经济协调发展。

海洋特定区域的功能就是海洋特定区域所能发挥的作用。海洋功能区是根据海洋不同区域在自然资源、环境状况和地理位置的具体情况，结合海洋开发利用现状和社会经济发展的需要所划定的具有特定主导功能、有利于资源合理开发利用、能发挥最佳效益的区域。海洋功能区划的实质，是按海洋的自然属性，即海域资源储量及分布、海域自然环境条件、地理区位等，对开发利用起主导或优势作用的资源进行分区，从而确定不同海域最适合或最佳的利用方法。此外，还必须考虑海洋开发现状对海洋功能区划构成的重要影响。

按照海洋功能区分类，我国管辖海域划定的10种主要海洋功能区依次是：港口航运区、渔业资源利用和养护区、矿产资源利用区、旅游区、海水资源利用区、海洋能利用区、工程用海区、海洋保护区、特殊利用区和保留区。

二、海洋利用规划与海洋功能区划的关系

（一）海洋利用规划

海洋利用规划全称为海洋开发利用规划，国外称海洋空间规划（marine spatial planning）。[①] 作为区域经济规划的一种类型，海洋利用规划是调控海洋产业部门和沿海地区海洋开发利用的区域经济空间规划，是在一定地域范围内对海洋经济发展和海洋资源利用的总体部署，是合理安排生产力布局和海洋产业结构的科学方案，是宏观指导和统筹安排海洋开发活动的战略性计划。任何一个区域，不论是地处发达富裕的港口岸段，还是位居开发程度较低的农渔岸段，海洋经济发展方向和可能达到的发展目标都不是唯一的。一个地区的海洋产业可出现许许多多的状态和空间景象，区域海洋发展规划也有各不相同的方案可供选择，区域海洋利用规划就是要在多种方案的比较和选择中，确定适合规划区域未来发展目标和经济建设的总体蓝图。

因此，海洋利用规划要根据社会经济发展的需要，综合考虑海洋资源的分布、开发利用的条件、现实的经济和技术水平、时空制约等因素，对一定海域内的海洋资源开发和保护利用作出空间和时间上的优化组合与有序安排。

（二）海洋利用规划与海洋功能区划的关系

海洋利用规划与海洋功能区划既有联系又有区别。

1. 联系

首先，海洋功能区划是海洋利用规划的基础和组成部分。区域内的资源种类繁多，同一种资源具有多宜性，某一范围的地域空间究竟适合做什么，要在科学调查的基础上，进行综合比较，形成功能区划，才能进一步结合产业基础、生产要素供给、市场需求等其他因素确定生产力布局、规模、结构等，最终形成完整的规划。所以，海洋功能区划是海洋利用规划的基础性工作。在条件允许的情况下，应先做区划，再做规划。其次，海洋利用规划是海洋功能区划的

① Ehler Charles, Fanny Douvere:《海洋空间规划——循序渐进走进生态管理》，北京：海洋出版社2010年版。

扩展，海洋功能区划为制定规划奠定基础、提供依据。海洋利用规划是海洋功能区划实现的具体步骤和安排。

2. 区别

海洋利用规划与海洋功能区划的区别主要体现在两个方面。首先，两者的立足点不同。海洋功能区划主要依据海洋的自然属性，立足点是海洋合理开发、合理利用及治理保护项目的选址，考虑的核心问题是，一定的海洋区域具备什么样的功能，安排哪种功能开发利用最佳，只涉及可以做什么的问题，是基础工作。海洋利用规划则是对海洋区域比较长远而全面的发展构想，是描绘海洋区域未来发展的蓝图，主要以社会属性为依据，立足点是怎样实现海洋的最佳效益。其次，两者在时间和空间定位上有差异。海洋功能区划注重海洋利用的空间要素，海洋利用规划需加上时间坐标，规划指标将随时间的推移发生动态变化，且海洋利用规划将具体描述出由初始功能向理想功能的转化过程。

三、海洋利用规划的基本内容

根据《全国海洋经济发展“十二五”规划》，海洋规划一般涉及的区域包括内水、领海、毗连区、专属经济区和大陆架、其他管辖海域以及海洋经济发展所依托的相关陆域；涉及的海洋产业及海洋相关产业包括海洋渔业、海洋船舶工业、海洋油气业、海洋盐业和盐化工业、海洋工程装备制造业、海洋药物和生物制品业、海洋可再生能源业、海水利用业、海洋交通运输业、海洋旅游业、海洋文化产业、涉海金融服务业、海洋公共服务业等。

海洋利用规划大致可分为海洋利用总体规划和海洋利用专项规划。其中的总体规划，是根据海洋开发战略及开发区域内资源、环境、生产模式、生产行为和社会状况，对资源开发、利用和保护，经济发展方向、结构和水平的总体部署与统筹安排，是对海洋开发事业各方面的综合性筹划，旨在揭示海洋经济事业在一定时期的发展方向，促进海洋经济快速、健康、协调发展，也是国家和各级政府对海洋经济事业战略性管理的体现。海洋利用专项规划，是指外环境系统中那些具有相对独立开发价值资源的利用规划，其内容通常包括海滨土地资源利用规划、海洋生物资源利用规划、海洋矿产资源利用规划、海洋旅游开发规划（包括景点建设、游客人数及游区保护等）、海洋交通发展规划（包括沿海道路建设、通信设施等）等。

四、海洋利用规划编制的原则与程序

（一）编制原则

1. 利用与保护并重

以可持续发展为前提，以重大国民经济发展战略用海需求为基础，正确处理好海洋经济发展与生态环境的关系，海洋资源、海洋开发和海洋环境保护同步规划，同步实施，努力实现海洋经济发展与海洋环境保护互惠共赢。

2. 统筹规划与分步实施

遵循因地制宜的原则，在环境治理中统筹规划，突出重点，先易后难，先急后缓。依据海域环境承载能力，优先解决对社会经济影响大、对生态环境影响严重和相对易于治理的问题，缓解海洋生态环境承载压力。

3. 海陆联动与区域协作

以海陆统筹、区域联动为协作机制，加大沿岸污染源整治力度，严格控制陆源污染物向海洋排放，实施局部海域容量控制工程，确保区域海洋环境健康发展。

4. 政府引导与市场运作相结合

积极引导和鼓励单位及个人参与海洋开发利用的生态环境保护工作及与之相关的项目建设，鼓励环境整治和生态示范工程建设，着力形成海洋生态环境保护与经济社会发展的有机结合以及社会各方面自觉保护海洋生态环境的新格局。

（二）编制程序

海洋利用规划的编制与区域经济发展规划的编制相似，不同的是，海洋利用规划编制的程序突出了海域的特殊性，其程序是：

1. 提出申请

编制海洋利用规划需要所在地的海洋行政主管部门向上一级主管部门提出申请，然后由海洋行政主管部门选择技术单位，组织前期研究，并提出进行编制工作的申请，经同意后开始组织规划的编制。

2. 组织编制

地方人民政府要组织成立政府领导牵头、各部门领导参加的编制工作领导小组，负责海洋利用规划编制工作的组织与协调。海洋行政主管部门要组织成立行业专家参加的技术指导组，指导技术单位编制工作方案、技术方案和规划的各项成果。

3. 编制步骤

工作方案、技术方案经技术指导组、领导小组审定后，报同一级人民政府批准实施。编制技术单位按照海洋经济和海洋资源开发利用导则等有关国家标准、规范、工作方案和技术方案的要求，编制海洋利用规划征求意见稿。在规划编制过程中，对涉及港口航运、渔业资源利用、矿产资源开发、滨海旅游开发、海水资源利用等重大专项问题，应在编制工作领导小组的组织下，由相关领域的专家进行专题研究。

4. 听取意见

规划初稿编制完成后，应当征求政府有关部门、上一级海洋行政主管部门、下一级地方政府、军事机关等单位的意见。要采取公示、征询等方式，充分听取用海单位和社会公众的意见，对有关意见采纳结果应当公布，在充分吸取有关方面的意见后，形成海洋利用规划成果评审稿。

5. 成果送审

负责编制海洋利用规划的海洋行政主管部门，主持规划评审工作，根据评审意见修改完善后，形成规划成果送审稿。

【本章小结】

1. 作为对一定区域内经济和社会发展全局性、长远性、关键性问题的筹划和决策的区域经济发展战略，可分为总体战略和产业发展战略。

2. 区域经济规划主要包括区域国土资源开发规划、区域基础设施规划、区域城镇体系规划、区域环境规划和海洋利用规划等方面的内容。每一项具体规划在编制目的、原则、步骤、方法等方面均体现各领域的特殊性。

3. 各项区域经济规划编制的基本依据包括自然资源条件、经济发展水平和社会发展程度。

【练习与思考】

1. 简述区域经济发展战略的特征。
2. 简述区域经济规划编制的方法。
3. 简述区域国土资源开发规划的主要内容。
4. 简述区域城镇体系规划的主要内容。
5. 简述区域环境规划的主要内容。
6. 简述海洋利用规划的主要内容。

【进一步阅读资料】

1. 李克强:《区域经济规划理论与方法》,北京:中央民族大学出版社 2006 年版。
2. 崔功豪等:《区域分析与规划》,北京:高等教育出版社 2002 年版。
3. 辛晓梅:《区域发展战略与规划》,合肥:中国科学技术大学出版社 2005 年版。
4. 彭震伟:《区域研究与区域规划》,上海:同济大学出版社 1998 年版。

第十二章 区域开发

【本章学习目的】

1. 掌握区域开发的内容与内涵；
2. 结合我国特殊地区区情灵活运用主要区域经济开发模式；
3. 理解资源开发与环境保护的关系。

区域开发是区域经济规划的具体体现。通过开发可以使区域内各种要素和资源得到充分、合理的利用。在国内外长期区域开发实践中，已经形成多种开发模式。资源开发是区域开发的重要内容。

本章在阐述区域开发模式的基础上，进而介绍资源开发、环境保护和发展循环经济、低碳经济问题。

第一节 区域开发与开发模式

一、区域开发的内涵

区域开发是指人类社会主体的“人为”生产力在地域空间的拓展作用过程。其内涵是：① 区域开发的根本目标是满足区域社会主体自我存在和发展的需要；② 区域开发的根本动力是区域社会系统的需求与创新；③ 区域开发主要依托的是“人为”生产力的分化和拓展；④ 区域开发的核心是区域经济、社会、文化结构与功能的转变；⑤ 区域开发的主要内容包括经济开发、社会开发、文化开发和生态环境开发。

二、区域开发模式

区域开发的空间模式主要有增长极开发、点轴开发、网络开发和梯度推移开发等，各种模式之间既有区别也有联系。四种模式的应用与依次更替，既是一个产业体系日趋完善的过程，也是一个借助点、轴、面、体的空间组织形式，实现由单点开发，进而由点及线、以线带面，最后以面连体的产业体系的空间展开和密集化的过程。同时，由这四种模式组成的完整机制，反映了一个区域内部及外延两个方面由不平衡走向平衡的动态过程。

（一）增长极开发模式

增长极开发模式的基础是增长极理论及其在区域开发中具体运用的实践。增长极理论是由法国经济学家佩鲁提出的。而真正将增长极概念引入区域经济理论中，并最终完善这一理论的是法国经济学家布德维尔。布德维尔认为，经济空间包括数学和空间两种关系；极化过程具有功能性和地域性；增长极不仅是一个推动型单位或一组推动型产业，还表现为这些推动型单位或产业在地域空间上集聚而成的城市。由此，增长极也将从单纯的经济空间概念引申到地域空间范畴。

因此，增长极开发模式并不是简单的增长极理论，而是其理论在区域经济开发中的综合性运用。该模式是以区域发展资源为既定前提，并依据增长不可能在整个区域均衡、全面展开的现实而提出的。由此，在区域经济发展中起核心作用的城市自然成为区域增长极，即城市增长极。因为城市的经济产出比腹地大很多，而且城市具有经济、技术、体制、人才、观念等方面的先进性和创新性，能够通过与周围地区的各种关联，发挥支配效应和扩散效应，对区域经济活动产生组织带动作用，并最终促进区域快速发展。

进一步分析可知，增长极开发模式强调的是城市优先发展的思路。在经济发展处于前工业化阶段以及工业化初期的地区，由于其以传统的农业或较低发展水平的初级产品生产为主，开发程度低，技术基础较为薄弱，缺乏带动区域发展的经济核心，所以，如果在这类地区选择少数区位条件好、发展潜力大的城市，把有限的财力、物力和人力投入其中进行重点开发，培育和建设若干发展快、创新能力强的推动型产业和部门，必将使城市成长为区域增长极，而后再通过其扩散效应辐射腹地，产生规模效应，最终促进整个地区的发展。这里应进一步明确的是，在增长极产生和发展的过程中，极化效应与扩散效应始终同时起作用，只是在不同的发展阶段，两者作用的大小不同，从而导致极化与扩散效用的交替进行。一般而言，在增长极形成的初级阶段，极化效用大于扩散效用，扩散效应只具有较小的影响范围和力度。随着增长极的强化，扩散效应也随之加强，最后扩散效应大于极化效应。虽然极化与扩散效应具有自然演进性，但也有一定程度的可控性。

（二）点轴开发模式

点轴开发模式是增长极开发模式的延伸，最早由波兰经济学家萨伦巴和马利士提出。我国的点轴开发模式最早由中科院地理所陆大道教授提出并进行了系统的阐述。他主张，我国应重点开发沿海轴线和长江沿岸轴线，以此形成“T”字形战略布局。

点轴开发模式源于增长极模式又高于增长极模式，在考虑增长“极点”——即中心城市或经济发展条件较好的区域的基础上，重点强调了“点”与“点”之间的“轴”——即交通沿线的作用，认为重要交通沿线如铁路、公路、河流、航线的建立，会使沿线地区的人流和物流迅速增加，生产和运输成本降低，进而形成有利的区位条件和投资环境，吸引产业和人口向交通沿线聚集，使由交通沿线连接的地区成为经济增长点，沿线成为经济增长轴，并由此产生新的增长极点，形成“点线一体”的极化地带。此外，由于“点”的极化与扩散效应都是沿着各类“轴”而发展的，因此，“轴”的建立和集聚，将有力地强化和加快这两个过程的进行，促进“点”的建设，实现对区域经济发展的推动作用。可见，发展轴具有增长极的所有特点，而且比增长极的作用范围更大、更广。

总之,点轴开发模式是由控制极点发展为控制一条轴线,从广度和深度两方面拓展这一扩散过程,直至完成整个区域的平衡发展。由于引入了轴线的概念,极化过程与扩散过程在空间上可以沿着既定的方向连续进行,由单个、静态的点成为一个空间向量,因而具有了动态的性质;而对轴线的重视和开发,方便了极点与腹地间经济流的传递,强化了二者间的脉冲与反馈过程,使得依托各轴线的各极点推动经济增长的效果也更为显著。点轴开发机制以这种点与轴的相互依托和互相促进,完善了增长极的作用机制。

由于点轴开发模式的关键是"轴",因此轴线的选择非常重要。一般来讲,所选轴线应具备以下条件:

首先,轴线所连接的各极点在经济梯度上具有一致性或相似性,或是其经济结构有互补性。

其次,轴线及其沿线地带具有较丰富的自然或社会经济资源,有适合产业和人口聚集的自然条件与环境容量。

最后,轴线本身具有较强的通过能力和较高的传递效率,其通达程度与所连各点产业的兴衰有较强的相关性。

由此确定的轴线,既是一个现实存在的以轴线相连接的产业密集带,又是一个规划的经济区的空间辐射方向。①

需要注意的是,该理论十分看重区位、交通条件、自然资源、经济发展及产业结构等影响因素,因此,在运用时大致需要注意以下三个方面:第一,所在区域的经济发展水平;第二,各增长极之间的经济联系程度;第三,发展轴的选择及经济合理的空间距离。②

(三) 网络开发模式

网络开发模式是由中国社会科学院魏后凯教授首先提出的,是区域空间开发的高级形式。该模式认为,在经济发展到一定阶段后,一个地区形成了增长极(即各类中心城市)和增长轴(即交通沿线)后,增长极和增长轴的影响范围不断扩大,形成了雄厚的物质技术基础,因而有足够的实力来开发广大腹地,进行大范围的区域空间调整,以促进区域经济趋于平衡发展。同时,由于点轴地区发展可能接近饱和,负效应突出,客观上也要求新区域的开发和老区域的调整。这样,新区域初期的点轴与老区域的点轴不断扩散,内部不断深化完善,交替区的产业带、城市带不断接近和交叉,使得新老区域内形成了多层次网络体系,包括商品、资金、技术、信息、劳动力等生产要素的流动网及交通、通信网。在此基础上,网络开发模式强调加强增长极与整个区域之间生产要素交流的广度和密度,促进地区经济一体化,特别是城乡一体化。此外,通过网络的外延,加强与区外其他区域经济网络的联系,将在更大的空间范围内使更多的生产要素得到合理配置和优化组合,以促进更大范围内区域经济的发展。

网络开发具体包括两个内容:① 将已有的点轴系统内的轴线连接和扩展,形成一个纵横

---

① 张敦富:《区域经济开发研究》,北京:中国轻工业出版社1998年版,第46—47页。

② 孙久文:《简论"点轴模式"形成的条件及其适用性》,中国区域规划网,http://www.china-region.com/News/HTML/20050830000000_4156.htm。

交错、遍布全区的空间网络，使各极点的扩散效应也交织成网。② 将已有的各点轴系统内的产业体系与增长极城市体系连接为一个完整的网络，形成一个结构完整、功能多样的区域产业系统。这两个网络的发展，会大大提高区域内各节点、各域面之间，特别是节点与域面之间各种生产要素交流的广度与密度，最终改变二元经济结构，实现区域经济的一体化，带动更大范围的区域发展。①

从总体上看，实施网络开发一般要求具有以下条件：① 区域面积较大，资源分布均匀及载体质地相对均一。② 交通道路已经或容易形成网络状。③ 已有三个及三个以上分散的增长极，两条及两条以上的发展轴。④ 区域增长极和发展轴存在较强的扩散、扩张效应，新的增长极和发展轴存在良好的生长与发展条件。

实施网络开发的依据是：① 区域经济在经历不平衡发展阶段以后要求进入平衡发展阶段，实施网络开发较实施增长极开发和点轴开发更能满足区域平衡发展的要求。② 网络开发是区域城市体系形成过程中的必经开发阶段。③ 网络开发是区域城市体系高度发展的产物，它能解决开发过分集中所引起的拥挤效应。④ 网络开发能解决网络体系中城市之间的互损性竞争问题，是实现网络协同增长与发展的有效途径。②

另外，网络开发模式宜在经济较发达地区应用。因为发达地区的区域发展基础良好，而且，区域主体更了解点轴开发的区域开发模式及其成长规律。由于该理论注重于推进城乡一体化，因此它的应用更有利于逐步缩小城乡差距，促进城乡经济协调发展。在我国，目前长三角地区的城市网络开发已经进入到相对成熟阶段，区域经济已呈现出城乡一体化趋势。

（四）梯度推移开发模式

梯度理论认为，产业结构的优劣是经济发展水平及其盛衰的原因。而产业结构的优劣又取决于该地区或该国主导专业化产业在产业生命循环四个阶段中所处的发展阶段。如果一个地区的主导专业化产业是由处于创新阶段和发展阶段的部门组成，则被列为高梯度地区；如果一个地区的主导专业化产业多是由处于成熟阶段后期或衰退阶段的部门组成，则该地区被确定为低梯度地区。高梯度地区具备的有利条件较多，如信息、人才、市场等优势，因而创新活动大多起源于该地区，而且会随产业生命循环阶段的变化，逐步由高梯度地区向低梯度地区推移。

梯度推移的方式有两种：局部扩展和大范围扩展。其中，局部扩展的支点是距离，即创新活动由处于高梯度地区的发源地按距离远近，向邻近的地区推移；大范围扩展的支点是接受新事物的能力，即创新活动由发源地向距离远但接受新事物能力强的地区推移。

这只是梯度理论的一般静态模式。随着实践的不断发展和理论的不断被修正，梯度理论也在不断完善。迈达尔运用累积因果论把梯度理论从静态提升到动态。他在强调梯度是可变的前提下指出，高梯度地区若要保持其地位，必须做到两点：一是不断创新，二是适时淘汰已进入成熟和衰退期的夕阳产业。同时，低梯度地区只要创新，就有机会赢得后发优势，成为高梯度地区。在这些变化中有三种效应同时在起作用，即极化效应、扩散效应和回程效应。虽然动

---

① 张敦富：《区域经济开发研究》，北京：中国轻工业出版社1998年版，第49页。

② 魏后凯：《现代区域经济学》，北京：经济管理出版社2006年版，第334页。

态梯度理论克服了静态理论僵化的一面，无论对高梯度地区还是对低梯度地区发展策略的论述，都更加贴近区域经济发展的实际，但基本上仍坚持了按高、中、低三种梯度的顺序依次推移的主张。反梯度理论修正了动态梯度理论的这一不足，并坚持推移并不一定按梯度的三个等级顺次进行，在一种新技术、新产品进入市场的初期阶段，即使是低梯度地区也会与高梯度地区处于同一条起跑线上。其中的不足部分可通过政府的政策扶持和优惠措施予以弥补，推出新产业的兴起，并由此帮助低梯度地区，使其转变为高梯度地区。因此，高、低梯度不是永恒不变的。

梯度理论的核心大体有如下四点：① 区域经济中空间梯度的存在是客观的；② 确定区域空间梯度应采用多元化指标；③ 区域空间梯度不是一成不变的，梯度推移未必按高、中、低顺序顺次进行；④ 区域空间运动的形式是极化效应、扩展效应和回程效应同时起作用。①

第二节　特殊类型区域开发

任何经济形式都是依存于特定的地理区域的。区域经济是在"一定区域内"的经济内部因素与外部条件相互作用而产生的社会生产综合体。对区域的开发要受区域内外自然条件、社会经济条件、技术水平、政府政策、法律法规等因素的制约，区域内外条件的差异性客观上要求对不同地区实施有区别的开发，尤其对特殊类型地区的开发更是如此。

一、贫困地区开发

（一）贫困地区及其主要特点

据统计，2005 年，我国贫困人口达 5% 的省份有：内蒙古、贵州、云南、西藏、陕西、甘肃、青海、新疆。显然，这些省份均分布在我国的西部地区。同时，国家级 592 个重点扶贫工作县和贫困连片地区大多集中在西南地区。这意味着西部是未来我国重点扶贫的地区。②

贫困地区的主要特点是：① 大部分位于生态脆弱的山区，自然条件恶劣，而且其中 50% 以上的县属于国家限制开发的重点生态保护区域，如秦巴山区、吕梁山区、三江源地区和琼中地区。还有一部分分布在少数民族聚集的山区。有相当一部分连片贫困区属于生存条件待改善型地区。② 基础设施不完善，交通条件极差，长年欠账严重。工业经济薄弱，城镇就业率低，呈现的是贫困连贫困的格局。③ 金融资本缺失，人力资本匮乏。④ 由于长年封闭发展和风俗文化的差异，自身发展能力弱，人文素质较低。这些贫困地区有自东向西、由北向南逐步扩大的趋势。

（二）开发措施

第一，贫困地区的开发是政策开发。连片贫困区域大多都是县域、市域（行署）和省（自治区）域交界的偏僻山区。这些地区之所以贫困，不仅是因为经济落后、基础设施条件差，政府政策的差别也是重要的原因。因此，对贫困地区的开发要借鉴长三角、珠三角地区开发的政策

① 孙翠兰：《梯度理论及其在我国中部崛起战略实践中的综合应用》，《晋阳学刊》，2006 年第 3 期，第 54—57 页。

② 皮黔生、王恺：《中国经济技术开发区概论》，上海：生活·读书·新知三联书店 2002 年版，第 56—58 页。

理念，打破行政管辖的束缚，建立协调机制，统筹安排，才有可能产生成片脱贫、联动发展的格局。

第二，由于受地域和自然条件的限制，对贫困地区的开发不能盲目复制东部沿海地区的开发模式。同时，想要在短期内突破贫困地区整体经济、社会事业发展水平落后的局面，所需资金投入大、收效慢，在很大程度上将达不到预期效果，或者前功尽弃。根据前述区域开发模式，对贫困地区的开发应分层次，找准点，以点连线，连线成面，连面成片。

第三，强调可持续发展。由于贫困地区多数地处偏远山区，生存环境相对恶劣，生态链也脆弱。在整个开发过程中不应急功近利，而应在环境保护中促进开发。

第四，贫困地区开发不可避免地要占用土地资源，土地是农民赖以生存的根本，尤其是西部贫困地区的农民更是把土地视为命根子。因此：① 在用地、拆迁、搬迁等工作中，都要尊重农民的利益和意愿，耐心引导，坚决杜绝强买强卖、强拆强占；② 与农民签订并认真履行合理的法律文书，消除开发过程中可能引起的一切不安定因素；③ 政府部门、具体职能部门和企业，要将失地农民的安置问题或劳动力转移工作放在首位；④ 尝试将失地农民群体纳入全国社会保障体系中，为失地农民建立养老、医疗、失业等社会保障，形成经济补偿、社会保障、就业服务“三位一体”的保障机制。

二、资源枯竭地区开发

（一）资源枯竭地区

资源枯竭地区是一种专门化职能地区，是一些地区及其发展过程因资源开发而兴起，经资源开发而繁荣，后又因资源开发而使资源枯竭。狭义的资源枯竭地区是指，聚集的天赋资源群且产业支柱为自然资源型产品的地区，是资源开发过度、资源开始枯竭的地区。因此，狭义的资源枯竭地区属于以输出能源和原材料为特征的资源型经济区，它的产生和发展是建立在对某种天赋的资源和人类对资源的某种特殊需要基础之上的，是与国家建设和工业化进程分不开的，这些地区和城市的繁荣与稳定曾为国民经济和国家安全作出过巨大贡献，其主导产业是采掘业和初级加工业，而这些产业都是围绕资源开发而建立的。[①] 虽然对外联系范围广，但其职能和联系内容都较为单一，且有较短的发展历史、较快的发展速度、较大的起伏性等特征。[②]

（二）我国的资源枯竭地区

2007 年 12 月 24 日，国务院颁布了《国务院关于促进资源型城市可持续发展的若干意见》，此后在 2008 年、2009 年、2011 年，又分三批确定和公布了 69 个资源枯竭城市（县、区），如表 12-1 所示。

① 张米尔、武春友：《资源型城市产业转型障碍与对策研究》，《经济理论与经济管理》，2001 年第 2 期，第 25—26 页。
② 郑伯红：《资源型城市的可持续发展优化及案例研究》，《云南地理环境研究》，1999 年第 3 期，第 65—66 页。

表 12-1　我国资源枯竭城市名单

所在省(区、市)	首批 12 个	第二批 32 个	第三批 25 个	大小兴安岭林区参照享受政策城市 9 个
河北		下花园区	井陉矿区	
		鹰手营子矿区		
山西		孝义市	霍州市	
内蒙古		阿尔山市	乌海市	牙克石市
			石拐区	额尔古纳市
				根河市
				鄂伦春旗
				扎兰屯市
辽宁	阜新市	抚顺市		
	盘锦市	北票市		
		弓长岭区		
		杨家杖子		
		南票区		
吉林	辽源市	舒兰市	二道江区	
	白山市	九台市	汪清县	
		敦化市		
黑龙江	伊春市	七台河市	鹤岗市	逊克县
	大兴安岭地区	五大连池市	双鸭山市	瑷辉区
				嘉荫县
				铁力市
江苏			贾汪区	
安徽		淮北市		
		铜陵市		
江西	萍乡市	景德镇市	新余市	
			大余县	
山东		枣庄市	新泰市	
			淄川区	
河南	焦作市	灵宝市	濮阳市	
湖北	大冶市	黄石市	松滋市	
		潜江市		
		钟祥市		
湖南		资兴市	涟源市	
		冷水江市	常宁市	
		耒阳市		
广东			韶关市	
广西		合山市	平桂管理区	
海南			昌江县	
重庆		万盛区	南川区	

（续表）

所在省（区、市）	首批 12 个	第二批 32 个	第三批 25 个	大小兴安岭林区参照享受政策城市 9 个
四川		华蓥市	泸州市	
贵州		万山特区		
云南	个旧市	东川区	易门县	
陕西		铜川市	潼关县	
甘肃	白银市	玉门市	红古区	
宁夏	石嘴山市			

注：重庆的万盛区和南川区按地级市级别。
资料来源：国家发展和改革委员会官方网站。

（三）开发措施

为支持资源枯竭地区经济转型，国家发展和改革委员会设立了资源型城市吸纳就业、资源综合利用、发展接续替代产业和多元化产业体系、培育中央预算内投资专项等举措。近年，中央财政累计下达转移支付资金 303 亿元，其中仅 2011 年资金就达 135 亿元，资金的注入为资源枯竭地区增强公共保障能力发挥了重要作用。

1. 建设相应的法律法规支持转型

资源枯竭地区经济转型要有相关的法律法规作保障。德国、法国、日本等资本主义国家的先行经验表明，通过法律手段明确政府和企业在资源开发方面的权利与义务，解决资源型城市转型和可持续发展效果良好。

2. 加强政府调控机制和完善社会保障体系

资源枯竭地区（城市）是产业工人最集中的地方，产业转型会造成大量工人下岗、转岗。这个会严重影响到整个地区或城市经济的发展，甚至会形成危及社会稳定的因素。这就要求相关政府部门在建立政策调控、资源调控、生态环境调控、市场调控、产业布局调控、产业空间等要素调控机制的同时，重视对人的因素的调控。经济转型或企业改制要尽可能利用现有的人力资源，为退休职工足额缴存各项社会保障金，以解除他们的后顾之忧。此外，还应一方面对大量下岗工人、失业技工进行再就业培训和就业指导，实现劳动力的平稳转移；另一方面补充新的技术人才和管理人才，这些人力资源要就近招聘。只有这样，才能在资源枯竭地区中既实现经济转型，促进地方经济的可持续发展，又保障和维护劳动者的合法权益与当地社会的安定，从而为区域经济发展营造出和谐的社会环境。

3. 建立专项资金

促进资源枯竭地区就业、中小企业发展、引进技术、基础设施改造、环境治理、人力资源培训和技术服务推广等需要大量资金。国家应成立资源转型专项基金予以扶持，并以专项基金为导向，吸引更多的社会资金和外资进入。

4. 引导产业，发展低碳和循环经济

引导产业向纵深发展。一方面，要有步骤、有计划地引导人力、物力和财力向第二、第三产业流动，尝试利用工业历史遗存，开发工业遗址观光旅游业。另一方面，鼓励和积极发展低碳产业，打造循环经济模式。

5. 培育企业(家)自主创新意识

企业的创新是资源枯竭地区持续发展的动力。要彻底改变企业“靠山吃山靠水吃水”的传统观念，少打“资源牌”和“杀鸡取卵”。为此，地方政府要有意识地着力培养一批尽职尽责、锐意进取、开拓创新型的企业家队伍。

三、革命老区和少数民族地区开发

(一) 革命老区和少数民族地区

我国的革命老根据地简称革命老区或老区，是指土地革命战争和抗日战争时期，在中国共产党领导下创建的革命根据地。革命老区分布在我国大陆除新疆、青海、西藏以外的28个省、自治区和直辖市的1 300多个县(市、区)。592个国家级贫困县中的550个都是革命老区。少数民族地区是指以少数民族人民为主聚集生活的地区。我国的少数民族主要分布在西部、北部等边疆地区。搞好这两类地区的开发工作，对弘扬革命传统、巩固党的领导、践行党和国家的民族政策、如期实现全面建成小康社会的宏伟目标意义重大。

(二) 革命老区开发措施

在新中国成立前的革命战争年代，革命老区的人民为支援中国共产党领导的革命战争英勇斗争，曾长时期在人力、财力、物力等方面付出过巨大的牺牲和代价。但自新中国成立后至今，大多数革命老区仍然属贫困地区。

为推进革命老区的开发工作，2012年3月2日，经国务院批复的第一个主打“革命老区”概念的经济规划区《陕甘宁革命老区振兴规划》开始实施。该规划从交通建设、水资源利用、生态建设、环境保护、国家能源化工基地、特色产业发展、新农村建设公共服务、改革开放八个方面，提出了革命老区从2012年到2020年的发展重点，涉及11大类120多个重点建设项目。[①] 这为革命老区的开发工作翻开了新的一页。

以此为开端，革命老区的脱贫解困，还应采取以下措施：

1. 进一步加强基础设施和公共设施建设

对革命老区的开发，不应仅仅是为了解决革命老区人民吃喝穿戴等最基本的生活问题，更重要的是要缩短它们与发达地区的发展差距，缩小它们与外部世界的距离。这样，首先要改变的是基础设施，如高速公路、铁路(包括高速铁路)、航空、电力、水利等关乎地区经济和社会事业发展命脉的战略性投资项目的建设，和教育、文化、卫生、体育、娱乐等社会设施项目。

2. 提升产业发展程度

应在革命老区原有农业和工业发展的基础上，借对革命老区再度开发的契机，有意识地培育主导产业，发展辅助产业，并以此引导和帮助这类地区的产业集聚、优化与升级。在有条件的革命地区，应加快建设国家级升级加工贸易梯度转移的承接地。支持革命老区加快农业现代化、工业现代化和城镇现代化进程。

---

① 郭安丽：《陕甘宁革命老区振兴规划获批：首打革命老区概念》，《中国联合商报》，2012年3月23日。

3. 红色旅游是革命老区的特色产业

革命老区要在政府主导下把握好红色资源优势,深入挖掘红色文化内涵。开发和培育区域内红色旅游产业,并将其作为区域经济开发新的增长点,利用红色旅游经济带动其他产业的发展和壮大。革命老区在搞红色旅游产业开发时,要把社会效益放在第一位,经济效益放在第二位,在保护中开发利用,确保红色文化的传承和发扬。

4. 人才和技术是生产活动中最活跃的区位因子,也是改革、开发、促进革命老区经济发展的决定性因素

革命老区应实施人才引进和振兴教育双管齐下的措施。在人才引进方面,鼓励大学生、科技人才到革命老区创业和大展其长。革命老区应建立健全人才引进机制和建立长效的人才流动或交流机制,并注重人才作用的发挥。在振兴教育方面,各级教育应把就地就近培育人才和技术力量作为长久之计。中央和地方政府应当在革命老区加大教育资金的投入力度,兴建和扩大高等教育、职业技术教育、科研院所的分支机构等各层级的教育科研机制体系。

（三）少数民族地区开发措施

少数民族自治是我国的政治制度和基本国策。为把支持少数民族地区的政策不折不扣地落到实处,推进少数民族地区经济快速发展,取得实实在在的效果,对该类地区的开发,应采取以下措施:

1. 加大改革力度,把立足点放在提高内在动力和活力上

除中央和各级政府的支持外,少数民族地区的发展更应依靠自身的力量,只有发挥了自身力量,做到大胆探索、大胆改革、大胆创新,才能走在全国前面,才有后劲,才能快速、持续和稳固。①

2. 调整产业结构

在少数民族地区产业结构调整中,应着力培育具有民族特色的传统优势产业和支柱产业,并以民族地区特色产业引领地区的资源优势向经济优势转化,使其与新兴产业和现代服务业协调发展,形成一批具有民族特色、地区特点的品牌产业和产品。

3. 优先解决特困少数民族人口和贫困民族地区问题

一方面,中央和各级政府、相关职能部门要有针对性地、持续地对特困地区和人口进行扶贫攻坚;另一方面,动员在偏远、不适宜居住地区的人口向村镇转移。

4. 加大基础设施建设力度

优先建设一批与群众生产生活密切相关的中小型基本建设项目,切实改善群众生产和生活条件。在建设基础设施时,要注意推进生态环境保护和各民族珍贵文化遗产的保护。建立健全生态保护和资源开发补偿机制。

5. 大力发展社会事业

建立发展教育、医疗卫生、就业和社会保障、文化体育、娱乐事业等的财政专项转移支付和各项补助基金,支持和尽快完善少数民族地区社会事业的发展,使其享受与民族集聚地区同等的社会服务。

---

① 国务院政策研究室:《怎样加快少数民族地区经济社会发展》,中央政府门户网站,2013 年 3 月 29 日。

第三节　资源、资源开发、环境与环境保护

一、资源、资源开发

（一）资源

区域经济学研究的资源范畴不同于地理资源（非经济资源），它倾向于可以被人类开发和利用的使用价值。按照马克思和恩格斯的定义，广义的资源不仅指自然资源，还包括人类社会、经济和技术等因素。也就是说，资源广泛地存在于自然界和人类社会中，是一种自然存在物或能够经过人的生产活动给人类带来生产和生活资料的物质的总称，如土地资源、矿产资源、森林资源、海洋资源、石油资源、人力资源、信息资源等。

（二）资源开发

人类社会要生存，要发展，就要利用自然资源，而人类利用自然最直接的形式就是资源开发。资源开发是区域开发的主体部分，其他一切开发内容都是围绕资源开发展开的。资源开发，是开发主体（人类）对特定区域中矿物、土地、动植物、水力、旅游等资源进行规划和物化劳动，以达到利用或提高其利用价值或实现新的利用，后者也称资源再开发或二次开发。开发资源可以为人类提供新的物质财富，且避免因未被利用而造成的浪费。将废物作为资源进行再开发，可以充分利用有效的资源，减少废弃物数量进而减轻处理的负担；可以节约非再生资源，以便为后代多保留些生活资料。资源开发的战略是合理开发非再生资源；努力开发可再生资源，但在开发植物性可再生资源时，应特别注意保护植被和保护生物种。资源开发的对象——人类社会发展所必需的物质资料，全部来源于人类赖以生存的地球环境，可见资源开发和环境又是密不可分的。

二、环境与环境保护

（一）环境

环境作为人类赖以生存与发展的物质基础，是围绕和为人类提供的空气、陆地、水、光、能量及生命系统等的总称，也称为地理环境资源，是人类社会的核心资源。我国《环境保护法》定义的环境概念是，影响人类生存、发展的各种天然的和经过人工改造的自然因素的总体，具体包括大气、水、海洋、土地、矿藏、森林、草原、野生生物、自然遗迹、人文遗迹、自然保护区、城市和乡村。

（二）环境保护

人类在没有形成社会之前，与其他生物一样，一直从这个适宜生命环境的世界里索取能量和物质，又通过自然界里的水、空气、土地和阳光等要素的自然再循环机制消除与转换自身产生的废物。在这一时期，人类对自然资源的利用是偶然的，或者说是很盲目的。从原始社会经奴隶社会到封建社会，人类在总结劳动实践经验的基础上，开始实行分工并分门别类地利用自然资源。在这长达几个世纪的历史发展中，由于人口总量少，对资源的消耗也有限，给生态环境带来的负面影响也非常小。而当工业革命将人类社会带入更高一层级的社会，即大机器工

业时代时，生产力极大地提高，科技不断进步并被应用到生产过程中，人口也随之大增，人类对生产和生活资料的需求也不断提升，相应地对自然资源的消耗也在不断地扩大。在对高额利润无止境地追求的心理驱使下，人类便对自然资源进行廉价、掠夺式的开采和利用，正如我国学者汤尚颖所言“人类社会为自己确定的发展目标往往是短期的，对资源来说是耗竭性的，在很大程度上并没有顾及资源的可持续能力，没有考虑到对资源的耗竭性和破坏性行为对长期的经济发展、对自己生活空间以外的其他人以及对后代所造成的负面影响和成本”①。这导致了从20世纪30年代开始的伴随工业化迅速发展的全球八大污染公害②，八大公害为全球政府和学界敲响了警钟，引起了人们对资源利用、生产工艺、排污处理和环境保护的重视。资源开发和环境保护成为各国政府与各学术界加强政府干预、着力研讨的重要内容。

以上历史过程表明，环境保护是人类对资源开发与环境保护关系认识进一步加深的过程，是人类社会文明进步的表现。

三、资源开发与环境保护的关系

资源开发的基础是环境保护，环境保护是资源开发的客观要求。如果人类在进行资源开发的过程中不注意保护环境，资源将会被耗竭，人类和人类社会也将不复存在。具体而言，一方面，资源开发是以自然环境为基础的，充足的阳光、洁净的水、新鲜的空气、丰富的食物、舒适的居住与生活空间，这些客观环境因素直接影响一个区域开发的深度、广度和速度。在资源开发中的资源开采、农林牧副业开发、旅游资源等的开发活动，对自然环境因素的依赖更直接、更紧密。另一方面，资源开发同时也直接或间接地改善了区域环境。对减少自然灾害、提振国民经济、方便人们生活等会产生积极的影响，比如新中国成立后中央政府实施的海河、淮河和黄河水利治理工程，和近些年刚刚投入使用的三峡水利枢纽工程。此外，中央政府加大对环保节能的调控力度、鼓励科技创新、调整结构等，都使二者相得益彰。

因此，合理地开发和利用环境资源，会给人类社会的发展和进步带来巨大的促进作用，直接反映了人与自然的和谐。

同时，环境对区域开发具有巨大的反作用。人类的任何资源开发活动，都会有一定数量废物废气的排出。虽然自然界对环境容量限度内的污染物有良好的自我调节功能，有些污染也可以通过人工治理消除，但是，如果在资源开发过程中排出的污物突破了该区域环境的容量，就会破坏该区域的生态平衡。其直接后果是自然灾害（水、旱、虫、雹、霜、疫、风等）频发，受灾地区面积不断扩大，全球平均气温升高，生物物种消失速度加快以及变异物种增加等。

四、资源开发原则

要使资源开发与环境保护相互和谐，必须遵循以下原则：

① 汤尚颖：《资源开发利用与环境保护的关系研究》，百度文库，http://wenku.baidu.com/view/52c94c23a5e9856a561260ff.html。

② 指20世纪30年代起由于环境污染而造成的八次轰动全球的公害事件：比利时的马斯河谷烟雾事件、美国宾夕法尼亚州的多诺拉烟雾事件、美国洛杉矶的光化学烟雾事件、英国伦敦的烟雾事件、日本四日的哮喘事件、日本熊本县的水俣病事件、日本富山的痛痛病事件和日本九州的米糠油事件。

（一）科学性

资源是国民经济发展的保障性生产资料，对它的开发和利用不仅仅是经济问题，还是社会和政治问题，甚至还涉及国家资源安全等。这就要求充分考量区域内的社会状况、经济发展和生态环境等因素，并在此基础上制定科学规划。规划的目标，是将社会效益、经济效益和生态效益有机结合。

（二）全局性

一方面，区域开发是国民经济大局的重要构成部分，各区域的资源开发一定要服从大局、服务于大局。另一方面，资源开发是区域经济规划中的重中之重，资源开发直接影响到一定区域中的产业结构、经济布局、人口分布、生态及其他资源的利用等。因此，在资源开发过程中，要处理好国家利益和地方利益、长远利益和当前利益、整体利益和局部利益、经济利益和生态利益、他人利益和个人利益的关系。

（三）综合性

各种资源彼此之间是内在联系的，形成一个整体。因此，资源开发过程必须强调综合性。综合开发利用要由多学科、多部门共同协力完成。尤其是对不可再生的矿产资源更是如此。一种矿石多种成分，多种成分多种用途，应做到地尽其利、物尽其用。在综合开发利用中，要不惜利用成熟的技术并放开眼界，因为没有成熟技术、只顾眼前利益、舍大求小，不仅会造成资源浪费，而且还会破坏生态环境。

（四）可持续性

社会生产力要发展，就要有持续不断的动力源泉，资源的可延续性就是动力源泉的物质保障。资源开发利用的可持续性包含了前瞻性原则。特别是对不可再生资源应运用保护性开采，以此提高对资源的利用率。此外，革新工艺降低单位物耗标准、推广循环经济、开发多种多样的替代性资源等都是使资源保持可持续性的措施。

（五）稳定性

稳定性体现在资源开发中对整体速度的把握，把握整体速度，既可催生过低的经济增长，也可抑制经济增长的速率，还可以掌握经济发展的步骤。资源开发的稳定，利于维护经济的平稳运行，利于社会就业人群的稳定，利于金融市场的稳定，利于区域间经济的协调发展，利于国民经济计划目标的最终实现。

五、对资源开发的监管

（1）制定和强化《环境保护法》《水资源保护法》《土地资源保护法》《森林资源保护法》等各项专门性的资源保护法，同时，还要制定和强化《劳动法》《安全生产法》《企业行为法》等管理性法律法规。对资源开发利用的监管要依据这些专门的法律法规，才能使监管更规范，更能显示合理开发利用资源的法律效力。

（2）执法部门要依法维护区域正常的资源开发秩序，做到执法权力和执法义务相统一。这不是职能的转变，而是意识的转变，监督和管理者为被监督和管理者提供服务也是天职。

（3）提高监管管理人员的素质，杜绝人情执法、以罚代法和以官代法；此外，建立长效的监管机制，采用定期不定期、上级对下级、下级对上级、跨区域间交叉式监管。

(4) 有针对性地对重点企业或重点区域进行驻地监管。这样,既可以用专业知识及时指导和纠正违纪违法行为,又可以促进资源的合理利用和保护。经验证明,这一措施在部分地质矿产部门实施后,收效良好,大大降低了煤矿安全事故,保护了国家资源免被私挖滥采等行为的发生概率。

(5) 接受社会的监督。这是社会主义体制下民主集中制的充分体现。社会监督的主体可以是民主党派、人民团体等社会组织,也可以是其他行业的执法部门、行政事业单位,还可以是被监管者及其他无利益关系的企业和个人。

(6) 尊重客观规律。如前所述,"自然资源具有可用性、整体性、变化性、空间分布不均匀性和区域性等特点"[①], 同时,各类资源的禀赋、生成机理、属性等各不相同,这就要求对资源开发的监管,必须充分尊重资源的客观属性和利用的客观规律。

第四节　循环经济、低碳经济

一、循环经济

(一) 循环经济的概念

国家发展和改革委员会将循环经济定义为"是一种以资源的高效利用和循环利用为核心,以'减量化、再利用、资源化'为原则,以低消耗、低排放、高效率为基本特征,符合可持续发展理念的经济增长模式,是对'大量生产、大量消费、大量废弃'传统增长模式日益严重而资源消耗相对过高的根本变革"。这一定义提出了一个核心,即对资源的高效利用;三个基本原则,即减量化、再利用和资源化——著名的3R原则;三个基本特征,即低消耗、低排放和高效率;本质是可持续发展,走创新型经济发展模式。

(二) 循环经济理论

针对20世纪以来伴随着世界经济大发展出现的全球性环境污染、资源耗竭等问题,美国经济学家波尔丁20世纪60年代提出了循环经济理论。波尔丁的循环经济理论提出后,在德国和日本等国的实践中取得了成功。

依据循环经济理论,2002年6月全国人大常委会通过了《清洁生产促进法》。2004—2005年经济工作会议进一步明确地提出:大力发展循环经济,将循环经济的理念贯穿到区域经济发展、城乡建设和产品生产中,使资源得到最有效的利用,最大限度地减少废弃物排放,实现自然生态系统和社会经济系统的良性循环,为子孙后代留下充足的发展条件和发展空间。此后,2008年8月全国人大常委会通过并在2009年1月1日起实施了《循环经济促进法》。截至"十二五",全国已经规划建设了再生资源——循环经济产业园区25个。"循环经济"的理念已经融入我国的经济发展实践中,并将对未来的经济发展模式产生深远的影响。[②]

---

① 佚名:《自然资源有哪些类型?》,中国城市低碳经济网,http://www.cusdn.org.cn/news_detail.php?id=222301。

② 陈关升:《发展循环经济的创新作用机制探析》,中国城市低碳经济网,http://www.cusdn.org.cn/news_detail.php?id=208709。

（三）循环经济的实现途径

1. 建立和完善循环经济法

我国已经颁布实施的《清洁生产促进法》，是推进循环经济立法的一个里程碑。为促进循环经济模式的拓展，我国还应尽快制定和实施《循环经济法》和相应的《绿色消费法》《资源循环再生利用法》等法律，制定并完善鼓励和支持循环经济的各种政策，从而使法律法规真正起到预防污染和绿色导向的作用。

2. 以经济手段保障资源的合理利用

这里讲的经济手段主要是价格机制和税收机制。

（1）价格机制。资源的价值被人为地低估是我国资源严重浪费的根源之所在，而其原因又在于政府对 GDP 的盲目追求。因此，要加快价格体系的市场化改革，让资源以价格的形式真正体现出其价值。这就要求政府研究并落实促进循环经济发展的价格政策和收费政策，积极调整资源性产品与最终产品的比价关系，完善自然资源价格形成机制，更好地发挥市场配置资源的基础性作用。

（2）税收机制。为了防止无计划地使用、早用、误用和过度利用资源等问题的再度发生，应对环境资源和自然资源等共有财产的使用者按照"污染者付费、利用者补偿、开发者保护、破坏者恢复"的原则课税；为使亏损或微利废旧物品回收利用产业和废弃物无害化处理产业能够获得社会平均利润率，应对其施以税收优惠和政府补贴的政策。在增加环境污染排放税、资源使用税的同时，可以对企业用于环境保护的投资实行税收抵扣；设立环境技术开发基金，重点支持废旧物品回收处理和再利用技术的研究与开发。

3. 以"绿色"为支撑

绿色消费已成为 21 世纪的主流。绿色食品、绿色家电、绿色服装、绿色家居、绿色建材等产品已受到广大消费者的青睐。绿色消费品市场的不断扩大，也是企业研发新产品的动力，企业的绿色实践是使循环经济理念变为现实的关键所在。实施绿色设计，树立绿色品牌。在国民经济核算体系中，要将绿色环保作为重要指标，坚决杜绝忽视环境效益的做法。可采用小、中、大循环措施，逐步采用绿色 GDP 核算方式。其中，小循环，即企业层面：在企业大力推行产品的生态设计和清洁生产，从源头到生产的全过程，确保资源的充分利用，减少产品和服务中物料与能源的使用量，使每个生产企业都成为生态单位。达到废物最小化和无害化，实现污染物排放的最小化。中循环，即生态工业园区域层面：按照工业生态学原理，通过企业间的物质集成、能量集成和信息集成，在企业间形成共生关系，建立工业生态园区，积极发展生态工业，在企业清洁生产的基础上，使上游企业的废物成为下游企业的原料，不断延长生产链条，实现区域或企业群的最有效利用，从而达到废物产生量最小，甚至零排放。大循环，即循环型社会层面：在一定区域内，用生态链条把工业与农业、生产与消费、城区与郊区、行业与行业有机地结合起来，大力发展资源循环利用产业，实行可持续生产和消费，全面提高资源利用率，逐步建成循环经济型社会。

4. 政府的作用

政府是循环经济的倡导者，也是参与者。在区域开发中，对发展循环经济要制定可行的、长远的、切合实际的规划。规划分几步走，规划占到现有经济份额的多少比例，这些政府都要做到心中有数。同时，政府要建设好“循环型经济”示范基地，从企业、区域、社会三个层面推动循环经济的发展。

5. 增强民众的循环经济理念

循环经济的实施不仅是经济和技术问题，也不是简单的利用和破坏问题，它还是一国或一个区域中民众的文化观念和价值取向问题。循环经济是生态经济，更是文明经济。循环经济不仅需要政府的倡导和企业的行业自律，更需要社会公众的参与意识和参与能力。面对全球性的资源和环境危机，应加强生态道德、生态观念建设和循环经济意识培育。从生态学、资源学的角度，教育人们正确认识人与自然的关系，使人与自然和谐相处的生态价值观深入人心，增强发展循环经济的责任感和紧迫感。日常生活中，节能、节水、节材、节粮、垃圾分类回收等应成为每个公民的自觉行动。

二、低碳经济

目前，经济面向低碳方向发展，已成为全球经济未来发展的大趋势。

（一）低碳经济的概念

低碳主要指的是低二氧化碳的排量。低碳经济是在可持续发展理念的指导下，通过技术创新、制度创新、产业转型、新能源开发等手段，尽可能地减少煤炭、石油等高碳能源消耗，减少温室气体排放，达到经济可持续发展与生态环境保护双赢的一种经济发展模式。

（二）低碳经济概念的提出及在我国的发展

1997 年，在联合国的倡议下，旨在限制发达国家温室气体排放量的《东京议定书》签订。此后，“低碳经济”一词在 2003 年英国的能源白皮书《我们能源的未来：创建低碳经济》中，最早以官方文件出现。英国作为工业革命的发源地、现有的高碳经济模式的开创者，经过数个世纪的发展，21 世纪又成为全球低碳经济的首倡者。低碳经济概念自英国官方文件提出后，引起各国政府的高度重视。在我国，2006 年年底，科技部、发改委、环保总局等六部委联合发布了我国第一部《气候变化国家评估报告》；2007 年 9 月，时任国家主席的胡锦涛同志，在 APEC 第 15 次领导人会议上明确主张“发展低碳经济”，研发和推广“低碳能源技术”“增加碳汇①”“促进碳吸收技术发展”等；2009 年，中科院发布的《2009 中国可持续发展战略报告》中，提出了我国发展低碳经济的战略目标，即到 2020 年，要将单位 GDP 的二氧化碳排放降低 50% 左右；同年 11 月，我国启动“可再生能源与新能源国际合作计划”。“十二五”规划纲要进一步明确提出：“深入贯彻节约资源和保护环境基本国策，节约能源，降低温室气体排放强度，发展循环经济，推广低碳技术，积极应对全球气候变化，促进经济社会发展与人口资源环境相协调，走可持续发展之路。”可以说，我国仅用了十几年的时间，就走过了从认识资源危机到采取环境治理行动，从政策支持力度到低碳产业规模的建设，从低碳知识宣传再到低碳科技普及的全过程。

---

① 碳汇，一般是指从空气中清除二氧化碳的过程、活动、机制。主要是指森林吸收并储存二氧化碳的多少，或者说是森林吸收并储存二氧化碳的能力。

（三）实施低碳经济的措施

现实生活中，低碳社会、低碳城市、低碳校园、低碳交通、低碳环保、低碳网络、低碳社区、低碳办公等，都应落实到实际生活中。为此，应采取以下措施：

（1）调整能源结构，发展低碳和无碳能源，促进能源供应的多样化。

（2）节能降耗，提高能源利用效率。能源是人类和人类社会存在与发展的基本物质基础。在我国，提高能源利用效率已迫在眉睫。据我国学者研究，2000 年，我国的火力发电、钢铁、水泥、乙烯的单位产品实物耗能指标较高，国际上的这一指标仅是国内的 24.1%、20.9%、44% 和 69.7%。同年，我国矿产资源总回收率仅为 30%，比世界先进水平低了 20 个百分点。[①] 特别是交通运输和建筑业能耗增长趋势不减，利用效率不高。

（3）优化产业结构。目前，我国正处于向工业现代化发展的关键时期，第一、第二产业的比重仍较大，低能耗的第三产业发展空间有限，需要政府政策的大力支持。

（4）培育健康的消费心态，遏制高消费和奢侈品购买力。我国人民的浪费和炫富攀比心理，实际上是一种非理性传统文化。在宣传低碳生活的同时，有必要采用相应的经济手段进行调控和规范。

（5）增加资本投入，加大政策力度，挖掘碳汇潜能。大力提倡植树造林、扩大草地植被、鼓励秸秆还田等措施，这些都可以吸碳、固碳、消除污染、改善环境。有关研究表明，地球增加 1% 的森林覆盖率，便可以从大气中吸收 0.6 亿—7.1 亿吨碳。[②]

（6）鼓励创新能源技术的研发和推广。新型能源技术将是未来我国国民经济可持续发展的希望与保障，应把大力提倡、研究开发、推广新能源和新材料产品及技术列入国家战略层面。

第五节　国际区域开发经验

一、主要发达国家区域开发经验

区域经济发展不平衡是实施任何社会制度的国家普遍存在的问题，特别是在经济发展的早期阶段，区际间发展差异更是比较突出，这促使各发达国家的政府加大了区域开发的力度，也由此形成了较为成熟的经验。

1. 经验之一，以立法保障区域开发

主要市场经济国家在进行区域开发时，都制定了专门的开发法和保障开发工作顺利推进的相关资金支持法。如美国为了开发田纳西河流域，1933 年，议会便通过了《麻梭浅滩和田纳西河流域开发法》这一专门性法律。同时，美国的财政体制分设联邦、州和地方三级，通过法律制度对财政转移支付实施全程监控，以法律的形式确定的各项转移支付，是各级政府进行转移支出的基本依据。日本作为单一的中央集权制国家，建立了自上而下的财政转移支付制度。日本的转移支付法律制度由三部分构成，即地方让与税制度、地方交付税制度和国库支出金制

① 庄贵阳：《中国低碳经济发展的途径与潜力分析》，《国际技术经济研究》，2005 年第 3 期第 8 卷，第 12 页。
② 同上。

度。日本政府特别注重对财政转移支付行为的监督，其测算依据和具体支付标准在《地方预算法》中均给予了明确的规定。加拿大自1951年开始实施联邦政府均等化转移支付计划。1982年的《加拿大联邦宪法》规定，各省政府应提供水平相当的公共服务，并形成了以均等化为目标的转移支付"五年计划"。德国具有健全的同级政府间横向转移支付法律制度。1993年修订的《财政平衡法》规定了平衡机制的具体操作，通过富裕州向贫困州进行财政资金的转移，基本实现了州际财政均衡。2005年开始实施的新《财政平衡法》，重新修订了拨款参数和财政拨款计算公式。新的财政平衡办法引进了奖赏机制，对授、受州双方均具有激励作用。① 意大利政府为缩小南北差距，从1957年开始，政府就规定国有企业必须把40%的工业总投资（1971年改为60%）和60%的新工业投资（1971年改为80%）投在南部地区。

2. 经验之二，政府政策约束

主要市场经济国家的政府政策约束主要有：① 全方位约束。如第二次世界大战后受战争摧残的法国，地区间经济发展极不平衡，为缩小东部发达地区和西部欠发达地区贫富悬殊的差距，从20世纪50年代起，法国政府就制定了工业分散政策、农村结构改革政策、山区开发政策、滨海开发与保护政策和老工业结构调整政策等。② 在协调区域发展的过程中，市场经济国家普遍执行了严格的财政转移支付政策，以实现各个区域享受均等公共服务的机会和水平。在开发区域降低企业融资成本和投资成本，或成立政策性金融机构和设立政府基金，或直接向企业提供优惠贷款，为企业贷款提供担保。③ 建设完善的基础设施，以便从物流、信息等方面降低企业的运营成本，提高区内企业的盈利能力。④ 直接给企业投资补贴、就业补贴、税收优惠，达到提高企业投资收益的目的。⑤ 政府直接给开发区域投资，带动区域资本的存量，支持落后地区的发展。如第二次世界大战后美国把发展军事工业和促进西部、南部经济落后地区的开发结合起来，联邦财政将大量资金投向那里，不仅极大地刺激了新型工业的发展，而且提供了大批就业岗位。现今，美国西部和南部地区早已成为飞机制造、军事工业、原子能、生物制药、电子等高科技产业的基地。

3. 经验之三，成立专门机构

专门机构是区域开发中将法规和政府意图落到实处的平台与枢纽。为确保区域开发法的落实，主要市场国家都建立了相应的专门机构。如美国为了加强对贫困地区的援助，在20世纪60年代就成立了经济开发署。第二次世界大战后，日本为了支持北海道开发，成立了"北海道东北开发金融公库"。法国政府为了鼓励对老工业区的投资，设立了"工业自应性特别基金"。1933年，澳大利亚成立了联邦拨款委员会，作为一个独立机构负责评定各州的拨款请求；各州的拨款委员会独立于联邦拨款委员会，具体决定拨款在州内的分配与使用。

4. 经验之四，重视中小企业发展

德国政府为了使前民主德国地区经济迅速恢复和发展，采取的主要措施之一就是大力发展中小企业；英国在落后地区的开发中，采取了政府补贴、在企业中参股、提供咨询服务、鼓励技术革新等手段促进中小企业的发展，从而既提高了劳动就业率，又提高了区域内自身发展和资本积累的能力。

---

① http://www.xzbu.com/4/view-3433137.htm。

二、发展中国家区域开发经验

发展中国家包括分布在亚洲、非洲、拉丁美洲和其他地区的130多个国家,其中,我国是最大的发展中国家。发展中国家地域辽阔,人口众多,有广大的市场和丰富的自然资源,这些国家中大多数都曾是帝国主义的殖民地、半殖民地和附属国。其总体特征是经济结构单一,经济发展极不平衡,贫富两极分化较严重。

发展中国家的区域开发,受到西方区域经济理论中"集中分散""增长极"和"增长中心体系"等的影响。其发展经验概括起来主要有以下几点:

(1) 从不发达地区着手,以城市为中心,以工业开发为主展开。其中典型的是巴西在亚马逊地区的开发。经过几十年的开发后,该地区的工业类型和产业结构基本上与地区的自然条件和经济特点相适应;在工矿业方面,在以采矿、化工、食品、木材加工和农牧业为主的基础上,又建立了电子、化纤、精密仪器、摩托车等新兴工业;在农业方面,鼓励农业垦殖和集约化、专业化生产,从而使地区生产向多样化方向发展。

(2) 以资源开发为主导,适当分散经济布局。发展中国家的自然资源较丰富,类型多样,有很高的经济价值。充分发掘利用这些资源优势,在偏远地区开发建设各种工业区、农业区、旅游区和城镇居民点,既分散了工业布局,使企业更接近原材料、燃料产地,又疏散了人口,减轻了大城市的人口压力,开辟了新的经济发展区。如印度政府在独立后前三个五年计划期间,对东南资源区工业项目的投资就高达1 425亿卢比,约占同期国家财政工矿业投资总额的50%。

(3) 国家承担全部道路交通和公共设施的建设。道路交通和公共设施条件落后,是发展中国家区域经济发展的一大障碍。但由于这类建设耗资巨大,时间长,利润低,融资难度大,私人资本不愿介入。巴西在开发亚马逊区域的过程中,由政府出面建成了数条2 000—3 000公里以上的公路和大干线,1970—1973年政府对这一地区的固定资本投资中,大约75%用于交通和通信方面的建设。

(4) 提供税收和金融优惠,鼓励私人和外国资本到开发区域投资建设。巴西政府对设在亚马逊地区的工业企业除了给予免税等优惠外,还实行了鼓励投资的税收信贷制度。规定,凡是在亚马逊地区注册的公司(包括外国公司),投资部门不限,都可以获得相当于它们应缴纳联邦所得税50%的优惠信贷。

(5) 建立自由贸易区和出口加工区。多年来,马来西亚政府特别重视自由贸易和出口加工区的建设。1986年,马来西亚的自由贸易区就已发展到11个。目前,马来西亚出口加工区的数量在东盟地区最多,规模最大。一般出口加工企业可享受2—8年的所得税和开发税豁免。

【本章小结】

1. 区域开发应以各区域经济发展水平、所处经济发展阶段及区域产业和空间结构为立足点,以不同的区域开发理论模式为指导,对各区域进行行之有效的开发。

2. 区域开发模式主要有增长极开发模式、点轴开发模式、网络开发模式及梯度推移开发模式。区域开发模式选定的依据是区情的目前差异及未来的走向。

3. 对特殊地区的开发应因地制宜,不要采取"一刀切"模式,即便在同一区域内,开发模式也要有所区别。

4. 资源开发与环境保护是相辅相成的矛盾统一体。大力发展循环经济、低碳经济是处理好这对矛盾的重要举措。

5. 借鉴国外区域开发经验,应与我国国情和区情相结合。

【练习与思考】

1. 名词解释:区域开发、区域开发模式。
2. 试述区域开发的几种主要模式及其特点。
3. 为什么要重视对特殊类型区域的开发?
4. 试分析资源开发与环境保护的关系。
5. 试述发展循环经济、低碳经济的意义。
6. 总结国际区域开发的成功经验。

【进一步阅读资料】

1. 魏后凯:《现代区域经济学》,北京:经济管理出版社 2006 年版。
2. 安虎森:《区域经济学通论》,北京:经济科学出版社 2004 年版。
3. 张敦富:《区域经济开发研究》,北京:中国轻工业出版社 1998 年版。
4. 孙翠兰:《区域经济与新时期空间经济发展战略》,北京:中国经济出版社 2006 年版。

第十三章　区域经济政策与区域经济管理

【本章学习目的】

1. 熟悉区域经济政策的目标；
2. 了解我国区域经济发展实践；
3. 研究有效的区域经济管理措施。

一国区域经济的发展在发挥市场基础作用的同时，还要辅之以政府强有力的干预。政府的干预主要是通过区域经济政策和各种管理手段进行的。

本章在论述区域经济政策的内涵、目标、地位与作用之后将较详细地介绍我国区域经济政策的实践，最后探讨区域经济管理。

第一节　区域经济政策

一、区域经济政策的内涵与目标

（一）区域经济政策的内涵

国外对区域经济政策较有代表性的解释是美国学者们的见解，即区域经济政策是“处理区域问题和在何处进行经济发展”的一种经济政策[①]。在国内，陈栋生教授的解释是，区域经济政策是中央政府为推动和协调地区经济发展，调控区域经济运行而采取的一系列方针、政策、措施的总称。孟庆红教授的解释是：“区域经济政策就是通过各种调控手段，使国内的各区域经济有效、快速、健康发展，以达到国民经济发展的总目标。”[②]

综合以上专家们的见解，我们认为，区域经济政策是中央政府在处理区域经济问题、对区域经济运行进行调整的过程中，有针对性地运用中观层次的各种方针、政策和手段对一定区域进行调控的政府行为系统。

---

① 张可云：《区域经济政策》，北京：中国轻工业出版社 2001 年版，第 3 页。

② 孟庆红：《区域经济学概论》，北京：经济科学出版社 2003 年版，第 274 页。

对以上区域经济政策的内涵可作如下理解：

（1）政策的制定主体。区域经济政策的制定主体是中央政府和地方政府，是由中央政府在通盘考虑国内外情况、全国经济发展状况和今后发展目标的前提下，作出的宏观总体层面的决策。各地方政府根据中央政府的政策和本区域的实际情况，制定符合本区域发展的相关政策。

（2）政策的任务。区域经济政策的任务，是通过解决区域经济发展中存在的突出矛盾和问题，达到区域内经济有序、稳定和区际间经济协调发展的目标，实现生产要素在空间上的优化配置。

（3）政策的机制。区域经济政策是政府行为，其机制是运用行政手段干预经济运行。

（4）政策体系。区域经济政策不是一种或两种政策，而是由工商、财税、金融、农业等各方面政策构成的一个综合性政策体系。

（二）区域经济政策的目标

与国家宏观政策一样，区域经济政策的制定也有其既定的政策目标。

区域经济政策目标包括区域生产力合理布局、经济空间组合结构及空间的拓展、衰退地区的复兴、落后地区的提升、先进地区能量的扩散、区域经济合作、区域差距适度控制和区域经济一体化等。

以上各项内容可以概括为三大目标：

1. 稳定发展地区经济

无论就一国的总体经济还是就一个区域的经济发展来讲，稳定都是关键。只有稳定，才能实现区域经济的可持续发展；只有经济稳定，社会才能稳定；只有经济、社会稳定，才能增强区域经济实力，达到可持续的、协调的发展。

2. 合理、高效配置资源

在现代社会中，有序、稳定地发展，不仅取决于本地区的发展，而且在相当程度和情况下，还取决于区际之间的协调互动。在区际之间的协调互动方面，区域经济政策不可或缺。调整区域经济政策，可促进区际间要素的合理流动与优化配置，达到高效配置资源的目的。

3. 保持合理、适度的区域差距

区域差距是客观存在的。尽管差距会随区域经济的发展和区际交往的增加而逐渐缩小，但永远不会消除。同时，区域差距过小会使成本增加，阻碍区域经济的发展；差距过大，不仅会影响区域经济发展和人民生活水平的提高，还会导致整个国家经济的衰退和社会的动荡不安。因此，区域经济政策的核心在于，使差距控制在合理的、适度的范围之内。

二、区域经济政策的类型

区域经济政策是一个政策体系，常用的有财政政策、货币政策、产业政策、贸易政策和区际合作政策，并且每一个政策都有许多手段。本书第八章已较详细地阐述了区域贸易和区域合作的主要内容，这里不再赘述。

（一）区域财政政策

区域财政政策的作用主要是：稳定区域经济、提高区域经济效率和兼顾区际之间的公平。

为了有效地发挥这一作用，要运用预算、税收和转移支付，促进区域内和区际间的经济发展。

1. 预算

预算杠杆在区域经济的发展中，是通过年度预先制定的收支规模、收支差额和收支变动等，实现政府对区域经济的调节和促进作用。

2. 税收

从中央政府的角度讲，区域财政政策中的税收，主要表现为各区域的差异性政策。就各地区来讲，按照我国目前的规定，税收中的关税和消费税属中央税；营业税、房地产税和个人所得税属地方税。企业所得税、行为税、增值税为中央和地方共享税。地方税用于地方经济的发展和管理；中央税经过二次分配，一部分还要返还给地方，用于地方重点项目的建设。

3. 转移支付

政府在扶贫、公共服务设施建设和协调区域间差异等原则下，把以税收形式筹集上来的资金，再转移到社会福利和财政补贴等费用的支付上。在区域经济发展中起到为企业和家庭提供购买力、扩大消费、促进生产的目的。

（二）区域货币政策

从经济发展与货币政策的辩证关系考察，区域货币政策是依据区域经济发展程度实施的有差别的货币政策。区域货币政策在实施过程中，主要是通过投资、贷款及区域性货币政策工具的运用，达到在区域内部和区际之间，为企事业单位、地方政府的公共事业建设和区域合作事业提供资金保证。

1. 投资

投资在货币政策中属政策性银行业务。政策性银行的投资业务一般以地区中基础设施、大型工程等的建设为投入对象和重点，以达到促进经济发展和缩小地区之间差距的目标。

2. 贷款

贷款在货币政策中属商业性银行业务。商业性银行业务一般是有偿的，对象较繁杂，以效益为保证。

3. 货币政策工具

这里的货币政策工具是指区域性的货币政策工具。区域性货币政策工具大体上与国家宏观总体上货币政策工具的框架相同，但与各区域经济发展的程度、阶段等密切相关。区域性货币政策工具的运用，是提高货币政策目标效益的有效手段。

（三）区域产业政策

区域产业政策是由对区域产业结构、产业布局等内容组成的，是促进区域产业发展和提高效率的政策系统。

1. 产业结构

产业结构政策是区域产业构成和产业调整的政策安排。其中，产业构成是指区域产业集合是由什么产业组成的，体现的是区域内产业结构的内部联系；产业调整是产业结构的动态变化过程，主要指区域产业朝怎样的方向发展。

2. 产业布局

如果说区域产业结构体现的主要是区域内产业的内部联系的话，那么，区域产业布局则是区域中产业的空间安排。区域产业布局一般应遵循符合区情、激励发展、带动落后和合理安排的原则。在这些原则下布局区域产业，以达到充分发挥地区优势、带动区域经济全方位发展和高效节约的目的。

需要指出的是，以上各项政策都不能孤立地起作用，在实际运作中，应将各种政策和政策工具综合起来，形成各项政策的互补。

三、我国区域经济发展实践

从新中国成立至今，不论有无主观意识，我国都经历了六十多年区域经济发展的实践。为遵循历史的时续性和对我国实践路程的分阶段认识，这里，我们进行总体和分区介绍，并且在总体和分区中，又以改革开放为时间界限展开论述。

（一）我国总体区域经济发展实践

1．改革开放前

改革开放以前，在我国近三十年的区域经济均衡发展战略下，所有的区域经济政策都体现了向内地倾斜的特征。

（1）从1953年开始的第一个五年计划时期，受当时国际大环境的影响和出于对我国当时区域经济非均衡格局的考虑，中央政府的政策主旨是，改革历史上形成的我国东部经济强势和西部经济弱势的非均衡状态，提倡地区生产力的合理布局，并以此改善东西部地区较为严重的非均衡发展格局。为达到这一目的，当时的中央政府主要运用财政政策对中西部地区注入大量的资金，其表现主要是外援项目和内建项目的安排。在外援项目方面，由苏联援建的156项工程中，内地安排了118项，占全部援建项目的79%，沿海只安排了32项，占全部援建项目的21%；在内建项目方面，由国内安排的694个项目中，内地有472个，占全部内建项目的68%，沿海只有222个，占全部内建项目的32%。

由于大量资金向中、西部地区倾斜，其年均经济增长速度曾一度达到20.2%，工业总产值增长速度也曾达到33.0%。

（2）从1958年开始的“二五”时期，在不改变发展中、西部地区战略的情况下，特别强调各地要建立自成系统的工业体系。

（3）在1966—1970年的“三五”和1971—1975年的“四五”时期，中央政府在前期中、西部地区已建立了一些重工业基地和工业化中心的基础上，继续提出强化对内地的经济建设。与此同时，将许多沿海工业向内地搬迁。据统计，在“三五”时期，内地的基本建设投资占全国总投资的53.5%（“三线”地区占41.4%），新建大中型项目中，内地占60.2%，以后的“四五”时期也占到了52.2%。

2．改革开放后

从1978年党的十一届三中全会算起，到1991年党中央提出区域经济协调发展战略的13年间，我国的区域经济发展战略较快地实现了由均衡发展向非均衡发展战略的重大转变。

《国民经济和社会发展第六个五年计划》指出：按东、中、西顺序安排建设项目，沿海地区要加快发展，中部地区要有重点地发展，西部地区要做好进一步开发的准备工作。“要积极利用沿海地区的现有基础，充分发挥其特长，带动内地经济发展。”

为了实现这一发展战略目标,中央政府先后利用行政、财政、金融、产业和对外贸易等各种政策,加快了东部沿海地区改革开放的步伐,继给广东、福建两省特殊政策和设立四个经济特区后,中央又批准了14个沿海开放城市,增设长三角、珠三角、闽南三角等59个沿海开放区以及山东半岛、辽东半岛、海南、上海浦东开放区。中央在财政、金融、贸易、外资项目审批权、外汇留成等政策上,也全力向东部沿海地区倾斜。可以说,我国东部沿海地区在这一时期的发展,是占了天时、地利和人和的大好机遇,经济发展速度较快。据统计,"六五"时期,东、中、西部基本建设投资金额,分别占全国投资总额的47.17%、29.13%和17.12%,其中辽宁、上海、广东、福建、山东、江苏等六省市占40%。"七五"时期,在确定东、中、西部三大经济地带的基础上,中央政府继续向东部沿海地区实行政策倾斜。

从20世纪90年代初开始,中央政府提出并履行的是区域经济协调发展战略。2006年的国家"十一五"规划中,专篇安排了区域协调发展推进的目标和我国主要地区经济发展的措施。

自中央政府提出区域经济协调发展战略以来,中央政府的财政、金融、贸易、区域经济合作等各项政策,先后向西部、中部和东北等老工业基地倾斜。

(二)我国分区区域经济发展实践

1. 东北地区区域经济发展实践

(1)改革开放前

新中国成立以后,全国经济面对的是一个工业化起点低又深受战争破坏的"烂摊子",总体而言,东北地区工业基础好一些。根据这种国情,中央政府便将恢复经济和经济建设的重点地区之一,选在了以辽宁为中心的东北地区。

由于当时我国实施的是计划经济,在区域经济发展中主要运用的是财政政策,财政政策中又主要以项目的投入为主。

"一五"时期,作为国家"一五"计划的重点建设区域,当时的中央政府将国家的156个重点建设项目中的56个安排在东北。56个项目的投资占全部投资额的37.3%,投资重点主要集中在石油、化工、机械、冶金等行业和部门。当时建成的重要国有企业有:吉林的第一汽车制造厂、吉林化学工业公司所属三个厂、丰满发电站两个机组、吉林热电厂、吉林铁合金厂、辽源矿务局西安分井、通化湾沟煤矿等;黑龙江的哈尔滨汽轮机厂、电机厂、锅炉厂、量具刃具厂、滚珠轴承厂、电表仪器厂、电刷厂等大型机械企业,以及分布于省内主要城市的重型机械、矿山机械、轻合金加工、热电、洗煤等大型国有企业;辽宁完成了以鞍山钢铁联合企业为中心的工业基地的新建、改建,其中包括本溪的钢铁工业,沈阳的机器制造业和抚顺、阜新的煤矿工业,以及无缝钢管制造、大型钢材制造、制镁、碳黑、新式机床制造、船舶制造、电缆制造、高压输电设备、合成化学、人造纤维等一系列新的工业部门,建立了一大批大型现代化国有企业。① 投资重点的确定和项目的倾斜,为东北地区不久建成重工业基地奠定了较坚实的基础。

"二五"时期,受苏联国民经济发展计划的影响,中央政府在全国,特别是在东北地区实行了优先发展重工业的政策,从此便开始了东北地区以重工业为主的经济建设历程。到改革开

① 衣保中、林莎:《东北地区工业化的特点及其环境代价》,《税务与经济》,2001年第6期,第48—51页。

放前的 1978 年，东北地区三次产业的比重分别为：第一产业 22.2%，第二产业 60.8%，第三产业 17%。

20 世纪 60 年代大庆油田的开采，促使东北三省兴建了一批石油化工企业，新建了通让铁路和输出原油专用的大连新港，并在油井、石化工厂和输出港之间构建了较完备的输油管道网，这些建设改变了东北地区的能源结构、原料结构、产品结构和出口贸易结构。从 1952 年到 1975 年，石油工业在国内的排位由原来的第 10 位猛升至第 2 位，成为仅次于机械工业的行业；由石油工业带动的化学工业也由原来的第 6 位升至第 4 位；电力工业由第 9 位升至第 6 位；冶金工业由第 4 位升至第 3 位；纺织工业由第 2 位降至第 5 位；造纸业由第 5 位降至第 10 位；森林工业由第 3 位降至第 7 位；建材业由第 8 位降至第 9 位；煤炭工业由第 7 位降至第 8 位。① 经过多年的发展，东北地区的重化工业基地地位得以巩固，初步形成了以重化工业为主的产业结构。

（2）改革开放后

1978 年以后，随着全国改革开放的深入进行，在经济体制上，国家逐渐压缩了指令性计划调拨的产品品种和数量，扩大了市场调节份额。据有关研究资料，20 世纪 80 年代中期，黑龙江计划分配的物资由 256 种减少到 20 种；吉林国家指令性计划调拨产品总量减少约 40%；辽宁钢铁、生铁、原油、纯碱等基本原材料的中央定价比例降低 5%—20%。与此同时，产业结构的调整开始成为改革的重头戏。

首先，来看第一产业内部。1997 年，辽宁省委下发了《关于加快我省农业产业化的决定》。全省在加快农业产业化进程方面做了以下几件事：① 在全省建立了粮食、畜牧、水产、水果、蔬菜、林木和土特产七大主导产业体系，建成各类农业商品生产基地 145 个，带动 225 万农户。② 重点扶持 100 多个农业产业化龙头项目，仅 1997 年就投资 10 亿元，比上年增长 49%。各农副产品加工、贮藏、销售企业发展到 5 200 多家。其中，辽河饲料集团公司、朝阳华新饮料公司、北宁沟帮子熏鸡集团、新宾林蛙类综合开发集团等大型加工产业已成为当地的龙头企业。③ 农产品市场体系和社会化服务体系不断完善。全省城乡集贸市场已发展到 2 900 多处，其中，专业市场已达 795 处。鞍山旧堡水果批发、北宁窟窿台和北票庄头营蔬菜批发等专业市场，已发展成为具有很大辐射力的大型农副产品批发市场。乡镇农业系统机构、各类专业化公司、社区型合作组织和农村专业户积极创办各类协会，兴办经济实体，带领农户进入一体化经营，大大地促进了农业产业化的发展。

吉林省委把农业产业化列为经济工作两件大事之一，从本地资源优势出发，培育主导产业及主导产品，积极发展优质农产品生产，加强各类农产品生产基地建设，形成集建设、系列开发、配套发展为一体的农业产业格局。1997 年，全省比较成形的农业产业化组织已达 203 家，其中，龙头企业带动型 182 家，中介组织带动型 7 家，专业批发市场带动型 14 家。这些专业化组织年均可实现销售收入 200 亿元以上，利税达 33 亿元。大型龙头带动企业诸如德大公司、华龙公司、德欣公司、皓月公司、凯帝公司、黄龙公司、新源公司等已形成产业化链条，吸引 150 万农户。这种龙头带基地、基地联农户、生产成规模的产业化模式，把广大农户与国内外企业

① 衣保中、林莎：《东北地区工业化的特点及其环境代价》，《税务与经济》，2001 年第 6 期，第 48—51 页。

联结起来,促进了农业生产走上专业化、规模化和集约化的发展之路。吉林已确定重点发展粮食、肉牛、生猪、肉鸡、参茸特产五大龙头型产业群体和创汇企业群,规划了全省重点实施的农业产业化十大工程73个项目。

黑龙江大力发展农副产品精深加工业,到1997年,全省已形成粮豆薯、乳肉革等十大主导产业,专业生产基地发展到7 300个,覆盖70%的乡村和60%的农户。一批不同层次、不同规模、各具特色的龙头企业正在崛起,乡以上农副产品加工龙头企业已发展到7 000多家,形成龙型开发系列1 000余个。市场体系发育加快,已建成各类农产品专业批发市场148处,发展农民专业协会、技术研究会等市场中介机构组织2万余家。双城大玉米—大牛奶—大乳业产业链,肇东玉米、大庆金锣火腿肠、呼兰肉鸽、桦南白瓜子、五常精洁米、讷河马铃薯、木兰肉牛、兰西亚麻等产业开发系列,辐射并带动了当地农村经济的发展。

其次,来看第二产业内部。为改变"重重轻轻"结构,20世纪80年代以后,运用"六优先"政策,使第二产业内部向轻工业倾斜。到1986年,轻重工业之比由30∶70变为35∶65,轻重工业比例严重失调状况得到了初步缓解,此后失调状况逐渐得到进一步缓解。与此同时,东北三省还对机械、电子、冶金、化工、建材、医药、一轻、二轻、纺织、丝绸、亚麻等行业进行了技术改造,提高了产品质量和性能,降低了能源和物质消耗。

最后,来看第三产业内部。改革开放后,东北三省加大了对通信、金融、保险、卫生、教育等行业的投入,从而使第三产业得到迅速发展,该产业产值和就业人口的增长速度在相当长的时间内都高于第一产业、第二产业。

2. 东部沿海地区区域经济发展实践

(1) 改革开放前

新中国成立以前,受帝国主义侵略和长期战乱的影响,在东部沿海不足12%的国土上,集中了77%以上的工业总产值;但在西南、西北和内蒙古等地的广大国土上,几乎没有什么现代工业。①

新中国成立以后不久的1950年6月25日,朝鲜战争爆发。同时,美国联合一些国家对我国实行了经济封锁。面对这样的国际大环境,当时的中央政府在进行全国生产力布局时,较多考虑的是安全因素,将国有工业、新建工业企业的大部分布局在内地省市。在由苏联援助的156个重要项目中,除辽宁和北京外,其他沿海省市均无安排。由国内设计建设的694项限额以上(投资在1 000万元以上)重点工程,分配在沿海地区的也只有32%。②

针对这种生产力布局,毛泽东同志于1956年在《论十大关系》的报告中,着重论述了沿海与内地的关系,提出要重视发挥沿海工业基地在国家经济建设中的作用。中央《发展国民经济的第二个五年计划的建议》指出,在内地进行大规模工业建设的同时,还必须积极、充分地利用并适当发展沿海各地区原有的工业。但在"二五"计划刚付诸实施时,开始了1958年的"大跃进"。在"大跃进"运动中,各地建了很多不成规模的且没有质量保证的小钢铁厂、小机械厂、小水泥厂、小化肥厂,并且国家重点投资向内地倾斜,使"二五"时期规划的目标未能实

① 陈栋生:《区域经济学》,郑州:河南人民出版社1993年版。

② 陆大道:《中国工业布局的理论与实践》,北京:科学出版社1990年版。

现。20世纪60年代受中苏、中美关系的影响,“三线”建设开始。随着投资重点向“三线”的倾斜,沿海地区基础建设投资占全国的比重在“三五”时期急剧下降,直到1972年,中美发表联合公报,为建设港口和从西方引进现代化设备,中央才开始增加对沿海地区的资金投入(见表13-1)。

表13-1 1953—1975年全国基本建设投资在沿海与内地之间的分配

时期	沿海(%)	内地(%)	
		总计	其中“三线”地区
“一五”(1953—1957年)	41.8	47.8	30.6
“二五”(1958—1962年)	42.3	53.9	36.9
调整时期(1963—1965年)	39.4	58.0	38.2
“三五”(1966—1970年)	30.9	66.8	52.7
“四五”(1971—1975年)	39.4	53.5	41.1
1953—1975年	40.0	55.0	40.0

注:沿海、内地总计不等于100.0,因有部分项目属于不分地区的投资。

资料来源:陆大道:《中国工业布局的理论与实践》,北京:科学出版社1990年版。

(2)改革开放后

1978年年底,邓小平同志提出“先富带后富”的思想。随后,中央政府作出改革开放的决策,并着手开始选择优先开放和发展的地区。根据经济发展的一般规律、我国的地理条件和经济发展基础,中央把东部沿海地带作为我国对外开放的前沿。1979年7月,中央政府正式批准广州、福建两省享有对外贸易的特殊政策。1980—1982年,中央设立了深圳、珠海、汕头、厦门四个经济特区。1984年3月,邓小平同志提议进一步开放部分沿海城市。中共中央、国务院随即批转了《沿海部分城市座谈会纪要》。纪要提出,在我国工业化、现代化建设中要“利用两种资源(国内资源和国外资源),打开两个市场(国内市场和国外市场),学会两套本领(组织国内建设和发展对外经济关系)”,并指出“这是解决我们资金不足和技术落后的一条重要途径,到我们实现了工农业年总产值翻两番之后,仍然是促使经济持续高涨的一项重要措施”。“利用两种资源,打开两个市场,学会两套本领”的提出,不仅标志着我国以沿海地区为先导的改革开放向纵深方向的推进,更重要的是,开创了新中国成立以来我国经济发展战略思想和战略模式的重大战略性转变。

1984年,大连、秦皇岛、天津、烟台、青岛、连云港、南通、上海、宁波、温州、广州、福州、湛江、北海14个沿海港口城市和海南岛分别被确定为开放城市和地区,从而形成了沿海地区南北全线贯通的对外开放战略格局。随着改革开放的总体部署由农村转向城市,1985年,珠三角、长三角和闽南三角地区被确定为经济开放区,不久又扩大到山东、辽东半岛,形成沿海开放地带。1988年,确定海南岛为全国最大的经济特区。1990年,中央给上海浦东地区更优惠的政策,使之成为长三角的重要开发区。

“六五”计划明确提出了东部沿海地区优先发展的战略。并在沿海地区的主要城市加强了两方面的工作:一是加强轻纺工业基地的建设,二是对现有的纺织、机械、电子工业进行现代化技术改造。这一时期,全国更新改造投资中,沿海地区占51.5%,内地只占45.8%。①

“七五”计划将全国划分为东、中、西三大经济地带,制订了以三大地带梯度推移为主要内容的地区经济发展总体计划。国家投资重点首先集中于沿海地区,并使之在20世纪末成为全国开展对外贸易的基地。

1987年10月召开的“十三大”指出:今后,我们必须以更加勇敢的姿态进入世界经济舞台,正确选择进出口战略和利用外资战略,进一步扩展同世界各国的经济技术合作与贸易交流。接下来的1988年,沿海地区的对外经济技术合作和对外贸易交流迈出了实质性步伐。1988年1月,中央出台加快沿海地区对外开放和经济发展的报告。报告提出,沿海地区应注重发展劳动密集型及劳动密集与知识密集相结合的产业;沿海加工工业要坚持“两头在外,大进大出”;利用外资的重点应放在吸引外商投资上,大力发展“三资”企业。为达到这些目标,报告就贸易体制改革、企业经营机制、乡镇企业生力军作用、提高管理水平和科技转化能力等相关环节的改革作了安排。报告同时指出,沿海地区的经济发展势必有力地带动中、西部地区的发展。1月23日,邓小平在这份报告上作了这样的批示:“完全赞成。特别要放胆地干,加速步伐,千万不要贻误时机。”2月6日,中央政治局第四次全体会议同意上述构想,并决定把它作为一个事关中国工业化、现代化发展全局的重大战略决策加以部署。3月25日,李鹏在七届全国人大一次会议上作的政府工作报告中进一步强调要“不失时机地加快实施沿海地区经济发展战略”。我国东部沿海地区外向型经济的发展战略由此最终确立。

1992年年初,邓小平同志在武昌、深圳、珠海、上海等地进行视察后提出,要使“一部分有条件的地区先发展起来,一部分地区发展慢点,先发展地区带动后发展的地区,最终达到共同富裕”。此后,东部沿海地区更是以较快的步伐进行改革开放。改革开放步伐的加快,带动了经济整体的大发展。

3. 中部地区区域经济发展实践

(1) 改革开放前

如前所述,新中国成立后不久,我国就受到来自以美国为首的西方世界试图重挑战争的威胁。当时的中央政府出于对国际形势的考虑,把经济建设的重点之一确定在中部地区。从那时起,中部地区便在没收官僚资本创办的企业和抗战时期老根据地创办的工矿企业的基础上,开始了大规模的新中国经济建设。

在“一五”时期,苏联带动设计的156个重点建设项目和限额以上694个工业建设项目中,约有2/3分布在内地,分布在内地的项目又主要集中在中部地区②(按照原区划将黑龙江、吉林、内蒙古也算在中部地区),见表13-2。

---

① 陈栋生:《区域经济学》,郑州:河南人民出版社1993年版。

② 马洪:《现代中国经济事典》,北京:中国社会科学出版社1982年版,第105页。

表 13-2 “一五”时期 156 个重点项目在中部地区的分布情况

省份	项目名称	行业	地点
黑龙江	兴安台二号立井	煤炭	鹤岗
	东山一号立井	煤炭	鹤岗
	兴安台十号立井	煤炭	鹤岗
	兴安台洗煤厂	煤炭	鹤岗
	城子河洗煤厂	煤炭	鸡西
	城子河九号立井	煤炭	鸡西
	双鸭山洗煤厂	煤炭	双鸭山
	富拉尔基热电站	电力	富拉尔基
	佳木斯纸厂热电站	电力	佳木斯
	富拉尔基钢铁厂	钢铁	富拉尔基
	哈尔滨铝加工厂	有色	哈尔滨
	哈尔滨锅炉厂	机械	哈尔滨
	哈尔滨量具厂	机械	哈尔滨
	哈尔滨仪表厂	机械	哈尔滨
	哈尔滨汽轮机厂	机械	哈尔滨
	哈尔滨电机厂汽轮发电机车间	机械	哈尔滨
	富拉尔基重机厂	机械	富拉尔基
	哈尔滨炭刷厂	机械	哈尔滨
	哈尔滨滚珠轴承厂	机械	哈尔滨
	佳木斯纸厂	轻工	佳木斯
吉林	通化湾沟立井	煤炭	通化
	丰满水电站	电力	丰满
	吉林热电站	电力	吉林
	吉林铁合金厂	钢铁	吉林
	吉林电极厂	有色	吉林
	吉林染料厂	化工	吉林
	吉林氮肥厂	化工	吉林
	吉林电石厂	化工	吉林
	长春第一汽车厂	机械	长春
内蒙古	四道沙河热电站	电力	包头
	宋家豪热电站	电力	包头
	包头钢铁厂	钢铁	包头
山西	鹅毛口立井	煤炭	大同
	潞南洗煤厂	煤炭	潞南
	太原第二热电站	电力	太原
	太原第一热电站	电力	太原
	太原化工厂	电力	太原
	太原氮肥厂	电力	太原

（续表）

省份	项目名称	行业	地点
河南	平顶山二号立井	煤炭	平顶山
	中马村立井	煤炭	焦作
	郑州第二热电站	电力	郑州
	洛阳热电站	电力	洛阳
	三门峡水利枢纽	电力	峡县(今三门峡市)
	洛阳有色金属加工厂	有色	洛阳
	洛阳拖拉机厂	机械	洛阳
	洛阳滚珠轴承厂	机械	洛阳
	洛阳矿山机械厂	机械	洛阳
湖北	青山热电站	电力	武汉
	武汉钢铁公司	钢铁	武汉
	武汉重型机床厂	机械	武汉
湖南	株洲热电站	电力	株洲
	株洲硬质合金厂	有色	株洲
	湘潭船用电机厂	机械	湘潭
安徽	谢家集中央洗煤厂	煤炭	淮南
江西	大吉山钨矿	有色	虔南
	西化山钨矿	有色	大余
	岿美山钨矿	有色	定南

注:表中未含军工项目。

资料来源:国家统计局固定资产投资统计司:《中国固定资产投资统计资料(1950—1985)》,北京:中国统计出版社 1987 年版,第 196—205 页。

“一五”时期,中部地区从北到南的重点建设项目主要有:东北内陆地区的富拉尔基第一重型机器厂、长春第一汽车厂,以及一些机床、动力、军工、煤炭和森林工程项目,它们与辽宁的鞍钢和铁矿等项目共同构建起了一个当时全国最大的以重工业为主的综合工业体系。黄河中游地区的包头钢铁厂(内地新建的两大钢铁基地之一)、太原钢铁厂、太原重型机械厂(两大重机项目之一)、洛阳拖拉机厂以及一些煤炭(大同)、电力、机械、化工项目,初步奠定了该地区的工业基础。长江中游地区的武汉钢铁厂(内地新建的两大钢铁基地之一)、武汉长江大桥、马鞍山钢铁厂以及一些有色冶金(大冶的铜矿、铜陵的铜矿、株洲的硬质合金厂和大吉山等地的钨矿等)、煤炭(淮南)、机械项目(包括江西的一些军工项目)等,逐步形成了以武汉为中心的新中国第一个内地工业基地。①

“二五”和三年调整时期,受当时“大跃进”、以钢为纲及“建设完整工业体系和国民经济体系”指导思想的影响,投资严重地向钢铁(以钢为纲)、煤炭、机械、电力和铁路五大行业倾斜,导致经济结构严重失调。由于资本、技术和人才的严重缺乏,各地只好竞相办起了“小土

① 陆大道:《中国区域发展的理论与实践》,北京:科学出版社 2003 年版,第 593—594 页。

群”[①],从而造成资源的极大浪费。

“大跃进”和调整时期,中部地区仍然是投资建设的重点地区。这一时期,中部最值得一提的是大庆油田以及扶余油田的发现和建设,其他的建设主要有:在钢铁工业方面,中部和全国其他地区一样,在原有的几大钢铁基地的基础上,各地又新建了许多中小型钢铁厂。在调整时期仅留下了马鞍山车轮厂和太钢扩建工程。在机械工业方面,形成了合肥、郑州、株洲和南昌等新的基地。在化工方面,建设了吉林化肥、太原化肥、湖北应城碱厂、株洲氯碱厂等。在建材方面,建设了株洲、洛阳、太原和蚌埠四个中型玻璃厂。在调整时期,除株洲厂外,其他厂都曾一度下马。

“三五”“四五”时期和“五五”时期前三年,中部建设的主要重大项目有:十堰东风汽车厂(第二汽车制造厂,其总部目前已迁往武汉沌口工业区)、葛洲坝水利枢纽和武钢一米七轧机。此外,其他建设项目有:电力方面,青山热电厂;交通方面,襄渝线、湘黔线;化工方面,大庆化肥厂、黑龙江涤纶厂、吉林化纤厂、神马帘子布厂、安庆石化总厂化肥厂、洞庭湖化肥厂和湖北化肥厂等。但总体上,这一时期,中部地区的工业地位有所下降,比重从 1965 年的 29.72% 下降到 1978 年的 25.91% 。

(2) 改革开放后

改革开放以后,在“让一部分人和一部分地区先富起来”和“两个大局”思想的指导下,为达到促进国民经济快速增长的目标,我国逐步形成了以沿海地区为龙头优先发展的总体战略布局。

这一时期,中部地区的重大建设项目主要有:为解决改革开放初期面临的能源严重短缺而进行的山西能源基地建设以及以后的“三西”(山西、陕西和内蒙古西部)能源基地的建设;为解决突出的交通问题而建设的京九铁路;为解决电力紧张而上马的三峡水利枢纽工程等。其他建设项目主要有农业开发和林业建设。农业方面,有三江平原、豫中平原、江汉平原、鄱阳湖平原、洞庭湖平原、河套平原和淠史杭灌区等商品粮基地,“三北”防护林、黑龙江天然林保护和退耕还林、太行山绿化等;水利方面,有黄河小浪底水利工程、长江防洪工程等;铁路方面,有石太线、襄渝线和大秦线等新建或改建电气化铁路,太焦和衡广复线,枝柳、皖赣、侯月(连接新日线)等新线;交通方面,一些高速公路、武汉长江二桥、三桥、黄河大桥、武汉天河机场等;电力方面,清江隔河岩、湖南五强溪等;化工方面,湖北磷化工、洛阳化纤、湖北黄麦岭和大峪口矿肥结合工程,以及吉林、内蒙古和江西九江等化肥项目、山西晋城优质无烟煤为原料的化肥基地等;冶金方面,武钢炼钢三厂、武钢和马钢的无缝钢管厂、太钢尖山铁矿、山西铝矿、中州铝矿;煤炭方面,有两淮煤矿、豫西煤矿和内蒙古东部露天煤矿等;建材方面,江西万国水泥厂、铜陵水泥厂等。此外,在全国确立的 19 个重点开发区中,涉及中部地区的有长江中游沿岸地区、湘赣粤交界地区、兖滕—两淮能源开发区、以山西为中心的能源基地和重庆—宜昌长江沿岸地区等。中部还建设了一大批经济技术开发区和高新技术开发区。

经过改革开放前后六十多年的发展,我国中部地区已基本上形成了如下的战略地位:全国

---

① “大跃进”时期各地普遍以“小(小高炉)、土(土法炼钢炼铁)、群(群众运动)”为主要方式大炼钢铁,简称“小土群”。

最大的商品粮和饲料基地;全国最重要的煤炭、石油和电力等能源的生产基地之一;全国以钢铁、汽车和重型机械等为主要行业的重工业基地之一;促进区域协调发展,承东启西的桥梁;扩大内需,满足国内市场,提高传统工业加工水平的首选地区(针对老工业基地改造而言)。但是,从时间看,其经济发展总体呈现下降趋势。2002 年,按年末人口平均,中部六省人均 GDP 6 508 元,仅为长三角的 1/6、珠三角的 1/9。城镇居民人均可支配收入比全国平均水平低 1 324元,农村人均纯收入比全国平均水平低 193.3 元。[①] 但从 2003 年开始出现了转机。

4. 西部地区区域经济发展实践

(1) 改革开放前

新中国成立初期,在我国当时的国际环境和以协调沿海与内地关系为经济建设主线的指导思想下,中央政府将苏联援建的 156 个项目中的 1/3 放在陕西、四川、甘肃等省区;国内自行设计的 694 项限额以上的重点工程,西部地区也安排了很大的份额(见表 13-3 和表 13-4)。

表 13-3 西部地区基本建设投资在全国的比重

时期	全国(亿元)	西部(亿元)	比重(%)
"一五"时期	588.47	106.14	18.0
"二五"时期	1 206.09	265.86	22.0
调整时期	421.89	107.94	25.6
"三五"时期	976.03	340.54	34.0
"四五"时期			
"五五"时期	2 342.17	465.64	19.9
"六五"时期	3 410.09	387.64	19.9
"七五"时期	7 349.07	1 089.89	14.8
"八五"时期	23 584.25	3 425.81	14.5
1996—1999 年	43 022.93	7 132.51	16.6

资料来源:国家统计局国民经济综合统计司:《新中国五十年统计资料汇编》,北京:中国统计出版社 1999 年版。

表 13-4 "一五"时期重点建设项目的大区分布

地区	项目数	占全部项目数的百分比(%)
东北区	56	37.3
西北区	33	22.0
华北区	27	18.0
中南区	18	12.0
西南区	11	7.3
华南区	5	3.4

① 冯之浚:《加强区域经济协作促进"中部崛起"》,《科学与科学技术管理》,2005 年第 6 期,第 5—9 页。

经过较大规模的投资建设，西部地区开始出现了较为现代化的工业。

“二五”时期，西部地区受全国大气候的影响，大力发展重工业。在“三五”“四五”时期，出于对当时国际紧张局势的估计，我国重视“三线”建设，这一时期西部地区成为全国投资的最重要地区，中部次之。“三线”时期总投资规模达到1 200亿元左右，重点是四川、贵州和“三西”地区（豫西、鄂西和湘西），特别是以攀枝花、酒泉和重庆为中心的工业建设。“三五”时期，内地基本建设投资占全国的比重达到66.8%。工业布局的重点从上一时期的东北和北方转向“三线”地区。

（2）改革开放后

改革开放后的前几年，西部地区仍保持了与全国大体相当的经济增长速度。

从“四五”开始，国家扭转了自新中国成立以后实施的均衡发展战略。到“五五”“六五”“七五”“八五”四个五年计划时期，随着国家优先发展东部沿海地区的非均衡发展战略的实施，对西部地区的支援大大减少。

尽管如此，西部地区经过多年的徘徊，并对其产业结构、发展方向等进行了一些调整后，1980年、1990年和1998年的经济发展速度，超过了全国平均速度1.1、3.3和1.2个百分点。与1978年相比，1990年、1995年和1998年的GDP总值分别增长了1.8、3.6和5.0倍，人均GDP分别增长了1.4、2.7和3.7倍。随着西部地区的经济发展，产业结构也出现了变化，20世纪80年代是西部地区第三产业快速发展的时期。90年代，第三产业和第二产业实现了同步增长。但是，与东部地区相比，1978—1998年，西部地区GDP平均增长速度为10.1%，低于东部地区3.9个百分点（见图13-1）。

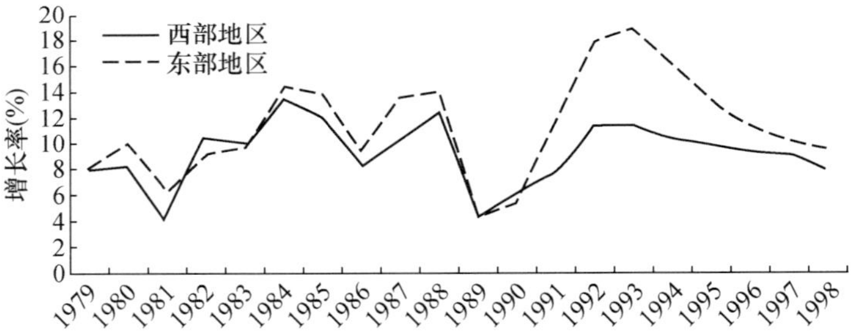

图13-1　东、西部地区GDP增长速度的对比

资料来源：陆大道：《中国区域发展的理论与实践》，北京：科学出版社2003年版，第622页。

同时，西部地区的产业结构、就业结构等均与全国和东部地区差距较大。

特别是进入21世纪以来，东、西部差距进一步拉大。2003年西部地区GDP为22 660亿元，占全国的16.8%，人均GDP相当于全国平均水平的2/3，不到东部地区平均水平的40%。2003年西部地区规模以上工业完成增加值5 361亿元，同比增长17.2%，但仍低于东部地区21.7%、中部地区17.9%的增长水平。1998年，西部地区10个省、市、自治区吸引外资仅占全国的1.2%左右，而东部地区吸引外资却占全国的95%以上。2003年西部地区合同利用外商直接投资同比增长38.7%，但实际利用外商直接投资仅为17.23亿美元，同比下降14.1%。①

近些年来，由于中央政府西部大开发战略的实施和各项区域经济政策的协同运作，西部各省区经济社会的发展呈现出新的局面。

第二节　区域经济管理

一、我国总体区域经济管理体制的演变

1949年新中国成立后，经过三年的国民经济恢复期，迫于当时国内国外的复杂形势，为尽早恢复已有的工业生产，发展新中国自己的工业，中央政府从1951年就开始一面建设，一面编制"一五"计划。这也是国家探索区域经济管理理论，实施区域经济管理实践的开始。

为了加强管理，促进国民经济快速增长，1958年，中央政府把全国划分为东北经济协作区、华北经济协作区、华中(1961年与华南区合并成中南区)经济协作区、华东经济协作区、中南经济协作区、西南经济协作区、西北经济协作区七个经济协作区。进而在1961年成立了中央东北局、华北局、华中局、华东局、中南局、西南局和西北局，即组成了当时的区域经济管理体制。这种模式为摆脱对国外经济的依赖和抗拒干扰、稳定新中国政权、发展国民经济曾发挥了积极的作用。但是，这种纵向为主的集权式管理，使各经济协作区横向联系不畅，六年后便被相继取消。

20世纪80年代后，以前的一些中央管理职能逐步下放给了地方，实行分级管理，同时扩大了地方财政收支、资金引用、商品贸易和外贸进出口等方面的权力，使地方政府在地区经济事务中拥有了更多的自主权，逐步完成了从计划经济管理体制向市场经济管理体制的转变。

我国区域经济管理体制的依托，是国家行政体制分层管理的范式，即中央政府——省、自治区、直辖市——地级市(行署)——区、县(县级市)。中央的简政放权，增强了地方发展经济的灵活性和积极性，促成了我国区域经济的快速增长和从未有过的大发展，地方政府成为经济发展的行政主导力。

二、中央政府对区域经济的管理

中央政府在区域经济发展中的管理作用是：① 保证区域经济发展的战略方针、发展目标和规划原则服从整个国民经济发展的需要。充分考虑社会生态、环境生态和经济生态，兼顾区域内和区际之间的协调发展。② 依法制定对区域经济宏观调控的政策和措施，并对区域经济的实施进行全面、有效的监督和管理。中央政府要维护宏观政策和措施的长期性与稳定性，既要有利于区域经济的发展，又要促进和支持区际间的经济合作，更要为区域经济的发展创造机会。③ 为区域开发制定相关的产业、财税、货币政策，调节信贷规模和利率水平。④ 通过对铁路、高速公路、机场、水利等基础设施的投资，不仅可以吸引更多的投资者，还可以减轻地方政府的负担，提高公共服务设施的水平，增加就业机会和提高居民收入水平。⑤ 负责重大的

① 丁宗彦：《对东西部差距的辩证分析与思考》，《天津电大学报》，2005年第3期，第46—48页。

能源、原材料协调，以及关系国计民生与稳定经济全局必需的资金和物资的供给与协调。负责对统一市场的管理，包括专卖、市场交易规划等。⑥ 通过向地方调拨基金，加强对地方资金用途的控制，将地方政府行为纳入国家政策目标的轨道上。

三、地方政府对区域经济的管理

十一届三中全会以后，我国行政体制改革的一项重要内容就是强化地方政府的经济功能。地方政府既是区域经济活动的参与者，也是区域经济活动的管理者。随着社会主义市场经济的发展和完善，地方政府的职能也发生了变化，即由管理型向服务型政府转变。

地方政府对区域经济管理与服务的作用是：① 坚持和贯彻中央政府对区域经济宏观调控政策的一致性，更直接、更全面、更具体地制定本行政区内经济发展的调控措施和政策。② 优化区域内资源配置，为区域经济发展营造一个稳定的经济环境。地区经济发展水平、地方政府高素质行政管理队伍、充足的劳动力、稳定的人力资源市场、合理的产业结构、丰富的物质资源、良好的社会治安等因素，都是影响区域经济发展的因素。地方政府的职能是，根据本区域的实际情况，将各类区位因子进行有机、高效率的结合，并取得应有的经济和社会效益。③ 促进区域内、区际之间的联系与合作；协调好区域内企业和企业之间的关系；建设区域内行政多部门联合和谐的服务队伍。④ 培植区域内主导产业，帮助确立企业的竞争优势；设立可量化的目标以监测区域内企业的发展状况；促进区域市场而非地方市场的发育；努力培育关键产业增长和增强辐射能力，提升区域竞争力。⑤ 疏导企业，消除区域内及地方竞争的障碍，提升输出产品水平。

四、管理绩效评价

管理绩效评价，原本是用来反映商业活动的指标，近些年将其运用于对地方政府在区域经济管理中成绩的考评。对地方政府管理绩效的评价，是建设服务型、责任型、廉洁型政府的客观要求，也是促进区域经济快速、协调、可持续发展的必然选择。

对政府在区域经济管理中绩效评价的程序是：绩效目标的确立和分解——绩效目标的实施——绩效评估——绩效追踪。[①]

政府在区域经济管理中的绩效评价体系应该包括：

1. 绩效管理评估指标

包括“硬指标”和“软指标”。所谓“硬指标”就是指可量化的指标，其中，以经济审计为主要内容和评估的主要路径；“软指标”是指难以具体量化的公众的满意度，其中，以社会评价为主要内容。评估的主要途径是中介组织进行的社会调查。有些“软指标”也可以转化为“硬指标”，如公众对政府的支持率、政府决策的实现程度和社会的发案率等。

2. 评估方向

绩效评估方向应该是来自多方面的。在政府机构内部：一是自评；二是在系统内部进行多向评估，即在政府机构内，上下级之间、同级各部门之间进行评估；三是在系统外进行多向评

---

① 谢廷良、孙多勇：《论区域经济中政府绩效管理——区域经济》，《经济师》，2007 年第 1 期，第 281 页。

估，即公众对政府、公众对行政领导、公众对政府公务员进行评价。这样的评估内容，实际上是难以量化的，其中个人偏好会对评估结果产生较大的影响，所以，公众参与的面应尽可能宽一些。

3．评估的时效和评估周期

政府的区域经济管理行为是区域经济政策的具体表现，政策具有指向性、时效性、稳定性的特点，每一届政府都有任期。所以，管理绩效通常既有年度评估又有任期评估；既有对短期发展计划制定和执行的评估，又有对长远可持续发展规划制定和实现的评估。这种评估方式实际上是对只重投入和结果，而忽视效率和效应的"政绩性"评估弊端的纠正。

【本章小结】

1．目前对区域经济政策内涵的理解尚不统一，大体应包括区域经济政策的制定主体、政策的任务、政策的机制和政策体系。

2．区域经济政策的目标是：稳定发展地区经济，合理、高效配置资源和保持合理、适度的区域差距。

3．区域经济政策大体有：财政政策、货币政策、产业政策、贸易政策和区域合作政策。每一项政策又包括多种手段和多项政策工具。所有这些构成了区域经济政策体系。

4．我国区域经济的实践分改革开放前均衡发展战略下的中西部地区重点发展；改革开放后非均衡发展战略下的全面"东倾"政策。目前实施的是区域经济协调发展战略。

5．目前，我国对区域经济的管理分中央和地方两个层级；管理绩效的评价程序和评价体系是多项的。

【练习与思考】

1．如何理解区域经济政策三大目标？

2．简述区域经济政策的类型和各种政策的互补。

3．试述我国区域经济总体发展实践中的经验。

4．如何有效地进行区域经济管理？

【进一步阅读资料】

1．孟庆红：《区域经济学概论》，北京：经济科学出版社 2003 年版。

2．陈栋生：《区域经济学》，郑州：河南人民出版社 1993 年版。

3．陆大道：《中国区域发展的理论与实践》，北京：科学出版社 2003 年版。

4．孙翠兰：《区域经济与新时期空间经济发展战略》，北京：中国经济出版社 2006 年版。

主要参考文献

一、中文参考文献

（一）著作类

1. 程必定:《区域经济学——关于理论和政策问题的探讨》,合肥:安徽人民出版社 1989 年版。
2. 安虎森:《区域经济学通论》,北京:经济科学出版社 2004 年版。
3. 安筱鹏、韩增林:《城市区域协调发展的制度变迁与组织创新》,北京:经济科学出版社 2006 年版。
4. 陈栋生:《区域经济学》,郑州:河南人民出版社 1993 年版。
5. 陈广汉等:《区域经济整合:模式、策略与可持续发展》,广州:中山大学出版社 2002 年版。
6. 陈计旺:《地域分工与区域经济协调发展》,北京:经济管理出版社 2001 年版。
7. 陈秀山、张可云:《区域经济理论》,北京:商务印书馆 2003 年版。
8. 储东涛:《区域经济学通论》,北京:人民出版社 2003 年版。
9. 崔功豪等:《区域分析与规划》,北京:高等教育出版社 2002 年版。
10. 杜肯堂、戴士根:《区域经济管理学》,北京:高等教育出版社 2004 年版。
11. 樊杰、陆大道等:《中国地区经济协调发展与区域经济合作研究》,北京:中国友谊出版社 2001 年版。
12. 方创琳:《区域发展战略论》,北京:科学出版社 2002 年版。
13. 冯云廷:《城市经济学》,大连:东北财经大学出版社 2005 年版。
14. 高洪深:《区域经济学》,北京:中国人民大学出版社 2002 年版。
15. 耿莉萍、陈念平:《经济地理学》,北京:机械工业出版社 2006 年版。
16. 郭鸿懋、江曼琦、陆军:《城市空间经济学》,北京:经济科学出版社 2002 年版。
17. 郭文轩、郭军等:《区域经济、协调与竞争》,北京:红旗出版社 2003 年版。
18. 海闻、P. 林德特、王新奎:《国际贸易》,上海:上海人民出版社 2003 年版。
19. 郝寿义、安虎森:《区域经济学》,北京:经济科学出版社 2004 年版。
20. 李德华:《城市规划原理》,北京:中国建筑工业出版社 2001 年版。
21. 李克强:《区域经济规划理论与方法》,北京:中央民族大学出版社 2006 年版。
22. 李明德、宋晓平:《一体化:西半球区域经济合作》,北京:世界知识出版社 2001 年版。
23. 李小建:《经济地理学》,北京:高等教育出版社 2006 年版。
24. 刘乃全:《劳动力流动对区域经济发展的影响分析》,上海:上海财经大学出版社 2005 年版。
25. 刘艳芳等:《经济地理学——原理、方法与应用》,北京:科学出版社 2006 年版。
26. 刘再兴:《区域经济理论与方法》,北京:中国物价出版社 1996 年版。
27. 刘再兴:《中国区域经济:数量分析与对比研究》,北京:中国物价出版社 1993 年版。

28. 陆大道:《中国工业布局的理论与实践》,北京:科学出版社 1990 年版。
29. 陆大道:《中国区域发展的理论与实践》,北京:科学出版社 2003 年版。
30. 陆玉麒:《区域发展中的空间结构研究》,南京:南京师范大学出版社 1997 年版。
31. 马洪、孙尚清、翁君奕等:《非均衡增长与协调发展》,北京:中国发展出版社 1996 年版。
32. 孟庆红、张伟:《区域经济合作研究》,成都:西南交通大学出版社 2003 年版。
33. 孟庆红:《区域经济学概论》,北京:经济科学出版社 2003 年版。
34. 聂华林、王成勇:《区域经济学通论》,北京:中国社会科学出版社 2006 年版。
35. 彭震伟:《区域研究与区域规划》,上海:同济大学出版社 1998 年版。
36. 齐良书:《发展经济学》,北京:中国发展出版社 2003 年版。
37. 饶会林:《城市经济学》,大连:东北财经大学出版社 1999 年版。
38. 孙翠兰:《区域经济与新时期空间经济发展战略》,北京:中国经济出版社 2006 年版。
39. 孙翠兰:《促进区域经济协调发展的金融理论与金融对策研究》,北京:经济科学出版社 2014 年版。
40. 孙翠兰:《区域经济学教程》,北京:北京大学出版社 2010 年版。
41. 孙久文、叶裕民:《区域经济学教程》,北京:中国人民大学出版社 2005 年版。
42. 孙久文:《区域经济规划》,北京:商务印书馆 2004 年版。
43. 谭仲池:《城市发展新论》,北京:中国经济出版社 2006 年版。
44. 魏后凯:《现代区域经济学》,北京:经济管理出版社 2006 年版。
45. 吴次芳、潘文灿:《国土规划的理论与方法》,北京:科学出版社 2003 年版。
46. 吴殿廷等:《区域经济学》,北京:科学出版社 2006 年版。
47. 谢文蕙、邓卫:《城市经济学》,北京:清华大学出版社 1996 年版。
48. 辛晓梅:《区域发展战略与规划》,合肥:中国科学技术大学出版社 2005 年版。
49. 许学强、周一星、宁越敏:《城市地理学》,北京:高等教育出版社 1997 年版。
50. 杨吾扬:《区位论原理》,兰州:甘肃人民出版社 1989 年版。
51. 叶裕民:《中国区域开发论》,北京:中国轻工业出版社 2000 年版。
52. 曾菊新:《空间经济:系统与结构》,武汉:武汉出版社 1996 年版。
53. 张敦富、覃成林:《中国区域经济差异与协调发展》,北京:中国轻工业出版社 2001 年版。
54. 张敦富:《区域经济开发研究》,北京:中国轻工业出版社 1998 年版。
55. 张敦富:《区域经济学原理》,北京:中国轻工业出版社 1999 年版。
56. 张金锁、康凯:《区域经济学》,天津:天津大学出版社 2003 年版。
57. 张可云:《区域经济政策》,北京:中国轻工业出版社 2001 年版。
58. 张平:《中国区域产业结构演进与优化》,武汉:武汉大学出版社 2005 年版。
59. 张秀生、卫鹏鹏:《区域经济理论》,武汉:武汉大学出版社 2005 年版。
60. 张一力:《人力资本与区域经济增长》,杭州:浙江大学出版社 2005 年版。
61. 赵民、陶小马:《城市发展和城市规划的经济学原理》,北京:高等教育出版社 2001 年版。
62. 崔功豪等:《区域分析与规划》,北京:高等教育出版社 2002 年版。
63. 周国富:《中国经济发展中的地区差距问题研究》,大连:东北财经大学出版社 2001 年版。
64. 芮明杰:《产业经济学》,上海:上海财经大学出版社 2012 年版。
65. 王缉慈:《创新的空间——企业集群与区域发展》,北京:北京大学出版社 2001 年版。
66. 〔英〕亚当·斯密:《国民财富性质和原因的研究》,北京:商务印书馆 1989 年版。
67. 〔德〕马克思、恩格斯:《马克思恩格斯全集》,北京:人民出版社 1956 年版。

68. 〔德〕恩格斯:《政治经济学批判大纲》,《马克思恩格斯全集》(第一卷),北京:人民出版社 1956 年版。
69. 〔德〕约翰·冯·屠能:《孤立国同农业和国民经济的关系》,北京:商务印书馆 1997 年版。
70. 〔德〕阿尔弗雷德·韦伯:《工业区位论》,北京:商务印书馆 1997 年版。
71. 〔德〕沃尔特·克里斯塔勒:《德国南部中心地原理》,北京:商务印书馆 1998 年版。
72. 〔美〕埃德加·胡佛:《区域经济学导论》,上海:上海远东出版社 1992 年版。
73. 〔美〕阿瑟·奥沙利文:《城市经济学》,北京:中信出版社 2002 年版。
74. 〔美〕保罗·克鲁格曼:《国际经济学》,北京:中国石化出版社 2007 年版。
75. 〔美〕拉格纳·纳克斯:《不发达国家的资本形成问题》,北京:商务印书馆 1966 年版。
76. 〔俄〕萨乌什金:《经济地理学:历史、理论、方法和实践》,北京:商务印书馆 1987 年版。

（二）文章类

1. 陈才、刘曙光:《区域经济地理学方法论建设初探》,《地理研究》,1999 年第 1 期。
2. 陈栋生:《区域协调发展和区域发展总体战略》,《浙江经济》,2007 年第 10 期。
3. 程乐华:《区域经济发展的政策思考》,《南昌大学学报(社会科学版)》,1989 年第 2 期。
4. 程志强:《论我国东部地区经济的再发展》,《宏观经济管理》,2004 年第 12 期。
5. 储节旺、周绍森:《中部地区经济崛起研究现状综析》,《江淮论坛》,2005 年第 3 期。
6. 冯之浚:《加强区域经济协作促进"中部崛起"》,《科学与科学技术管理》,2005 年第 6 期。
7. 高伯文:《20 世纪 80 年代沿海地区经济发展战略的选择及其效应》,《当代中国史研究》,2005 年第 4 期。
8. 耿明斋:《现代空间结构理论回顾及区域空间结构的演变规律》,《企业活力》,2005 年第 11 期。
9. 顾朝林、陈田、丁金宏等:《中国大城市边缘区特性研究》,《地理学报》,1993 年第 4 期。
10. 何添锦:《我国区域经济发展存在的问题及对策》,《经济问题探索》,2004 年第 9 期。
11. 胡序威、毛汉英、陆大道等:《中国沿海地区持续发展问题与对策》,《地理学报》,1995 年第 1 期。
12. 蒋丽云:《增长极理论与滇南中心城市构建》,《企业家天地(理论版)》,2006 年第 6 期。
13. 寇晓东、杨养锋、郭鹏:《基于"点—轴系统"理论的西安地区空间关系定位》,《西安电子科技大学学报(社会科学版)》,2005 年第 3 期。
14. 张米尔、武春友:《资源型城市产业转型障碍与对策研究》,《经济理论与经济管理》,2001 年第 2 期。
15. 陈耀:《产业结构趋同的度量及合意与非合意性》,《中国工业经济》,1998 年第 4 期。
16. 李留坤:《区域经济发展中"增长极"理论运用评析》,《淮北煤炭师范学院学报(社会科学版)》,1996 年第 2 期。
17. 李仁贵:《西方区域发展理论的主要流派及其演进》,《经济评论》,2005 年第 6 期。
18. 李蕊蕊、赵伟:《区域空间发展理论研究的进展》,《泉州师范学院学报(自然科学版)》,2006 年第 2 期。
19. 刘乃全、郑秀君、贾彦利:《中国区域发展战略政策演变及整体效应研究》,《财经研究》,2005 年第 1 期。
20. 刘卫红:《西方区位和区域经济理论及其借鉴》,《北方经贸》,2005 年第 10 期。
21. 陆大道:《关于"点—轴"空间结构系统的形成机理分析》,《地理科学》,2002 年第 1 期。
22. 彭荣胜:《中部崛起"龙头"之争及国家区域政策选择》,《科技进步与对策》,2005 年第 11 期。
23. 乔光平:《区域网络模式的开发和利用——唐山利用区域网络模式发展经济的建议》,《河北理工学院学报(社会科学版)》,2004 年第 2 期。
24. 孙翠兰:《梯度理论及其在我国中部崛起战略实践中的综合应用》,《晋阳学刊》,2006 年第 3 期。

25. 孙翠兰:《我国三大都市圈:问题与协调发展》,《当代中国经济问题探索(上册)》,成都:四川大学出版社 2005 年版。

26. 孙翠兰:《再论我国区域经济协调发展的有效金融调控》,《中部崛起论》,北京:经济科学出版社 2006 年版。

27. 王宏江、朱洪瑞、侯明亮:《京津冀区域中心城市等级体系与网络开发》,《河北理工大学学报(社会科学版)》,2006 年第 1 期。

28. 王可:《建立东北区域金融中心问题初探》,《黑龙江对外经贸》,2005 年第 11 期。

29. 王湘东:《区域开发战略和模式的比较及相机抉择》,《上海经济研究》,2004 年第 3 期。

30. 文建东:《人力资本流动与经济发展》,《当代经济研究》,2005 年第 9 期。

31. 薛东前、董锁成、姚士谋等:《区域发展的本质初探》,《地理学与国土研究》,2001 年第 4 期。

32. 颜鹏飞、阙伟成:《中国区域经济发展战略和政策:区域协调型经济增长极》,《云南大学学报(社会科学版)》,2004 年第 4 期。

33. 杨山:《城市边缘区空间动态演变及机制研究》,《地理学与国土研究》,1998 年第 3 期。

34. 杨文举:《贫困陷阱理论研究新进展》,《经济学动态》,2006 年第 5 期。

35. 叶绿秋、王培具:《梯度理论及其在中国西部开发实践中的应用》,《市场论坛》,2004 年第 4 期。

36. 伍业锋:《海洋经济:概念、特征及发展路径》,《产经评论》,2010 年第 3 期。

37. 张莉、董林:《东北振兴与区域经济协调发展战略研究》,《经济师》,2006 年第 1 期。

38. 张仁军:《用克里斯泰勒中心地理论分析南充市辖 3 区城镇体系》,《四川师范大学学报(自然科学版)》,1998 年第 6 期。

39. 张燕:《西方区域经济理论综述》,《当代财经》,2003 年第 12 期。

40. 赵庆海、侯宪来:《区域经济学理论综述》,《理论学习》,2005 年第 10 期。

41. 庄贵阳:《中国低碳经济发展的途径与潜力分析》,《国际技术经济研究》,2005 年第 3 期。

42. 谢廷良、孙多勇:《论区域经济中的政府绩效管理》,《经济师》,2007 年第 1 期。

二、外文参考文献

1. Barbier E. B. , *Economics, Natural Resource Scarcity and Development*, London:Earthscan Publications, 1989.

2. Boulding K. E. ,"The Economics of the Coming Spaceship Earth", in *Environmental Quality in a Growing Economy* by Jarrett H. (ed.), Baltimore: Johns Hopkins University Press, 1966.

3. Carson R. , *Silent Spring*, Boston: Houghton Mifflin, 1962.

4. Friedmann J. , *A General Theory of Polarized Development*, New York: The Free Press, 1972.

5. Friedmann J. , *Regional Development Policy: A Case Study of Venezuela*, Massachusetts: The MIT Press, 1966.

6. Henderson J. V. , "Efficiency of Resource Usage and City Size", *Journal of Urban Economics*, 1986(19).

7. Hirschman A. Q. , *The Strategy of Economic Development*, New Haven: Yale University Press, 1958.

8. Hoover E. M. , Fisher J. L. , *Research in Regional Economic Growth, Problems in the Study of Economic Growth*, New York: National Bureau of Economic Research (NBER), 1949.

9. Isard W. , *Location and Space Economy: A General Theory Relating to Industrial Location, Market Areas, Land Use, Trade, and Urban Structure*, New York: John Wiley & Sons, 1956.

10. IUCN, UNEP and WWF, *World Conservation Strategy: Living Resource Conservation for Sustainable Development*, Gland: IUCN Press, 1980.

11. IUCN, UNEP and WWF, *Caring for the Earth: A Strategy for Sustainable Living*, Gland: IUCN

Press, 1991.

12. Krugman P., "Increasing Returns and Economic Geography", *Journal of Political Economy*, 1991(3).

13. Meadows D. H., Meadows D. L. and Randers J. et al., *The Limits to Growth: A Report for the Club of Rome's Project on the Predicament of Mankind*, New York: Universe Books, 1972.

14. Myrdal G., *Economic Theory and Under-Developed Regions*, London: Gerald Duckworth, 1957.

15. Perroux F., "Economic Space: Theory and Applications", *Quarterly Journal of Economics*, 1950, 64(1).

16. Richardson H. W., *Regional Growth Theory*, New York: Halsted Press, 1973.

17. Rosenstein-Rodan P. N., "Problems of Industrialisation of Eastern and South-Eastern Europe", *Economic Journal*, 1943, 53(210/211).

18. Rostow W. W., *The Stages of Economic Growth: A Non-Communist Manifesto*, Cambridge: Cambridge University Press, 1960.

19. Thompson J. H., "Some Theoretical Considerations for Manufacturing Geography", *Economic Geography*, 1966, 42(4).

20. UNCED, *Agenda 21*, United Nations, 1992.

21. UNCED, *Rio Declaration on Environment and Development*, United Nations, 1992.

22. Vernon R., "International Investment and International Trade in the Product Cycle", *Quarterly Journal of Economics*, 1966,80(2).

23. Ward B., Dubos R., *Only One Earth*, London: Andre Deutsch Ltd, 1972.

24. WCED, *Our Common Future*, United Nations, 1987.

25. Weber A., *Theory of Location of Industries*, Chicago: University of Chicago Press, 1929.

26. Williamson J. G., "Regional Inequality and the Process of National Development: A Description of the Patterns", *Economic Development and Cultural Change*, 1965(4).

27. Wheeler D., "Mody A., International Investment Location Decisions: The Case of U. S. Firms", *Journal of International Economics*, 1992, 33(1—2).

后　记

本教材是在2008年出版的精品教材立项最终成果(第一版)的基础上,经与时俱进的调整、修改、更新和增补后出版的第二版。

在接到再版决定后,虽然主编已经退休,但仍十分认真、勤恳地广泛请教业内著名专家,反复征询课题组成员的意见,涉猎最新的国内外图书资料,孜孜不倦地反复斟酌,以至于没能及时赶回老家看望住院中的老母亲,当3月3日晚将二版目录交付后,3月4日一早便接到老母亲过世的噩耗,留下挥之不去的终生遗憾与心痛。只能以此教材的出版告慰老母亲的在天之灵!

本教材的框架结构,在反复征得专家和课题组成员意见的基础上,由孙翠兰教授拟定。具体各章的编撰情况如下:第一、二、三章,孙翠兰;第四章,孙翠兰、马志明;第五章,吴康;第六章,孙翠兰;第七章,杨维凤;第八章,杨维凤;第九章,杨维凤、马志明;第十章,赵文、缪志鹏;第十一章,吴康;第十二、十三章,王宏玉。全书最后由孙翠兰教授统定。马志明、邓建民、石利斌在资料搜集、计算机处理与课题组成员的联络方面做了大量的工作。

借本教材第二版出版之际,我们诚挚地向多年来在区域经济重要问题上一直对我们予以指导、关怀的前辈和同仁们表示衷心的谢意!对北京大学出版社的大力支持与姚大悦、王晶编辑的通力协作表示感谢!

孙翠兰等

2015年5月于北京

教师反馈及教辅申请表

北京大学出版社本着"教材优先、学术为本"的出版宗旨，竭诚为广大高等院校师生服务。为更有针对性地提供服务，请您认真填写以下表格并经系主任签字盖章后寄回，我们将按照您填写的联系方式免费向您提供相应教辅资料，以及在本书内容更新后及时与您联系邮寄样书等事宜。

<table>
<tr><td>书名</td><td></td><td>书号</td><td>978-7-301-</td><td>作者</td><td></td></tr>
<tr><td colspan="2">您的姓名</td><td colspan="2"></td><td>职称职务</td><td></td></tr>
<tr><td colspan="2">校/院/系</td><td colspan="4"></td></tr>
<tr><td colspan="2">您所讲授的课程名称</td><td colspan="4"></td></tr>
<tr><td colspan="2">每学期学生人数</td><td colspan="2">______人_____年级</td><td>学时</td><td></td></tr>
<tr><td colspan="2">您准备何时用此书授课</td><td colspan="4"></td></tr>
<tr><td colspan="2">您的联系地址</td><td colspan="4"></td></tr>
<tr><td colspan="2">邮政编码</td><td></td><td>联系电话（必填）</td><td colspan="2"></td></tr>
<tr><td colspan="2">E-mail（必填）</td><td></td><td>QQ</td><td colspan="2"></td></tr>
<tr><td colspan="4">您对本书的建议：</td><td colspan="2">系主任签字

盖章</td></tr>
</table>

我们的联系方式：

北京大学出版社经济与管理图书事业部

北京市海淀区成府路 205 号，100871

联系人：徐冰

电话： 010-62767312 / 62757146

传真： 010-62556201

电子邮件：em_pup@126.com　　em@pup.cn

Q Q：5520 63295

新浪微博：@北京大学出版社经管图书

网址： http://www.pup.cn